História da linguística

Coleção de Linguística

Coordenadores
Gabriel de Ávila Othero – Universidade Federal do Rio Grande do Sul (UFRGS)
Sérgio de Moura Menuzzi – Universidade Federal do Rio Grande do Sul (UFRGS)

Conselho consultivo
Alina Villalva – Universidade de Lisboa
Carlos Alberto Faraco – Universidade Federal do Paraná (UFPR)
Dante Lucchesi – Universidade Federal Fluminense (UFF)
Leonel Figueiredo Alencar – Universidade Federal do Ceará (UFC)
Letícia M. Sicuro Correa –Pontifícia Universidade Católica do Rio de Janeiro (PUC-Rio)
Luciani Ester Tenani – Universidade Estadual de São Paulo (Unesp)
Maria Cristina Figueiredo Silva – Universidade Federal do Paraná (UFPR)
Roberta Pires de Oliveira – Universidade Federal de Santa Catarina (UFSC)
Roberto Gomes Camacho – Universidade Estadual de São Paulo (Unesp)
Valdir Flores – Universidade Federal do Rio Grande do Sul (UFRGS)

Dados Internacionais de Catalogação na Publicação (CIP)
(Câmara Brasileira do Livro, SP, Brasil)

Camara Junior, Joaquim Mattoso, 1904-1970
    História da linguística : Edição revista e comentada / Joaquim Mattoso Camara Junior. – 1. ed. rev. ; tradução de Maria do Amparo Barbosa de Azevedo. Revisão e comentários de Valdir do Nascimento Flores e Gabriel de Ávila Othero – Petrópolis, RJ : Vozes, 2021. – (Coleção de Linguística)

    ISBN 978-65-5713-171-8

    1. Linguística 2. Linguística – História I. Flores, Valdir do Nascimento. II. Othero, Gabriel de Ávila. III. Título.

21-59215   CDD-410.9

Índices para catálogo sistemático:
1. Linguística : História   410.9

Maria Alice Ferreira – Bibliotecária – CRB-8/7964

JOAQUIM MATTOSO CAMARA JR.

História da linguística

Edição revista e comentada

Revisão e comentários de
Valdir do Nascimento Flores e Gabriel de Ávila Othero

Tradução de
Maria do Amparo Barbosa de Azevedo

Petrópolis

© 2021, Editora Vozes Ltda.
Rua Frei Luís, 100
25689-900 Petrópolis, RJ
www.vozes.com.br
Brasil

Todos os direitos reservados. Nenhuma parte desta obra poderá ser reproduzida ou transmitida por qualquer forma e/ou quaisquer meios (eletrônico ou mecânico, incluindo fotocópia e gravação) ou arquivada em qualquer sistema ou banco de dados sem permissão escrita da editora.

CONSELHO EDITORIAL

Diretor
Gilberto Gonçalves Garcia

Editores
Aline dos Santos Carneiro
Edrian Josué Pasini
Marilac Loraine Oleniki
Welder Lancieri Marchini

Conselheiros
Francisco Morás
Ludovico Garmus
Teobaldo Heidemann
Volney J. Berkenbrock

Secretário executivo
João Batista Kreuch

Editoração: Maria da Conceição B. de Sousa
Diagramação: Sheilandre Desenv. Gráfico
Revisão gráfica: Nilton Braz da Rocha / Fernando S.O. da Rocha
Capa: Editora Vozes
Revisão técnica: Renato Miguel Basso

ISBN 978-65-5713-171-8

Editado conforme o novo acordo ortográfico.

Este livro foi composto e impresso pela Editora Vozes Ltda.

Apresentação da coleção

Esta publicação é parte da **Coleção de Linguística** da Vozes, retomada pela editora em 2014, num esforço de dar continuidade à coleção coordenada, até a década de 1980, pelas professoras Yonne Leite, Miriam Lemle e Marta Coelho. Naquele período, a coleção teve um papel importante no estabelecimento definitivo da Linguística como área de pesquisa regular no Brasil e como disciplina fundamental da formação universitária em áreas como as Letras, a Filosofia, a Psicologia e a Antropologia. Para isso, a coleção não se limitou à publicação de autores fundamentais para o desenvolvimento da Linguística, como Chomsky, Langacker e Halliday, ou de linguistas brasileiros já então reconhecidos, como Mattoso Camara; buscou também veicular obras de estudiosos brasileiros que então surgiam como lideranças intelectuais e que, depois, se tornaram referências para a disciplina no Brasil – como Anthony Naro, Eunice Pontes e Mário Perini. Dessa forma, a **Coleção de Linguística** da Vozes participou ativamente da história da Linguística brasileira, tendo ajudado a formar as gerações de linguistas que ampliaram a disciplina nos anos de 1980 e 1990 – alguns dos quais ainda hoje atuam intensamente na vida acadêmica nacional.

Com a retomada da **Coleção de Linguística** pela Vozes, a editora quer voltar a participar decisivamente das novas etapas de desenvolvimento da disciplina no Brasil. Agora, trata-se de oferecer um veículo de disseminação da informação e do debate em um novo ambiente: a Linguística é hoje uma disciplina estabelecida nas universidades brasileiras; é também um dos setores de pós-graduação que mais crescem no Brasil; finalmente, o próprio quadro geral das universidades e da pesquisa brasileira atingiu uma dimensão muito superior à que se testemunhava nos anos de 1970 a 1990. Dentro desse quadro, a **Coleção de Linguística** da Vozes tem novas missões a cumprir:

• em primeiro lugar, é preciso oferecer aos cursos de graduação em Letras, Filosofia, Psicologia e áreas afins material renovador, que permita aos alunos integrarem-se ao atual patamar de conhecimento da área de Linguística;

• em segundo lugar, é preciso continuar com a tarefa de colocar à disposição do público de língua portuguesa obras decisivas do desenvolvimento, passado e recente, da Linguística;

• finalmente, é preciso oferecer ao setor de pós-graduação em Linguística e ao novo e amplo conjunto de pesquisadores que nele atua um veículo adequado à disseminação de suas contribuições: um veículo sintonizado, de um lado, com o que se produz na área de Linguística no Brasil; e, de outro, que identifique, nessa produção, aquelas contribuições cuja relevância exija uma disseminação e atinja um público mais amplo, para além da comunidade dos especialistas e dos pesquisadores de pós-graduação.

Em suma, com esta **Coleção de Linguística**, esperamos publicar títulos relevantes, cuja qualidade venha a contribuir de modo decisivo não apenas para a formação de novas gerações de linguistas brasileiros, mas também para o progresso geral dos estudos das Humanidades neste início de século XXI.

Gabriel de Ávila Othero
Sérgio de Moura Menuzzi
Organizadores

Sumário

Apresentação à edição revista e comentada, 11

I – Abordagens diferentes ao estudo da linguagem; pré-linguística, para-linguística, linguística propriamente dita, 21

II – Os estudos "pré-linguísticos" e "paralinguísticos" na Antiguidade, 28

III – O estudo da linguagem na Idade Média e nos tempos modernos até o século XVIII, 37

IV – O advento da linguística; a abordagem filosófica de Humboldt; a abordagem comparativa de Rask, 46

V – A descoberta do sânscrito pela erudição moderna, 53

VI – Os fundamentos definitivos da gramática histórico-comparativa do indo-europeu; Bopp e Grimm, 59

VII – Os estudos indo-europeus e não indo-europeus depois de Bopp e de Grimm, 67

VIII – A gramática comparativa do indo-europeu como ponto de partida para uma ciência geral da linguagem; o trabalho de Schleicher, 74

IX – A consolidação do estudo geral da linguagem; Max Müller e Whitney; o trabalho indo-europeu de Fick, 82

X – O advento da fonética, 90

XI – A nova visão do indo-europeu depois de Schleicher, 97

XII – O movimento dos neogramáticos, 104

XIII – A oposição aos pontos de vista dos neogramáticos; Wundt, Schuchardt, Ascoli, Marty, 111

XIV – Estudos do indo-europeu no período neogramático; linguística românica, 118

XV – Estudos não indo-europeus; gramáticas comparativas; a síntese da comparação linguística, 126

XVI – Uma nova abordagem para a linguística histórica; a geografia linguística, 135

XVII – A visão saussuriana da linguagem, 143

XVIII – A técnica de análise de Saussure e a influência de seu pensamento; Sechehaye, Gardiner, Vendryes, 151

XIX – As novas abordagens saussurianas; Bühler; o trabalho de Bally, 159

XX – O trabalho de Meillet; Hermann Hirt, 166

XXI – Os estudos do indo-europeu depois de Meillet, 173

XXII – Um estudioso não saussuriano; Jespersen, 181

XXIII – O idealismo linguístico; a escola italiana de Croce, Vossler, Leo Spitzer, 187

XXIV – A linguagem dentro da história política; Menéndez Pidal e sua escola; Walter von Wartburg, 195

XXV – Novas tendências no comparativismo linguístico; investigações pré-indo-europeias; a nova doutrina de Marr; empréstimo como causa de agrupamento linguístico; glotocronologia, 201

XXVI – O desenvolvimento da fonética; fonética experimental; Rousselot e Grammont, 210

XXVII – O conceito de fonema; Baudouin de Courtenay, Saussure e o Círculo de Praga, Daniel Jones, 217

XXVIII – Tendências da linguística nos Estados Unidos; Boas e Sapir, 225

XXIX – Bloomfield e sua escola de linguística, 232

XXX – Uma visão geral de outras tendências na linguística descritiva, 241

XXXI – Linguística diacrônica estrutural e tipologia linguística; tradução mecânica, 249

XXXII – O estudo da semântica, 256

Comentários ao texto de História da linguística, *de Mattoso Camara Jr.*, 264

Índice de nomes, 433

Índice de línguas, 443

Referências, 445

Apresentação à edição revista e comentada

Esta edição crítica é a síntese, não a antítese do Curso de linguística geral (CLG) *e de suas fontes.*
(Rudolf Engler ao introduzir sua *Edição crítica* ao CLG)

O grande linguista francês Émile Benveniste inicia um de seus mais belos textos, escrito para ser proferido em forma de Conferência numa homenagem aos cinquenta anos da morte de Ferdinand de Saussure, afirmando: "não há um só linguista hoje que não lhe deva algo" (Benveniste 1988: 34). Não seria exagero parafraseá-lo a propósito de Mattoso Camara no Brasil: não há um só linguista brasileiro que não lhe deva algo hoje.

A consciência disso faz pesar a tarefa da qual nos incumbimos: elaborar uma edição revista e comentada do livro *História da linguística*, publicado pela Editora Vozes em 1975. Os termos em que o livro foi concebido, as circunstâncias que o fizeram vir a público, o lugar que ocupa na historiografia da linguística brasileira e o valor simbólico da figura de Mattoso Camara no contexto da linguística entre nós são apenas alguns dos motivos que nos obrigam a justificar as decisões tomadas. Esta apresentação, portanto, é, conscientemente, quase um prestar contas que fazemos ao leitor.

Como se sabe, o livro, originalmente, deriva de um conjunto de aulas dadas por Mattoso, em inglês, na Universidade de Washington, em 1962. Explica o Professor Francisco Gomes de Matos, na *Apresentação* à obra, que se trata de curso sobre a história da linguística, ministrado durante o *Linguistic Institute*, promovido pela *Linguistic Society of America* (LSA). Cursos semelhantes são proferidos por Mattoso três anos e meio mais tarde em Montevideo – por ocasião do I Instituto de Linguística, promovido pelo Programa Interamericano de Linguística e Ensino de Idiomas (Pilei) e pela Associação de Linguística e Filologia da América Latina (Alfal) – e no México, em outro Instituto de Linguística patrocinado pelas mesmas entidades. Esses últimos cursos foram ministrados em português. Ainda nesta *Apresentação*, encontramos a informação de que "o texto original em língua inglesa [...] não mais foi utilizado pelo autor, havendo, entretanto, circulado no México uma série apostilada de lições incompletas em português" (Matos 1986: 7). Acrescenta ainda Gomes de Matos que Mattoso intencionava, em atendimento a uma solicitação da Editora Vozes, publicar uma história da linguística em português, com base no texto em inglês.

Sobre isso, assim se manifesta o Professor Aryon Dall'Igna Rodrigues, em artigo elaborado em homenagem a Mattoso[1], referindo-se aos anos de 1968-1969:

> O projeto principal de trabalho que considerávamos, de imediato, era a revisão e atualização da História da Linguística, que havia escrito para o curso que deu, anos antes, na Universidade de Washington. O agravamento de sua saúde em fins de 1969 e seu falecimento em fevereiro de 1970 pôs término, lamentavelmente, a este e a outros projetos (Rodrigues 2005: 23).

Mattoso Camara vem a falecer em 4 de fevereiro de 1970 sem ter conseguido levar a cabo seu propósito. É de sua autoria, porém, "o único texto abrangente de história da linguística elaborado por um pesquisador brasileiro e publicado, ainda que postumamente, em forma de livro" (Altman 1996: 174).

O livro que conhecemos no Brasil, publicado pela Editora Vozes em 1975, é fruto de uma tradução desse material em inglês. Conforme Altman

---

1. Trata-se de artigo publicado no número 6 da revista *Cadernos de Estudos Linguísticos* (Unicamp) em 1984 e republicado na revista *Estudos da Lingua(gem)* (Uesb) em 2005; cf. *Referências bibliográficas*.

(1996: 175), trata-se de um manual intitulado originalmente de *História Sumária da Linguística*, um manuscrito inédito de 1962, conforme indicado na página da *Apresentação* manuscrita feita por Mattoso Camara a que a autora teve acesso. Informa, ainda, Altman (1996) que

> o próprio Mattoso teria preparado uma tradução de 8 dos 32 capítulos originais, que circularam, em forma de apostilas datilografadas, entre os participantes [dos cursos]. Das traduções originalmente elaboradas por Mattoso só se acha publicada aquela que viria a constituir o capítulo V do livro de 1975 – "A Descoberta do Sânscrito pela Erudição Modena" (cf. *Revista de Cultura Vozes*, 1974, 5-8; Camara 1975: 33-37). Os demais capítulos que traduziu, bem como seus originais em inglês, continuam inéditos. Os 32 capítulos que compõem a primeira edição do livro, de 1975, foram postumamente traduzidos por uma de suas ex-alunas: Maria do Amparo Barbosa de Azevedo (Altman 1996: 176).

A tradução apresentada ao grande público sempre foi motivo de controvérsia. A linguista Ângela Vaz Leão, por exemplo, em texto publicado em 1999 (cf. *Referências bibliográficas*), procede à severa crítica da tradução e aponta casos que considera "erros de tradução" (Leão 1999: 164) e que dificultam o entendimento do conteúdo tratado, levando a autora a concluir que "somente um leitor-especialista poderá adivinhar o que está no original [...] graças à associação de dois conhecimentos prévios: o assunto em causa e a estrutura do inglês" (Leão 1999: 166).

O que foi dito até aqui é suficiente para o leitor ter em mente a responsabilidade que sentimos quando aceitamos revisar e comentar a primeira história da linguística escrita por um linguista brasileiro. Imediatamente fomos invadidos por uma série de dúvidas: O que pode ser alvo de revisão na obra? O que é passível de comentário? Revisão de que natureza? Comentários de que tipo? Com quais propósitos? A tarefa requeria, portanto, balizagem teórico-metodológica muito clara.

Felizmente, fomos precedidos, na Coleção de Linguística da Editora Vozes, por duas publicações que nos serviram, em certo sentido, de modelo. A primeira delas foi a tradução comentada do livro clássico da linguística gerativa, *Estruturas sintáticas*, de Noam Chomsky, traduzido e comentado por um de nós (o Gabriel) juntamente com o Professor Sérgio Menuzzi e publicado em 2015. Essa foi a primeira tradução de *Estruturas sintáticas* no Brasil, e os tradutores tiveram a ideia de explicar alguns trechos, comentando passagens já célebres nesse que foi o primeiro livro publicado por Noam Chomsky. Os comentários tiveram a intenção de esclarecer ao leitor algumas das ideias-chave apresentadas por Chomsky nesse livro seminal, contextualizando o texto e mostrando a importância histórica de algumas das ideias pioneiras que estão presentes ali. Mantemos um pouco desse espírito aqui.

A outra publicação que nos precede foi organizada pelos colegas Emílio Gozze Pagotto, Maria Cristina Figueiredo Silva e Manoel Mourivaldo Santiago-Almeida. Eles tiveram a árdua missão de, para usar suas palavras, "colocar a mão no quase sacrossanto texto de Mattoso": recentemente os três linguistas publicaram (cf. *Referências bibliográficas*) uma *Edição crítica* do importante *Estrutura da língua portuguesa*, livro também póstumo de Mattoso Camara, cujo texto final, assim como o *História da Linguística* de que nos ocupamos, não foi referendado por Mattoso.

Em muitos aspectos, o trabalho dos colegas nos serviu de bússola. Na *Apresentação* que fazem à Edição Crítica, Pagotto, Figueiredo Silva e Santiago-Almeida dizem que foram

> pautados por critérios normalmente utilizados na área da Crítica Textual: confronto com testemunhos diferentes do mesmo texto, observação da coerência interna do texto para fins de intervenção, preservação do que seria o espírito original do texto, depreensível a partir do exame dos testemunhos e da coerência interna (Pagotto; Figueiredo Silva & Santiago-Almeida 2019: 11).

Tais critérios pautaram intervenções de "cinco naturezas" em *Estrutura da língua portuguesa*: "macroestruturais, de diagramação, textuais, normativas e de atualização de caracteres gráficos" (Pagotto; Figueiredo-Silva & Santiago-Almeida 2019: 11).

De nossa parte, consideramos que, em geral, essas intervenções também se aplicavam ao nosso projeto (cf. *Indicações técnicas*, a seguir); porém, quando efetivamente iniciamos o trabalho com o *História da linguística*, percebemos que nos esperavam dificuldades específicas da obra.

A primeira delas e, por ora, incontornável: trata-se de uma tradução[2] e não caberia a consulta aos originais em inglês neste momento, já que não se busca fazer uma revisão de tradução, mas uma edição comentada a um texto cuja circulação é consolidada na academia. Essa é a tônica de nosso trabalho: revisar e comentar o texto publicado e que tem valor historiográfico inconteste para a linguística brasileira. Não se impôs, portanto, uma revisão da tradução *per se* nem mesmo a elaboração de comentários a essa tradução. No entanto, é importante dizer, percebemos que, em alguns casos, a tradução pode embaçar a abordagem objetiva do tema em tela como, por exemplo, quando Mattoso, explicando o advento da linguística saussuriana, diz que Ferdinand de Saussure "fez uma nítida distinção entre a **linguagem** propriamente dita (*la langue*) e o discurso (*la parole*)" (grifo nosso).

Ora, sabemos que o inglês não oferece a possibilidade de distinção lexical entre *língua* e *linguagem*, havendo apenas o vocábulo *language* para ambas. Certamente o pai da linguística brasileira teve, na oportunidade, de escrever *language* por imposição da língua inglesa, mas, sem dúvida, referia-se ao conceito de *língua* em Saussure. Comprova essa nossa leitura a decisão de manter os termos franceses *langue* e *parole* entre parênteses, que são equivalentes a *língua* e *fala* em português. Certamente, em uma tradução supervisionada por Mattoso encontraríamos, para essa ocorrência, "a **língua** propriamente dita" ou tão somente "a **língua**", o que se coaduna melhor com a teoria de Saussure.

Nesse caso e em outros semelhantes, vimo-nos, portanto, na obrigação de tecer comentários que, bem entendido, não objetivam "corrigir" a tradução – o que seria descabido sem prévia consulta detida ao original –, mas "abrir" o texto a outras interpretações, precisar ideias, desfazer possíveis ambiguidades.

---

2. Informa Albertina Cunha, no *Prefácio à 6ª edição* adjungido à obra, que o original desta obra em inglês encontra-se no Acervo Professor Mattoso Camara junto à Biblioteca Central da Universidade Católica de Petrópolis.

A segunda dificuldade diz respeito à oscilação no tratamento dado aos títulos das obras listadas no interior do livro. Há algumas que aparecem com títulos em português – certamente porque estavam escritas, originalmente, em inglês –; há outras que aparecem com títulos em suas línguas de origem. Algumas obras aparecem com sua data de publicação; sobre outras, não havia qualquer informação. Como se trata de uma "história" da linguística, tais oscilações não são de menor importância. Nesses casos, então, optamos por, sempre que possível, fornecer o título na língua original e uma tradução entre colchetes. Além disso, buscamos, sempre que possível, apontar, entre parênteses, a data de publicação de cada obra. Com isso, pensamos preservar condições para o leitor buscar maiores informações a respeito de autores e obras.

A terceira dificuldade e, segundo pensamos, a que nos provocou sentimentos mais ambíguos, diz respeito ao evidente inacabamento do texto do ponto de vista de seu conteúdo. Qualquer conhecedor da obra mattosiana conseguirá ver que há inúmeros pontos em que há uma grande condensação de informação, próprio a materiais que são escritos com a finalidade de guiar aulas, palestras etc. Sabemos bem que, muitas vezes, materiais escritos para esse fim não são mais do que um conjunto de tópicos, não raras vezes gerais, que são desenvolvidos e aprofundados por ocasião de sua exposição oral. Além disso, o livro não apresenta nenhum tipo de nota, raras indicações bibliográficas e poucas citações (não identificadas em referência).

Como proceder nesses casos? De um lado, seria ingênuo e mesmo pretensioso outorgar-se o poder de adivinhar o que o mestre "queria dizer". De outro lado, tendo em vista a natureza de nosso trabalho, não poderíamos nos furtar de complementar informações técnicas ou teóricas apenas aventadas por Mattoso. Decidimo-nos, enfim, por um procedimento misto, utilizando, para tanto, um sistema de notas (tanto no final do livro quanto no rodapé).

Os comentários apresentados em nota ao final do livro estão distribuídos em função dos capítulos. Tais comentários têm objetivos diferentes:

há casos em que simplesmente fazemos alguma complementação relativa a autores, fatos e obras referidos no livro; há casos em que expandimos alguma informação ou ideia, ou porque a julgamos demasiado resumida ou porque ela poderia suscitar alguma ambiguidade; há casos ainda em que buscamos historicizar a formulação dada por Mattoso, tentando indicar o contexto que o autorizou a dizer o que disse e, quando necessário (e possível), indicamos alguns desdobramentos posteriores que o assunto obteve no meio especializado. Nossa inspiração aqui foi, guardadas as proporções, a excelente edição crítica do *Curso de linguística geral* (CLG) de Ferdinand de Saussure, publicada em italiano por Tullio de Mauro, em 1967, em especial quando afirma que algumas de suas notas visam indicar, a propósito do texto do CLG, "os antecedentes na cultura anterior ou em suas reflexões e publicações [e] [...] os desenvolvimentos e as transformações de pontos de vista entre 1916 e nossos dias" (De Mauro 1976: XVII).

As notas de rodapé foram reservadas para a indicação de datas de nascimento e eventualmente de morte dos linguistas lembrados por Mattoso, além de suas nacionalidades. Tais notas aparecem sempre na primeira ocorrência do nome do autor.

Estão na base de nosso trabalho duas pesquisas. Primeiro, a leitura detida do livro publicado fazendo dele *causa petendi* de um comentário quase exegético. Dito de outro modo, quisemos conhecer o máximo possível o texto que nos foi colocado à disposição. Foi apenas com isso que contamos. Segundo, a exploração de uma vasta bibliografia que nos permitisse acompanhar minimamente a erudição de nosso autor.

Queremos tornar público, ainda, a consciência que temos da responsabilidade que pesa sobre nós. Mattoso Camara é, reconhecidamente, o pai da linguística brasileira; sua obra testemunha isso sob qualquer perspectiva que seja escrutinada. Por isso, ocorreu-nos reproduzir aqui as sábias palavras de Charles Bally e Charles-Albert Sechehaye (1975: 4), proferidas por ocasião do prefácio que fazem à primeira edição do *Curso de linguística geral* de Ferdinand de Saussure, também conhecido como o pai da linguística moderna:

> Sentimos toda a responsabilidade que assumimos perante a crítica, perante o próprio autor, que não teria talvez autorizado a publicação destas páginas. Aceitamos integralmente semelhante responsabilidade e queremos ser os únicos a carregá-la. Saberá a crítica distinguir entre o mestre e seus intérpretes? Ficar-lhe-íamos gratos se dirigisse contra nós os golpes com que seria injusto oprimir uma memória que nos é querida.

Essas palavras, aliadas à preocupação ética explicitada por Rudolf Engler a propósito da obra do mestre genebrino que nos serve de epígrafe, traduzem integralmente o nosso sentimento em relação ao nosso mestre.

Por fim, somos agradecidos à leitura atenta e aos comentários do colega Renato Basso e à Editora Vozes pela confiança em nós depositada.

Valdir do Nascimento Flores
Gabriel de Ávila Othero
Porto Alegre, agosto de 2020.

* * *

INDICAÇÕES TÉCNICAS

A presente *edição revista e comentada* adota como texto-base a sétima edição da obra, publicada pela Editora Vozes em 2007, na qual constam atualizações ortográficas.

A edição do livro por nós trabalhada – possivelmente em função de ser um material de apoio de natureza didática – apresenta raras citações e referências bibliográficas e poucas notas de rodapé (indicadas com asterisco na presente edição). São raras também as indicações de utilização de fontes.

Os nossos comentários são feitos em nota ao final do livro como forma de favorecer a pesquisa aprofundada àqueles que assim o desejarem sem, com isso, impedir a linearidade de leitura do texto original. As informações de nomes e datas de nascimento e morte dos autores estão colocadas em notas de rodapé. Nesse sentido, para dar ao leitor melhores condições de pesquisa, anexamos ao final de cada capítulo um pequeno resumo, indicado com a palavra "Resumo", em que constam, além dos temas abordados no capítulo, os principais autores mencionados no capítulo e, em alguns casos, suas obras.

Também foram feitas as seguintes alterações no texto:

a) Macroestrutural

Como Mattoso menciona uma significativa quantidade de autores e de línguas de diferentes famílias linguísticas no decorrer do livro, incluímos no final do livro um *Índice de nomes* e um *Índice de línguas* como forma de facultar ao leitor a pesquisa por nomes de autores e por línguas citadas por Mattoso.

b) Diagramação

As poucas figuras e esquemas utilizados por Mattoso receberam tratamento de imagem e foram identificadas. Os títulos que recebem foram por nós atribuídos. Essas alterações não são indicadas nos comentários.

c) Texto

O texto foi revisado e sofreu alterações de cunho normativo (pontuação, ortografia, regência, concordância etc.). Procedemos também a alguma troca de palavras, inserção de palavras cuja ausência prejudica o entendimento do conjunto, exclusão de palavras repetidas e alteração de estrutura sintática como forma de deixar o texto coerente. Essas alterações foram indicadas nos comentários sempre que implicavam alguma alteração de conteúdo em relação ao texto-base. Fizemos isso sempre na primeira ocorrência da palavra. Nas demais, indicamos a alteração por meio de nota de rodapé. Finalmente, fornecemos, sempre que possível, o título das obras referidas por Mattoso na língua original com uma tradução entre colchetes e apontamos, entre parênteses, a data de publicação das obras.

d) Caracteres gráficos

Utilizamos itálico para os títulos de obras referidas por Mattoso. Negrito não foi utilizado. Os raros usos de aspas presentes no texto-base foram mantidos uma vez que, em sua maioria, têm apenas valor estilístico.

REFERÊNCIAS

ALTMAN, M.C.F.S. "Memórias da linguística na linguística brasileira". In: *Revista da Anpoll*, n. 2, 1996, p. 173-189.

BALLY, C. & SECHEHAYE, A. "Prefácio à primeira edição". In: SAUSSURE, F. *Curso de linguística geral*. Organizado por Charles Bally e Charles-Albert Sechehaye, com a colaboração de Albert Riedlinger. Trad. de Antônio Chelini, José Paulo Paes e Isidoro Blikstein. São Paulo: Cultrix, 1975.

BENVENISTE, E. "Saussure após meio século". In: BENVENISTE, E. *Problemas de linguística geral I*. Trad. de Maria da Glória Novak e Maria Luisa Neri. Campinas: Unicamp, 1988.

CHOMSKY, N. *Estruturas sintáticas* – Ed. comentada. Trad. e comentários de Gabriel de Ávila Othero e Sergio de Moura Menuzzi. Petrópolis: Vozes, 2015.

DE MAURO, T. "Notes". Trad. de Louis-Jean Calvet. In: SAUSSURE, F. *Cours de linguistique générale*. Éd. critique préparée par Tullio de Mauro. Paris: Payot, 1976.

ENGLER, R. "Préface". In: SAUSSURE, F. *Cours de linguistique générale*. Éd. critique par Rudolf Engler. Tomo I. Wiesbaden: Otto Harrassowitz, 1989.

LEÃO, A.V. "A contribuição de Mattoso Camara Jr. para a historiografia linguística". In: *Scripta*, vol. 2, n. 4, 1º sem. 1999, p. 162-170. Belo Horizonte.

MATOS, F. G. "Apresentação". In: CAMARA JR., J.M. *História da linguística*. Trad. de Maria de Amparo Barbosa de Azevedo. Petrópolis: Vozes, 1975.

PAGOTTO, E.G.; FIGUEIREDO-SILVA, M.C. & SANTIAGO-ALMEIDA, M.M. "Apresentação". In: CAMARA JR., J.M. *Estrutura da língua portuguesa* – Edição crítica. Petrópolis: Vozes, 2019.

RODRIGUES, A.D. "A obra científica de Mattoso Camara Jr." In: *Estudos da língua(gem)*, n. 2, dez./2005, p. 11-28. Vitória da Conquista.

Abordagens diferentes ao estudo da linguagem; pré-linguística, paralinguística, linguística propriamente dita

Há várias maneiras de estudarmos a linguagem numa comunidade humana. Como introdução ao nosso curso sobre História da Linguística (1) façamos, a respeito, uma apreciação rápida.

Em primeiro lugar, deparamo-nos com a inexistência de tal estudo. A linguagem é algo de trivial em nossa vida social. Os homens falam tão natural e espontaneamente como caminham. Estão tão acostumados a falar e aprendem a fazê-lo tão inconscientemente, começando na infância, passando à pré-adolescência e desta à juventude que nem sequer se detêm para observar a maneira como começam a falar. Seria tão prepóstero quanto parar para observar o movimento de suas pernas enquanto caminham.

Embora não seja a linguagem um fenômeno biológico como o caminhar, mas uma criação social baseada nas capacitações biológicas, o falar torna-se tão mecânico na vida social que é considerado autoevidente e não se faz qualquer esforço para analisá-lo. Essa é, sem dúvida, a situação entre povos primitivos do passado e do presente.

Há, no entanto, algumas condições que favorecem o estudo da linguagem à proporção que a sociedade se desenvolve e se torna cada vez mais complexa.

A invenção da escrita, por exemplo, faz com que os homens percebam a existência de formas linguísticas, à medida que eles tentam reduzir os sons da linguagem à modalidade escrita convencional. É uma nova atitude social (2) que faz com que o pensamento humano focalize, com atenção, as maneiras como falamos, como também o mecanismo da linguagem. Cria-se, desse modo, um novo clima na vida social em relação à linguagem, e seu estudo pode se desenvolver através do impacto de fatores sociais e culturais.

O primeiro desses fatores é a diferenciação de classes. Numa sociedade estruturada de maneira complexa, a linguagem de um dado grupo social reflete-o tão bem quanto suas outras formas de comportamento. Desse modo, essa linguagem vem a ser uma marca desse *status* social (3).

As classes mais altas dão-se conta desse fato e tentam preservar os traços linguísticos pelos quais se opõem às classes mais baixas. Tais traços são considerados *corretos* e passa a haver um esforço persistente para transmiti-los de geração a geração. Essa atitude cresce em intensidade à medida que o impacto das classes inferiores se torna cada vez maior. O estudo da linguagem surge a fim de conservar-se inalterada a linguagem *correta* das classes superiores em seu contato com os outros modos de falar dentro dessa sociedade.

É esse tipo de estudo que cria o que, tradicionalmente, chamamos de *gramática*. *Ele não possui gramática* significa que o falante em questão não dominou os traços linguísticos mantidos pelas classes superiores como marca do seu *status*. O estudo da linguagem, sob esse ponto de vista, é um estudo sistemático desses traços. Chamemo-lo de *O Estudo do Certo e Errado* (4).

Um segundo fator que determina o estudo da linguagem é o contato de uma dada sociedade com comunidades estrangeiras que falam outras línguas. Seja esse um contato hostil ou amistoso, busca-se a compreensão linguística. Em consequência disso, faz-se um esforço para dominar essas línguas estrangeiras.

Esse esforço não leva, necessariamente, ao estudo das línguas estrangeiras em questão, porque as pessoas podem dominar uma língua estrangeira seguindo uma abordagem experimental, tentando obter das situações concretas os dados linguísticos pelos quais podem chegar, pouco a pouco, a um comando satisfatório da língua estrangeira. Mas os contrastes entre as duas línguas estimulam a curiosidade humana. Por isso, os homens são levados a comparações sistemáticas. Assim, o estudo da linguagem nasce daquelas condições básicas de intercâmbio linguístico. Esse é um segundo tipo de estudo da linguagem ao qual chamaremos de *O estudo da língua estrangeira* (5).

Em ambos os tipos de estudo da linguagem, consideramos o estímulo proveniente de uma diferença linguística contemporânea. Podemos, entretanto, ter outro tipo de diferença, aquela em que a fala atual é comparada com as formas linguísticas escritas do passado.

Há a necessidade de compreender-se textos antigos cuja língua é obsoleta. Essa necessidade dá lugar a um novo tipo de comparação – a da linguagem do passado com a do presente.

Em qualquer estado complexo, com tradição governamental, esta necessidade está viva e operante. Mas ela se faz mais agudamente sentida nos domínios da literatura. Essa é uma atividade da linguagem na qual a língua entra com o seu próprio risco, ao lado da intenção comunicativa. Isso leva, naturalmente, a se encarar a língua de um modo mais consciente do que no caso das outras atividades da linguagem. Essa situação se torna mais profunda quando nos deparamos com textos literários do passado. Devemos compreender os traços linguísticos obsoletos a fim de captar a mensagem artística. Um estudo da linguagem desses textos torna-se, então, imperativo.

Temos, então, um terceiro fator para o estudo da linguagem. Esse tipo de estudo tem sido chamado de *filologia*, a partir dos gregos, e aqui manteremos o termo. Chamaremos, então, esse terceiro tipo de estudo da linguagem de *O estudo filológico da linguagem.*

Um quarto fator para o estudo da linguagem surge com o desenvolvimento da ciência no seu sentido mais amplo. O pensamento filosófico, por exemplo, processa-se através da expressão linguística. A precisão e as sutilezas do pensamento filosófico levam a um intenso estudo da linguagem através do qual ambos podem ser transmitidos e, mesmo, estabelecidos e desenvolvidos.

Por essa razão, os estudos filosóficos são entrelaçados com o estudo da linguagem.

A necessidade de tornar a linguagem um instrumento eficiente para o pensamento filosófico e de disciplinar o pensamento através do disciplinamento da linguagem dá lugar a um tipo de estudo, híbrido, filosófico e linguístico ao mesmo tempo, a que os gregos chamaram de *lógica*. Assim, estamos diante do que podemos chamar de *O estudo lógico da linguagem*. Esse tipo de estudo combina-se com *O estudo do certo e errado* e empresta um colorido científico à orientação linguística das classes superiores (6).

Não esqueçamos, por outro lado, que a linguagem, embora algo da cultura, depende de aspectos biológicos do corpo humano. Como dissemos anteriormente, é uma criação social baseada numa predisposição biológica. O desenvolvimento da ciência pode levar a um estudo das características biológicas que permitam aos homens o uso da linguagem. E através deste estudo biológico chegamos a um novo tipo: *O estudo biológico da linguagem*.

Um novo impacto do desenvolvimento cultural sobre a linguagem, propiciando um estudo sistemático, vem da história, isto é, o conceito da sociedade humana como fenômeno histórico. Sob essa nova luz, todo traço social é visto como um acontecimento histórico, e o novo ponto de vista leva ao estudo histórico da sociedade em todas as suas manifestações culturais. A linguagem como manifestação cultural da sociedade torna-se, assim, o objeto de um estudo histórico. Não esqueçamos que essa visão histórica é bem diferente da que chamamos de *O estudo filológico da linguagem*. Na filologia, os homens estão cônscios de um contraste entre os traços linguísticos do passado e os traços linguísticos do presente. O contraste é, porém, visto de um modo estático. "A" é conhecido como diferente de "B", mas "A" não é visto como a causa de "B", ou "B" como a consequência de "A". Não são imaginados como pontos relacionados numa linha de desenvolvimento. A lacuna entre o conceito filológico e a concepção da linguagem está claramente ilustrada quando confrontamos aquilo que a filologia grega chamou de *metaplasmo* com a ideia de alternância sonora, elaborada pela linguística moderna (7).

O estudo histórico da linguagem, em face de outros estudos da linguagem por nós já levados em consideração, focaliza-a como tal e tenta desenvolver sua natureza como um acontecimento histórico.

Todo fato social, entretanto, além de ser um acontecimento histórico, possui uma função social atual.

Assim, deparamo-nos com um sétimo estudo da linguagem, aquele que focaliza sua função na comunicação social e analisa os meios pelos quais ela preenche aquela função.

Não nos cabe aqui discutir se esse sétimo estudo, aquele ao qual podemos chamar de *descritivo* (8), deva ser independente, correlato ou entrelaçado ao estudo histórico. Esse é um problema que tem recebido respostas diversas de diferentes estudiosos em linguística, e voltaremos a ele mais tarde, neste livro.

Por enquanto, precisamos apenas demonstrar que *O estudo histórico da linguagem* e *O estudo descritivo* constituem o âmago da ciência da linguagem ou linguística. Em ambos, tomamos a linguagem como um traço cultural da sociedade e tentamos chegar à sua natureza, ou explicando sua origem e desenvolvimento através do tempo, ou o seu papel e meio de funcionamento real na sociedade.

Claro que *O estudo do certo e errado* não é ciência. Nada mais é que uma prática do comportamento linguístico. *O Estudo da Língua Estrangeira* apresenta alguns aspectos científicos na medida em que se baseia na observação e na comparação objetivas. Mas ainda não é ciência no sentido próprio do termo (9), uma vez que não apresenta o verdadeiro significado dos contrastes que descobre e não desenvolve um método científico de focalizar a sua matéria. O mesmo não se pode dizer do *Estudo filológico da linguagem*.

Podemos chamar aqueles três estudos da linguagem de *Pré-linguística*, isto é, algo que ainda não é linguística.

Por outro lado, o estudo *biológico* e o estudo *lógico* (ou, em sentido lato, *filosófico*) da linguagem não entram no domínio da linguagem propriamente dita. Permanecem nos seus limites como um tipo de *paralinguística* (10).

A *linguística* é uma ciência muito nova. Começou a existir na Europa em princípios do século XIX sob o aspecto de um estudo histórico, como veremos mais tarde. Antes dessa época encontramos apenas a *pré-linguística* e a *paralinguística* na cultura ocidental. Não há qualquer tipo de linguística na cultura oriental, mesmo nos países mais adiantados então, ou seja, a China e a Índia antigas (11). O estudo filológico e o estudo filosófico da linguagem foram lá oferecidos, algumas vezes, com eficiência brilhante. Deve ter havido, naturalmente, *O estudo do certo e errado*. A linguística, porém, não evoluiu desses esforços.

Uma história da linguística deveria concentrar sua atenção na Europa do século XIX até os nossos dias, incluindo, naturalmente, a América como uma extensão da cultura europeia e, entrementes, outros países não europeus que assumiram os principais traços e tendências do pensamento científico dominante (12).

Não devemos esquecer, todavia, que a história nada mais é que um desenvolvimento contínuo. A linguística não teria evoluído sem as experiências da *pré-linguística* e da *paralinguística* na Antiguidade, na Idade Média e nos Tempos Modernos antes do século XIX (13).

Somos compelidos a levar em consideração os estudos *pré*-linguísticos e *paralinguísticos* antes do advento da linguística no século XIX, na Europa, como uma introdução à história da linguística propriamente dita.

Ademais, a *pré-linguística* e a *paralinguística* não cessaram de existir com o advento da linguística. Ambas continuaram a seguir o seu caminho, ora ganhando novos aspectos do ponto de vista da linguística, ora contribuindo para esta com seu próprio *background*. Mesmo nos séculos modernos, uma história da linguística não poderia ignorar inteiramente alguns estudos *pré-linguísticos* e *paralinguísticos* que tratam dos aspectos filológicos, biológicos e filosóficos da linguagem.

Portanto, uma asserção global da história da linguística não se pode limitar à linguística propriamente dita. E não nos podemos esquecer que esta nem sempre se apresenta no decorrer de sua história como uma disciplina isolada e autônoma (14). Algumas escolas de linguística têm tentado agir assim, mas tem sido mais frequente o debordamento da psicologia, biologia e, mais recentemente, da antropologia no estudo da linguagem.

Agora podemos prosseguir focalizando, inicialmente, o estudo da linguagem na Antiguidade Clássica.

Resumo

Neste capítulo, Mattoso apresenta sete perspectivas de estudo da linguagem, distribuídas em três abordagens:

a) Pré-linguística: *Estudo do certo e errado*, *Estudo da língua estrangeira* e *Estudo filológico da linguagem*.

b) Paralinguística: *Estudo biológico da linguagem* e *Estudo lógico da linguagem* (estudo filosófico).

c) Linguística propriamente dita: *Estudo histórico da linguagem* e *Estudo descritivo*.

Os estudos "pré-linguísticos" e "paralinguísticos" na Antiguidade

Na Antiguidade o estudo da linguagem foi totalmente desenvolvido na Índia e na Grécia (1). Encontramos em ambos os países "O estudo do certo e errado", "O estudo filosófico" e "O estudo filológico da linguagem". Na Índia (2) prevaleceu o aspecto "filológico" da linguagem, porém "O estudo do certo e errado" se origina dele. A preocupação principal foi a compreensão correta dos antigos textos religiosos dos "Vedas". Com vistas a isto surgiu um estudo analítico sob o nome de "Vyākarana" que, em sânscrito, quer dizer "Análise".

O mais antigo tratado sobre a linguagem preservado até hoje, na Índia, é o de Yāska[3], um autor que viveu no IV século a.C. (3), e tem por nome "Nirukta" que significa "Explanação" (4). É, na realidade, uma explanação das palavras do "Rigveda" (5) que já se haviam tornado obscuras. A principal obra sobre a linguagem surgiu mais tarde, embora ainda no mesmo século, e consistia na descrição detalhada do sânscrito por Pānini[4] (6);

---

3. Gramático indiano, viveu, provavelmente, entre os séculos VI e V a.C.
4. Gramático indiano, viveu, provavelmente, entre os séculos VI e V a.C.

consiste este tratado em quatro mil estrofes ou "Sutras", as quais relatam, de maneira resumida e simbólica, os fenômenos linguísticos do sânscrito. É um tipo de código simbólico baseado numa tradição gramatical e, em si mesmo, muito obscuro. Foi explicado pelo "Grande Comentário", ou "Mahābhāsya", cujo autor, Pantañjali[5] (7), viveu provavelmente na segunda metade do século II a.C.

Pānini e Pantañjali estabeleceram as bases da gramática normativa do sânscrito e os tratados hindus que surgiram posteriormente nada mais eram que comentários sobre as "Sutras de Pānini" e sobre o "Mahābhāsya de Pantañjali". A orientação do "certo e errado" baseia-se numa observação muito acurada dos sons do sânscrito e da composição do vocábulo. Tarefa semelhante foi conduzida no "prakrits", isto é, os vários dialetos do Médio Hindu falado na Índia antiga ao lado do sânscrito, uma língua escrita essencialmente para trabalhos religiosos e literários e para uso das classes superiores.

Quanto ao estudo do "certo e errado" referente ao "prakrits", podemos citar o "Vyākarana", ou "Análise", do gramático pali Kaccāyana[6], que viveu depois do século VII da nossa era. A orientação filológica estimulou a composição das "Kosas" que correspondem aos nossos dicionários, tais como o "Amarakosa" ou dicionário de "Amera", para o sânscrito clássico (aparentemente no século VI da nossa era).

Mas os estudos linguísticos permaneceram desconhecidos no Ocidente até fins do século XVIII. É por isso que não tiveram qualquer influência no desenvolvimento do estudo da linguagem antes do advento da linguística propriamente dita, no século XIX.

A tradição do estudo da linguagem na Europa, até esta época, vem da cultura da Grécia antiga (8) e, como etapa preliminar de nosso curso (9), devemos examinar, sucintamente, o modo pelo qual os estudos linguísticos gregos foram conduzidos.

---

5. Gramático indiano, viveu durante o século II a.C.

6. Gramático indiano, viveu por volta do século VI d.C.

A principal abordagem ao estudo da linguagem na Grécia foi através da filosofia. Podemos dizer que os primeiros estudos "paralinguísticos" começaram sob o aspecto filosófico deles. Quase todas as famosas "Escolas"[7] da filosofia grega incluíram a linguagem como um de seus objetos de investigação. Podemos mencionar, a propósito, a figura de Heráclito[8], que fez de *Logos*, "A Palavra", como a expressão do pensamento, o âmago da sua filosofia panteística; Parmênides[9], e sua escola eleática; Demócrito[10] e, no seu rastro, Epicuro[11] e seus discípulos discutiram assuntos linguísticos.

Os principais estudiosos "paralinguísticos" da Grécia foram, entretanto, Platão[12] e Aristóteles[13] (10). O principal trabalho de Platão, no que se refere à linguagem, é o seu diálogo do Crátilo no qual encontramos a famosa discussão entre Crátilo (um filósofo da linha de Heráclito) e Hermógenes (que se inclina para Demócrito e seus seguidores). Platão claramente se identifica com Heráclito, porém Aristóteles desenvolveu uma teoria linguística baseada nas ideias de Demócrito.

Depois destes dois grandes filósofos, Platão e Aristóteles, os filósofos que se interessaram mais profundamente pela linguagem foram aqueles da Escola Estoica (11). Desenvolveram um estudo sistemático da gramática, baseado em Aristóteles, porém dele diferindo na sua teoria filosófica, até no que se referia à linguagem.

Consideremos rapidamente a grande interrogação sobre a linguagem que a filosofia grega trouxe à baila. A primeira delas foi a relação entre a língua e as coisas que ela exprime. Heráclito, com a sua teoria do *Logos*, dizia

---

7. As informações biográficas dos filósofos pré-socráticos e socráticos (Sócrates 469-399 a.C.) citados por Mattoso seguem o estipulado em Durant (1996).

8. Filósofo grego (540-470 a.C.).

9. Filósofo grego (530-460 a.C.).

10. Filósofo grego (460-370 a.C.).

11. Filósofo grego (342-270 a.C.).

12. Filósofo grego (427-347 a.C.).

13. Filósofo grego (384-322 a.C.).

que a palavra é uma imagem exata do mundo. Por outro lado, Parmênides viu, na multiplicidade das palavras, um produto da imaginação humana disfarçando a realidade aos homens. E os sofistas (12), seguindo de perto Parmênides, negaram à linguagem a capacidade de refletir a realidade.

Platão, no seu diálogo do *Crátilo,* discutiu principalmente a questão relacionada com o seguinte: a linguagem é imposta aos homens por uma necessidade da natureza (*phýsei*) ou se origina do poder de julgamento dos homens (*nómoi*). Pessoalmente parece ele participar da primeira dessas opiniões, a qual está de acordo com a metafísica das ideias que regem, de fora, a mente humana. Aristóteles, por outro lado, crê que a linguagem surgiu por convenção ou acordo entre os homens (*thései*), mas faz uma distinção entre a linguagem propriamente (*monē̌*) como um produto de convenção, e o conteúdo da linguagem (*lógos*) que está em conformidade com as coisas e assim o é (*phýsei*).

Uma pesquisa semelhante a esse debate foi o estudo da etimologia (do *étymos* "verdadeiro"). Nada tinha a ver com o que a moderna linguística atribui hoje a esse termo, mas uma pesquisa do "verdadeiro" significado de um vocábulo baseada na análise de suas partes constituintes. Em vez de uma explicação sobre a origem de um vocábulo colocada numa perspectiva histórica, a filosofia grega visava a uma compreensão da ideia original que dera lugar a esse vocábulo e ainda mantém sua verdadeira significação, uma vez que a língua não era vista como um acontecimento histórico em mutação.

Uma grande parte do debate sobre a linguagem no diálogo de *Crátilo* é dedicada à etimologia. De acordo com esse debate no *Crátilo,* o vocábulo resulta da justaposição de elementos mais simples, e o filósofo tem de chegar a ele pela análise do seu corpo fonético e da comparação com outros vocábulos com o mesmo ou com um aspecto sonoro aproximado. Assim, admite-se que Dioniso, o nome do "Deus do Vinho", venha de "*Didoínysos*", isto é, "o que dá vinho" (*ho didoùs tòn oînon*), e "ar" (*aḗr*) é assim chamado porque "levanta" (*aírei*) coisas do chão. Nessas discussões etimológicas, Platão não demonstra convicção, mas é, antes, inconsistente e volúvel: assim, *aḗr* é também aplicado com base no fato de que "sempre flui" (*aei rhei*). Parece que o filósofo estava bastante seguro da adequação de tal investigação etimológica, mas estava também cônscio da fragilidade do método empregado.

O *Crátilo* retoma uma velha orientação sobre debates linguísticos abordados pela filosofia grega. Depois de Platão, o estudo da etimologia prosseguiu tornando-se cada vez mais pleno de sutilezas e arbitrariedades. O ponto culminante desta atitude foi a explicação *kat' antígrapha*, pela qual se admitia que a palavra exprimia, no seu corpo fônico, o oposto do seu significado; por exemplo, "bellum quod res bella not sit" ["a guerra não é uma guerra"].

Por outro lado, como filosofia principalmente Aristóteles e os Estoicos, desenvolveram uma análise mais completa da linguagem e chegaram às asserções gramaticais, dando lugar a um debate referente à *natureza* da gramática, isto é, das regras subjacentes que existem no uso da linguagem. Havia os "analogistas" que sustentavam que a linguagem é um sistema corrente governado por leis e indicando tais categorias por tais formas. Em oposição a eles, os "anomalistas" eram de opinião que a linguagem não possui regularidades e está dominada pela arbitrariedade (13). Aristarco[14], que viveu no século II ou III a.C., foi um notável defensor da analogia. Os Estoicos eram mais ou menos anomalistas e à sua frente podemos mencionar Crates de Mallos[15], no século II a.C., autor de um livro famoso, hoje desaparecido.

Assim o estudo filosófico da linguagem chegou a um aspecto descritivo, que foi chamado de gramática, "A Arte" *grammatikḗ*, relacionado aos caracteres escritos. Vale a pena notar que este nome é evidência do papel da língua escrita como estímulo ao estudo linguístico.

Os fundamentos da gramática grega foram lançados por Aristóteles e continuados pelos Estoicos. Aristóteles via a língua através da lógica e desenvolveu o estudo lógico da linguagem, que prevaleceu até o advento

---

14. Astrônomo e matemático grego (310-230 a.C.).

15. Gramático e filósofo grego, viveu durante o século II a.C.

da linguística propriamente dita. Fez a primeira distinção nítida a respeito das partes do discurso ("substantivos", "verbos", e "partículas", *ónoma, rhêma, sýndesmoi*) e sobre a estrutura da oração (o nome como sujeito e o verbo como predicado). Os Estoicos, por outro lado, introduziram o conceito dos casos nominais (*ptôsis*).

A gramática grega chegou ao seu auge no período helenístico. Suas formulações foram resumidas no pequeno trabalho de Dionísio da Trácia[16] do século II a.C., cuja influência sobre todas as gramáticas subsequentes é incalculável (14).

A gramática grega, com base na filosofia, ou melhor, na lógica e seguindo uma nítida orientação do "certo e errado" (visando impor o dialeto ático), abrange a fonética com uma classificação dos sons da língua grega e do estudo do acento (*prosōdía*) ao lado do estudo do vocábulo e da oração. A fonética foi também objeto das investigações dos gramáticos hindus; mas, enquanto estes últimos partiram da observação da articulação bucal, a gramática grega apoiava-se na audição. As primeiras investigações fonéticas na Grécia relacionavam-se à música e, no começo, aqueles que as realizavam eram chamados tanto de músicos como de gramáticos.

Desse modo, podemos ver que a "paralinguística", sob seu aspecto filosófico, e a "pré-linguística", teoria do "certo e errado", tiveram um grande impulso na Grécia, daí nascendo a gramática no sentido que mantém até hoje.

Ao lado desses aspectos do estudo da linguagem, encontramos também, na cultura grega, o estudo "filológico" da linguagem.

A filologia é a grande tarefa do estudo da linguagem durante o período helenístico em Alexandria. Seu objetivo principal foi a explanação dos textos dos antigos poetas, principalmente Homero. Como a antiga literatura grega usava dialetos locais e velhas formas do discurso que tinham se tornado obsoletas em face da expansão do dialeto ático como língua comum a toda a Grécia (*koinê*), os filólogos alexandrinos eram levados a estudar

---

16. Gramático grego (170-80 a.C.).

as antigas fases da língua e os traços distintivos dos dialetos gregos. Assim, em um dicionário de Hesíquio[17], que viveu provavelmente no século V de nossa era, encontramos não somente palavras áticas, mas, também, vocábulos de outros dialetos gregos, do latim e, mesmo, de muitas línguas "não clássicas", tais como o egípcio, o acadiano, o lídio, o persa, o frígio, o fenício, o cita e o parto. Vemos, assim, o início do estudo "de língua estrangeira" como consequência do estudo "filológico".

Os principais filólogos do período alexandrino foram Zenódoto[18] (no século IV ou III a.C.); Aristarco, famoso como intérprete de Homero; e Apolônio Díscolo[19].

O estudo filológico misturava-se, naturalmente, com as asserções gramaticais de caráter normativo e com pontos de vista filosóficos entre *phýsei* e *thései* e analogia e anomalia. Aristarco, por exemplo, era um analogista.

A cultura romana aceitou e aplicou ao latim, em suas linhas gerais, o estudo da língua que os gregos haviam criado e desenvolvido. Mas a abordagem filosófica deu margem a uma gramática normativa mais estrita. Os problemas filosóficos da linguagem, levantados pelos gregos, foram utilizados pelos estudiosos romanos de maneira dessultória. O objetivo principal da gramática latina foi o que vimos chamando de "O estudo do certo e errado".

No momento em que a gramática grega começou a influenciar a cultura latina, o latim não era ainda uma língua fixada e os hábitos linguísticos das classes rurais estavam em conflito com a "urbanitas", isto é, o estabelecimento de uma norma oficial para as classes superiores da cidade. À medida que o Estado crescia através de suas conquistas, crescia também, assim, a necessidade de uma língua única tendo sob seu domínio todo o Império Romano (15).

A gramática latina vinha tentando, incessantemente, manter o latim clássico em face da fala plebeia e da fala provinciana das populações heterogêneas. A abordagem do "certo e errado" estava sempre em jogo e au-

---

17. Hesíquio de Alexandria, gramático e lexicógrafo grego, viveu no século V d.C.
18. Zenódoto de Éfeso, gramático e filósofo grego (323 a.C – 260 a.C).
19. Gramático grego, viveu durante o século II a.C.

mentava seus esforços à medida que as forças contra o latim clássico se tornavam mais poderosas.

Podemos mencionar, como o mais importante desses estudos em Roma, os vinte e quatro livros do *De lingua latina,* de Varrão[20], que viveu no século II a.C. Tomou como base para seu trabalho os Estoicos e Aristarco e foi um analogista, embora de modo não muito decidido. Aplicou as ideias gramaticais gregas ao latim inteligentemente e com certa dose de originalidade. Viu, por exemplo, a distinção temporal em latim entre *infectum* e *perfectum*, que é peculiar a essa língua. Em outros trabalhos, hoje desaparecidos, *De Sermone Latino,* Varrão estabeleceu os fundamentos da "latinidade" como sendo *natura, analogia, consuetudo* e *auctoritas,* isto é, a natureza da linguagem, as regularidades da gramática (como evitar exceções), o uso firmado e a autoridade de personalidades importantes, principalmente os grandes escritores. Vale a pena notar que tal visão está ainda viva na abordagem do "certo e errado".

Ao lado de Varrão, podemos mencionar, também, o retórico Quintiliano[21], no século I de nossa era, e Aelius Stilo[22], mestre de Varrão, que trabalhou em etimologia à maneira dos Estoicos, fez um estudo filológico dos *Carmes Saliares* (velhos cânticos religiosos da irmandade de Sálios) e chegou mesmo a estender suas vistas aos dialetos fora do latim. Em meados do século IV d.C., Elio Donato[23] escreveu sua gramática normativa do latim a qual, sob o título de *Arte Menor,* permaneceu, por duzentos anos, o modelo mais autorizado de gramática expositiva.

Em Bizâncio, encontramos, no reino de Justiniano, o gramático Prisciano[24], século V d.C., que baseou suas *Institutiones* em Apolônio Díscolo. Na mesma época, Santo Isidoro de Sevilha[25] desenvolveu, em vinte livros, um

---

20. Marco Terêncio Varrão, intelectual romano (116 a.C. – 27 a.C.).
21. Professor e retórico romano (35-96 a.C.).
22. Filólogo romano (154-74 a.C.).
23. Gramático latino, viveu durante o século IV.
24. Gramático latino, viveu entre o final do século V e o início do século VI.
25. Arcebispo de Sevilha (560-636).

amplo tratado de *Etimologia* (16), seguindo os passos de Platão e de seus seguidores.

Resumo

Neste capítulo, Mattoso Camara explica, em detalhe, duas das abordagens do estudo da linguagem apresentadas no capítulo anterior: a abordagem paralinguística e a pré-linguística.

Dentro da abordagem paralinguística, são contemplados os estudos de natureza filosófica; dentro da abordagem pré-linguística, os estudos ligados ao "certo e errado". Vale considerar o fato de Mattoso traçar a história dessas perspectivas tanto no mundo ocidental – através dos estudos gregos e latinos – como no mundo oriental – com destaque para os estudos do sânscrito e da tradição indiana.

III

O estudo da linguagem na Idade Média e nos tempos modernos até o século XVIII (1)

Nos autores mais tardios da Antiguidade, tais como Donato e Prisciano, observamos já um esforço para manter a norma do latim clássico em face da língua popular do Império.

Na Idade Média (2), com o surgimento das línguas vernáculas (3) nas várias nações que constituíram o Império Romano do passado, este esforço aumentou a fim de conservar o latim puro como língua universal de cultura acima daquelas vernáculas.

Tal situação fez com que se enfatizasse muito o estudo do "certo e errado". Os tratados de Donato e Prisciano eram os modelos para o ensino da gramática latina. Havia, entretanto, um fator conflitante em face das discrepâncias entre o latim clássico e o latim da Vulgata (4). Isso está ilustrado por um abade francês do século IX: "Eu discordo de Donato", diz ele, "por crer ser maior a autoridade das Escrituras". Esse conflito estimulou novos pontos de vista no que dizia respeito à correção no uso do latim.

A mais completa expressão da gramática latina normativa na Idade Média é a *Doctrinale puerorum* do autor francês Alexandre de Villedieu[26], no século XII (5). Foi escrita em hexâmetros latinos por se pensar, na época,

---

26. Professor e gramático francês (1193-1280).

que a versificação era muito útil aos propósitos pedagógicos. Não há preocupações filosóficas nesse tratado. É um manual puramente pedagógico, baseado, antes, no latim medieval do que no latim clássico, embora seguindo, em suas linhas gerais, a gramática de Prisciano.

Desenvolveu-se também intensamente a abordagem filosófica à medida que os escolásticos ganhavam terreno. Sob as influências dos ensinamentos de Aristóteles, a gramática era vista como uma "auxiliar (*ancilla*) da lógica". Encontramos, desse modo, durante a Idade Média, um estudo "lógico" da linguagem, de grande importância, pelo impacto que exerceu nos séculos subsequentes e ainda exerce. Foi então, por exemplo, que o nome e o conceito de *cópula* (6) teve lugar na teoria gramatical. Mantinha-se, em termos lógicos, que toda oração possui três partes essenciais – *Sujeito, Cópula, Predicado,* uma oração verbal do tipo *Petrus amat* nada mais sendo que a redução de *Petrus est amans* com a cópula *est* estabelecendo a relação do sujeito com o predicado *amans*.

A disputa entre os analogistas e os anomalistas surge na abordagem filosófica da linguagem na Idade Média, na discussão relativa ao papel do gramático: se deve ou não melhorar a língua, dando mais regularidade aos seus padrões e conservando-a mais perto do mundo dos objetos e das ideias.

Entre as questões levantadas por aquelas gramáticas filosóficas da Idade Média podemos mencionar as seguintes: a Gramática é uma Ciência? São os modos de significar, de compreender e de ser idênticos? Nascem os modos de significar das propriedades dos objetos?

A ideia subjacente era a de que existe uma estrutura gramatical universal comum a todas as línguas (7) e que esta estrutura é mais evidente em latim. Encontramos aqui a ideia de uma gramática geral que tem dominado o pensamento dos homens, acerca da linguagem, por muitos séculos.

O mais famoso desses tratados filosóficos sobre a linguagem é o *De modis significandi sive grammatica speculativa,* que foi atribuído a Duns Scotus[27] e até mesmo incluído nas edições de seus escritos, mas hoje conside-

---

27. Filósofo escocês, viveu, aproximadamente, entre os anos de 1265 e 1308.

rado como sendo da pena de Thomas de Erfurt[28], que viveu no século XIV. Observe-se que o uso da palavra latina *modus* era largamente empregado naqueles tratados, de modo que seus autores são conhecidos pelo termo comum de *Modistae* (8).

O estudo da linguagem concentrava-se no latim, e as línguas vernáculas não eram objeto de qualquer estudo normativo e especulativo. Havia, entretanto, certa curiosidade acerca das línguas faladas como também a necessidade de transmitir aos povos que as falavam a doutrina cristã. Isso deu lugar, no início, ao que hoje chamamos "O estudo de línguas estrangeiras", embora aquelas línguas vernáculas fossem "estrangeiras" aos escritores que com elas trabalhavam, apenas no sentido de que os mesmos se colocavam, do ponto de vista do latim, a considerar como latinos os falantes das línguas de seus respectivos países.

Podemos mencionar, a esse respeito, o trabalho de Aelfric[29] (9), abade de Eynsham na Inglaterra anglo-saxônica do século XI, cujo texto revela o interesse dividido entre o anglo-saxão e o latim: *De Grammatica Latino-Saxonica,* seguido de um *Glossarium* ou *Dicionário Latino-Anglo-Saxão*.

No Renascimento (10), com o ressurgir do latim clássico como língua escrita dos estudiosos e com o novo interesse pelo grego, o estudo normativo de ambas essas línguas da Antiguidade foi muito favorecido.

Ao mesmo tempo, entretanto, surgiu um grande interesse pelas línguas faladas no mundo, como consequência da curiosidade do homem do Renascimento por tudo que o circundava na natureza e na sociedade.

O estudo do "certo e errado", focalizando o latim clássico, é exemplificado pelo *Elegantiarum linguae latinae sive de linguae latinae elegantia* (11), do italiano Lorenzo Valla[30], no século XV.

---

28. Gramático alemão, viveu por volta dos anos de 1300.
29. Abade inglês (955-1010).
30. Filósofo e filólogo italiano (1407-1457).

O estudo da "língua estrangeira" compreende livros sobre línguas orientais e indígenas americanas, tais como o etíope (por M. Victorino[31] no século XVI), o sírio comparado com o etíope e o árabe (A. Caninio[32] no século XVI) e o basco (A. de Pizza, nos fins do século XVI).

A abordagem da especulação filosófica, por outro lado, foi muito aplicada aos estudos linguísticos. A distinção entre a gramática "Vulgar" e a gramática "Filosófica" ganhou terreno e foi claramente estabelecida por Francis Bacon[33] no seu livro *De dignitate et Augmentis Scientiarum*. Esse escritor define a gramática filosófica como uma investigação nas relações entre as palavras e os objetos ou ideias.

As principais manifestações da gramática filosófica no século XVI foram os livros *De causis linguae latinae*, de Julius Caesar Scaliger[34] (12), e *Minerva*, de Francisco Sanchez de las Brozas[35], um autor espanhol que teve grande influência nos países latinos. Scaliger nos diz que seu intento é aplicar à língua as categorias lógicas de Aristóteles. Sanchez também visa desenvolver a estrutura lógica que ele julga inerente a todas as línguas.

No século XVII a orientação lógica nas asserções gramaticais chegou ao seu auge com a *Gramática de Port-Royal*, de autoria de Lancelot[36] e Arnauld[37] (13).

Nessa época, notava-se já atenção sempre crescente pelas modernas línguas da Europa. O latim passa ao segundo plano. Dante[38], por exemplo,

---

31. Gaius Marius Victorino, filósofo e gramático romano (290-364).

32. Angelo Canini (Angelus Caninius), gramático italiano, viveu, provavelmente, entre os anos de 1521 e 1557.

33. Filósofo inglês (1561-1626).

34. Filósofo italiano, também conhecido como Giuseppe Giusto Scaligero e Júlio César Escalígero Riva del Garda (1484-1558).

35. Filólogo espanhol (1523-1600).

36. Claude Lancelot, monge e gramático francês (1615-1695).

37. Antoine Arnauld, teólogo e padre francês (1912-1994).

38. Dante Alighieri, escritor italiano (1265-1321).

já viu claramente o problema dos vernáculos em face do latim (14) (cf. Bertoni[39], 1937). Cada país demonstra entusiasmo por sua própria língua. Consequência: os "Louvores" do francês, do italiano etc.

Do século XVI em diante, encontramos gramáticas das línguas modernas, combinando a orientação lógica e a intenção do "certo e errado" com a observação, algumas vezes aguda e acurada, dos verdadeiros fenômenos linguísticos. Podemos mencionar, a este respeito, as gramáticas francesas de Meigret[40], Robert Estienne[41] e Theodore Beze[42] no século XVI, e a gramática castelhana de António de Nebrija[43] (15), no século XV. Alguns dos tratados desse tipo podem ser incluídos no estudo de "língua estrangeira" uma vez que seu propósito é ensinar uma dada língua a estrangeiros; tais são os tratados de Miège[44] (inglês para uso de franceses), de Percywall[45] (espanhol (16) para uso de ingleses), Palsgrave[46] (francês para uso dos ingleses) e Oudin[47] (espanhol para uso de franceses).

Nesses tratados, as asserções fonéticas são, muitas vezes, apreciáveis. A fonética não era forte entre os gregos e os romanos e, na Idade Média, deparamo-nos com uma completa confusão entre som e letra. Teoricamente havia distinção entre os dois conceitos, porque as letras eram tidas como possuindo *figura* (seu aspecto gráfico), *nomen* (seu nome no alfabeto), e *potestas* (seu valor fônico). Mas, na prática, o valor fônico era frequentemente esquecido e o debate linguístico concentrava-se nas letras sob seu aspecto visual.

---

39. Giulio Bertoni, filólogo italiano (1878-1942). Mattoso provavelmente se refere à obra *La vecchia e nuova questione della língua*, publicada em 1938.

40. Louis Meigret, gramático francês (1510-1558).

41. Lexicógrafo francês (1503-1559).

42. Teólogo francês (1519-1605).

43. Gramático espanhol (1444-1522).

44. Guy Miège, gramático suíço (1644-1718).

45. Richard Percywall, viveu durante o século XVI.

46. John Palsgrave, padre inglês (1480-1554).

47. César Oudin, gramático francês (1560-1625).

Ora, a partir do século XVI, devido ao estudo das línguas vivas modernas, o aspecto oral da linguagem foi trazido à baila, e a teoria fonética, embora rudimentar, desenvolveu-se.

Essa nova atitude em relação à fonética foi apoiada pelo estudo "biológico" da linguagem que se desenvolveu no século XVII devido ao crescente interesse pelos órgãos da fala e a sua maneira de produzir os sons da linguagem. O progresso alcançado nesse sentido foi suficientemente grande para ser utilizado no esforço humanitário de ensinar os deficientes auditivos a falar. A gramática portuguesa, por Fernão de Oliveira[48], no século XVI, é notável por suas asserções fonéticas (17).

A esse respeito, devemos mencionar o tratado de um médico galês, Joan Dafydd Rhys[49], no século XVI, sob o título de *De italica pronunciatione,* no qual os sons das várias línguas europeias são examinados e comparados aos sons do italiano. No *Philosophical Language* [Linguagem filosófica] (1668), do inglês John Wilkins, no século XVII, encontramos quadros para ilustrar as articulações bucais.

Entretanto, a mais importante corrente no século XVII a respeito do estudo da linguagem foi o esforço de comparar as línguas e classificá-las de acordo com suas semelhanças. Era pensamento comum considerar-se o hebraico a língua original da humanidade (18). No século XVI (19), estudiosos como Postel[50], Buchman (que traduziu seu nome para o grego como Bibliander[51]), Gessner[52] e Scaliger fizeram tentativas no sentido de uma classificação para as línguas.

O estudo da etimologia, da Antiguidade, foi renovado, mas já sob uma visão histórica. Foram feitos esforços para derivar de uma língua as palavras de uma outra por adição, subtração, transposição e inversão de letras.

---

48. Gramático português (1507-1581).
49. Físico e gramático inglês (1534-1609).
50. Guillaume Postel, linguista francês (1510-1581).
51. Theodor Bibliander, filólogo suíço-alemão (1509-1564).
52. Konrad Gessner, naturalista suíço (1516-1565).

Por ser o hebraico escrito da direita para a esquerda, pensava-se ser justificável inverter as letras em hebraico a fim de se chegar ao grego, latim e europeu modernos. Nessa linha temos o tratado do francês Estienne Guichard[53], nos começos do século XVII, sobre *L'harmonie etymologique des langues, Hebraïque, Chaldaïque, Syriaque, Greque, Latine, Françoise, Italienne, Espagnole, Allemande, Flamende, Angloise* [A harmonia etimológica do hebraico, sírio, grego, latim, francês, italiano, espanhol, alemão, flamengo e inglês].

Embora muito simples, esses pontos de vista eram significativos porque, dessa maneira, uma nova abordagem à linguagem pouco a pouco tomava corpo: o estudo "histórico" da linguagem, pelo qual o homem chegaria à linguística propriamente dita.

No começo do século XVIII, essa corrente comparativa e histórica ganhou mais consistência e segurança.

J. Ludolf[54], por exemplo, afirmava, em 1702, que o reconhecimento das afinidades das línguas deve depender antes das semelhanças gramaticais do que do vocábulo, e nas correspondências de vocabulário a ênfase deve ser posta nas palavras simples, como, por exemplo, os nomes para as partes do corpo.

A esse respeito, vale citar o famoso filósofo Leibniz[55] (20). No seu *Brevis designatio meditationum de originibus gentium ductis potissimum ex indiciis linguarum* [Breve plano das reflexões sobre as origens dos povos traçado principalmente a partir das indicações das línguas] (21), publicado nas atas da Academia de Berlim em 1710, afirma que nenhuma língua histórica é a fonte das línguas do mundo, uma vez que devem ser derivadas de uma "Protolíngua". É essa ideia segura que se encontra na base da linguística histórico-comparativa, como veremos mais tarde. Esboçou ele ainda, em seu livro, uma classificação das línguas, com um

---

53. Filólogo francês, viveu durante o século XVII.

54. Hiob ou Job Ludolf (1624-1704), orientalista alemão, também conhecido como Job Leutholf.

55. Gottfried Wilhelm Leibniz, filósofo alemão (1646-1716).

grupo *jafético* que dividiu em *cítico* (aproximadamente as línguas indo-
-europeias) e *céltico* (aproximadamente as línguas uralo-altaicas).

Leibniz chamou atenção para as línguas do mundo em geral e insistiu para que o imperador da Rússia, Pedro o Grande, determinasse o estudo das muitas línguas de seu Império. Ele também tinha ideia de um alfabeto universal a fim de reduzir todas as línguas faladas à escrita.

Essa iniciativa de Leibniz e o grande interesse pessoal da imperatriz da Rússia, Catarina II, que reinou depois de Pedro, o Grande, estimulou a elaboração de grandes repertórios de todas as línguas então conhecidas, tais como o *Linguarum totius orbis vocabularia comparativa* [Vocabulário comparativo de todas as línguas do mundo] (22), de Pallas[56], no final do século XVIII, e nos começos do século XIX, o *Catalogo de las lenguas de las naciones conocidas* [Catálogo das línguas das nações conhecidas] (23), em espanhol, e o *Mithridates oder allgemeine Sprachenkunde* [Mitrídates ou estudos gerais de linguagem] (24), em alemão.

De um aspecto mais "paralinguístico" foram os esforços para descobrir-se a origem da linguagem, partindo de um terreno filosófico, tais como os debates de Hobbes[57] (25), Rousseau[58] (26), Monboddo[59] (27) e Condillac[60] (28). Um desses ficou famoso pelos apreciáveis pontos de vista que oferece quanto à natureza e função da linguagem: é o ensaio do estudioso alemão Johann Gottfried Herder[61] sobre a origem da linguagem *Abhandlung über den Ursprung der Sprache* [Ensaio sobre a origem da linguagem] (1772) (29), escrito para um concurso aberto pela Academia de Ciências de Berlim. Herder sustentava que a linguagem era criação do homem, não uma dádiva divina, nascida da necessidade da natureza humana. Também

---

56. Peter Simon Pallas, zoólogo alemão (1741-1811).

57. Thomas Hobbes, filósofo e matemático inglês (1588-1679).

58. Jean-Jacques Rousseau, filósofo suíço (1712-1778).

59. James Burnett, conhecido como Lorde Monboddo, filósofo e linguista escocês (1714-1799).

60. Étienne Bonnot, abade de Condillac, filósofo francês (1714-1780).

61. Filósofo alemão (1744-1803).

adiantou a feliz ideia de que a linguagem deve ter começado com verbos, não com substantivos.

Ao lado de Herder, como um estudioso "paralinguístico", devemos colocar o italiano João Batista Vico[62] (30), que em seus trabalhos, particularmente no *Scienza nuova* [Nova ciência] (1725), desenvolveu ideias filosóficas a respeito da linguagem. Ele se opõe a Scaliger, Sanchez e a todos os autores que atribuem o estudo da linguagem à lógica. A lógica, visando a uma expressão universal do pensamento, não pode fazer justiça, de acordo com o que ele diz, às infinitas particularidades que constituem o cerne de qualquer língua. Acha que a língua, ao contrário, é um tipo de poesia e recebe seu impulso da imaginação humana.

Resumo

Neste capítulo, Mattoso Camara apresenta grandes marcos do estudo da linguagem humana que viveram em um período vasto da história: Idade Média, Renascimento e Iluminismo. Refere também alguns trabalhos da antiguidade tardia (Donato e Prisciano).

Mattoso, a exemplo do que faz nos capítulos anteriores, distribui os estudos nas perspectivas paralinguística (abordagem filosófica) e pré-linguística (abordagem do certo e errado e dos estudos de línguas estrangeiras).

---

62. Giambattista Vico ou Giovan Battista Vico, filósofo italiano (1668-1744).

O advento da linguística; a abordagem filosófica de Humboldt; a abordagem comparativa de Rask

Vimos como no século XVIII foram desenvolvidas, no estudo da linguagem, ideias mais sólidas do que no período anterior. O caminho estava sendo preparado para o advento de uma verdadeira ciência da linguagem ou linguística propriamente dita (1).

Partindo de uma abordagem filosófica da linguagem pela observação direta de muitas línguas exóticas, o estudioso alemão Wilhelm von Humboldt[63] (2) nos oferece em seus trabalhos mais do que um mero estudo "paralinguístico" (3). Coloca-se no cerne dos fenômenos linguísticos (4) e tenta desemaranhar a natureza e o mecanismo da linguagem. Podemos dizer que ele começou a lançar os fundamentos (5) do que vimos chamando o estudo "descritivo" da linguagem como um aspecto da linguística propriamente dita. É verdade, entretanto, que fez pouca descrição, no sentido de tratar, sistematicamente, com dados concretos. Prefere, a isso, uma série

---

63. Linguista e filósofo alemão (1767-1835).

de raciocínios acerca da linguagem em geral, alicerçando-os com exemplos das mais variadas línguas (6).

De seus trabalhos numerosos, o mais importante é o estudo da língua *kawi* da ilha de Java (7), publicado postumamente. Como introdução a esse trabalho escreveu seus famosos debates sobre a diversidade das estruturas linguísticas e sua influência sobre o desenvolvimento espiritual da humanidade. É nessa "Introdução", hoje consultada como um livro separado, que se encontram expostas suas ideias básicas sobre linguagem.

Entre seus outros trabalhos podemos mencionar a pesquisa-inquérito sobre os primeiros habitantes da Espanha, partindo de um estudo do basco, um dicionário do basco (8) e um tratado, em forma epistolar, sobre gramática geral e a língua chinesa (9).

Não é muito fácil captar-se as ideias de Humboldt devido a seu estilo impenetrável. Grande parte de seu pensamento tem recebido interpretações diversas. Suas ideias centrais, entretanto, são muito claras e estimuladoras e, até mesmo, provocativas (10). Façamos aqui uma pausa para considerar algumas delas.

Encarava a língua como uma atividade incessante, um trabalho mental dos homens, constantemente repetido para expressar seus pensamentos. Daí não encarar as línguas como um conjunto de formas linguísticas e de regras criadas para combinar essas formas, mas como uma série de atos da fala. Para ele, o que importa numa língua é o processo dinâmico da expressão através dos sons vocais. Apresentou essa visão na afirmação de que a língua não é um produto para ser utilizado pelos falantes, ou, como sugere o termo grego *ergon*, ela é, ao contrário, uma incessante criação de cada falante, ou, como ele mesmo exprimiu através de um outro termo grego, uma *energeia*. Em referência a isso, Humboldt está de acordo com Vico (11), que também enfatizara a criação subjacente a todo ato de fala.

Ao mesmo tempo em que fazia a afirmação acima, Humboldt convencia-se de que toda língua reflete a psique do povo que a fala. É o resultado do modo peculiar no qual as pessoas tentam realizar o seu ideal de fala.

Ele acha, por outro lado, que a língua de um povo é o canal natural pelo qual aquele povo chega a uma compreensão do universo que circunda o Homem. E conclui que existe uma profunda influência de uma língua na maneira pela qual seus falantes veem e organizam o mundo dos objetos em torno deles e de sua vida espiritual.

Opõe-se à ideia de uma gramática geral baseada dedutivamente em premissas lógicas, como vimos ser corrente no estudo "filosófico" da linguagem até o século XVIII. Advoga a possibilidade de fazer-se uma análise de todas as línguas do mundo a fim de serem comparadas as diferentes maneiras pelas quais a mesma noção gramatical é verdadeiramente expressa em línguas diversas. Por esse tipo de análise acha que se poderia chegar a uma descrição indutiva da língua. E ofereceu uma ilustração de tal método em um estudo sobre a flexão de número conhecido como *Über den Dualis* [Sobre o dual] (12).

Tal como outros linguistas de seu tempo, como veremos mais tarde, Humboldt adotou uma classificação tipológica das línguas (13), baseada na estrutura do vocábulo.

A classificação tipológica existente até aquela época, devida a Schleicher, distinguia as línguas isolantes, aglutinantes e flexionais, partindo do chinês, o modelo do tipo isolante, para chegar à riqueza das flexões do sânscrito, do grego e do latim. A divisão era feita levando-se em consideração o fato de ser o vocábulo uma forma simples e indivisível, ou um composto de formas mais simples da mesma importância, ou um todo com uma forma central, ou raiz, seguido por formas secundárias ou afixos.

A classificação de Humboldt não está inteiramente de acordo com essa. Considera o chinês como uma língua sem qualquer forma gramatical, juntando a seu lado três tipos possíveis de línguas: o flexional, o aglutinante e o incorporante. Ilustra este último tipo com línguas tais como o *nahuatl*, no México, na qual um único vocábulo incorpora os diferentes elementos da oração.

De outro lado, faz Humboldt uma distinção entre o que ele chama a forma externa da língua e o que chama a sua forma interna. Por forma externa considerava os sons da língua, o corpo fonético do vocábulo, os recursos vocais da língua. Por forma interna, ao contrário, considerava as ideias subjacentes àqueles grupos de sons, as distinções mentais dominantes na língua, ou, em outros termos, os significados das formas linguísticas e as categorias linguísticas tais como número, gênero, tempo etc. E atribui à forma interna o papel principal. Escreveu, por exemplo: "Todas as excelências, por mais elaboradas e melodiosas, das formas fonéticas, mesmo se combinadas com o sentido articulatório mais delicado, são incapazes de manifestar o espírito de uma dada língua, se a irradiação das ideias que aquela língua mantém não as atravessa com o seu calor e sua luz".

Em sua interpretação dinâmica da linguagem, visualizou cada língua sob a influência do poder mental mutável de seus falantes e distinguiu dois períodos definidos em toda língua, um criativo com um instinto linguístico crescente e ativo, e outro no qual aquele instinto criativo declina e uma estagnação aparente tem início com respeito à *energeia* da língua.

Humboldt morreu em 1835 (14) quando os principais estudiosos em linguística tinham já alcançado os fundamentos da ciência da linguagem, ou linguística propriamente dita, em bases bastante diferentes, partindo para o estudo "histórico" da linguagem através da comparação de línguas vivas e mortas. Pode-se afirmar, com segurança, que a orientação de Humboldt permaneceu isolada no mundo cultural de seu tempo (15).

Possui um único seguidor importante, Heymann Steinthal[64], que procurou esclarecer os conceitos de seu mestre e insistir no aspecto psicológico da linguagem, como adiantara Humboldt ao afirmar que a língua é uma *energeia*, uma atividade incessante do pensamento humano. Um dos muitos trabalhos de Steinthal é o *Abriss der Sprachwissenschaft* [Manual de linguística] em meados do século XIX, no qual trata de línguas as mais variadas, especialmente as de países contemporâneos fora da Europa.

---

64. Filólogo e filósofo alemão (1823-1899).

A abordagem "histórica" da linguagem, como vimos, começou no século XVIII por um esforço em comparar e classificar as línguas (16) de acordo com sua origem hipotética. Nesse esforço a linguagem veio a ser vista nitidamente através de uma linha histórica de desenvolvimento, na qual uma língua antiga dá origem a uma ou a várias línguas novas. Essa concepção está subjacente à linguística histórico-comparativa que se desenvolveu no século XIX.

O primeiro estudioso a fazer progressos na técnica da comparação histórica entre línguas foi o dinamarquês Rasmus Rask[65]. O interesse na comparação de línguas que vinha ganhando terreno desde o século XVIII persuadiu a Academia Dinamarquesa de Ciências, em 1811, a estabelecer um prêmio de competição cujo assunto era "a investigação de que fonte a velha língua escandinava poderia ter-se originado".

Rask, que era um devotado aluno do islandês, considerada a mais antiga língua escandinava, ganhou o prêmio com seu trabalho intitulado *Undersøgelse om det gamle Nordiske eller Islandske Sprogs Oprindelse* [Investigação sobre a origem do antigo nórdico ou islandês] (1818). O livro, escrito em dinamarquês, uma língua pouco conhecida fora da Dinamarca, não foi publicado durante muito tempo (17). Por essa razão, Franz Bopp[66], cujo trabalho surgiu um pouco mais tarde (18), é considerado o fundador da Ciência Histórico-Comparativa da Linguagem.

Entretanto, as ideias principais que deram à comparação histórica das línguas um método científico, em lugar das suposições do século XVIII, são claramente expostas por Rask. Insiste na importância das comparações gramaticais em vez de aproximar palavras cuja concordância é incerta, por poderem passar facilmente de um povo para outro. As inflexões morfológicas, ao contrário, afirma ele, são raramente ou nunca tomadas de uma

---

65. Rasmus Kristian Rask, também conhecido como Rasmus Christian Nielsen Rasch, linguista e filólogo dinamarquês (1787-1832).

66. Linguista germânico, professor de filologia e sânscrito na Universidade de Berlim (1791-1867).

língua para outra. Ele se apoia também, entretanto, na concordância entre as palavras mais essenciais, mais concretas e mais indispensáveis.

Por outro lado, constatou que há uma regularidade nas passagens das vogais e consoantes de uma dada língua, comparada a outras com as quais têm relações de parentesco. A esse respeito é muito sensível aos valores fônicos e, no que diz respeito à mudança de letras, tem nitidamente em mente o que os escolásticos haviam chamado de *Potestas* da letra, isto é, seu som no vocábulo articulado.

Em uma gramática islandesa, anterior à *Investigação* para a competição da Academia Dinamarquesa, Rask apreendeu a ideia tanto do que hoje chamamos *Morfofonêmica* (19), como do *Sandhi* (20) hindu: a mudança de vogais e consoantes em contato quando formas mínimas entram na combinação de um todo mais complexo. Ele explica certas alternâncias vocálicas no islandês como devidas à aproximação da vogal da raiz à vogal da terminação.

Em sua *Investigação* foi bem-sucedido ao descobrir, de maneira mais ou menos aproximada, o grupo de línguas que viriam a ser chamadas mais tarde de família indo-europeia ou indo-germânica. Nele incluiu cinco grupos menores: o gótico, isto é, as línguas germânicas, entre as quais colocou o escandinavo, naturalmente, o eslavo, o lituano, o latim e o grego. Cometeu o erro de deixar fora o celta. Ademais, não viu a relação entre este ramo europeu de línguas e as línguas asiáticas e persas. Mais tarde chegou a se corrigir nesses dois pontos.

O grande mérito de Rask foi dar os primeiros passos firmes em direção à Gramática Comparativa. Sob esse aspecto pode ser considerado o grande pioneiro do que vimos chamando "O Estudo Histórico da Linguagem", como uma das modalidades da ciência da linguagem ou linguística propriamente dita.

Com ele e, em menor grau com Humboldt, a História da Linguística, como a definimos, tem seu verdadeiro início.

O grande impulso, entretanto, para a elaboração do estudo histórico da linguagem teve início depois da descoberta do sânscrito e da cultura da Índia pelos estudiosos europeus no começo do século XIX. A marcha para a linguística, que começara desde o século XVIII, na Europa, recebeu da gramática do sânscrito e da gramática hindu um estímulo inesperado (21), que foi decisivo para o estabelecimento da linguística.

Resumo

Neste capítulo, Mattoso Camara situa os primórdios da linguística nos trabalhos de Wilhelm von Humboldt e Rasmus Rask, em especial, em relação à contribuição que deram para o estabelecimento dos princípios do estudo histórico e comparado das línguas. É dada atenção especial à obra de Humboldt, o que indica uma perspectiva bastante inovadora de historiografia linguística no âmbito da linguística brasileira.

V

A descoberta do sânscrito pela erudição moderna (1)

A descoberta do sânscrito e da cultura da Índia, pela erudição europeia, resultou no domínio político da Índia por parte da Inglaterra. A cultura hindu não atraía o interesse dos gregos, mesmo depois da conquista de Alexandre, devido à tendência grega de olhar todos os outros povos como bárbaros. Mesmo durante a Renascença e os séculos seguintes só houve um interesse muito vago e esporádico pela Índia e pela Pérsia. Tinha-se uma confusa ideia da conexão do persa com línguas europeias, especialmente o alemão. Essa suposição, que visava um alvo falso, foi apresentada pela primeira vez pelo italiano Bonaventura Vulcanius[67] nos fins do século XVI e persistiu por muito tempo.

A respeito da Índia, alguns missionários e viajantes, mais perspicazes, perceberam que havia uma relação do sânscrito e das modernas línguas hindus, ligadas a ele, com o grego e o latim. Desses argutos observadores, merece menção o italiano Sassetti[68], no século XVI, e o jesuíta francês Coeurdoux[69], no século XVIII (2). O primeiro ventilou a ideia incidentalmente

---

67. Humanista neerlandês (1538-1614).

68. Filippo Sassetti, viajante, comerciante e humanista italiano (1540-1588).

69. Gaston-Laurent Coeurdoux, padre e indianista francês (1691-1779).

em cartas a amigos na Itália; mas o segundo escreveu uma *Memória* sobre o assunto para o Instituto de França.

O que então disseram ficou, porém, praticamente desconhecido. Ao contrário, nos últimos anos do século XVIII, um juiz inglês em Bengala, Sir William Jones[70] (3), emitiu uma opinião nesse sentido que teve grande repercussão (texto em Arens, 1955, 127-128) (4).

Ao mesmo tempo, a filosofia e a religião hindu se difundiam na Europa, principalmente pela ação dos eruditos ingleses. Uma e outra, tão diferentes da filosofia e da religião gregas, foram um impacto sobre o pensamento europeu e contribuíram para fortalecer o Romantismo como movimento de ideias que se opunham à influência e domínio da cultura greco-latina na Europa Moderna.

Do mesmo modo, o método e as concepções da gramática do sânscrito, que se encontravam em Pānini e seus seguidores, estimularam o espírito europeu no sentido de uma nova visão da linguagem. O que os gregos e romanos tinham dito passou por um crivo crítico em face do que sugeria a leitura da gramática sânscrita. Convém insistir nesse aspecto da influência do sânscrito. O estudo fonético pelo exame das articulações bucais, por exemplo, e o conceito de "raiz" dentro do vocábulo, como expunham os gramáticos hindus, tornaram-se pontos básicos na nova linguística. Vale notar que a gramática sânscrita, de um ponto de vista puramente descritivo, via na raiz reduzida a raiz original. Os primeiros linguistas, do novo ponto de vista histórico, aceitaram em falso a forma reduzida como forma original das raízes primitivas e partiram dessa forma para reconstruir a língua primitiva de que se derivam o sânscrito, o persa, o grego, o latim, o germânico e o eslavo. Também em relação à fonética deve-se notar que a gramática sânscrita considerava /a/ a vogal essencial, porque os antigos /e/ e /o/ tinham se confundido com /a/, e /e/ e /o/ secundários tinham aparecido pela monotongação de /ai/ e /au/, como em francês moderno (cf. *mai*,

---

70. Orientalista e jurista inglês (1746-1794).

do lat. *maius*, e *chaud,* do latim *calidus* com uma fase intermediária *caud-*). Os primeiros linguistas, em suas perspectivas históricas, lançaram daí a teoria de que /a/ é a vogal original da linguagem humana e /e/ e /o/ são modificações secundárias dela.

O primeiro grande livro que chamou a atenção dos estudiosos europeus para a Índia e sua antiga língua foi a série de preleções do erudito alemão Friedrich von Schlegel[71] (5), *Über die Sprache und Weisheit der Indier. Ein Beitrag zur Begründung der Altertumskunde,* de 1808 [Sobre a língua e filosofia dos hindus], que se publicou logo no início do século XIX (texto em Arens, 1955, 139-148) (6).

Schlegel aprendera sânscrito em Paris através de Sir Alexander Hamilton[72], antigo governador inglês da Índia que estava internado em Paris em consequência da guerra napoleônica. Também tivera oportunidade de examinar documentos sânscritos na biblioteca pública de Paris. Demais, era um adepto do Romantismo. Desse movimento de ideias captara o conceito de um desenvolvimento orgânico a dominar todo o mundo físico e humano. E aplicou-o à linguagem (cf. Fiesel, 1927) (7). Em seu livro, Schlegel aventou uma relação e origem comum entre o sânscrito e as línguas mais conhecidas da Europa, como o grego, o latim e o alemão. Considerava o sânscrito a mais antiga delas. Foi o primeiro (8) a empregar o termo de "gramática comparativa", advogando uma comparação sistemática de todas essas línguas. Mas não tinha a menor compreensão das mudanças fonéticas. Ao contrário, atinha-se ao método de só fazer comparação de vocábulos de sons idênticos com discrepâncias facilmente explicáveis por quase evidentes estágios intermediários. Perdeu assim a oportunidade de criar a gramática histórico-comparativa, baseada em leis fonéticas, uma ideia que Rask claramente teve e aproveitou, como já vimos.

---

71. Karl Wilhelm Friedrich von Schlegel, poeta, crítico literário, filósofo e linguista (1772-1829).

72. Linguista inglês (1762-1824).

Schlegel também procurou dar uma ideia das estruturas linguísticas. Dividiu-as em duas classes, uma que abrangia o sânscrito e as línguas com ele relacionadas, e a outra correspondente a todas as outras línguas. Na primeira classe insistiu sobre o seu aspecto flexional. Foi ele o primeiro a empregar o termo "flexão" no estudo linguístico (9). Queria dizer com isso a capacidade de mudança interna das palavras, que interpretava como resultante de um crescimento orgânico das "raízes", de que sairiam elementos formais como rebentos de uma planta.

Mas a grande preocupação de Schlegel não era o estudo linguístico. Não era um linguista no sentido estrito do termo. O seu propósito era difundir a filosofia e a cultura da Índia em oposição ao domínio da filosofia greco--latina na cultura europeia. Visava assim a corroborar o movimento do Romantismo contra o Classicismo. Não obstante, foi enorme a sua influência para o advento da linguística. Não sendo especialista em estudos de língua, mas antes um grande erudito interessado em problemas de linguagem, teve um público muito maior do que de qualquer especialista em estudos de língua e contribuiu muito para vulgarizar a ideia do estudo histórico das línguas e da gramática histórico-comparativa. Graças a ele a incipiente ciência histórica das línguas se tornou um objeto de alto interesse para a erudição europeia. Além disso, as suas ideias sobre a classificação das línguas foram o ponto de partida para classificações tipológicas em moldes que tiveram muita aceitação em seguida.

August Schlegel[73], irmão de Friedrich Schlegel, foi professor de sânscrito na Universidade de Bonn. Ele e seu discípulo, o norueguês Christian Lassen[74], foram os fundadores da filologia sânscrita na Europa. Assim se criou o estudo filológico do sânscrito. Os *Vedas,* antigos hinos religiosos do povo hindu, o *Mahabharata* e o *Ramayana,* tradicionais epopeias, as obras dramáticas da literatura hindu e os tratados filosóficos e religiosos do Bramanismo e do Budismo passaram a ser comentados e debatidos do mesmo

---

73. August Wilhelm von Schlegel, erudito alemão (1767-1845).
74. Orientalista norueguês (1800-1876).

modo que a filologia clássica procedia em relação a Homero e aos grandes autores antigos da Grécia e de Roma.

A partir de então, durante o século XIX, desenvolveu-se com intensidade o estudo filológico do sânscrito. Podemos citar entre os sanscritistas do século XIX Niels Westergaard[75], Theodor Benfey[76], Otto Bohtling[77] e Rudolf Roth[78], estes dois últimos autores de um dicionário do sânscrito em 7 volumes, bem como o francês Eugene Burnouf[79].

Alguns desses mestres também se dedicaram ao estudo filológico das línguas da Pérsia antiga. O pioneiro foi aqui um viajante francês, Anquetil Duperron[80], no século XVIII, que viveu muito tempo entre os Parsis[81], aderentes de Zoroastro[82], que tinham se refugiado na Índia durante o domínio maometano da Pérsia. Ramus Rask revelou um grande interesse pela língua do *Avesta* (10), o livro sagrado da Pérsia antiga. Na interpretação dessa obra, salientaram-se Burnouf, Westergaard e o alemão Christian Bartholomae[83], cujo dicionário dá uma interpretação cabal do texto persa.

Ao mesmo tempo, continuava a filosofia greco-latina, iniciada na Renascença. No século XIX, essa filologia clássica fez um grande progresso na crítica dos textos, isto é, no método de comparar os diferentes manuscritos gregos ou latinos de uma obra dada para descobrir interpretações, omissões e erros de copistas (11). Mas o principal avanço na filologia da época foi feito pelo mestre alemão Georg Curtius[84] que, nos meados do século XIX,

---

75. Niels Ludvig Westergaard, orientalista dinamarquês (1815-1878).

76. Filólogo alemão (1809-1881).

77. Indianista alemão (1815-1904).

78. Rudolf von Roth, indianista alemão (1821-1895).

79. Indianista francês (1801-1852).

80. Abraham Hyacinthe Anquetil-Duperron, indianista francês (1731-1805).

81. Antigo grupo de persas zoroastristas que emigrou e se estabeleceu na Índia.

82. Zoroastro/Zoroastres é a versão grega de Zaratustra, profeta e poeta nascido na Pérsia, provavelmente por volta do século VII a.C.

83. Linguista alemão, especialista em estudos iranianos e do indo-europeu (1855-1925).

84. Filólogo alemão (1820-1885).

associou a filologia grega com a linguística histórico-comparativa (textos em Arens, 1955, 242-251) (12). Para o latim, uma nova orientação coube ao dinamarquês J. Madvig[85]. Pode-se dizer, portanto, que, no século XIX, o estudo "pré-linguístico" da filologia foi ligado ao domínio da linguística propriamente dita, ficando como um ramo especializado dessa ciência.

O estudo filológico também se estendeu às línguas medievais da Europa, o que decorreu principalmente da importância que o Romantismo dava à Idade Média e a todos os seus aspectos culturais. August Schlegel foi o grande pioneiro nesse tipo de investigação no livro, escrito em francês, com o título de *Observations sur la langue et la littérature provençale*, de 1818 [Observações sobre a língua e a literatura da Provença], de 1818, em que focalizou a língua românica e a respectiva poesia lírica do sul da França durante a Idade Média. Desta sorte, a incipiente ciência da linguística ganhou um novo domínio para aplicar o seu método histórico-comparativo: as línguas europeias derivadas do latim. Aí a linguística histórico-comparativa tinha diante de si línguas vivas modernas para relacionar a uma língua original bem conhecida – o latim. Veremos mais tarde que essas condições trouxeram vantagens e desvantagens para a precisão das investigações.

Resumo

Neste capítulo, Mattoso Camara fala sobre o surgimento do interesse pelos estudos da língua sânscrita e, em especial, sobre o impacto que esse interesse teve na fundação da ligação entre filologia e linguística propriamente dita, o que ocasionou o início da consolidação do estudo histórico e comparado das línguas. Dá destaque também ao surgimento do interesse pelo estudo das línguas derivadas do latim.

---

85. Johan Nicolai Madvig, filólogo dinamarquês (1804-1886).

VI

Os fundamentos definitivos da gramática histórico--comparativa do indo-europeu; Bopp e Grimm

A ideia de um estudo histórico-comparativo da linguagem, que já vimos bem desenvolvido na *Investigação*, de Rask, sobre o escandinavo antigo, combinou-se com o conhecimento do sânscrito, para o qual Friedrich e August Schlegel já haviam chamado a atenção da erudição europeia, no famoso trabalho do alemão Franz Bopp (1816) (1) referente ao estudo comparativo dos verbos do sânscrito, grego, latim, persa e as línguas germânicas que estabelecia a existência de uma grande família de línguas abrangendo tanto a Europa como a Ásia.

Bopp publicou esse livro quando estava em Paris dedicando-se ao estudo das línguas orientais. Logo concentrou sua atenção no sânscrito. Foi, por assim dizer, desde o princípio, um filólogo do sânscrito. Seu pequeno livro sobre o estudo comparado dos verbos, já mencionado, compreende, em sua parte final, uma série de traduções do sânscrito.

Enquanto Rask visava principalmente estabelecer a relação de alguns grupos de línguas para chegar a uma família maior, o objetivo principal de Bopp era descobrir a origem das formas gramaticais. Dessa maneira, tentou investigar a origem da linguagem, não em premissas filosóficas, como seus predecessores do século XVIII, mas em bases linguísticas, discutindo as formas linguísticas através da comparação e arranjo histórico delas.

Para tal fim, o sânscrito pareceu-lhe da mais profunda importância devido à sua antiguidade, muito maior do que a do grego e do latim. Não cometeu o erro, entretanto, de considerar o sânscrito a língua oriental da família que ele assim descobrira. Há uma passagem no livro de Bopp que claramente desautoriza tal interpretação de seu pensamento. Mais explicitamente do que Rask, seu propósito era ter uma ideia da língua pré-histórica desaparecida da qual as línguas por ele consideradas deviam ter-se derivado.

Contudo, estava convencido ao mesmo tempo de que, por esse método, podia chegar à língua original da humanidade. Essa língua hipotética devia ser constituída, de acordo com seu ponto de vista, de raízes em função das palavras. Tentou ver nos verbos flexionais uma combinação de elementos mais simples que o estudo comparativo poderia destacar.

Muitas de suas conclusões a esse respeito, embora apressadas, estabeleceram-se depressa em linguística histórica. Entre elas, podemos mencionar: a interpretação do final do sânscrito *asmi* "Eu sou" como pronome de primeira pessoa; a atribuição da parte final do imperfeito e futuro latinos em *-ba-* e *-bo-*, respectivamente, à raiz do sânscrito *bhu* da qual se deriva o latim *fui* e o antigo inglês *beo* (cf. o inglês *be*); o *-r-* da terminação latina da passiva de uma forma verbal como *amaris* com o pronome reflexivo *se*, *s* mudando para *r* entre vogais em latim; a explicação da terminação da segunda pessoa do plural *-mini* em latim (cf. *amamini* etc.) como o nominativo masculino plural de um particípio correspondendo ao grego *-menos* e encontrado em uma forma diferente no latim *alumnus*; a interpretação de uma consoante dental na terminação de pretéritos dos verbos fracos nas línguas germânicas como a redução da raiz correspondendo ao inglês *do*, alemão *tun*, gótico *taujan*.

O segundo grande trabalho de Bopp foi sua *Gramática Comparativa* (2) do sânscrito, *zend* (i. é, persa antigo), armênio, latim, lituano, antigo eslavo, gótico e alemão (a partir de 1833). Nesse livro, depois de haver juntado ao seu primeiro bloco o celta e o albanês, encontramos aquelas línguas que, durante muito tempo, seriam incluídas somente no grupo maior de línguas, a que Bopp veio finalmente designar como família linguística indo-europeia.

Vale a pena mencionar que Bopp não deu a devida importância à fonética. No seu estudo comparado dos verbos não tocou naquela parte básica da linguística. Sua preocupação primordial é com a morfologia como um estudo estrutural da palavra. Desenvolveu a ideia de flexão, que não estava muito clara em Friedrich Schlegel, o qual, como vimos, havia lançado o termo. Schlegel chamou *flexão* tanto às partes secundárias que se juntam à raiz para constituir a palavra gramatical como às alternâncias raiz-vogal, um processo gramatical regular nas línguas semíticas e encontrado também no latim e no grego. Bopp, ao contrário, sustentava que as partes secundárias ligadas a uma raiz são as verdadeiras flexões. De acordo com este ponto de vista, dividiu as línguas em três grandes classes: I) Línguas sem organismo ou gramática, como o chinês, na qual o vocábulo é uma forma fixa e indivisível; II) Línguas com raízes monossilábicas que adquirem seu organismo ou gramática, por meio de composição das raízes com elementos secundários; III) Línguas com raízes dissilábicas e três consoantes obrigatórias, a vogal da raiz que se altera para exprimir noções gramaticais. Nessa última classe ele colocou, exclusivamente, as línguas semíticas, separando-as tipologicamente das línguas indo-europeias, que veio a incluir numa segunda classe.

Bopp pode ser considerado o fundador da linguística indo-europeia. Embora seu objetivo último fosse muito mais elevado e ilusório, teve a honra de, pelo menos, provar a existência de uma grande família de línguas, à primeira vista muito separadas, e de dar um vislumbre do método para descobrir o desenvolvimento histórico delas.

Ora, o estudo comparativo das línguas deste bloco, a família indo-germânica ou indo-europeia, foi decisivo para estabelecer como ciência real a abordagem histórica da linguagem. Apesar de suas deficiências, temos de atribuir a Bopp o mais importante papel nesse tipo de abordagem. Ele abriu o caminho para o desenvolvimento de um dos dois aspectos da ciência da linguagem ou linguística propriamente dita – "O Estudo Histórico da Linguagem" (3).

Um contemporâneo de Bopp, Jacob Grimm[86] (4), avançou um pouco mais no estabelecimento do estudo histórico da linguagem, atendo-se às línguas germânicas da família descoberta por Bopp. Grimm foi, inicialmente, um estudante de direito, porém cedo, sob a influência do Romantismo, dedicou-se à poesia germânica da Idade Média. Seu primeiro livro tratava dos poetas medievais do alto-alemão, da mesma maneira que August Schlegel tratara dos poetas medievais do sul da França. Posteriormente, junto com seu irmão Wilhelm, Grimm publicou uma coleção de contos alemães, popular até nossos dias.

Pouco a pouco, entretanto, embrenhou-se no estudo da linguagem e seu novo interesse era evidente na revisão que fez da gramática islandesa de Rask. Por fim, tomou a si a tarefa de escrever uma gramática comparada das línguas germânicas que haviam tido um tratamento muito superficial na gramática comparada de Bopp, que abrangia todo o campo das línguas indo-europeias. O primeiro volume desse livro, que surgia em 1919 três anos depois do estudo sobre a conjugação no indo-europeu e um ano depois da publicação da *Anvisning till Isländskan eller Nordiska Fornspråket* [Instruções para o islandês e nórdico antigo], por Rask, foi inteiramente retrabalhado numa segunda edição quatro anos mais tarde. Seguiam-se a esse primeiro mais três volumes que cobriam, de maneira detalhada, todo o trabalho da linguística histórica alemã.

Grimm deu especial atenção ao gótico, a antiga língua dos godos orientais, preservada até nós numa tradução parcial da *Bíblia* pelo bispo

---

86. Jacob Ludwig Karl Grimm, escritor, estudioso e folclorista alemão (1785-1863).

Wulfilas[87], que viveu no século IV de nossa era. O gótico teve, para o estudo histórico de Grimm, a mesma significação que para Bopp tivera o sânscrito.

Na segunda edição do primeiro volume de sua *Gramática Germânica* (5), Grimm deu grande atenção à fonética. Foi o primeiro linguista a desenvolver um tratamento sistemático da mudança fonética em face do estudo comparado das línguas germânicas.

No que diz respeito às vogais cometeu o erro de dizer que *a, i* e *u* são vogais verdadeiras e que *e* e *o* são modificações de *a.* Como já vimos, essa visão errônea foi sugerida aos primeiros linguistas pelo sistema vocálico do sânscrito. Grimm tinha uma segunda razão para aderir a esse ponto de vista dentro do âmbito germânico, pois o *e* indo-europeu mudara para *i* no gótico.

Apesar disso, lançou os fundamentos da fonética histórica germânica. Quanto às vogais, fez as primeiras declarações sobre dois tipos de alternância vocálica, a que chamou respectivamente em alemão *Umlaut* e *Ablaut* (6).

Visualizou o fenômeno do *Umlaut* como diretamente devido à influência da semivogal *i* ou *w* da flexão sobre a vogal da raiz. Depois de determinar a mudança na vogal da raiz, desapareceu a semivogal. A situação no gótico, entretanto, era outra: nele encontramos a semivogal ainda presente e a vogal da raiz imutável. Comparando-se as formas das antigas línguas germânicas, como o escandinavo, alto-alemão e anglo-saxão, com as formas mais conservadoras em gótico, Grimm pôde traçar a diferença nas vogais das raízes que ele encontrou. Ele mostrou, por exemplo, que havia no alemão um sufixo verbal *-yan*, ainda presente em gótico, para formas dos verbos causativos (7), e que a semivogal desse sufixo, antes de sua perda, determinou a mudança da vogal da raiz; assim, temos em inglês o verbo *fill* ao lado de *full, raise* ao lado de *rise.*

---

87. Tradutor da Bíblia, oriundo da Capadócia (311-383).

Quanto ao fenômeno que Grimm chamou de *Ablaut,* sua explanação é unilateral e errônea, porém teve o mérito de trazer esse fenômeno à baila dentro das línguas germânicas. O assim chamado *Ablaut,* como o conhecemos hoje, é uma divergência vocálica nas raízes do indo-europeu, quer da qualidade da vogal quer de sua quantidade. A divergência na qualidade é entre *e* e *o.* O sânscrito, tendo reduzido o primitivo *e* e *o* para *a,* não preservou qualquer traço desse tipo de *Ablaut.* Mas no grego e no latim nós nos deparamos com tal fenômeno em oposições tais como a do latim *toga* (subst.) ao lado de *tego* (verbo), ou *ped-* em *pés, pedis* e *pod-* em *repudiare.* Em grego, temos exemplos como *leípō* (presente) mas *léloipa* (perfeito). A divergência de quantidades permanece entretanto no sânscrito. Explica as consoantes *r, l, n,* e as semivogais *y* e *w* como núcleo de uma sílaba em algumas formas verbais em oposição a outras formas nas quais encontramos na raiz *ar, an, al, ai, au.* Os gramáticos hindus partiram da raiz reduzida e chamaram a vogal *a* de *guna,* isto é, o reforço da raiz; mas a raiz com a então chamada *guna* é a raiz normal, que pode apresentar duas outras variedades: a vogal reduzida ou a vogal alongada.

Grimm não deu atenção às diferenças das vogais do radical no âmbito das línguas indo-europeias. Achou que o *Ablaut* era um fenômeno germânico e circunscreveu sua atenção ao *Ablaut* qualitativo. Ademais, por acreditar serem vogais genuínas o *a,* o *i,* e o *u,* criou um quadro falso mesmo em germânico.

A interpretação do fenômeno foi atribuída por ele à morfologia. Como o *Ablaut* em um vasto grupo de verbos germânicos faz uma distinção entre forma de presente e de passado (e em gótico a oposição é nítida), Grimm pensou que a vogal mudava só para estabelecer essa distinção. Ele próprio buscou uma explanação simbólica para a escolha das vogais. Era um erro grosseiro, naturalmente, mas apesar disso era uma afirmação sistemática em lugar do modo impreciso pelo qual, antes dele, eram encaradas as mudanças fonéticas.

Além disso, com sua teoria do *Ablaut,* Grimm foi capaz de dividir os verbos germânicos, com muita exatidão, em duas grandes classes de acordo com o modo de exprimir o passado. Aqueles que juntavam um sufixo dental chamou de *verbos fracos* e aqueles que indicavam o passado através do *Ablaut* chamou de *verbos fortes*. Esses dois nomes têm sido largamente aceitos e ainda são empregados nos dias de hoje nas gramáticas alemãs.

Quanto às mutações consonantais, Grimm estabeleceu regras fonéticas de divergência entre as consoantes no germânico e as consoantes da mesma raiz em outras línguas da família. Chamou a isso *metafonia*, em alemão *Lautverschiebung*. Foi a primeira lei fonética que a principiante ciência da linguagem desenvolveu e se tornou conhecida com o nome de *Lei de Grimm* (8).

Rask já tomara consciência dessa mudança consonantal; mas Grimm teve o mérito de lhe dar uma fórmula ampla das correspondências (9). Ele ultrassimplificou os fatos, muito complexos, e incluiu em sua fórmula duas mudanças diferentes com vários séculos de separação e não da mesma proporção. A primeira mudança fonética foi comum a todas as línguas germânicas e deve ter ocorrido em época muito remota. A segunda mudança, muito mais tarde, estava circunscrita ao alto-alemão, isto é, à língua dos altiplanos alemães, que inclui o alemão propriamente dito.

Em linhas gerais, porém, a mudança apresentada por Grimm é correta. Fazendo uso para a classificação das consoantes dos velhos termos da gramática grega – tenuis (10), média e aspirada, opõe tenuis em grego (*p*, p. ex.) a uma aspirada em gótico (*f*, p. ex., que interpretou à imagem do grego φ que era originariamente um *ph*) e para a média no alto-alemão (*v*, p. ex., em lugar de *b*).

Tabulou suas conclusões da seguinte maneira:

Grego	T	M	A
Gótico	A	T	M
Alto-alemão	M	A	T

Figura 1: Esquema de Grimm

Vale notar que Grimm, em seu romântico entusiasmo pelos velhos germânicos, atribui a mudança das consoantes que ele tão nitidamente elaborara ao "violento progresso e ao desejo de liberdade que se encontrava na Alemanha no começo da Idade Média e que deu início à transformação da Europa".

É, na verdade, um aspecto do trabalho de Grimm essa atitude mística a respeito da linguagem e da história, de modo que hoje nada podemos fazer senão sorrir àquela entusiasta e ingênua explanação.

Mas é inegável que, com sua explanação do *Umlaut,* sua teoria do *Ablaut* e sua lei da mudança consonantal, Grimm mostrou uma sistematização das mudanças fonéticas que seria o ponto de partida para a elaboração do estudo histórico da linguagem em linhas científicas e mais firmes (11).

Resumo

Neste capítulo, Mattoso apresenta o que considera a base fundamental dos estudos histórico-comparatistas. Situa essa base nas obras de Franz Bopp e Jacob Grimm. Além disso, Mattoso apresenta a *Lei de Grimm* com especial atenção para os fenômenos de *Umlaut* e *Ablaut.*

VII

Os estudos indo-europeus e não indo-europeus depois de Bopp e de Grimm

Bopp e Grimm lançaram os fundamentos do que chamamos abordagem "histórica" da linguagem. Com eles o estudo da linguagem saiu da pré-linguística e da paralinguística para tornar-se ciência da linguagem autônoma, ou linguística propriamente dita (1).

É verdade, entretanto, que à primeira vista eles se circunscreveram ao estudo histórico-comparativo da família indo-europeia de línguas. O estudo das línguas antigas dessa família, principalmente o sânscrito, o persa antigo, o grego e o latim, era o interesse primordial nos começos da linguística. Podemos dizer que os primeiros linguistas eram como aqueles generais que visam a uma vitória local e pouco a pouco a transformam em uma batalha total e decisiva. Por muitos anos, todavia, até os meados do século XIX, a linguística comparativa do indo-europeu era a principal preocupação da linguística e, através desse estudo comparado (2), os linguistas fizeram progressos e observações acerca da linguagem em geral.

Não podemos esquecer, entretanto, que outros campos da linguística, fora do indo-europeu, têm sido explorados desde o advento da linguística comparativa do indo-europeu. No começo do século XIX, na década de

1820, o estudioso alemão Julius von Klaproth[88] trabalhou com línguas da Ásia em geral, em um livro escrito em latim sob o título de *Asia Polyglotta* [Ásia poliglota]. Foi ele, provavelmente, o primeiro a empregar a expressão "indo-germânico", que ganhou terreno na Alemanha e veio a interferir com a denominação "indo-europeu" que tinha sido lançada por Bopp, que a ela se ateve, entretanto, protestando contra a inadequação do termo "indo-germânico".

A família fino-úgrica foi abordada no último ano do século XVIII, antes do advento da gramática comparativa do indo-europeu, pelo estudioso húngaro Gyarmathi[89], que provou o parentesco do húngaro, ou magiar, com o finlandês. Nos primeiros anos do século XIX, Rask estudou profundamente o finlandês e o lapão, fazendo a primeira classificação das línguas fino-úgricas.

As línguas semíticas, muito semelhantes em suas estruturas, eram conhecidas como aparentadas. No século XVIII, Job Ludolf fez um estudo comparado dessas línguas, no qual, como já dissemos, enfatizava, muito antes que os linguistas indo-europeus o fizessem, a importância da morfologia como prova do parentesco entre as línguas. Klaproth também, no seu *Ásia Polyglotta*, trabalhou com as línguas semíticas. Em meados do século XIX, Theodor Benfey, que já mencionamos como sanscritista, alargou o campo da linguística semítica enfatizando o parentesco das línguas semíticas com o egípcio. Dessa forma, esboçou uma grande família de línguas chamada *camito-semítica*, na qual o camito é uma denominação ampla para uma série de línguas muito diferentes umas das outras entre as quais se encontram o antigo e o moderno egípcio como derivados de Cam, o filho amaldiçoado de Noé, de acordo com a Bíblia. A princípio o camítico era visto como bem afastado do semítico, assim chamado porque o árabe e as línguas com ele relacionadas eram atribuídas a Sem, o outro filho de Noé.

---

88. Linguista e historiador alemão (1783-1835).
89. Sámuel Gyarmathi, linguista húngaro (1751-1830).

Dentro do âmbito do indo-europeu, alguns linguistas se confinavam a subgrupos ou ramos do bloco. Vimos que desse tipo era o trabalho de Grimm, focalizando as línguas germânicas. Grimm, porém, ultrapassou seu aparente objetivo como um dos fundadores da linguística histórica em geral.

A linguística comparativa eslava teve início com a publicação de uma obra do tcheco Joseph Dobrovsky[90], na década dos anos de 1920, livro escrito em latim, *Institutiones linguae slavicae dialecti veteris* [Instituições, línguas eslavas, dialetos antigos].

Com referência ao celta que, a princípio, tanto Rask como Bopp excluíram do indo-europeu, ideias errôneas foram a essa língua atribuídas nos começos do século XIX, em contraste total com os princípios da linguística histórica estabelecida pelos primeiros linguistas. Na França, particularmente, havia um grupo de estudiosos sem qualquer conhecimento de linguística, advogando o celta como a língua-mãe da Europa. O estudo acurado do celta foi iniciado pelo professor alemão John Zeuss[91], com a *Grammatica Celtica* [Gramática celta], escrita em latim nos meados do século XIX. Vale a pena salientar que Zeuss, não tendo conseguido um *status* universitário, fora, portanto, pouco reconhecido pelos linguistas de seu tempo.

O latim e as línguas dele derivadas têm sido focalizados desde o advento da linguística histórica. Vimos como August Schlegel escrevera desde o início sobre a língua e a literatura do sul da França. A princípio, essa língua sulista, chamada provençal, foi considerada a primeira língua diretamente originária do latim na Idade Média e pensou-se que todas as outras línguas românicas fossem dela derivadas. Foi sob esse aspecto que se esboçou uma linguística românica comparada pelo estudioso francês Raynouard[92]. Mas no final, na década dos anos de 1930, o estudioso alemão Friedrich Diez[93]

---

90. Filólogo e historiador da Boêmia (1753-1829).
91. Johann Kaspar Zeuss, historiador alemão (1806-1856).
92. François Just Marie Raynouard, dramaturgo e linguista francês (1761-1836).
93. Friedrich Christian Diez, filólogo alemão (1794-1876).

criou, em linhas exatas, o ramo da linguística românica comparativa. Diez viu claramente que as línguas românicas não poderiam ser derivadas do latim clássico e que era necessário chegar à língua popular, o latim vulgar, por meio de método comparativo que os linguistas indo-europeus haviam desenvolvido com Bopp, Grimm e seus seguidores.

Voltemo-nos agora a esses seguidores de Bopp e Grimm na linguística indo-europeia, os quais, como já dissemos, lançaram os fundamentos da abordagem histórica no estudo linguístico ou ciência da linguagem.

A principal figura linguística, depois que Bopp e Grimm haviam criado a linguística indo-europeia, foi August Pott[94].

Pott concentrou seus interesses na etimologia. Seu principal trabalho intitula-se *Pesquisas Etimológicas no Campo das Línguas Indo-Germânicas* (1833-1836). Seu maior mérito foi a ênfase que deu à fonética. Tentou preencher a lacuna deixada na linguística indo-europeia pelo trabalho de Bopp que, como já vimos, dera pouca atenção à fonética. Tratou muito pouco da morfologia do substantivo e do verbo, porque esses assuntos tinham já sido exaustivamente estudados por Bopp; Pott dedicou-se, principalmente, à fonética e à derivação vocabular.

Alguns dos pensamentos de Pott tornaram-se muito populares e estimulantes. Tais foram seus comentários sobre as palavras da Bíblia Sagrada: "A letra mata, mas o espírito dá vida", palavras que foram aplicadas por alguns de seus colegas para renegar a importância da fonética na linguística comparativa.

Pott fez uma inteligente distinção entre a semelhança acidental nos sons e na concordância de acordo com leis fixas. Chamou estas últimas de "paralelismo etimológico nas letras" e estabeleceu que esse paralelismo devia merecer confiança mesmo quando nenhuma semelhança aparente pudesse ser vista. Assim, disse ele, o persa moderno *scvahar* e a palavra inglesa *sister* (irmã), sem semelhança aparente, são aparentadas porque as diferenças no

---

94. August Friedrich Pott, linguista alemão (1802-1887).

aspecto fonológico podem ser explicadas por leis fixas de mudança fonética em cada uma dessas línguas. Por outro lado, o persa moderno *bad* e o inglês *bad,* que têm o mesmo significado (mau) e cuja semelhança de letras é absoluta, não possuem qualquer relação de parentesco, como podemos provar facilmente através das antigas formas do iraniano.

Se compararmos esses pontos de vista de Pott com as ideias de Friedrich Schlegel advogando identidade ou grande similaridade de sons para aceitar o parentesco entre duas palavras, teremos de admitir que, durante os primeiros trinta anos do século XIX, a linguística fizera realmente grandes progressos em relação ao estabelecimento de um método científico de investigação histórica.

O livro de Pott continha, além da gramática propriamente dita, um tipo de dicionário etimológico, com um tratamento comparativo de todas as raízes do sânscrito que o autor fora capaz de descobrir nas outras principais línguas da família.

Pott, que ocupou a cadeira de linguística na Universidade de Halle, deixou muitos estudos linguísticos além do seu principal trabalho, *Investigações etimológicas.* Podemos mencionar neste particular seu estudo da língua dos ciganos (*gypsies*) que, a princípio, pensou-se ser de origem egípcia (daí seu nome), mas o trabalho de Pott e seus seguidores provou ser um dialeto da Índia, pertencendo ao ramo hindu do indo-europeu.

A segunda maior figura daqueles primeiros linguistas depois de Bopp e Grimm foi Georg Curtius, professor em Leipzig. Já vimos que era um grande conhecedor da filologia grega, que colocou a filologia clássica dentro do campo da linguística, enquanto outros filólogos clássicos, como já vimos, tais como Hermann[95] e Boeckh[96] eram hostis à gramática comparativa. Assim, ele (Curtius) tornou-se um notável linguista, dando na Universidade de Leipzig, onde ensinava, a mesma importância aos

---

95. Hermann Otto Theodor Paul, linguista e lexicógrafo alemão (1846-1921).
96. August Böckh ou Boeckh, linguista alemão (1785-1867).

estudos linguísticos como a que tinham na Universidade de Berlim, a partir de Bopp, e na Universidade de Göttingen, a partir de Benfey.

Tal como Pott, Curtius enfatizava também a importância da fonética. Fez distinção entre "mudanças fonéticas regulares" que podem ser formuladas em "leis-fonéticas" (ele já empregava esse termo) e "mudanças fonéticas regulares e esporádicas". Veremos mais tarde como esse seu ponto de vista foi violentamente atacado por uma nova geração de linguistas chamados "neogramáticos".

Curtius teve o mérito de destruir a falsa visão relativa às assim chamadas vogais "básicas" *a, i, u,* que Grimm estabelecera em sua linguística germânica. Provou que o alemão tivera a vogal *e,* tal como o latim e o grego, mas que, no gótico, o *e* se assimilara no *i.*

A ênfase posta na fonética e nas mudanças fonéticas na linguística está bem ilustrada no livro do estudioso dinamarquês J.H. Bredsdorff[97], um dos discípulos de Rask. Pondo de lado a gramática do indo-europeu para focalizar o desenvolvimento da linguagem em geral, tentou explicar as causas das mudanças linguísticas.

Seu livro, escrito em dinamarquês, não teve grande aceitação entre seus contemporâneos (1821), porém merece posição de destaque por se tratar da primeira tentativa de se estabelecer, de maneira sistemática, as causas da mudança linguística.

Bredsdorff enumerou sete causas e as ilustrou com exemplos selecionados de descobertas linguísticas nos começos do século XIX: 1) má audição e compreensão imperfeitas; 2) recordação falha; 3) imperfeição dos órgãos; 4) indolência; 5) tendência à analogia; 6) desejo de ser socialmente distinto; 7) necessidade de exprimir novas ideias. Acrescente-se o fato de que ele atribuía à quarta destas causas – indolência – o principal papel nas mudanças da pronúncia de uma língua. Ora, o que ele chama de indolência encontra-se na base de uma teoria sobre mudanças fonéticas que foi lança-

---

97. Linguista dinamarquês (1790-1841).

da muito mais tarde e que tem tido grande aceitação, dividindo as opiniões de linguistas até nossos dias: a Teoria do Menor Esforço (3). Bredsdorff também enfatizava a influência que as línguas estrangeiras podem exercer nos falantes de uma língua com a qual estejam em contato.

Podemos mencionar, finalmente, entre esses linguistas que seguiram os passos dos fundadores da linguística comparativa do indo-europeu, mas trazendo-lhe uma melhora às suas teorias, os estudiosos alemães A. Holtzmann[98] e L. Boenloew. Holtzmann, em um livro escrito em alemão, *Über den Ablaut* [Sobre o *Ablaut*] (1844), e, depois dele, Boenloew, em um tratado escrito em francês (1847), focalizaram o estudo do acento, ou intensidade, e sua influência nas mudanças fonéticas. Boenloew investigou o acento nas línguas indo-europeias tanto antigas quanto modernas. Holtzmann concentrou sua atenção no *Ablaut*, anteriormente estudado por Grimm na morfologia germânica. Aventou a possibilidade de o *Ablaut* ter sido condicionado pelo acento, uma ideia que alguns linguistas modernos têm esposado enquanto outros têm-se circunscrito ao papel do acento ao *Ablaut* quantitativo.

Resumo

Neste capítulo, Mattoso apresenta os efeitos dos trabalhos de Bopp e Grimm para os estudos histórico-comparados. Além disso, o autor prepara o terreno para apresentar o trabalho de August Schleicher, momento em que, segundo ele, se consolida a gramática comparada do indo-europeu.

---

98. Adolf Holtzmann, filólogo alemão (1810-1870).

VIII

A gramática comparativa do indo-europeu como ponto de partida para uma ciência geral da linguagem; o trabalho de Schleicher

Os conhecimentos linguísticos na primeira parte do século XIX encontraram sua expressão mais completa nos trabalhos do mestre alemão August Schleicher[99] (1).

Schleicher (2) não era apenas um linguista, mas também um estudioso das ciências naturais dedicando-se à botânica. Esse fato dera-lhe uma orientação a favor das ciências da Natureza (*Naturwissenschaft*). Ademais, de acordo com a filosofia de Hegel[100], que dominou o pensamento alemão dessa época, as ciências humanas, incluindo a história, são o produto do livre-pensamento do homem e não podem ser colocadas sob a influência de leis imutáveis e gerais tais como os fenômenos da natureza.

---

99. Linguista alemão (1821-1868).
100. Georg Wilhelm Friedrich Hegel, filósofo alemão (1770-1831).

Ora, Schleicher, como todos os linguistas anteriores a ele, tinha a ambição de elevar o estudo da linguagem ao *status* de uma ciência rigorosa com rigorosas leis de desenvolvimento.

Essa é a razão de haver Schleicher dado o audacioso passo de colocar a linguística no âmbito das ciências da Natureza. Até seu aparecimento, a linguística era mais ou menos interligada à filologia. Vimos que Bopp era um mestre na filologia do sânscrito e assim foram os indo-europeístas que o seguiram. Grimm, da mesma forma, foi um dos mais competentes filólogos germânicos. Mesmo a filologia clássica, que se concentrava em torno do grego e do latim, que a princípio se mantivera à parte em relação à linguística, estava com esta envolvida em consequência da atitude de Georg Curtius e outros estudiosos de menor importância, que eram tanto linguistas como filólogos clássicos.

Schleicher, ao contrário, intitulava-se apenas um linguista (*Glottiker*) e reclamava para esta ciência (por ele denominada *Glottik*) o lugar de ciência natural, oposta à filologia, que via como um ramo da história.

Dessa maneira, o desenvolvimento da linguagem não era por ele considerado como desenvolvimento histórico, como de todos os outros traços da sociedade humana. Comparava-o ao desenvolvimento de uma planta com suas leis fixas de crescimento e morte. A linguagem era vista como algo da natureza, ou seja, um animal ou uma planta.

Era uma visão completamente oposta à abordagem de Humboldt e de seu discípulo Steinthal para quem a linguagem estava intimamente ligada à atividade do pensamento humano e que, através de uma orientação psicológica, podia ser apenas estudada como um fenômeno da história da humanidade.

Ora, os linguistas anteriores a Schleicher costumavam comparar a linguagem a um organismo natural a fim de acentuar o caráter sistemático de seus traços. Mas com Schleicher passamos de uma comparação vaga para uma interpretação coerente da linguagem com um organismo. Como tal, poderia ser aplicado à linguagem o conceito de evolução que o estudioso de Ciências Naturais, Darwin[101] (3), desenvolvera no mundo da natureza. É este o propósito que encontramos, em um livro de Schleicher, intitulado *Die Darwinsche Theorie und die Sprachwissenschaft* [Teoria de Darwin e a linguística] (4).

De acordo com Schleicher, cada língua é o produto da ação de um complexo de substâncias naturais no cérebro e no aparelho fonador. Estudar uma língua é, portanto, uma abordagem indireta a esse complexo de matérias. Dessa maneira, foi ele levado a adiantar que a diversidade das línguas depende da diversidade dos cérebros e órgãos fonadores dos homens, de acordo com as suas raças. E associou a língua à raça de maneira indissolúvel. Advogou que a língua é o critério adequado para se proceder à classificação racial da humanidade.

Vemos assim que Schleicher trouxe à linguística três importantes ideias novas, as quais, embora inexatas, tiveram grande aceitação durante muito tempo: 1) a língua é um organismo natural e, como tal, deve ser estudado; 2) a língua em suas mudanças tem uma evolução natural no sentido darwiniano, e não é um aspecto da história; 3) a língua depende dos traços físicos dos pensamentos e órgãos da fala dos homens e é um traço racial destes.

Ao lado dessas ideias gerais sobre a linguagem, Schleicher, como um especialista em gramática comparativa, representa o ponto culminante da primeira fase daquele estudo que vimos ter sido iniciado por Bopp.

Para designar a família de línguas, principal interesse da linguística, Schleicher adotou o termo indo-germânico. Seu principal trabalho sobre o assunto é o *Compendium,* ou *Manual de Gramática Comparativa das Línguas Indo-Germânicas* (1861-1862) (5).

Era um bom foneticista, livre da tirania das formas escritas, como demonstrou ao estudar o lituano falado, anotando muitas canções e lendas diretamente da boca dos camponeses. Dessa maneira ele prosseguiu na direção já tomada por Pott e Curtius de separar os sons vocais das letras e

---

101. Charles Darwin, naturalista inglês (1809-1882).

descobrir os processos articulatórios e as passagens regulares na mudança fonética. Mas seus dois mais importantes passos na *Gramática Comparativa do Indo-Europeu* foram a tentativa de reconstruir a protolíngua do indo-europeu (que ele chamou em alemão *Indogermanischen Ursprache*, 'Língua original indo-germânica') e a classificação das línguas indo-europeias no formato de uma árvore genealógica.

De acordo com a classificação de Schleicher, as línguas-ramo nascem de uma língua-mãe, das línguas-ramo nasciam ramos menores e desses ramos menores surge uma bifurcação de dialetos. Finalmente, temos o tronco da árvore – a *Ursprache*, ou a protolíngua indo-germânica. Dessa maneira, nasceram dois ramos: 1) o eslavo-teutônico; 2) o ário-greco-ítalo-céltico. O primeiro ramo deu origem aos ramos menores do teutônico e balto-eslavo, este último se subdividindo em báltico e eslavo. O ário-greco-ítalo-céltico deu origem ao greco-ítalo-céltico e ao indo-iraniano. O outro ramo deu lugar a um ramo menor ítalo-céltico e a um ramo grego; o ítalo-céltico subdividiu-se em celta e itálico enquanto que, do grego, houve a ramificação para o albanês.

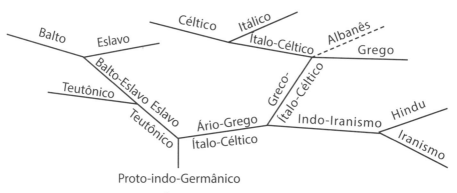

Figura 2: Árvore genealógica de Schleicher

A classificação da árvore genealógica de Schleicher (6) é considerada hoje em dia como uma simplificação extrema do desenvolvimento linguístico do indo-europeu. Como veremos mais tarde, teorias mais refinadas têm sido propostas, não só referentes à maneira de interpretar os conceitos do teutônico, eslavo, itálico, celta, indo-iraniano etc. (que Schleicher tinha por verdadeiras línguas unitárias) como também referentes à maneira pela qual essas línguas se formaram. A maior parte dos parentescos entre essas ramificações não estão, no seu todo, expressas adequadamente. Apesar de tudo, entretanto, a classificação das línguas europeias por Schleicher foi a primeira afirmação clara e bem delineada sobre o assunto e exerceu profunda influência nos estudos do indo-europeu (7).

Quanto a *Ursprache,* o trabalho experimental de Schleicher foi muito estimulante, embora errôneo em seu conceito e em seus traços concretos.

Linguistas de épocas posteriores chegaram à conclusão de que nunca houve uma língua unitária protoindo-europeia (8). Sabe-se hoje que o método de reconstrução nos oferece traços linguísticos pré-históricos de épocas e lugares distintos, sendo inadequado reuni-los como o sistema hipotético da fala de um determinado povo, em uma dada época e lugar, como fora a ideia de uma *Ursprache* no sentido proposto de Schleicher.

Quanto aos traços concretos atribuídos por Schleicher ao seu protoindo-germânico, havia naturalmente muitos erros, devido ao conhecimento linguístico insuficiente, em muitos aspectos, da gramática comparativa. O mais grave desses erros era a ideia errônea de que o protoindo-germânico deve ter as mesmas vogais do sânscrito, no qual encontramos o *e* e *o* como um desenvolvimento secundário dos ditongos *ai* e *au.* Com base nessa hipótese, que Schleicher partilhava com seus contemporâneos, a *Ursprache* reconstruída de Schleicher apresenta apenas palavras com *a, i,* e *u.* A palavra para "cavalo", por exemplo, pelo modelo do sânscrito *Açvas,* supunha-se ser "akvãs" (nom.); hoje, porém, sabe-se que o étimo indo-europeu tinha *e* na primeira sílaba e *o* na segunda sílaba, além da consoante medial da raiz ser uma oclusiva velar arredondada k^w. As terminações morfológicas são, também, muitas vezes inexatas; Schleicher, por exemplo, pressupõe *-s* como a marca invariável de todo nominativo singular masculino e reconstrói para "papai" um nominativo singular *patars,* errado em seu vocalismo e na presença dessa terminação -s que não encontramos em nenhuma das antigas línguas indo-europeias.

Schleicher estava certo, entretanto, da exatidão de sua reconstrução e chegou mesmo a aventurar-se a escrever toda uma pequena fábula, *O cordeiro e os cavalos* (9), no seu primitivo indo-germânico, embora enfatizando o seu aspecto experimental.

As soluções que Schleicher deu a todos esses problemas linguísticos eram apressadas e inadequadas. Eram, porém, ao mesmo tempo, lúcidas e bem delineadas, oferecendo os alicerces para discussões posteriores.

Nisso reside, portanto, a influência delas, na época, e sua importância para o futuro desenvolvimento da linguística. É impossível traçar a história da linguística sem uma exposição cuidadosa das ideias de Schleicher.

É do mesmo tipo a contribuição de Schleicher ao problema da classificação tipológica baseada na estrutura da palavra (10). Vimos que a classificação tipológica tinha sido uma velha e persistente ideia entre os primeiros linguistas. Nestes moldes encontramos esquemas classificatórios em Friedrich Schlegel, em seu irmão August Schlegel, em Humboldt e em Bopp. Schleicher partiu principalmente das ideias de Bopp e de seu modo de visualizar a palavra primitiva como raiz pura.

Sob esse aspecto, Schleicher delineou um estágio isolado no qual cada raiz era uma palavra e as funções sintáticas eram exclusivamente expressas pela posição da palavra. Desta forma imaginou um primeiro estágio na língua, feito das línguas isolantes.

Num segundo estágio, elementos formais eram ligados à raiz, que permanecia invariável. É o estágio das línguas aglutinantes.

Finalmente, num terceiro e último estágio, os elementos formais eram assimilados juntos e a raiz adquiria a capacidade de modificação interna, como no caso do *Ablaut* indo-europeu e das alternâncias vocálicas nas raízes semíticas. É o estágio das línguas flexionais.

Com sua tendência para afirmações claras e chocantes, Schleicher exprimia essa classificação tríplice por meio de fórmulas algébricas. Chamou

R de raiz, *p* o prefixo, *s* qualquer sufixo e *x* como expoente do *R,* a qualquer modificação interna da raiz.

1º estágio: R R R

2º estágio: pRs pRs pRs

3º estágio: pR^{x}s pR^{x}s pR^{r}s

Figura 3 Classificação tríplice de Schleicher

O traço mais característico dessa classificação está no fato de que os três estágios eram vistos na sucessão temporal da mesma forma que o desenvolvimento irreversível de uma planta. Para Schleicher, as línguas flexionais representavam a mais alta realização da linguagem. Depois do terceiro estágio, de acordo com ele, deparamo-nos tão somente com a decadência.

Ele considerava a *Ursprache* indo-germânica como o modelo mais completo de uma língua flexional. Nas línguas dele derivadas, mesmo nas antigas línguas clássicas, como o sânscrito, o grego ou o latim, o impulso linguístico evolutivo, como o de uma planta em crescimento, cessava e a decadência tinha início (11).

Há, assim, um quarto estágio, implícito na classificação de Schleicher: as línguas históricas nas quais encontramos os vários aspectos de decadência sem uma distinção nítida dos processos de isolamento, aglutinação e flexão.

Dessa forma, Schleicher transformou o esforço de desenvolver uma classificação das várias línguas existentes no mundo nos moldes tipológicos em uma explanação metafísica da evolução linguística. Foi levado a isso por seu conceito darwiniano de evolução e por sua formação filosófica de origem hegeliana.

Naturalmente, seu tratamento da classificação das línguas perdeu cedo, em seus seguidores, seu caráter de uma explanação da evolução linguística. Esta retornou ao seu propósito inicial que era o de conseguir, através de escaninhos de tipos linguísticos, uma distribuição das línguas do mundo em classes distintas.

Deixando de lado, porém, a verdadeira intenção de Schleicher, os linguistas que o sucederam ativeram-se ao seu esquema tríplice, fácil de ser trabalhado e oferecendo, através da ultrassimplificação, uma aparência de grande regularidade e racionalidade. Tal como suas outras ideias, a classificação das línguas de Schleicher foi amplamente aceita na sua época e teve vida longa. Era inadequada, todavia muito estimulante e ofereceu, por muitos anos, terreno adequado para discussões posteriores.

Resumo

Neste capítulo, Mattoso Camara aprofunda o estudo sobre a consolidação dos estudos do indo-europeu, com grande destaque para a figura de August Schleicher. Dá destaque tanto à classificação genealógica de Schleicher – com a proposição da representação arbórea da origem genética das línguas, chamada de *Stammbaumtheorie* – quanto à classificação tipológica tripartida (línguas isolantes, aglutinantes e flexionais).

IX

A consolidação do estudo geral da linguagem; Max Müller e Whitney; o trabalho indo-europeu de Fick

O trabalho de Schleicher é considerado o ponto culminante da primeira fase da linguística no século XIX (1). Ele ofereceu um tratamento coerente e nítido da gramática comparativa e indo-europeia e, através desse estudo, uma visão da linguagem e a natureza de seu desenvolvimento.

Depois dele, a linguística, que tinha permanecido até então uma ciência confinada à Alemanha, fez jus a uma maior plateia europeia (2). Ao lado dos estudiosos alemães, encontramos, a partir dessa época, linguistas que escrevem e ensinam em muitos outros países dentro da civilização europeia.

O primeiro desses linguistas que podemos mencionar é Max Müller[102] (3). De origem alemã, estudara na Alemanha com Bopp. Com a idade de vinte e cinco anos foi para a Inglaterra e dela fez sua segunda pátria. Lá permaneceu até sua morte, nos fins do século XIX, como professor da Universidade de Oxford.

---

102. Linguista alemão (1823-1900).

Inaugurou, nessa universidade, o estudo da linguística sob o nome de filologia comparada. Dessa forma, a cuidadosa distinção, feita por Schleicher, entre linguística (ou, como a chamava, *Glottik*) e filologia foi posta de lado, e o uso inglês teve início tomando filologia como sinônimo de linguística. A confusão ficou no ar a partir do momento em que a filologia clássica aceitou a abordagem linguística. Ademais, como já vimos, os primeiros linguistas comparativos eram também filólogos sanscritistas e a gramática comparativa, referindo-se às línguas mortas, dependia da interpretação dos textos escritos. Por todas essas razões, uma nítida separação entre filologia e linguística não foi rigorosamente mantida, mesmo na Alemanha, apesar da atitude de Schleicher.

Max Müller era um orientalista muito competente no sentido mais amplo do termo. Era também um filólogo sanscritista. Seu primeiro trabalho na Inglaterra foi a edição crítica do *Rig-Veda*, a parte dos *Vedas* contendo os mais antigos e os mais genuínos hinos religiosos do Índico. Também escreveu *A History of Ancient Sanskrit Literature So Far as it Illustrates the Primitive Religion of the Brahmans* [História da antiga literatura sânscrita no que ela ilustra a religião primitiva dos brâmanes] (1859). Dedicou-se à história das religiões e publicou, em 1873, a obra *Introduction to the Science of Religion* [Introdução à ciência da religião]. Associou a religião à linguística, por enfatizar o equívoco no uso e significado das palavras como causa da crença dos homens em Deus; daí ter tomado o método da análise filológica para interpretar os antigos deuses pelos seus nomes.

O trabalho de Max Müller sobre a linguística é o seu livro, em duas séries, intitulado *Lectures on the Science of Language* [Palestras sobre a ciência da linguagem] (1861-1864) (4). Teve grande aceitação na sua época e tornou a ciência da linguagem mais popular e familiar ao leitor leigo; por ser sua exposição atraente e fácil, teve magistral maneira de tratar os labirintos da gramática comparativa a fim de obter simplicidade e clareza.

As ideias linguísticas de Max Müller são, em essência, as de Schleicher. Era muito mais influenciado por Schleicher do que por Bopp, com quem, como vimos, estudara linguística em Berlim. Pode ser considerado estrito seguidor de Schleicher em suas ideias principais.

Achava que, como Schleicher, a linguística era uma ciência natural e aderiu à reconstrução feita por Schleicher da *Ursprache* indo-germânica e à sua classificação das línguas. Em tudo isso, entretanto, é bastante inconsistente e volúvel. Sua opinião de que a linguagem é algo natural, sujeita à evolução natural, dá margem, muitas vezes, a um tratamento da linguagem dentro da história humana.

Na classificação das línguas, ele deixou de lado a construção metafísica de Schleicher de um impulso evolucionário pré-histórico natural seguido da decadência nas épocas históricas, e aplicou os tipos isolante, aglutinante e flexivo às línguas históricas da humanidade. Chegou até a tentar atribuir à tripartição uma importância sociológica, atribuindo o tipo isolante ao "estágio familiar" da sociedade, o tipo aglutinante ao "estágio nomádico" e o tipo flexivo ao "estágio político" correspondendo à sociedade humana desde as civilizações clássicas da Antiguidade.

A grande significação do trabalho linguístico de Max Müller é ter desenvolvido uma teoria geral da linguagem, sob seu aspecto histórico, na base das aquisições da gramática comparativa indo-europeia. Utilizou o método e as descobertas da linguística comparativa indo-europeia como ilustração dos fenômenos linguísticos em geral. Dessa forma, para mostrar a validade do método comparativo e a capacidade de mutação indefinida das formas linguísticas, focalizou duas palavras aparentemente bastante afastadas, como o inglês *tear* (lágrima) e o francês *larme* (lágrima) e procurou demonstrar que ambas têm suas origens numa única forma protoindo--europeia. Sua habilidade de exposição foi aplicada à sua discussão sobre o problema da origem da linguagem.

Apelidou as teorias existentes de teoria "Bow wow" (as palavras primitivas nada mais eram que imitações de sons), a teoria "Pooh-pooh" (a linguagem é derivada de exclamações de dor, de alegria ou de quaisquer outros sentimentos fortes), a teoria "Ding-dong" (a linguagem nasce de uma harmonia mística entre som e sentido), e a teoria "Yo-he-ho" (a linguagem é derivada dos sons emitidos como alívio sob um esforço muscular qualquer). A princípio simpatizava com a teoria "Ding-dong", como uma explanação das raízes que achava serem as primeiras palavras da humanidade. Embora pusesse de lado, mais tarde, essa teoria, ateve-se à ideia de que as raízes desenvolvidas pela análise da gramática comparativa do indo-europeu devem ter sido as verdadeiras palavras da língua primitiva, e tentou reduzir o número delas (500) a fim de ter uma ideia do pobre sistema isolante da linguagem no despertar da vida humana.

De Max Müller passemos agora ao estudioso norte-americano William Whitney[103] (5) que fora, também, um aluno de Bopp em Berlim.

Whitney era também um sanscritista muito competente. Sua gramática do sânscrito (6) é adotada até hoje como livro-texto para o estudo descritivo dessa língua. Como filólogo sanscritista publicou uma edição e uma tradução do *Atharva-Veda* (7) e muitos estudos sobre a antiga cultura hindu.

Estava, também, profundamente interessado nas línguas vivas da Europa. Escreveu uma gramática inglesa elementar e dicionários de francês e de alemão. Tal como Müller, tinha como objetivo uma ciência geral da linguagem, explicitamente separada da gramática comparativa do indo-europeu. Achava que a gramática comparativa (a qual chamava de filologia comparada) e a linguística eram dois aspectos diferentes do mesmo estudo; mas, enquanto o primeiro focaliza um certo grupo de línguas, o último trata das leis gerais e princípios da linguagem humana, ilustrando-os com os resultados da gramática comparativa. Essas ilustrações não são buscadas por ele nas línguas primitivas. Prefere mesmo exemplos de línguas vivas da Europa em vez das línguas da antiguidade clássica indo-europeia.

Assim, contribuiu para ampliar o campo da linguística e aproximar o estudo da linguagem da experiência linguística do homem contemporâneo.

---

103. Linguista norte-americano (1827-1894).

Os principais trabalhos de Whitney sobre linguística geral são *The Life and Growth of Language: An Outline of Linguistic Science* [Vida e crescimento da linguagem: um perfil da ciência linguística] (1875) e *Language and the Study of Language: Twelve Lectures on the Principles of Linguistic Science* [Linguagem e o estudo da linguagem/língua: palestras sobre os princípios da ciência linguística] (1867). Não é um partidário das ideias de Schleicher sobre o caráter natural da linguagem (8). Contra isso, enfatizou o aspecto social da linguagem (9). Para ele a linguagem é uma instituição social, como a religião, as leis etc. Vê a linguagem como um tipo de código de sinais cujo escopo é a comunicação entre os homens. Admite que os sons da linguagem foram produzidos pela imitação dos sons da natureza, naquele estágio em que não constituíam a língua no seu verdadeiro sentido. A língua foi criada somente quando o pensamento humano excogitou empregar os sons vocais com propósito comunicativo.

Faz também distinção bem definida entre linguagem e pensamento. Para ele a linguagem vem depois do pensamento e nada mais é do que um instrumento do pensamento. Contrário à ideia central de Humboldt, afirma que a linguagem não é uma atividade, um impulso mental, mas apenas um instrumento para a expressão do pensamento humano.

Propôs sua teoria, baseado no caráter puramente social da linguagem, criticando as ideias de Schleicher e Max Müller (10) acerca do caráter natural dela como também criticando a visão psicológica de Steinthal. É um perene antagônico de Max Müller e a oposição entre os dois mestres ficou famosa. Estava, no entanto, de acordo com Max Müller, ao considerar as raízes do indo-europeu como as verdadeiras palavras primitivas.

Nos moldes da análise morfológica de Bopp, estava convencido do papel dominante da aglutinação na estrutura da palavra. E levou às últimas consequências a explanação sobre afixos e desinências como antigas raízes que perderam seus significados primitivos e se tornaram, através da aglutinação, meros elementos formais.

Vimos que essa ideia era muito forte em Bopp e que ela o orientara nas suas explanações a respeito das flexões em sânscrito, latim, grego e alemão. Whitney, de acordo com o seu método de utilizar as línguas vivas indo-europeias, argumentava a favor de sua teoria, com as palavras *fearful* e *fearless*, nas quais os sufixos são originários de *full* e *less* (11), respectivamente, e com a terminação adverbial *-ly,* que é uma variação de *like.* E advogava "uma cuidadosa generalização através da analogia".

Vale a pena mencionar o fato de que Whitney estava convencido da possibilidade de aplicar a classificação genealógica das línguas a todas as línguas da humanidade. Toda língua existente, dizia ele, participa indubitavelmente de uma família linguística, deve ser um dialeto derivado de uma língua anterior única. Dessa maneira, apontava uma alternativa na classificação das línguas, diferente da classificação tipológica à qual Schleicher dera uma forma rigorosa e bem delineada. E sua visão sobre o assunto mostrava a extensão do método histórico-comparativo a todas as línguas do mundo em geral.

Vemos assim que Whitney, embora não fosse um investigador original em linguística comparativa do indo-europeu, porém antes um popularizador de suas realizações, merece nossa atenção por três razões principais: 1) sua concepção da língua como instituição social, concepção essa que teve grande influência no pensamento contemporâneo; 2) sua concepção da aglutinação como um processo morfológico dominante; 3) sua sugestão de estender a classificação genealógica a todas as línguas do mundo, baseada no modelo da gramática comparativa do indo-europeu.

Ademais, Whitney, juntamente com Max Müller, lançou nitidamente a concepção de um estudo geral da linguagem, ou linguística geral, separada da gramática comparativa do indo-europeu (12). Observe-se que a linguística, como a ciência geral da linguagem, ganhou corpo nos países de língua inglesa, fora da Alemanha, embora seus fundamentos e princípios estivessem implícitos e, mesmo, desenvolvidos na discussão do indo-europeu feita pelos primeiros linguistas alemães.

O grande contemporâneo alemão de Max Müller e Whitney, August Fick[104], foi, exclusivamente, um estudioso comparativista indo-europeu, tendo sido aluno de Benfey (que já mencionamos como sanscritista). Seu grande mérito é ter escrito o primeiro *Vergleichendes Wörterbuch der indogermanischen Sprachen* [Dicionário comparativo das línguas indo-europeias] (1868). No seu plano, seguiu a ideia da árvore genealógica estabelecida por Schleicher. O livro teve quatro edições e sofreu várias revisões de uma edição para outra. Mas seu plano, em essência, permaneceu o mesmo. Esse plano consiste em várias seções dedicadas ao tronco, aos ramos e sub-ramos linguísticos.

Deixou de fora o ramo celta, por ser muito difícil trabalhá-lo num tratamento lexical (na quarta edição, uma seção sobre o celta foi adicionada pela pena de Whitley Stokes[105]).

Fick trabalha sempre com a divisão de uma língua originalmente uniforme em dois grupos e, dessa forma, parte de um indo-europeu comum (indo-germânico em sua terminologia, de acordo com Schleicher), para um grupo em hindu e iraniano, e o último em europeu do sul (greco-itálico) e europeu do norte (germano-balto-eslavo); continua com divisões sucessivamente menores em cada subgrupo.

A existência das palavras é pressuposta toda vez que são encontradas em dois ramos do grupo. Dessa forma as palavras comuns do indo-europeu são estabelecidas por sua presença tanto no indo-iraniano comum como no europeu comum.

Este método é, atualmente, considerado ultrapassado devido a dois motivos principais: 1) a hipótese de sucessivas línguas unitárias, sempre se

---

104. Friedrich Conrad August Fick, linguista alemão (1833-1916).

105. Irlandês, estudioso do celta (1830-1909).

dividindo em metades; 2) a hipótese de que essas metades nada têm a ver uma com a outra, depois da sua divisão (13).

A obra escrita por Fick é, não obstante, de grande importância na história da linguística, como o primeiro grande esforço, clara e coerentemente conduzido, de um tratamento coletivo do vocabulário do indo-europeu.

Resumo

Neste capítulo, Mattoso considera que Max Müller e muito especialmente W.D. Whitney dão início à consolidação dos estudos gerais da linguagem que virão a ser conhecidos sob o rótulo de "linguística geral". Apresenta, ainda, a grande divergência que marca o campo nessa época: a oposição natureza *versus* sociedade. Quer dizer: a linguística deve ser uma ciência natural ou uma ciência histórica (no sentido de social)? A primeira perspectiva é assumida por Max Müller, sob influência direta de Schleicher; a segunda, por Whitney. Finalmente, Mattoso apresenta sucintamente o pensamento do comparatista August Fick.

O advento da fonética

Em meados do século XIX, a linguística deu um grande passo com o advento de um estudo completo de fonética. Vimos que o conhecimento fonético não fora forte entre os gregos. Sua conexão com a linguagem tinha sido através da escrita. Vimos também que é a escrita que chama a atenção dos homens para a linguagem e os faz parar para observá-la, uma vez que a atividade da fala é espontânea, o que a faz parecer tão natural como as outras atividades corporais, tais como o andar.

Os gregos fizeram algumas observações sobre os sons vocais e tentaram uma classificação superficial, partindo da observação da audição e das distinções que seus ouvidos foram capazes de captar.

Os gramáticos romanos limitaram-se a aceitar a doutrina fonética dos gregos de modo um tanto inadequado, por não terem sido suficientemente felizes em adaptar, de forma coerente, aquela doutrina aos sons vocais e aos traços fonéticos do latim.

Na Idade Média, a fonética foi posta de lado e incompreendida, pois todo o interesse dos estudiosos se concentrava no latim escrito.

É verdade que os séculos XVII e XVIII trouxeram alguma melhora. Vimos como as pessoas, ao desenvolver-se o "estudo de língua estrangeira", passaram a prestar atenção à pronúncia estrangeira, e como o estudo biológico da linguagem, concentrado nos órgãos fonadores, propiciou o progresso do conhecimento fonético.

No começo do século XIX, a descoberta da gramática do sânscrito abriu novos horizontes à gramática e, em especial, à fonética.

Os gramáticos hindus, sob o estímulo do estudo do "certo e errado", haviam desenvolvido uma descrição esmerada dos sons vocais do sânscrito, chegando a registrar, cuidadosamente, as mudanças fônicas devidas ao contato com formas linguísticas na cadeia da fala em um conjunto de regras chamado *Sandhi* (distinguiram a mudança interna, sofrida pelos elementos morfológicos dentro da palavra; e a mudança externa, sofrida pelas palavras antes de pausa ou em contato umas com as outras). Essa fonética descritiva hindu teve continuação através de uma abordagem articulatória (1), isto é, através da observação dos movimentos dos órgãos fonadores na produção dos sons vocais. Para um desenvolvimento rigoroso, essa perspectiva é mais fácil do que a auditiva (2), na qual, basicamente, apoiavam-se os gregos.

É inegável que o exemplo do sânscrito esclareceu bastante as ideias que os estudiosos europeus tinham da fonética.

Mostram os primeiros linguistas, não obstante, muitas falhas nas suas afirmações sobre fonética. Eram muitas vezes levados a confundir os sons vocais com as letras que os representavam (na escrita). Uma chocante ilustração desse tipo de confusão é a afirmação feita por Grimm a respeito da estrutura fonética da palavra alemã *Schrift*: diz-nos que nela há oito sons, mas apenas sete letras, por identificar a fricativa labial *f*, com a oclusiva *ph* (que era o som primitivo para o grego) e não perceber que as três letras iniciais da palavra formavam um único som vocal, a fricativa palatal do inglês *ship* (3). É verdade que os linguistas seguintes, tais como Schleicher, Pott, Fick ou Whitney, tiveram um conhecimento mais seguro da fonética. Mas a linguística, de modo geral, não apresentou uma formação fonética muito boa.

Obrigados a ler e a interpretar os antigos textos escritos, os primeiros estudiosos em linguística se interessavam mais profundamente em decifrar os antigos sistemas pré-alfabéticos da escrita que os tornassem capazes de estudar e comparar as antigas línguas desconhecidas. Desse modo, os primeiros anos do século XIX assistiram ao decifrar da escrita cuneiforme (4) das antigas inscrições persas.

Os pioneiros nesse empreendimento foram Frederik Münter[106], um bispo dinamarquês, e o estudioso alemão George Grotefend[107]. O linguista Rasmus Rask, a quem já conhecemos muito bem, trouxe sua contribuição à decifração daquele trabalho e, no final, o sanscritista Christian Lassen deu uma decisiva interpretação da antiga escrita persa, corrigindo alguns erros de Grotefend.

O irlandês Hincks[108], o inglês Rawlinson[109] e o francês Oppert[110] (5) fizeram, também, um trabalho meritório neste campo. Foram, além do mais, os decifradores da escrita cuneiforme assíria, da qual derivava a antiga escrita persa. Proporcionaram o reconhecimento, também na Mesopotâmia, de uma língua inteiramente diferente, o sumério, pertencente a um povo que precedeu os semitas naquelas regiões.

Na decifração das escritas cuneiformes da Mesopotâmia e países vizinhos, podemos mencionar, de importância, Friedrich Delitzsch[111]; Westergaard, sanscritista dinamarquês; e, na Inglaterra, Archibald Sayce[112].

A decifração dos hieróglifos egípcios, como sabemos, foi iniciada pelo francês François Champollion[113] (6), que ressaltou o parentesco do egípcio antigo com o egípcio moderno ou copta.

Na Europa, esse tipo de indagação filológica concentrava-se na interpretação das runas (7), um sistema de escrita comum às tribos germânicas da Antiguidade e que os alemães haviam abandonado quando da sua

---

106. Estudioso alemão-dinamarquês, professor de teologia na Universidade de Copenhague, orientalista e bispo dinamarquês (1761-1830).

107. Georg Friedrich Grotefend, epigrafista e filólogo alemão (1755-1853).

108. Edward Hincks (1792-1866), clérigo irlandês, mais lembrado como um assiriologista e um dos decifradores do cuneiforme mesopotâmico. Ele foi um dos três nomes conhecidos como a "trindade sagrada do cuneiforme", com Sir Henry Creswicke Rawlinson e Jules Oppert.

109. Sir Henry Creswicke Rawlinson, oficial do exército, político e orientalista inglês (1810-1895).

110. Julius Oppert, linguista, historiador e filólogo de origem alemã, naturalizado francês (1825-1905).

111. Assiriologista alemão (1850-1922).

112. Archibald Henry Sayce, orientalista, filologista comparativo e egiptólogo (1846-1933).

113. Jean-François Champollion, egiptólogo francês (1790-1832).

conversão ao cristianismo (o texto gótico de Wulfilas, p. ex., é uma forma adaptada do alfabeto grego). Havia, porém, muitas inscrições rúnicas na Escandinávia e a decifração propiciou um melhor conhecimento do ramo germânico da Escandinávia, trabalho este que se deve, principalmente, a Sophus Bugge[114] e Ludwig Wimmer[115] (1876).

O problema de idealizar alfabetos amplos que transcrevessem as línguas escritas em formas não românicas recebeu, então, atenção especial: esse problema aguçou o conhecimento fonético dos linguistas, uma vez que eram obrigados a encontrar símbolos que indicassem sons inexistentes em suas línguas de origem. Vale a pena destacar, neste particular, o livro de Richard Lepsius[116], *Standard Alphabet for Reducing Unwritten Languages and Foreign Graphic Systems to a Uniform Orthography in European Letters* [Alfabeto padrão para reduzir línguas ágrafas e sistemas gráficos estrangeiros à ortografia uniforme em letras europeias] (1863).

Voltemo-nos agora, entretanto, para a história da fonética no século XIX.

A fonética se desenvolveu nos meados desse século através de um estudo biológico da linguagem, no momento em que as ciências naturais ganhavam impulso decisivo.

Já na década de 1830, o alemão K.N. Rapp[117], aluno de Rask, desenvolvia um ambicioso plano, em que procurava seguir a evolução dos sons vocais do grego, latim e gótico às atuais línguas da Europa, na base da fisiologia. Seu volumoso trabalho foi prematuro, porque a fisiologia dos órgãos da fala não fora ainda devidamente estabelecida.

Esse conhecimento fisiológico desenvolveu-se em um estudo "paralinguístico", mais tarde, por médicos e biólogos.

Assim, na década dos anos de 1840, o alemão Liscovius[118] publicou um livro intitulado *Physiologie der menschlichen Stimme* [Fisiologia da voz

---

114. Elseus Sophus Bugge, filólogo e linguista norueguês (1833-1907).

115. Ludvig Frands Adalbert Wimmer, linguista e runólogo dinamarquês (1839-1920).

116. Karl Richard Lepsius, linguista, arqueólogo e egiptólogo alemão (1810-1884).

117. Karl Moritz Rapp, linguista, tradutor e escritor alemão (1803-1883).

118. Karl Friedrich Salomon Liscovius, médico e fisiologista alemão (1780-1844).

humana]. Posteriormente, de 1850 a 1870, vamos encontrar cientistas tais como Merkel[119], Brücke[120], Czermak[121] e Helmholtz[122], que se dedicaram ao estudo da voz humana e aos órgãos da fala.

Helmholtz estudou a produção e a natureza das vogais. Mostrou que elas resultam, essencialmente, da ressonância do ar impulsionado dos pulmões dentro da cavidade bucal, e demonstrou como qualquer modificação na forma da cavidade bucal ou a adição de uma ressonância nasal determinava uma qualidade distinta ao som vocálico.

Czermak, fisiólogo tcheco, demonstrou o papel importante das cordas vocais na produção da voz humana e a importância do movimento do véu palatino para a nasalização. Em seus testes, utilizou um instrumento, o laringoscópio, idealizado por um cantor de ópera espanhol, García.

Brücke, em seu livro intitulado *Grundzüge der Physiologie und Systematik der Sprachlaute für Linguisten und Taubstummenlehrer* [Fundamentos da fisiologia dos sons da fala e seu estudo sistemático para linguistas e professores de surdos] (1856), fez uma análise da articulação na maioria das línguas europeias modernas e ofereceu uma visão geral crítica dos sistemas fonológicos do grego, do sânscrito e do árabe.

Por outro lado, na Inglaterra, o professor de dicção Alexander Bell[123] (8) escreveu um significativo tratado a que deu o título de *Fala Visível* (9). Nesse tratado, estuda, de modo muito claro, as posições da língua em relação ao palato e o arredondamento e não arredondamento dos lábios. Idealizou um sistema de transcrição fonética, no qual os sons vocais não correspondem às letras do alfabeto, mas são representantes visíveis dos órgãos da fala e seus movimentos (o filho de Bell[124] foi o inventor do telefone).

O ponto culminante de toda a investigação "paralinguística" foi o trabalho do estudioso alemão Eduard Sievers[125]. Seu livro básico recebeu, em sua

---

119. Carl Ludwig Merkel, otorrinolaringologista alemão (1812-1876).

120. Ernst Wilhelm Ritter von Brücke, médico e fisiologista alemão (1819-1892).

121. Johann Nepomuk Czermak, fisiologista austro-alemão nascido em Praga (1828-1873).

122. Hermann Ludwig Ferdinand von Helmholtz, matemático, médico e físico alemão (1821-1894).

123. Alexander Melville Bell, foneticista e educador escocês (1819-1905).

124. Alexander Graham Bell, inventor escocês (1847-1922).

125. Filólogo alemão (1850-1932).

primeira edição, o título de *Fundamentos da fisiologia vocal* (1876). Essa mudança é significativa, porque assinala o advento da disciplina fonética, separada da fisiologia e colocada sob o domínio da linguística (10).

Sievers teve muitos seguidores. Muitos foneticistas dedicaram suas investigações às modernas línguas europeias, tanto com propósitos puramente descritivos como didáticos. Podemos mencionar entre eles: Charles Thurot[126] e Paul Passy[127] (11), para o francês; Johan Storm[128] e Henry Sweet[129], para o inglês; Kiessling[130], Hofiemann[131] e Viëtor[132], para o alemão; Gonçalves Viana[133], para o português. Além desses, temos ainda Trautmann[134], Soames[135] e Viëtor, que fizeram estudos fonéticos comparativos, relativos ao inglês, francês e alemão.

O acurado conhecimento da fonética das línguas europeias modernas tornou possível o estudo da pronúncia das antigas línguas europeias e das antigas fases de línguas modernas existentes. Assim, o foneticista alemão Seelmann[136] investigou os sons do latim em bases tanto fisiológicas como históricas, e o foneticista inglês Ellis[137] dedicou-se à pronúncia do inglês antigo.

Como era de se esperar, o estabelecimento da fonética nestes moldes científicos foi benéfico à gramática comparativa do indo-europeu e à linguística, no seu sentido mais amplo.

---

126. François Charles Eugène Thurot, filólogo francês (1823-1882).

127. Paul Édouard Passy, linguista francês (1859-1940).

128. Johan Fredrik Breda Storm, linguista e filólogo norueguês (1836-26 de outubro de 1920).

129. Filólogo e foneticista inglês (1845-1912).

130. Adolf Kiessling, filólogo alemão (1837-1893).

131. Johann Baptist Hofmann, filólogo e linguista alemão (1886-1954).

132. Carl Adolf Theodor Wilhelm Viëtor, foneticista alemão (1850-1918).

133. Aniceto dos Reis Gonçalves Viana, filólogo, linguista, foneticista e lexicógrafo português (1840-1914).

134. Moritz Trautmann, anglicista alemão (1842-1920).

135. Laura Soames, foneticista inglesa (1840-1895).

136. Emil Paul Seelmann-Eggebert, bibliotecário, filólogo e romanista alemão (1859-1915).

137. Alexander John Ellis, matemático, filólogo e foneticista inglês (1814-1890).

Note-se, entretanto, que a fonética não foi clara e decididamente incluída na linguística. Os linguistas estavam conscientes do caráter natural da fonética e não sabiam como lhe dar um tratamento linguístico verdadeiro. O ponto de vista mais divulgado foi o de considerá-la um estudo pertencente às ciências naturais e da mais profunda importância para a linguística.

Era dito repetidamente que a fonética era uma disciplina auxiliar da linguística. Os linguistas deviam estudá-la e dominar suas complexidades físicas e fisiológicas a fim de serem capazes de lidar com os sons vocais e suas mutações. Por serem os sons vocais encarados como produções fisiológicas e como fenômenos físicos, havia um sentimento de desconforto no absurdo de excluir da linguagem os elementos da fala que estruturavam as formas linguísticas. Nenhuma solução, porém, foi sugerida a essa contradição interna, com a qual se deparava a linguística; e até a segunda década do século XX, a fonética encontrava-se a meio-caminho entre as ciências naturais e a linguística (12).

Foi a fonética que levou a linguística a se dar conta da necessidade do conceito de sons vocais independentes de letras e, para representá-los, foi idealizado um processo fora da escrita comum, processo este que veio a se chamar *transcrição fonética*.

Resumo

Neste capítulo, Mattoso Camara apresenta grande número de autores que se dedicaram ao estudo da fisiologia dos sons e que contribuíram para o advento da fonética nos estudos linguísticos. O capítulo apresenta ainda extensa lista de autores que podem subsidiar estudos referentes à história do surgimento da fonética como disciplina.

XI

A nova visão do indo-europeu depois de Schleicher

As realizações da gramática comparativa do indo-europeu alcançadas por Schleicher e seus seguidores foram o objetivo de uma revisão cuidadosa, por uma nova geração de linguistas alemães, na década dos anos de 1870.

A primeira ideia a ser totalmente modificada foi a da classificação das línguas indo-europeias estabelecida por Schleicher e mantida, em sua essência, por Fick.

As relações entre os grupos indo-europeus foram profundamente alteradas. Em lugar da divisão de Schleicher em sua famosa árvore genealógica ou da divisão de Fick, diferindo em alguns detalhes, dava-se preferência, agora, a uma divisão em duas partes das quais uma abrangia as assim chamadas línguas ocidentais (Germânico, Ítalo-Céltico, Grego) e a outra, as assim chamadas línguas orientais (Indo-Iraniano, Armênio, Albanês e Balto-Eslavo).

A modificação teórica básica, porém, foi na maneira do desenvolvimento daqueles grupos oriundos de uma protolíngua unitária. Em vez da árvore genealógica estabelecida por Schleicher, seu aluno Johannes Schmidt[138] lançou o que se chamou a "Teoria das Ondas" (1), em um famoso livro

---

138. Johannes Friedrich Heinrich Schmidt, linguista alemão (1843-1901).

publicado em 1872 e intitulado *Die Verwandtschaftsverhältnisse der indogermanischen Sprachen* [Os parentescos das línguas indo-europeias].

Acentuou que um dado grupo indo-europeu mostra muitas semelhanças com mais de um grupo, enquanto a árvore de Schleicher admitia uma separação absoluta, tal como os diferentes galhos de uma árvore, e Fick partia da hipótese de um crescente afastamento da protolíngua unitária. Schmidt sustentava, ao contrário, que as línguas indo-europeias surgiam, na realidade, de uma língua anterior comum, mas que deviam sua evolução à expansão no estilo de onda de inovações surgidas de centros diferentes. Consequentemente, áreas adjacentes são mais semelhantes que aquelas largamente separadas, e, em geral, as diferenças aumentavam à proporção que a distância entre as línguas era maior.

A consequência da teoria de Schmidt foi conceber as línguas indo-europeias como uma cadeia fechada. As ondas dialetais giravam em todas as direções, de tal maneira que podemos encontrar um território linguístico com traços em comum com mais de um território vizinho. Assim, Schmidt explicava por que o balto-eslavo apresenta semelhanças tanto com o indo-iraniano como com o germânico.

A teoria das ondas de Schmidt foi negada por Fick, que insistia na separação entre o ramo asiático e o ramo europeu, tal como o estabelecera em seu *Dicionário* e discordava da explanação da expansão por ondas, atendo-se à ideia da árvore genealógica. Permaneceu, porém, isolado e a formulação de Schmidt, em suas linhas gerais, obteve aceitação total.

A segunda importante inovação na gramática comparativa do indo-europeu diz respeito à formulação conhecida como *Lei de Grimm*.

Vimos como essa formulação tem recebido aplausos como o primeiro enunciado nítido e coerente da regularidade interna na mudança fonética. Havia, entretanto, algumas discrepâncias nela que ninguém fora capaz de explicar. De acordo com a *Lei de Grimm*, as oclusivas desvozeadas passavam às correspondentes fricativas desvozeadas no germânico; existem, porém, casos nos quais encontramos consoantes vozeadas no germânico.

Ora, o estudioso dinamarquês Karl Verner[139], em seu trabalho *Eine ausnahme der ersten Lautverschiebung* [Uma exceção à primeira mudança consonantal], publicado em uma revista filológica alemã (1875), demonstrava que a divergência se deve à localização primitiva do acento: quando o acento recaía depois da consoante, uma vozeada tomava o lugar. Por exemplo, *bhràter-* ("irmão") dá lugar ao sânscrito *bhràter* e ao gótico *bróbor-*, com uma passagem de *t* para Θ, de acordo com a lei de Grimm; porém *patér-* ("pai") dá lugar ao sânscrito *pitar* e, devido ao lugar do acento, ao gótico *fadar*.

Ressalte-se o fato de que Verner chegou à sua afirmação através de uma súbita inspiração e estava, a princípio, um tanto receoso. Mas a aprovação de alguns colegas seus, ilustres, deu-lhe segurança e o fez decidir-se a divulgar sua descoberta.

Teve a mesma grande aceitação, e sua importância para a história da linguística foi muito grande. Veio reforçar a ideia de que as mudanças fonéticas podem ser colocadas em fórmulas nítidas e coerentes a fim de serem aplicadas ao estudo linguístico comparativo, da mesma maneira que um físico se apoia nas leis físicas de suas investigações. Fortalecia, assim, a ideia que estava, pouco a pouco, sendo desenvolvida pela linguística histórico-comparativa.

Uma terceira inovação importante modificou completamente a visão de Schleicher no que se referia às oclusivas velares do indo-europeu primitivo. A hipótese de Schleicher de uma única série de oclusivas velares (k, g, gh) foi suplantada por uma nova teoria, de acordo com a qual deve ter havido três séries bem diferentes: uma série velar, com sua articulação muito posterior dentro da boca e um concomitante arredondamento dos lábios; uma série velar na parte anterior do véu palatino, e uma terceira série com uma articulação palatal. Essa série palatal mudara para fricativas no sânscrito e não fora descoberta até então, porque os primeiros linguistas, de Bopp a Schleicher, não haviam ousado pensar que o sânscrito, afirmado por eles

---

139. Karl Adolph Verner, linguista dinamarquês (1846-1896).

como a mais antiga língua indo-europeia e a mais próxima ao protoindo-europeu, estava, nesse caso, muito afastada.

O primeiro linguista a estabelecer, claramente, as três séries das oclusivas posteriores do indo-europeu, chamada a Lei das Palatais, foi o italiano Graziadio Ascoli[140] no seu *Lettere glottologiche* [Cartas de glotologia] (1870), nome pelo qual, na Itália, a linguística é usualmente conhecida. Depois, o estudioso dinamarquês Vilhelm Thomsen[141] melhorou a asserção de Ascoli, explicando que a africada *ts* do sânscrito não era um reflexo da série das palatais do indo-europeu, mas uma mudança fonética do *k* hindu antes de uma vogal palatal.

Essa descoberta de Thomsen foi retrabalhada por outros linguistas, tais como o dinamarquês Esaias Tegner[142], da Universidade de Lund, por Karl Verner e pelos estudiosos alemães Hermann Collitz[143] (um discípulo de Fick), Johannes Schmidt e, finalmente, Hermann Osthoff[144] (2), a quem veremos mais tarde. Essa descoberta deu lugar a uma divisão das línguas do indo-europeu, de acordo com o desenvolvimento de oclusivas palatais, as do Ocidente, onde essas consoantes permaneceram oclusivas, e as do Oriente, onde as articulações então oclusivas passaram a fricativas. É a famosa distinção entre as línguas *Centum* e *Satem*, uma denominação baseada na palavra para "cem" no indo-europeu, *centum* sendo a forma encontrada no latim e *safem*, a forma encontrada no iraniano.

Claro que a descoberta de Thomsen levou a uma revisão do sistema vocálico no protoindo-europeu. Precisa-se admitir que deve ter havido vogais palatais ou anteriores na protolíngua e, mesmo, no primeiro estágio do iraniano. Daí termos o ponto de partida para um mapa inteiramente novo das vogais do protoindo-europeu. O ponto culminante desse novo

---

140. Graziadio Isaia Ascoli, linguista italiano (1829-1907).

141. Vilhelm Ludwig Peter Thomsen, linguista dinamarquês (1842-1927).

142. Esaias Tegnér, linguista sueco (1782-1846).

143. Linguista alemão (1855-1935).

144. Hermann Osthoff, linguista alemão (1847-1909).

conhecimento, combinado com uma teoria mais sólida do *Ablaut*, foi o trabalho do linguista suíço Ferdinand de Saussure[145] (3), de quem falaremos mais tarde, na época com vinte e um anos de idade. Esse ponto culminante foi o seu *Mémoire sur le système primitif des voyelles dans les langues indo-européennes* [Memorial sobre o sistema primitivo das vogais nas línguas indo-europeias] (1878) (4). De acordo com essa nova visão, havia na língua protoindo-europeia duas vogais fundamentais *e* e *o*. O *Ablaut* qualitativo estava em oposição a essas vogais, dentro da mesma raiz, tal como encontramos em latim a oposição entre o substantivo *toga* ("vestido") e o verbo *tego* ("cobrir"). Essas vogais, combinadas com sons a que os indo-europeístas chamaram *soantes, i, u, r, l, n, m,* isto é, as semivogais *i* e *u*, as líquidas e as nasais. O grau reduzido da raiz foi determinado pela ausência de *e* ou *o;* nesse caso a raiz tinha como centro silábico as vogais *i, u,* e as líquidas ou nasais passaram a sons vocálicos como o núcleo vocálico da raiz da sílaba, ou como uma vogal neutra entre consoantes (*schwa*) (5). Esse grau enfraquecido havia sido selecionado pelos gramáticos hindus, em sua abordagem descritiva, como a raiz básica, de maneira que *e* e *o* que se fundiram em *a* no sânscrito foi tratado como um *a-* guna para a raiz.

Ademais, havia no protoindo-europeu a vogal *a*, tanto como redução de ē, ō (como na forma verbal do grego para "quebrar" "rhēg-ny-mi" "ērhōga, perfeito, e "e-rrhāgēn", aoristo) e de ā, ō (como nas oposições do dórico grego "phā-mí", "eu digo", e do grego "phōnē" "voz" e "phatōs" "dito").

Essas novas interpretações do sistema sonoro determinaram uma visão bastante diferente da estrutura do protoindo-europeu e seu modo de desenvolvimento.

A ideia de Schleicher acerca da protolíngua como a realização máxima do impulso linguístico criativo foi completamente abandonada.

A linguística tornou-se ciente de que as línguas protoindo-europeias que ela tentava reconstruir deviam ter sido um estágio no desenvolvimento lin-

---

145. Linguista suíço (1857-1913).

guístico, cada qual com um passado de desenvolvimento semelhante e não o ponto de partida de uma nova era na história linguística da humanidade.

As raízes indo-europeias, por exemplo, passaram a não mais ser consideradas como as primeiras palavras indivisíveis da língua primitiva da humanidade. Passaram a ser vistas, tão somente, como o âmago semântico das palavras naquele estágio pré-histórico ao qual a gramática histórico-comparativa poderia chegar.

Com todas essas descobertas, a visão com a qual se defrontavam os linguistas no estudo das antigas línguas indo-europeias foi muito diferente da anterior.

Essa visão teve a mais importante consequência no estudo histórico da linguagem. A ideia de uma regularidade interna das mudanças fonéticas foi totalmente obscurecida. A linguística fez uma associação desta regularidade com as leis naturais que a física moderna estabeleceu regulando os fenômenos físicos e a evolução física do universo.

Tal associação deu lugar à expressão "Leis Fonéticas", que se tornou lugar-comum em linguística a partir de 1870. Sob essa associação muitos linguistas reforçaram a crença do conceito de Schleicher de que a linguística era uma ciência natural.

Mas, naturalmente, a ideia de leis fonéticas não levou, necessariamente, a tal conclusão. O conceito de fonética como ciência biológica auxiliar da linguística preparou o terreno para um segundo ponto de vista que, por muito tempo, dominou a investigação linguística.

Cria-se que os sons vocais eram forçados a mudar através de um processo fisiológico que explicaria a regularidade dessas mudanças e as leis que as governam. Dessa forma, deparar-nos-íamos com fenômenos fisiológicos de mudança, no âmbito da fonética, com um resultado perturbador no âmbito da língua propriamente dito. A total mudança fonética dominante poderia alterar continuamente as sistematizações morfológicas e sintáticas da língua. Em outras palavras, haveria um permanente debordamento através da evolução fonética da fisiologia no mundo humano da língua.

A regularidade da mudança fonética foi explicitamente apresentada por Verner: "Deve haver uma regra para a irregularidade; o problema é encontrá-la". O linguista alemão August Leskien[146], um especialista em eslavo, aventou a mesma ideia em seu livro sobre a declinação no balto-eslavo e no germânico (1876), e o alemão Wilhelm Scherer[147] a enunciou de maneira muito incisiva: "As mudanças fonéticas que podemos observar na história documentada das línguas procedem de acordo com leis fixas que não sofrem qualquer distúrbio, salvo em concordância com outras leis" (1875). Tal foi a ideia básica de um grupo de linguistas na Alemanha, chamado "Os Neogramáticos", que assinalam um ponto decisivo na história da linguística.

Resumo

Neste capítulo, Mattoso apresenta o que considera inovações do tratamento do indo-europeu após Schleicher: a) a modificação da classificação das línguas indo-europeias estabelecida por Schleicher em função da formulação da "teoria das ondas" de Johannes Schmidt; b) a formulação da lei de Verner em complementação à conhecida lei de Grimm; c) a formulação da Lei das Palatais, do italiano Graziadio Ascoli. Finalmente, apresenta os estudos que operaram uma verdadeira revolução na descrição do sistema vocálico do indo-europeu, com destaque para a obra seminal de Ferdinand de Saussure *Mémoire sur le système primitif des voyelles dans les langues indo-européennes* de 1878.

---

146. Linguista alemão (1840-1916).
147. Germanista austríaco (1841-1886).

O movimento dos neogramáticos

O movimento dos neogramáticos foi inspirado pelas ideias de Wilhelm Scherer, em seu livro *Zur Geschichte der deutschen Sprache* [A respeito da história da língua alemã] (1868). Scherer, como vimos, advogava leis fixas na mudança fonética. Enfatizava a importância da fonética para o estudo histórico da linguagem. Reprovava a orientação filosófica hegeliana de Schleicher e apelava para a experiência, como a verdadeira fonte, em existência, do conhecimento linguístico. Nessa base, rejeitava a distinção que Schleicher fazia entre o período pré-histórico no qual a língua fora criada e um período histórico de decadência. Não reconhecia outra diferença entre o período pré-histórico e o histórico que não fosse a natureza própria das fontes. Consequentemente, considerava o protoindo-europeu como uma língua semelhante, em sua natureza interna, às línguas históricas dela derivadas. Lançou também a hipótese da "analogia" (1), uma das pedras fundamentais da teoria neogramática, para explicar as mudanças fonéticas em contradição com as leis fônicas firmemente estabelecidas (2). Chamou a esse tipo de transformação "falsa analogia" por partir da fonética e, do ponto de vista da fonética, a analogia dava lugar a associações de formas, o que lhe parecia falsificar os resultados fonéticos.

Os principais representantes do movimento dos neogramáticos foram: Karl Brugmann[148], Hermann Osthoff, Berthold Delbrück[149], Jakob Wackernagel[150] e Hermann Paul[151]. August Leskien aderiu a eles. O linguista italiano Graziadio Ascoli esteve também ligado a eles, embora mantendo algumas diferenças básicas. Johannes Schmidt (aluno de Schleicher que, desde 1876, ocupava a cadeira de Bopp na Universidade de Berlim), Hermann Collitz e Adalbert Bezzenberger[152] (ambos discípulos de Fick), permaneceram à parte, embora concordassem com muitas das ideias dos neogramáticos.

O movimento dos neogramáticos teve, desde o início, um caráter polêmico. Surgiu, num barulhento comunicado, contra métodos mais antigos de linguística comparativa.

O movimento começou com uma briga pessoal entre Georg Curtius e Karl Brugmann, que eram corredatores de uma revista filosófica, *Studien zur griechischen und lateinischen Grammatik* (1868-1878) [Estudos sobre a gramática grega e latina]. Em 1876, enquanto Curtius se encontrava fora em viagem, Brugmann inseriu na revista um artigo intitulado *Nasalis sonans in der indogermanischen Grundsprache* [A soante nasal na primitiva língua indo-germânica]. Brugmann advogava, nesse artigo, a existência das nasais como silábicas, ou núcleos de sílabas, no protoindo-europeu, em consequência do grau reduzido do *Ablaut*. Estendia, assim, às nasais, a possibilidade, que antes fora lançada para o caso das líquidas; no mesmo ano da publicação de Brugmann, seu colega Hermann Osthoff expusera seu ponto de vista referente ao *r* silábico no protoindo-europeu.

Contudo, a ideia de um *n* e *m* silábicos, sem o apoio de uma vogal verdadeira, não foi aceita por Curtius. No fim do volume, declarou em uma

---

148. Linguista alemão, indo-europeísta (1849-1919).

149. Linguista alemão, estudioso da sintaxe comparativa das línguas indo-europeias (1842-1922).

150. Jacob Wackernagel, linguista suíço, estudioso do sânscrito e do indo-europeu (1853-1938).

151. Linguista, filólogo e lexicógrafo alemão (1846-1921).

152. Filólogo alemão (1851-1922).

nota que estivera ausente de Leipzig e não houvera tido a oportunidade de formular sua opinião a respeito do artigo, cuja responsabilidade deixava inteiramente a critério do corredator. Brugmann deixou de colaborar na revista e, depois de algum tempo, Curtius a substituiu por outra com novo título, com o que Brugmann não tinha qualquer relação. Este, por seu lado, deu início à publicação de uma nova revista intitulada *Morphologische Untersuchungen auf dem Gebiete der Indogermanischen Sprachen* [Pesquisa morfológica no domínio das línguas indo-germânicas] (1878), tendo como corredator seu velho amigo Hermann Osthoff.

Foi no seu primeiro volume (1878) que Brugmann (3) delineou o movimento dos neogramáticos em um agressivo "Prefácio" (4). Nesse Prefácio, Brugmann cunhou a designação especial de *junggrammatische Richtung* (o movimento dos jovens gramáticos) para firmar sua atitude e aquela de seus amigos mais chegados, em relação a Curtius.

"Jovens Gramáticos" foi um apelido humorístico para os alunos da Universidade de Leipzig que eram hostis aos ensinamentos de Curtius. A intenção humorística de Brugmann não foi compreendida e o termo que ele lançou passou a designar, tal como foi apresentado aos círculos universitários, um movimento reformador em linguística. O estudioso italiano Graziadio Ascoli, mais tarde, em uma carta na qual fazia polêmica com Brugmann e seus amigos, traduziu o termo alemão pelo termo *neogrammatici* e aquela cunhagem, com a substituição da ideia de *jovem* pela de *novo*, foi adotada fora da Alemanha.

Curtius foi um oponente teimoso do movimento e um defensor não apenas dos linguistas mais velhos mas de suas ideias também.

Vale a pena parar por um momento para examinar as principais características do movimento dos neogramáticos. No âmbito da gramática comparativa do indo-europeu, estabeleceram um novo quadro do indo-europeu primitivo nos moldes que expusemos rapidamente em um outro capítulo. Esse quadro desenvolveu-se em um mais amplo sob o título de *Grundriss der vergleichenden Grammatik der indogermanischen Sprachen*

[Fundamentos da gramática comparativa das línguas indo-germânicas], por Brugmann e Delbrück, em três volumes (5), incluindo fonética, morfologia e sintaxe (a partir de 1886). A parte sobre sintaxe, uma inovação nos estudos indo-europeus, ausente nos trabalhos de Bopp e de Schleicher, deveu-se a Delbrück, que pode ser considerado o fundador da sintaxe histórico-comparativa do indo-europeu. Publicara antes uma série de "Investigações Sintáticas" e, no *Grundriss* (6), no qual o tratamento fonético e morfológico é da pena de Brugmann, Delbrück focalizou o uso das formas e delineou uma teoria da oração, totalmente independente de pressuposições baseadas na lógica.

No começo do século XX, Brugmann publicou o *Resumo de Gramática comparativa das línguas indo-germânicas,* melhor conhecido nos países latinos, através da tradução francesa de Meillet e Gauthiot.

No que diz respeito ao estudo histórico da linguagem, ou linguística histórica geral, a chave da doutrina dos neogramáticos é a segura asserção das leis fonéticas que, como postulou Osthoff, trabalham com uma necessidade cega. Daí, a atribuição da evolução fonética a uma ação mecânica de forças fisiológicas e psíquicas que escapam ao controle humano.

Nesse sentido, toda a atenção dos neogramáticos se concentrou nas mudanças fonéticas que parecem contradizer as referidas leis tão bem estabelecidas. Explicaram, de maneira constante e unilateral, essas discrepâncias, pelo que eles chamaram de analogia (7).

Na gramática grega, "analogia" era uma perfeita harmonia entre formas gramaticais e as ideias lógicas que se propunham representar.

Os neogramáticos, entretanto, não deram muita importância à lógica e, como enfatizara Brugmann no seu famoso *Prefácio às investigações morfológicas,* estavam muito mais interessados nos aspectos psíquicos dos processos linguísticos. Dessa maneira, criaram uma oposição entre os processos mecânicos da mudança fonética e a atividade mental da analogia que agia em oposição a eles.

A analogia era vista como a única exceção possível nos resultados regulares da lei fonética. A mente humana, associando formas distintas por seus significados ou semelhança de sons, foi vista como *capaz* de interferir no desenvolvimento natural de sons, contrariando a esmagadora força de uma lei fonética no caso de algumas formas, postas em associação mental com outras formas, bastante diferentes, que resultaram de outras leis fonéticas.

O linguista italiano Graziadio Ascoli (1886) no seu *Due lettere glottologiche* [Duas cartas glóticas], dirigido aos neogramáticos, aceitou o princípio das leis fonéticas, mas insistia que devessem elas ser explicadas por fatores históricos e que tais fatores devessem ser responsáveis pelas exceções a elas.

Os neogramáticos alemães se concentravam na Universidade de Leipzig e, por essa razão, eram também conhecidos como a Escola de Leipzig.

Suas ideias se espalharam muito, entretanto, e, na última parte do século XIX, podemos falar de uma abordagem neogramática em linguística como uma corrente dominante entre os linguistas.

A teorização dessa abordagem foi exposta no livro de Hermann Paul, *Prinzipien der Sprachgeschichte* [Princípios de história linguística], com várias edições que acompanharam o desenvolvimento da ciência (1880). Nos *Princípios de história linguística,* de Paul, encontramos os fundamentos do estudo histórico da linguagem, nos quais, por muito tempo, a investigação linguística se baseou. É um epítome da ciência linguística, significativamente representativa das ideias dominantes sobre essa ciência nas últimas décadas do século XIX e dos primeiros anos do século XX.

Façamos uma pausa, portanto, para apreciá-la rapidamente. Em primeiro lugar, deve ser mencionado que Paul concebia a ciência da linguagem apenas como um estudo do desenvolvimento histórico dos fenômenos linguísticos. Ele assim o diz, numa forma muito concisa, quando afirma que "o único estudo científico da língua é o estudo histórico". E acrescenta: "todo estudo linguístico-científico que não é histórico em seus objetivos e métodos só pode ser explicado em consequência de uma deficiência do investigador ou de deficiências nas fontes de que dispõe".

Portanto, podemos dizer que, nos *Princípios de história linguística*, de Paul, e na abordagem neogramática, foi consolidado o estudo histórico da linguagem. O estudo descritivo da linguagem ainda não existia e, em seu lugar, encontramos o estudo pré-linguístico do "certo e errado" e o paralinguístico biológico. A fonética, como vimos, desenvolvera-se desde os meados do século XIX, mas era paralinguística, uma vez que focalizava os fatores fisiológicos e físicos que produzem a fala.

As poucas observações sobre o funcionamento da linguagem que encontramos em Paul fora da perspectiva histórica é acidental no livro e tem um caráter paralinguístico, baseado em pura psicologia. Apresentava-se como informação subsidiária ao estudo histórico, da mesma maneira que a fonética descritiva surgira com a intenção de dar uma base fisiológica ao estudo linguístico da mudança fonética. Dentro do âmbito histórico, entretanto, os *Princípios de história linguística* cobrem um vasto campo de investigação.

Além do desenvolvimento histórico dos sons, formas e orações, Paul dedicou parte de seu livro ao estudo da mudança de significado nas palavras. Delineou uma classificação dos tipos dessas mudanças através da ampliação e redução do significado e insistiu no papel representado pela metonímia e pela metáfora. Dessa maneira, essas duas figuras do discurso, da retórica grega, foram colocadas em uma perspectiva histórica, como causa da mudança linguística. E o estudo das mudanças se estendeu da forma externa da língua para o que Humboldt chamou a forma interna.

Vale ressaltar, por outro lado, que Paul tentou constantemente basear suas asserções sobre mudanças sistemáticas, sejam elas nos sons, nas formas, em orações ou em significados em uma investigação a respeito das causas da mudança.

Essas causas pareciam a ele terem como centro a psicologia. Assim, o estudo paralinguístico psicológico é, no seu livro, paralelo à mudança linguístico-histórica. Cada mudança fonética era atribuída, dentro do âmbito psicológico, a uma mudança na localização do ponto de articulação.

Utiliza, nesse seu esforço, a doutrina psicológica baseada no indivíduo. Para ele, toda a mudança se processa na mente e daí se espalha, tornando-se uma mudança na língua comum, o resultado do modo pelo qual os indivíduos em sociedade se deixam influenciar.

Podemos resumir, então, o ponto de vista teórico do movimento neogramático enfatizando seus dois pontos centrais: 1) a teoria da mudança fonética e da analogia tal como lançadas por Brugmann; 2) o suporte da psicologia individual para elucidar a causa da mudança linguística (Paul).

Resumo

Neste capítulo, Mattoso apresenta em detalhe o surgimento da escola neogramática – os "neogramáticos", como ficaram conhecidos –, com destaque para os princípios da mudança fonética e da analogia. Apresenta também o trabalho de Hermann Paul, a quem atribui a responsabilidade de consolidar, juntamente com os neogramáticos, a abordagem histórica de estudo da linguagem. Mattoso defende ainda, neste capítulo, que é neste momento que vemos nascer o estudo linguístico-descritivo propriamente dito, pois, para ele, antes desse período o que havia estava limitado ao que considera o estudo pré-linguístico do "certo e errado" e o paralinguístico biológico.

XIII

A oposição aos pontos de vista dos neogramáticos; Wundt, Schuchardt, Ascoli, Marty

Voltemos, agora, nossa atenção à oposição a alguns dos pontos de vista básicos que a doutrina dos neogramáticos encontrou desde o começo.

Esses pontos de vista podem ser resumidos em três itens: 1) a interpretação psicológica da linguagem tal como concebida por Hermann Paul; 2) a teoria das leis fonéticas e sua contraparte baseada na analogia, que foi o grito de guerra contra os linguistas mais velhos no famoso *Prefácio* que Brugmann escreveu para o primeiro volume das *Pesquisas Morfológicas* e se tornou a pedra fundamental da doutrina linguística neogramática; 3) e a postulação de que o estudo científico da linguagem fosse um estudo exclusivamente histórico ou, em outras palavras, que a linguística nada mais era senão uma teoria científica de mudança linguística.

A interpretação psicológica da linguagem dada por Hermann Paul foi considerada errônea pelo filósofo alemão Wilhelm Maximilian Wundt[153] no fim do século XIX.

---

153. Filósofo, médico e psicólogo alemão (1832-1920), considerado um dos fundadores da psicologia experimental, .

Wundt era autor de um longo trabalho sobre psicologia (1), no qual investigava o desenvolvimento da linguagem, mitos e costumes na humanidade. O primeiro volume é dedicado à linguagem (1900) e foi recebido com hostilidade no círculo dos neogramáticos. Delbrück e Paul escreveram contra esse livro. Chegou mesmo a haver uma polêmica entre Delbrück e Wundt em consequência das críticas de Delbrück, no começo do século XX.

A divergência entre Wundt e Hermann Paul concentrava-se no modo de utilização da psicologia na interpretação da linguagem.

Já vimos que, de acordo com o ponto de vista de Paul, a mudança linguística se dá na alma de cada indivíduo e se espalha através do processo de comunicação, de um indivíduo para outro.

Wundt tinha, sobre o assunto, um ponto de vista oposto. Ele partia da psicologia coletiva ou psicologia étnica. Achava que os processos psíquicos de qualquer indivíduo de uma dada sociedade dependiam das correntes psíquicas existentes nessa sociedade. Ele designava essas correntes coletivas pela metáfora *Alma Coletiva* e atribuía, às correntes coletivas, a base de toda mutação linguística. Tal ponto de vista alterava substancialmente a abordagem psicológica da linguagem que Paul, dentro da doutrina neogramática, tinha traçado como base da psicologia do ser humano.

Ademais, Wundt encarava os fenômenos linguísticos como processos sintéticos desde o início, enquanto Paul tentava analisar cada fenômeno linguístico a fim de chegar aos elementos individuais cuja reunião lhe dera início. Essa discrepância entre os dois estudiosos está bem ilustrada por suas visões opostas ao problema psicológico da gênese da oração na mente do falante. De acordo com o ponto de vista esposado por Paul, o indivíduo pensa em um sujeito e depois lhe junta um predicado. Wundt, ao contrário, advogava a síntese na mente do falante, a representação de um todo que, num segundo estágio, a mente dissociava em um sujeito e um predicado.

Outro ponto de divergência entre Wundt e os neogramáticos era a maneira de utilizar os dados linguísticos. Wundt, via de regra, deixava de lado as línguas indo-europeias e a já bem estabelecida conclusão da gramática comparativa indo-europeia a fim de utilizar dados linguísticos do africano, do hindu e de outras línguas selvagens não indo-europeias, numa forma semelhante à que Humboldt e Steinthal haviam utilizado. Os neogramáticos depreciavam esse método por estarem convencidos de que a linguística indo-europeia era, até então, a única formulação científica sobre linguagem, formulação essa que seria estendida a outras línguas cujos dados, obtidos fora do método comparativo indo-europeu, eram falhos, grosseiros, incoerentes e errôneos.

Na verdade, Wundt não era um linguista, mas um psicólogo tratando com linguagem. Nem ele se considerava um linguista. Seu objetivo era lançar as bases da psicologia da linguagem, como disciplina auxiliar da linguística. Ele diz isso claramente em seu artigo intitulado *Sprachgeschichte und Sprachpsychologie* [História da linguagem e psicologia da linguagem] (1901), em resposta à crítica de Delbrück.

Seu trabalho, apesar de suas falhas, é muito significativo para a história da linguística. Sua ideia de uma psicologia coletiva da linguagem tornou-se um ponto decisivo no estudo interdisciplinar de psicologia e linguística que está hoje solidamente estabelecido sob o nome de *Psicologia da Linguagem* (ou, nos Estados Unidos, psicolinguística) (2).

A teoria neogramática das leis fonéticas teve seu mais importante oponente no linguista austríaco Hugo Schuchardt[154] (3).

Schuchardt, que era professor de linguística na Universidade de Graz, na Áustria, escreveu principalmente ensaios e monografias dos quais há uma seleção feita pelo seu discípulo Leo Spitzer[155], sob o título *Schuchardt Brevier. Ein Vademekum der Allgemeinen Sprachwissenschaft* [Breviário de Schuchardt. Um *vademecum* de linguística geral].

Um dos artigos mais importantes nessa seleção é sua crítica ao princípio teórico das leis fonéticas, ao qual ele deu o nome *Über die Lautgesetze.*

---

154. Hugo Ernst Mario Schuchardt, linguista alemão (1842-1927).
155. Romanista e crítico literário austríaco (1887-1960).

Gegen die Junggrammatiker [Sobre as leis fonéticas. Contra os neogramáticos]. Nesse artigo, publicado em 1885, a ideia central é que toda mudança linguística deva ser vista numa relação constante com o pensamento individual do falante e não possa ser reduzida a uma lei que governa a fala do indivíduo, de fora, como estava implícita na concepção neogramática da lei fonética. Para ele, qualquer mudança fonética era, antes, encarada como o resultado de uma série de processos analógicos pelos quais o falante associava estruturas fonéticas e fazia inovações sob um impulso momentâneo e arbitrário. Desse modo, afastava a possibilidade de mudanças fonéticas sistemáticas, mas admitia a possibilidade de um som mudar em mais de uma direção de acordo com as analogias momentâneas criadas na mente do falante.

Sua atitude contra as leis fonéticas é, na realidade, um dos aspectos de sua atitude geral para com a linguagem. Embora sendo ex-aluno de Schleicher, não aceitou a interpretação da linguagem como um organismo ou, mesmo, um sistema. Para ele, a linguagem nada mais era que uma generalização grosseira que não correspondia exatamente à realidade: na realidade, nós nos deparamos somente com atos concretos de fala, dependentes da atividade mental do falante no momento dado e sob estímulos exteriores.

Daí sua abordagem à investigação etimológica. Em lugar de focalizar afirmações fonéticas para fazer suas pesquisas nos moldes neogramáticos referentes à origem de um dado vocábulo, focalizava-o e tentava estabelecer sua história em suas mutações caprichosas como fatos de uma vida individual. Aplicou esse método, por exemplo, em suas inquirições acerca da origem do verbo francês *trouver* ("encontrar"): em vez de um étimo *tropare* (4), obtido pela aplicação das leis fonéticas, estabeleceu a origem do vocábulo francês no latim *turbare* (perturbar), seguindo as vicissitudes desse verbo latino na gíria usada pelos pescadores (5).

O mérito de Schuchardt jaz no fato de se opor à facilidade com que a abordagem dos neogramáticos incorria em abstrações e generalizações. Chamou atenção para as dificuldades e os aspectos particulares envolvidos no processo de mutação das formas linguísticas. Ademais, ele é muito importante para a história das ideias linguísticas por sua concepção de *mistura* em linguagem. Ele achava que a linguagem é, sob todos os aspectos, o resultado de um processo de mistura: há mistura de formas de um falante para outro dentro da mesma língua, mistura de maneiras de falar local e mesmo mistura de línguas diferentes. Ele via toda língua como uma língua misturada e era meio cético quanto à classificação genealógica das línguas.

Schuchardt não se dedicou à linguística indo-europeia. Seus objetivos mais importantes eram as línguas românicas e suas origens de um aspecto popular do latim e as línguas ibéricas antes da conquista romana da península hispânica.

Entre seus estudos românicos, podemos mencionar o tratado *Der Vokalismus des Vulgärlateins* [O vocalismo do latim vulgar], um de seus primeiros trabalhos (1866-1870). Quanto ao ibérico, tentou reconstruir a declinação do nome ibérico, focalizando, para isso, o basco (6) como um remanescente das línguas ibéricas. Em seus estudos do basco lançou a teoria da natureza passiva da construção do verbo basco, usual, como correspondendo a uma construção passiva nas línguas indo-europeias.

Schuchardt também merece elogios por suas investigações das línguas crioulas (7), isto é, línguas europeias tais como o inglês, o francês e o português, profundamente alteradas na boca de falantes nativos da Ásia, África ou América. Lançou a ideia de que a origem das línguas românicas se deveu à presença de crioulos semelhantes entre as populações nativas falando latim no Império Romano. Essa ideia foi considerada errônea e apressada e, a seguir, totalmente abandonada, porém os estudos das línguas crioulas por Schuchardt são muito acurados e têm chamado a atenção de linguistas para um riquíssimo campo de fenômenos linguísticos.

A teoria neogramática das leis fonéticas foi também criticada pelo linguista italiano Graziadio Ascoli, com quem já nos deparamos mais de uma vez. Ascoli, como já vimos, diferentemente de Schuchardt, era um adepto da teoria neogramática nos seus traços essenciais. Em seu ensaio *Duas le-*

tras glóticas, nas quais ele polemiza com os neogramáticos alemães (traduzindo desse modo, como vimos, o termo alemão), advoga o ponto de vista de que a concepção das leis fonéticas era uma velha ideia em linguística e estava no âmago de sua própria doutrina antes da dos neogramáticos, mas divergia deles nas causas fisiológicas e psicológicas que eles atribuíam à regularidade da mudança fonética.

De acordo com seu ponto de vista, tal causa deve ser buscada na mistura de populações como resultado de uma conquista. Os vencidos, adotando a língua dos conquistadores, devem ter mudado sua pronúncia de acordo com seus hábitos anteriores. Dessa forma, explicava tanto a constante evolução fonética numa língua como a sua fragmentação num vasto território devido a diferentes leis fonéticas locais.

No campo do indo-europeu, ilustrava a sua teoria através do sânscrito, do grego, do latim, do alemão etc. com suas leis fonéticas próprias e suas evoluções em face da língua-mãe pré-histórica. Seu ponto de vista era o de que os conquistadores indo-europeus haviam imposto sua língua a populações bem diferentes, com hábitos articulatórios bem diversos. Um de seus exemplos era a presença das consoantes retroflexas dentais no sânscrito (uma articulação dental, na qual a ponta da língua se levanta até o palato); considerava-as como resultantes dos hábitos articulatórios da população dravídica da Índia, vencida pelos arianos indo-europeus, e argumentava que as consoantes retroflexas existem nas modernas línguas dravídicas da Índia (8).

A teoria de Ascoli foi chamada de teoria do "Substrato". Causou profunda impressão e ofereceu estímulo a muitas pesquisas. Tem sido criticada por alguns linguistas e reformulada por outros, mas permanecendo como matéria frequente nas discussões linguísticas até hoje.

A limitação da linguística a uma teoria científica de mutação linguística que, como vimos, foi a pedra de toque do trabalho de Hermann Paul como o mais significativo teorizador do neogramaticismo, naturalmente recebeu aceitação total. Tal concepção nada mais era que a consolidação da tendência existente em linguística, desde seu advento focalizando a Gramática Comparativa Indo-Europeia.

Somente muito mais tarde uma nova visão da linguística seria obtida a fim de que tivesse início aquilo que vimos chamando o estudo descritivo da linguagem.

Observe-se, entretanto, que o ponto de vista de Hermann Paul foi muito cedo criticado pelo linguista suíço-alemão Anton Marty[156]. Seus escritos e palestras contra a abordagem exclusivamente histórica, em linguística, não teve muita repercussão em seu tempo. Deve ele, porém, ser mencionado como pioneiro por advogar a abordagem descritiva em oposição ao livro de Hermann Paul. Escreve, por exemplo, em um de seus artigos: "Há uma geografia científica ao lado da Geologia, uma Anatomia e Histologia ao lado da Fisiologia, uma Psicologia Descritiva ao lado da Psicologia Genética e, da mesma maneira, devemos ter uma Semasiologia Descritiva ao lado de uma Genética".

O uso do termo Semasiologia é também um traço pioneiro. Ele viu a linguagem humana como um aspecto particular da Ciência dos Signos em geral e deu a esse aspecto o nome grego de "Semasiologia" (9) ou em alemão *Bedeutungslehre* ("A Ciência do Significado").

As publicações de Marty são poucas e a maior parte de seu trabalho ficou inédita até recentemente, quando seu discípulo Otto Funke[157], professor da Universidade de Berna, começou a editá-lo.

Resumo

Neste capítulo, Mattoso elenca as críticas sofridas pelos neogramáticos. Tais críticas são distribuídas em três frentes: a ênfase na interpretação psicológica da linguagem; o estabelecimento de uma teoria das leis fonéticas sem exceção e de sua contraparte baseada na analogia; a defesa de uma linguística exclusivamente histórica, ou seja, uma teoria da mudança linguística. O autor, ainda, prepara o terreno para explicar, adiante, o surgimento de uma linguística românica.

---

156. Martin Anton Maurus Marty, filósofo nascido na Áustria e naturalizado suíço (1847-1914).

157. Linguista austríaco (1885-1973).

XIV

Estudos do indo-europeu no período neogramático; linguística românica

A despeito da oposição de competentes estudiosos e de todas as suas falhas, a doutrina neogramática prevaleceu por muito tempo. Trouxe realmente, à ciência da linguagem, princípios mais exatos. Esses princípios determinaram, como já vimos, uma nova visão à gramática comparativa indo-europeia. A visão neogramática nesse campo está exposta, como já foi visto, no *Grundriss,* de Brugmann e Delbrück.

Os mesmos princípios foram aplicados ao estudo de muitos ramos do indo-europeu, com ímpeto e exatidão ao estudo comparativo dentro de cada ramo.

Alguns desses ramos indo-europeus passaram a ser firme e acuradamente estudados em bases mais sólidas que aquelas que a doutrina dos neogramáticos haviam colocado a serviço dos especialistas.

Dessa maneira, o ramo céltico do indo-europeu, que era um campo muito complexo e confuso, foi submetido a um estudo comparativo completo. Os primeiros nomes a serem mencionados nesse estudo são os de Heinrich Zimmer[158] e Rudolf Thurneysen[159]. Uma grande e bem elaborada

---

158. Heinrich Robert Zimmer, indólogo e historiador da arte alemão (1890-1943).
159. Eduard Rudolf Thurneysen, linguista e celticista suíço (1857-1940).

Vergleichende Grammatik der keltischen Sprachen [Gramática comparativa das línguas célticas] foi afinal publicada pelo linguista dinamarquês Holger Pedersen[160] no começo do século XX (1911-1913).

O lituano, que, como já vimos, fora objeto da atenção de Schleicher e de Karl Verner, recebeu um tratamento bastante renovador em fins do século XIX e no começo do século XX. Foi estudado pelos linguistas alemães da época neogramática, August Leskien e Adalbert Bezzenberger. Mas o mais importante investigador nesse campo foi o linguista russo Fortunatov[161]. Em um famoso *Memoir*, forneceu um relato acurado do sistema dos acentos tonais do lituano (1) demonstrando sua relação com a acentuação grega, como também a relação estreita existente entre o eslavo e o báltico, relação essa na qual o lituano ocupa lugar de destaque ao lado do letão.

O esloveno foi estudado com muita exatidão na segunda metade do século XIX pelo estudioso esloveno F. Miklošič[162]; ele publicou uma *Vergleichende Grammatik der slavischen Sprachen* [Gramática comparativa das línguas eslavas] (1852-1875) em quatro volumes, um *Dicionário do Eslavo Antigo* (2) (1862-1865), e um *Etymologisches Wörterbuch der slavischen Sprachen* [Dicionário etimológico do eslavo] (1886). Depois dele, o neogramático alemão August Leskien foi o mais importante estudioso a ocupar-se desse ramo das línguas indo-europeias. Podemos mencionar o seu *Handbuch der altbulgarischen Sprache* [Manual do búlgaro antigo] (1871); deu ele este nome à velha língua eslava em existência, como a mais antiga língua eslava por nós conhecida na tradução da Bíblia feita por Metódio[163] e Cirilo[164], por ser evidente que esses dois bispos usaram uma antiga forma do búlgaro.

O albanês, cuja relação com outros ramos do indo-europeu tem sido um ponto discutível desde o início, recebeu um tratamento bastante acurado

---

160. Linguista dinamarquês (1867-1953).

161. Filipp Fedorovitch Fortunatov, linguista russo (1848-1914).

162. Franc Miklošič, filólogo esloveno (1813-1891).

163. Erudito e filósofo grego, arcebispo da antiga Morávia (815-885 d.C.).

164. Filósofo grego (827-869 d.C.).

pelo linguista alemão Gustav Meyer[165], nos *Albanesische Studien* [Estudos albaneses] (1892) e no *Etymologisches Wörterbuch der albanesischen Sprache* [Dicionário etimológico da língua albanesa] (1891). Ele explica a origem dos vocábulos, tarefa muito difícil, porque o albanês tomou por empréstimo, de maneira acentuada, ao latim e às línguas eslavas da Península dos Bálcãs. Pôde esse linguista, dessa maneira, delinear o desenvolvimento albanês a partir do indo-europeu primitivo.

O armênio tem sido considerado, erroneamente, como derivado inicialmente do iraniano. Foi a doutrina neogramática das leis fonéticas que capacitou a linguística indo-europeia de esclarecer a posição do armênio como um ramo especial da família indo-europeia. Esse esclarecimento foi feito, principalmente, pelo estudioso alemão Heinrich Hübschmann[166] em uma gramática armênia e em um tratado denominado *Armenische Etymologie* [Etimologia armênia] (1895).

O ramo germânico foi, naturalmente, objeto de muita atenção por parte dos neogramáticos e seus seguidores. Hermann Paul foi o organizador de um grande *Grundriss der germanischen Philologie* [Perfil da filologia germânica] (1889), com um estudo da pré-história dos antigos dialetos germânicos por Friedrich Kluge[167] e estudos separados sobre os vários dialetos entre os quais podemos mencionar a *Geschichte der deutschen Sprache* [História da língua alemã] (1891), por O. Behaghel[168]. Vale a pena destacar a *Urgermanische Grammatik* [Gramática do protogermânico] (1896), por Streitberg[169].

No que se refere ao grego, o trabalho meritório de Georg Curtius, ao qual já aludimos, foi continuado nos moldes neogramáticos por Brugmann em sua *Gramática Grega*. Foi o ponto de partida de uma longa série de estudos

---

165. Linguista alemão e estudioso indo-europeu (1850-1900).

166. Johann Heinrich Hübschmann, filólogo alemão (1848-1908).

167. Filólogo e educador alemão (1856-1926).

168. Otto Behaghel, germanista alemão (1854-1936).

169. Wilhelm August Streitberg, indo-europeísta alemão, especializado em línguas germânicas (1856-1925).

históricos gregos pela pena de sucessivos estudiosos. O linguista francês E. Boisacq[170] foi o autor de um *Dictionnaire étymologique de la langue grecque* [Dicionário etimológico grego] (1907-1916), no começo do século XX.

Uma grande realização no estudo histórico comparado do grego foi o trabalho do estudioso alemão Paul Kretschmer[171], *Einleitung in die Geschichte der griechischen Sprache* [Introdução à história da língua grega] (1896), ponto de partida para uma investigação das línguas da Ásia Menor à época do grego antigo. Kretschmer é notável por seu método no estudo comparado de nomes de lugar como remanescentes de línguas desaparecidas.

Quanto ao latim, a velha abordagem histórica de Corssen[172], um filósofo alemão, foi continuada nos moldes neogramáticos pelos linguistas alemães Friedrich Stolz[173], *Historische Grammatik der Lateinischen Sprache* [Gramática histórica da língua latina] (1894), e Ferdinand Sommer[174] *Handbuch der lateinischen Laut- und Formenlehre* [Manual de fonética e morfologia latina] (1902).

Os filólogos clássicos da primeira parte do século XIX eram levados a comparar o latim com o grego sob a falsa suposição de que devia haver uma relação estreita entre as duas línguas. Essa ideia deve ter sido partilhada por Bopp, mas o desenvolvimento da linguística comparativa ofereceu, finalmente, evidência da irregularidade de tal suposição. Linguistas mais modernos, entretanto, não desprezaram este tipo de trabalho que oferece a oportunidade de um estudo conjunto de duas línguas, tão profundamente associadas, através da história e de uma cultura comum. Tais linguistas, contudo, deram a esse tipo de trabalho o aspecto de um tratado, focalizando dois ramos distintos de uma mesma família. Mais tarde, ao falarmos sobre o século XX, mencionaremos as gramáticas comparativas do grego e

---

170. Émile Boisacq, linguista belga (1865-1945).

171. Linguista e filólogo alemão (1866-1956).

172. Wilhelm Paul Corssen, filólogo e filósofo alemão (1820-1875).

173. Friedrich Stolz, indo-europeísta austríaco (1850-1915).

174. Ferdinand Sommer, filólogo clássico alemão e especialista do indo-europeu (1875-1962).

do latim pelo americano Carl Buck[175] e pelos franceses Joseph Vendryes[176] e Antoine Meillet[177] que são, como veremos adiante, nomes proeminentes numa fase mais moderna da história da linguística.

Além disso, essa técnica bastante acurada desenvolvida pelos neogramáticos tornou possível o estudo histórico comparativo do *osco-úmbrio* que é outro sub-ramo do itálico ao lado do latim. O *osco-úmbrio*, já recebera a atenção do sanscritista Lassen, de Grotefend, o decifrador das inscrições persas, e de Lepsius, a quem já mencionamos como o autor do primeiro sistema universal do alfabeto. Um trabalho mais exato, na técnica neogramática, foi a *Grammatik der oskisch-umbrischen Dialekte* [Gramática dos dialetos osco-úmbrios], do estudioso alemão R. von Planta[178] (1892-1897). Seguiu-se a *Grammar of Oscan and Umbrian* [Gramática do osco e do úmbrio], de Carl Buck.

Entretanto, foi no estudo das línguas românicas que a abordagem dos neogramáticos teve a sua maior significação (3). Ao mesmo tempo, foi nesse estudo que as mais importantes objeções contra as linhas essenciais da doutrina neogramática foram emitidas. A linguística românica, isto é, o estudo histórico comparativo das línguas românicas, derivadas do latim, é da maior importância na história da linguística. Constituiu-se numa forma de testar as teorias que a gramática comparativa indo-europeia tinha desenvolvido. No caso das línguas românicas, na realidade, temos uma subfamília de línguas cujos estágios mais antigos podem ser facilmente conhecidos e cuja protolíngua, o latim, tem sido desde o início objeto de intenso estudo dentro da cultura europeia.

Dessa forma, os estudiosos das línguas românicas são capazes de acompanhar muito bem o desenvolvimento das línguas românicas existentes e confrontar o estudo comparativo com os dados concretos que têm do latim.

---

175. Carl Darling Buck, linguista e filólogo americano (1866-1955).

176. Linguista e especialista em céltico francês (1875-1960).

177. Linguista francês, especialista em gramática comparada (1866-1936).

178. Robert von Planta, filólogo e romanista suíço (1864-1937).

Desde o trabalho de Friedrich Diez, entretanto, ficou estabelecido que a verdadeira protolíngua das línguas românicas não poderia ter sido a língua latina empregada nos trabalhos de literatura clássica romana. Não poderia ser aquele latim clássico, uma língua escrita e refinada das classes superiores de Roma, mas um aspecto popular do latim, do qual temos alusões em trabalhos literários de um tipo mais popular, nas inscrições através do mundo românico durante o Império Romano e nos erros constantemente denunciados pelos gramáticos latinos devotados ao estudo do "certo e errado" (4).

Para um quadro satisfatório desse latim popular ou vulgar, havia dois caminhos à escolha dos linguistas: podiam, de um lado, tentar chegar ao latim vulgar examinando as fontes disponíveis que forneciam exemplos concretos dessa língua popular e, por outro, podiam proceder à reconstrução linguística do latim vulgar pelos métodos da gramática comparativa do indo-europeu, partindo das línguas românicas existentes.

De fato, a linguística românica não procedeu a uma escolha decisiva entre aqueles dois caminhos. Utilizou ambas as fontes de confronto e o método comparativo do indo-europeu. Mas cada linguista, de acordo com sua formação teórica, deu mais peso a um daqueles dois processos.

Diez, o verdadeiro fundador da Linguística Românica (1836), aplicou o método comparativo. Schuchardt, ao contrário, em seu trabalho sobre os *Vocalismos do Latim Vulgar,* já mencionado, focalizou dados concretos. Naturalmente, a abordagem neogramática levou à aplicação do método comparativo de modo completo e sistemático. E essa abordagem assinala um estágio dos mais importantes na linguística histórica das línguas românicas.

A principal figura nessa abordagem foi Wilhelm Meyer-Lübke[179]. Ele nasceu na Suíça, mas sua vida como estudioso ele a passou na Áustria, onde ensinou na Universidade de Viena e, mais tarde, na Alemanha, na Universidade de Bonn. Seus estudos foram principalmente realizados na Alemanha, onde foi aluno de Johannes Schmidt.

---

179. Filólogo suíço (1861-1936).

Publicou uma volumosa *Grammatik der romanischen Sprachen* [Gramática das línguas românicas] (1890-1900), que de muito superava a velha gramática de Diez. Nesse livro, Meyer-Lübke apoiou-se muito no método comparativo de reconstrução do indo-europeu, deixando num plano muito secundário as aludidas fontes concretas do latim vulgar.

Também escreveu gramáticas históricas de algumas línguas românicas, tais como francês, italiano e catalão. Seu *Romanisches etymologisches Wörterbuch* [Dicionário etimológico de línguas românicas] (1911) é, até hoje, a base da investigação etimológica das línguas românicas; a terceira edição, de 1935, um ano depois de sua morte, foi cuidadosamente revista, principalmente no que diz respeito aos étimos teóricos, isto é, as palavras do latim vulgar descobertas pelo método da reconstrução.

Mas o trabalho no qual ele expõe suas ideias teóricas e seu método em linguística românica, com profundas implicações para o completo estudo histórico da linguagem, é a *Einführung in das Studium der romanischen Sprachwissenschaft* [Introdução ao estudo da linguística românica] (1901) no primeiro ano do século XX. Uma distinção muito importante é por ele feita nesse trabalho entre o que chama a investigação biológica e a investigação paleontológica. Através dessas metáforas, visa focalizar a possibilidade que a linguística românica tem de partir de uma forma latina bem conhecida para as formas derivadas nas línguas românicas vivas (investigação biológica) confrontada com o método de reconstrução nos moldes da linguística comparativa indo-europeia (investigação paleontológica). A investigação biológica, no sentido atribuído por Meyer-Lübke* (5), foi modelo das gramáticas históricas de cada língua românica isolada, o que se tornou frequente, escrito nos moldes da teoria neogramática.

Um traço muito característico do método de Meyer-Lübke é a importância que ele dá aos dialetos populares, deixando de lado as línguas lite-

---

* MEYER-LÜBKE, W. *Einführung in das Studium der romanischen Sprachwissenschaft*. 3. ed., Heidelberg, 1920.

rárias românicas, objeto exclusivo da investigação de Diez: dessa forma, foi obrigado a reformular a classificação das línguas românicas que Diez tinha facilmente estabelecido como ramo do latim; Meyer-Lübke delineou grupos de dialetos populares, reunidos como um tipo de língua através da existência de traços linguísticos essenciais.

Vale a pena notar que, para isso, Meyer-Lübke apoiou-se muito mais nos traços morfológicos do que nos traços fonéticos.

Resumo

Neste capítulo, Mattoso precisa especificamente como ocorreram os estudos acerca do indo-europeu no período da escola neogramática. Apresenta, também, uma extensa lista de autores que consolidaram o surgimento da linguística românica.

XV

Estudos não indo-europeus; gramáticas comparativas; a síntese da comparação linguística

Os maravilhosos resultados obtidos pela linguística comparativa indo-europeia estimularam a investigação linguística nos mesmos moldes no âmbito das línguas não indo-europeias. Havia uma profunda impressão de que todas as línguas do mundo poderiam estar sujeitas a um estudo histórico comparativo semelhante e que, pelas leis da técnica comparativa, seria possível estabelecer muitas outras famílias de línguas no mundo em geral.

Já vimos que Whitney expressou sua opinião a respeito da possibilidade de estender dessa maneira o método histórico-comparativo a fim de cobrir todas as línguas da humanidade, tanto do passado como do presente. Tal ideia foi implícita ou explicitamente aceita. Os estudos históricos do indo-europeu foram, assim, considerados como modelo para o estabelecimento daquilo que se chamou o estudo histórico da linguagem. Já vimos que esse estudo histórico era considerado o único estudo científico da linguagem.

Devido à clareza e à confiança da linguística do indo-europeu, deparamo-nos, em fins do século XIX, com uma intensificação daqueles esforços. Havia, entretanto, três grandes razões para impedir, em muitos casos, a abordagem histórico-comparativa nos modelos dos estudos do indo-europeu.

Em primeiro lugar, pela não existência de traços de estágios anteriores de muitas línguas e grupos de línguas. O estudo histórico-comparativo, objetivando a reconstrução, não dispensava em seu método esse conhecimento, a fim de estabelecer acuradas leis fonéticas e correntes de evolução morfológica.

Em segundo lugar, as estruturas linguísticas eram, em muitos casos, bem diferentes das estruturas do indo-europeu antigo, nas quais a natureza flexiva do vocábulo favorecia uma análise adequada das raízes e dos afixos. Já sabemos que a associação de raízes essenciais e afixos gramaticais entre as diferentes línguas é um elemento básico na técnica histórico-comparativa do indo-europeu.

Por último, a inexistência de uma língua escrita e de uma língua literária mais ou menos padronizada se constituiu, muitas vezes, numa fonte de dificuldade. Os investigadores não encontravam, em muitos casos, um meio exato de se desembaraçar da aparente complexidade, incoerência e volubilidade do uso.

Por essas razões, o método histórico-comparativo não foi, em muitos casos, claro e firme. Em outros casos, na realidade, foi abandonado por um modo de pesquisa empírico. Os linguistas treinados na técnica do indo--europeu não se sentiam atraídos a estudar línguas e grupos de línguas nos quais eram incapazes de aplicar seus métodos rigorosos de investigação, de modo que esse estudo foi deixado a missionários e antropólogos. Alguns deles, é verdade, tinham um certo preparo linguístico; mas tendiam a encarar a linguagem como qualquer outro fato antropológico. Dessa forma, a linguística dissolveu-se na antropologia e perdeu o aspecto característico de uma ciência particular, que o estudo histórico da linguagem lhe houvera atribuído desde o começo do século XIX.

Com o passar do tempo, isso provou ser benéfico, porque desenvolveu uma nova abordagem liberta da visão demasiadamente estreita que considerava a linguística como uma disciplina meramente histórico-comparativa. Como tal confusão perdurou obstinadamente no ar até as primeiras décadas do século XX, isso pode ser aquilatado através do livro de Holger Pedersen, um linguista dinamarquês de quem falaremos mais tarde, *Sprogvidenskaben i det Nittende Aarhundrede. Metoder og Resultater* [Linguística no século XIX. Métodos e resultados] (1924), que nada mais é do que uma história completa da Gramática Comparativa. Tal livro permitiu uma visão mais ampla dos fenômenos linguísticos, tal como já o indicara vagamente Humboldt, mas que fora neutralizado pelo estudo comparativo do indo-europeu. Entretanto, no fim do século XIX e no começo do século XX, os investigadores fora do domínio do indo-europeu eram ainda incapazes de competir com os linguistas do indo-europeu. Sua distância da linguística do indo-europeu e, mesmo, sua abordagem descritiva da linguagem eram devidas, nas próprias palavras de Paul que já mencionamos, "ou às deficiências do investigador ou às deficiências dos dados de que ele dispunha".

Passemos agora a considerar o principal trabalho linguístico fora do domínio do indo-europeu. No grupo semítico de línguas, cujo parentesco genético já era conhecido há muito tempo, como já vimos, temos de mencionar o *Grundriss,* do estudioso alemão Carl Brockelmann[180], e o *Grundriss der vergleichenden Grammatik der semitischen Sprachen* [Esboço da gramática comparativa das línguas semíticas] (1908-1913), no começo do século XX.

As línguas africanas aparentadas às semíticas e reunidas em um grupo indefinido sob o nome de camito, como vimos, foram estudadas como um ramo da família semito-camítica pelos estudiosos alemães Leo Reinisch[181] e Carl Meinhof[182], cujo trabalho sobre as línguas dos camitas é contemporâneo ao *Grundriss* de Brockelmann.

---

180. Orientalista e semioticista alemão (1868-1956).

181. Leo Simon Reinisch, linguista, egiptólogo e africanista austríaco (1832-1919).

182. Carl Friedrich Michael Meinhof, linguista alemão (1857-1944).

As línguas dravídicas da Índia foram objeto de uma gramática comparativa escrita por um estudioso inglês, o Bispo Robert Caldwell[183], antes do advento do movimento dos neogramáticos. O dravídico é um grupo de línguas não muito diferenciadas, anterior à invasão da Índia. Havia, nessas línguas, um estudo normativo, feito por gramáticos nativos, inspirado no modelo da gramática do sânscrito. Depois do movimento dos neogramáticos, essas línguas foram estudadas mais profundamente pelo linguista francês J. Vinson[184] em várias monografias.

Um grupo muito fechado de línguas, no sul da África, conhecido por línguas bantu (1) (bantu é o termo nativo para "homens"), foi também, sucessivamente, submetido a um estudo histórico-comparativo muito acurado, por W. H. Bleek[185] (1869), pelo missionário Torrend[186] (1892) e pelo estudioso alemão Carl Meinhof (1906).

As línguas do norte da África, não pertencentes ao grupo camítico, foram chamadas de sudanesas e vistas como um grupo em si mesmas, embora haja entre elas diferenças muito profundas e fundamentais. O primeiro investigador nesse campo foi o antropólogo alemão D. Westermann[187], que tentou construir um proto-sudanês, partindo de umas poucas línguas do grupo.

Por outro lado, Carl Meinhof, em *An Introduction to the Study of African Languages* [Uma introdução ao estudo das línguas africanas] (Londres, 1915), tentou reunir as muitas línguas da África em uma única família e, até mesmo, colocar nela muitas das línguas camíticas africanas que deveriam ter sido atribuídas ao bloco semito-camítico.

A técnica histórico-comparativa foi aplicada, com muita habilidade, ao chinês e a outras línguas vizinhas. O resultado foi o estabelecimento de uma

---

183. Missionário britânico (1814-1891).

184. Linguista e indianista francês (1843-1926).

185. Wilhelm Heinrich Immanuel Bleek, linguista alemão, comparatista das línguas africanas (1827-1875).

186. Julio Torrend, padre e filólogo francês. Viveu no final do século XIX.

187. Diedrich Hermann Westermann, africanista e etnólogo alemão (1875-1956).

grande família linguística, a indo-chinesa, incluindo as línguas do Tibet, da Birmânia, da Tailândia e da China. Um resultado muito louvável desse estudo comparativo foi a descoberta de que a estrutura isolante do chinês é o resultado de uma longa evolução linguística de um estágio mais complexo com palavras flexivas. Essa descoberta destruiu a hipótese, frequentemente aceita, desde os primeiros dias da linguística no século XIX, acerca da primitiva natureza isolante do chinês, hipótese essa que fora a pedra fundamental da teoria de Schleicher nos estágios de desenvolvimento da língua, como já mencionamos anteriormente. Os principais pesquisadores nesse campo foram o estudioso alemão Conrad August Fick e o estudioso sueco Bernard Karlgren[188], cujo trabalho mais significativo é o seu *Études sur la Phonologie Chinoise* [Estudos de fonologia chinesa] (1915-1916), publicado em francês.

As línguas da Península Malaia e da Polinésia foram facilmente reunidas em uma família genética, uma vez que as suas diferenças fonéticas podem ser explicadas por leis fonéticas claras e coerentes e sua morfologia e sintaxe são homogêneas. Elas têm sido estudadas por antropólogos de aguçado conhecimento linguístico, tais como o investigador inglês H. Codrington[189], *The Melanesian Languages* [As línguas melanésicas] (1885). O ramo indonésio foi submetido a um completo estudo comparativo, nos moldes neogramáticos, pelo linguista suíço R. Brandstetter[190] e pelo alemão O. Dempwolff[191], cujos trabalhos pertencem às primeiras décadas do século XX.

Através da antropologia (2), que se desenvolveu firmemente em fins do século XIX e no começo do século XX, as línguas vivas do mundo, como regra geral, eram examinadas e estudadas.

---

188. Klas Bernhard Johannes Karlgren, sinologista e linguista sueco (1889-1978).

189. Robert Henry Codrington, antropólogo inglês (1830-1922).

190. Renward Brandstetter, filólogo e linguista suíço (1860-1942).

191. Otto Dempwolff, médico, linguista e antropólogo alemão (1871-1938).

Podemos mencionar, neste particular, o trabalho do Bureau Americano de Etnologia, um departamento da Smithsonian Institution (3) nos Estados Unidos da América, com o Major John Powell[192] e seu corpo de pesquisadores. Esse trabalho, que teve papel importante na história da linguística, uma vez que é uma escola linguística moderna, com novos pontos de vista e tendências, desenvolveu-se na primeira metade do século XX, como veremos mais tarde.

A expansão do conhecimento linguístico e sua cobertura do mundo inteiro, a despeito de suas deficiências e mesmo suas finalidades, estimulou alguns estudiosos a um estudo comparativo de dimensões universais.

O primeiro trabalho desse tipo foi realizado pelo linguista alemão Friedrich Müller[193] na segunda metade do século XIX. O trabalho de Müller oferece um levantamento genealógico de todas as línguas e apresenta, também, resumos históricos de muitas línguas típicas.

No começo do século XX, outro linguista alemão, Franz Finck[194], publicou um livro mais atualizado sob o título de *Die Sprachstämme des Erdkreises* [Famílias linguísticas do mundo] (1915).

Ambos os pesquisadores, entretanto, não aderiram a uma divisão genética genuína de famílias de línguas, de acordo com o método histórico-comparativo. Combinaram-nas, de forma muito vaga, fazendo o arranjo das línguas de acordo com as diferentes raças humanas, isto é, aplicaram um critério antropológico que, praticamente, destrói a classificação por famílias. Ora, raça é um ponto indiscutível em antropologia e há muitas maneiras de se estabelecer uma classificação racial da humanidade (4). Müller utilizou o cabelo (raças de indivíduos completamente cabeludos, de cabelos lisos e de cabelos encaracolados). Finck aplicou um método mais simples, distinguindo as raças em caucasianas, mongólicas, americanas e etíopes.

---

192. John Wesley Powell, soldado, geólogo, botânico e explorador norte-americano (1834-1902).

193. Friedrich Müller, linguista austríaco (1834-1898).

194. Franz Nikolaus Finck, filólogo alemão (1867-1910).

Como não há uma relação inerente entre língua e raça, os critérios raciais eram falhos e representavam, ademais, um recuo nos esforços da linguística em desenvolver uma classificação das línguas em termos puramente linguísticos.

Na década dos anos de 1920, uma nova síntese linguística foi desenvolvida pelo estudioso austríaco Padre Wilhelm Schmidt[195]. As ideias centrais de Schmidt eram: 1) a concepção de "círculos" linguísticos como feixes de traços linguísticos essenciais; 2) a concepção, profunda, de mistura em linguagem, como a maneira ímpar da mutação linguística; 3) uma penetrante visão histórica, sob a qual os "círculos" linguísticos formaram uma cadeia histórica do desenvolvimento linguístico; 4) uma íntima associação desses "círculos linguísticos com os círculos culturais" que a escola antropológica, à qual pertencia o Padre Schmidt, tinha desenvolvido em sua tipologia da cultura como uma cadeia histórica de desenvolvimento cultural.

Assim, por exemplo, Schmidt viu uma relação íntima entre exogamia e a distinção inclusiva-exclusiva do pronome da 1ª pessoa do plural (5). O autor não abandonou a classificação de famílias linguísticas; mas atribuiu estas famílias a círculos linguísticos secundários, resultantes de uma mistura de traços entre círculos linguísticos primários. O trabalho do Padre Schmidt se intitula *As famílias linguísticas da Terra* (6).

Quanto à história das ideias linguísticas (7), ela é importante por seu caráter difusionista (8), isto é, a postulação sobre mistura como o processo singular de desenvolvimento linguístico e sua visão de tipos de línguas em íntima associação com tipos culturais. É também notável por sua tipologia subordinada à difusão histórica e por sua afirmação, muito clara, sobre a monogênese da linguagem humana, embora o autor parta de círculos linguísticos primários, cada um com diferentes feixes de traços.

Os traços linguísticos apontados são ou fonéticos ou gramaticais e muito poucos em número. Foram estabelecidos através da linha histórico-cultural de Schmidt, mas representam, na realidade, traços significativos usados para diferençar as línguas do ponto de vista da fonética ou da gramática.

---

195. Padre e linguista austríaco-alemão (1896-1954).

Três anos antes da publicação do livro de Schmidt o linguista italiano Alfredo Trombetti[196] publicou *Elementi di glottologia* [Elementos de glotologia] (1922-1923) (9), também com vistas a uma síntese das línguas da humanidade. Tal como Ascoli, Trombetti fez seus primeiros estudos linguísticos através do autodidatismo. Só mais tarde granjeou a simpatia dos estudiosos de nível universitário e o reconhecimento de seus esforços.

Esses esforços foram dominados por uma ideia central: a monogênese linguística (10) e a possibilidade de fornecer evidência disso através do método histórico-comparativo. Dessa forma, a síntese linguística de Trombetti se tornou uma aplicação aumentada da técnica comparativa do indo-europeu a fim de cobrir todas as línguas do mundo.

Naturalmente, era impossível desenvolver, num tal esforço, a doutrina neogramática, em todo o seu rigor fonético. Trombetti apoiou-se muito mais profundamente nas semelhanças morfológicas. Sustentava que uma língua muda muito vagarosamente e que a semelhança das formas linguísticas é uma séria indicação da afinidade linguística. Dessa forma, procurou estabelecer famílias linguísticas em todo o mundo e, através da comparação entre elas, tentou delinear a protolíngua da humanidade.

Suas conclusões são apressadas e, portanto, muitas vezes falhas, mas ele teve o mérito de estimular comparações ousadas entre famílias linguísticas já bem estabelecidas e seu exemplo, em modesta escala, tem sido seguido pela linguística comparativa contemporânea.

Ademais, Trombetti teve um acurado sentimento linguístico e suas interpretações de fenômenos linguísticos concretos são exatas e sólidas. É notável, por exemplo, sua posição teórica contra a doutrina de Schuchardt, à qual já aludimos anteriormente, sobre a passividade verbal no basco.

Ele defendeu essa ousada tarefa sob o argumento de ser esta a única maneira de evitar o particularismo da linguística do indo-europeu a fim de se chegar a um estudo geral da linguagem humana. Está claro que, por esse

---

196. Linguista italiano (1866-1929).

argumento, admitia ele a identidade da ciência da linguagem e da técnica histórico-comparativa.

Resumo

Neste capítulo, Mattoso apresenta o que considera ser a influência que a linguística do indo-europeu exerceu sobre a investigação linguística das línguas não indo-europeias. Defende que o estudo dessas línguas foi levado a cabo por missionários e antropólogos, uma vez que os indo-europeístas não se sentiram atraídos em estudar línguas e grupos de línguas aos quais não se aplicavam estritamente os métodos da investigação comparada.

Explica Mattoso que tais estudos fora do domínio do indo-europeu permitiram o desenvolvimento de uma abordagem distinta em que tiveram ênfase o estudo de várias outras famílias de línguas: o grupo semítico, as línguas africanas do grupo camítico, as línguas dravídicas, as línguas bantu, as línguas sudanesas, as línguas melanésias etc. Finalmente, Mattoso aborda o tema controverso das discussões relativas à língua e à raça.

XVI

Uma nova abordagem para a linguística histórica; a geografia linguística

No começo do século XX, as técnicas de pesquisa no campo da linguística românica sofreram uma reviravolta que afetou totalmente as novas abordagens técnicas e teóricas da ciência da linguagem.

Vimos como um entusiasmado interesse por dialetos e línguas vivas locais nascera no final do século XIX. O linguista italiano Graziadio Ascoli, de quem já falamos, enfatizara a importância dos estudos dialetais e estabelecera um estudo completo e acurado dos dialetos italianos existentes. Fundou uma importante revista sobre a dialetologia do italiano, *Archivio Glottologico Italiano* [Arquivo glotológico italiano] (1872). Esforços semelhantes referentes à dialetologia do francês foram despendidos pelo linguista Gaston Paris[197], francês de nascimento, e por seus seguidores.

Do estudo desses dois campos distintos da dialetologia nasceu o debate a respeito do conceito de "dialeto". Contrário a Ascoli, Gaston Paris afirmava que não havia dialetos unitários numa comunidade linguística. Sustentava que nos deparamos apenas com dados concretos particulares de caráter dialetal, os quais, de modo algum, constituem uma área linguística

---

197. Linguista, filólogo e medievalista francês (1839-1903).

autônoma a que podemos chamar de dialeto. De acordo com Gaston Paris, cada traço dialetal tem sua própria extensão como uma linha isoglóssica que não coincide com outras linhas isoglóssicas (1) a fim de estabelecer um feixe de traços linguísticos opostos a outros feixes. Numa conferência sobre *Les Parlers de France* [Os falares da França] (1888), publicada, nesse mesmo ano, na revista francesa sobre dialetologia, Gaston Paris expôs, de modo definido, essas ideias, apoiando seu discípulo Paul Meyer[198], que então discordava de Ascoli nesse assunto.

Na verdade, os traços linguísticos que formavam as linhas isoglóssicas eram visualizados, do ponto de vista histórico, como expressões de uma mudança linguística, particularmente, mudanças fonéticas. A abordagem descritiva viria modificar os termos do problema, como será mostrado adiante.

Gaston Paris teve a ideia de traçar mapas dessas linhas isoglóssicas e isso deu lugar ao surgimento de uma nova técnica, conhecida por geografia linguística. Tal técnica não deve ser confundida com o uso de mapas para ilustrar a distribuição de línguas ou dialetos num dado território. O núcleo de tal técnica era a linha isoglóssica, isto é, os traços linguísticos, isolados, como ponto de partida para a constituição do mapa linguístico. Podemos dizer, portanto, que a geografia linguística teve como base teórica o conceito de dialeto como uma abstração; essa a razão de focalizar cada mudança linguística *per se,* como o verdadeiro dado linguístico.

O verdadeiro criador da geografia linguística (2) foi um estudioso suíço, Jules Gilliéron[199] (3). Como um dos discípulos de Gaston Paris, dedicou-se à dialetologia e escreveu a sua tese de doutoramento sobre o dialeto de Vionnaz (1879). Seis anos mais tarde, foi indicado para inaugurar o departamento de Galo-Romano, cuja criação Gaston Paris estimulara na *École Pratique dês Hautes Etudes* (4). Depois de ensinar a dialetologia do francês

---

198. Marie-Paul-Hyacinthe Meyer, filólogo francês (1840-1917).

199. Linguista suíço (1854-1926).

e de fazer pesquisas dialetológicas durante quinze anos na Suíça, em Savoia e no norte da França, Gilliéron dedicou seus esforços à ousada empresa de organizar um *Atlas linguistique de la France* [Atlas linguístico da França] (1902-1910). Foi entusiasticamente apoiado pelo foneticista francês Rousselot[200], com quem nos depararemos mais tarde, como o fundador de uma nova técnica em fonética.

Alguns anos antes, o estudioso alemão Georg Wenker[201] começara um atlas linguístico da Alemanha, *Sprachatlas des deutschen Reichs* [Atlas linguístico do Império Alemão] (1881); mas, além de sua tarefa ter ficado inacabada, seu método era muito diferente do de Gilliéron. Enquanto Wenker utilizava uma investigação por correspondência, Gilliéron planejava o inquérito *in loco* por meio de um pesquisador em quem ele podia confiar e que deveria percorrer todo o território da França para entrar em contato pessoal com os informantes locais. Para essa tarefa, a escolha de Gilliéron recaiu no não linguista Edmond Edmont[202], um prático em dialetologia com um aguçado sentido de audição e um bom treinamento em fonética prática.

Durante quatro anos (1897-1901) Edmond visitou seiscentos e trinta e oito lugares da França Continental e ilhas costeiras. Usou um questionário de cerca de duas mil orações e palavras comuns cuidadosamente preparadas por Gilliéron. Os itens visavam focalizar palavras arcaicas e neologismos, traços fonéticos, variações no nome e flexões pronominais, a conjugação e construções sintáticas essenciais. O inquiridor selecionava seus informantes, anotando as características referentes à idade, sexo, grau de instrução e modo de vida. Na impossibilidade de visitar todos os lugares, Gilliéron e Edmond selecionavam uns poucos lugares de cada departamento francês como os mais significativos.

---

200. Jean-Pierre Rousselot, foneticista e dialetólogo francês (1846-1924).

201. Georg Wenker, linguista e dialetólogo alemão (1852-1911).

202. Romanista e dialetólogo leigo francês (1849-1926).

Gilliéron tomou a si a tarefa de colecionar o material e preparar os mapas. Cada item tinha seu próprio mapa; cada forma obtida sob cada item recebia um número e, através daquele número, era registrada no mapa.

Os mapas que constituíram o *Atlas linguístico da França* em dez volumes (*in folio*) foram publicados pela Editora Champion, que tomou a si as partes mais pesadas das despesas nessa tarefa.

Dessa maneira, um novo método de investigação linguística foi criado e teve larga aceitação. Ao trabalho de Gilliéron se juntaram outros que cobriam todo o país ou tinham caráter regional.

Surgiu uma divergência referente ao modo de como iniciar o inquérito. O método através da correspondência que, como já vimos, fora adotado por Gustav Wenker em sua tarefa anterior à de Gilliéron encontrou adeptos. Foi esse método que inspirou o linguista suíço Louis Gauchat[203], cujo primeiro passo nessa direção data de 1900. O resultado foi um trabalho coletivo (do qual o primeiro volume foi publicado mais de vinte anos depois). Seus autores foram Louis Gauchat, da Universidade de Zurique, Jules Jeanjaquet[204], da Universidade de Neuchatel, E. Tappolet[205], da Universidade de Basileia, com a colaboração de E. Muret[206], da Universidade de Genebra. Não é, entretanto, um atlas, mas um glossário, cobrindo a vida rural da Suíça em sua parte românica.

Karl Jaberg[207], que sucedeu no cargo os primeiros autores, caracterizou o empreendimento em 1930 como "Um *corpus* definitivo e completo de tudo o que umas poucas pessoas criaram no domínio da língua, do folclore e da cultura".

O método através da correspondência, entretanto, não é adequado a uma completa investigação ou, mesmo, a uma afirmação gramatical obje-

---

203. Louis Gauchat, linguista suíço (1866-1942).

204. Jules Jeanjaquet, romanista suíço (1867-1950).

205. Ernst Emanuel Tappolet, romanista suíço (1870-1939).

206. Ernest Muret, romanista suíço (1861-1940).

207. Linguista e dialetologista suíço (1877-1958).

tiva, uma vez que os correspondentes, morando no local do inquérito, são levados a participar das tendências dos falantes locais. O pequeno círculo em torno de Gilliéron havia, realmente, levado em consideração o exemplo de Wenker e rejeitado seu método, como podemos ver pelas palavras de Rousselot na revisão do empreendimento de Wenker (1888).

Não é, todavia, somente por sua nova técnica de investigação que a geografia linguística é da mais profunda significação para a história da linguística.

Os pontos de vista teóricos de Gilliéron estavam em completo desacordo (5) com a abordagem sistemática da linguagem que a doutrina neogramática estabelecera.

Gilliéron partilhava das ideias de Schuchardt no que dizia respeito à mudança fonética e chegou mesmo a negar, à linguagem, em concordância com Schuchardt, o caráter de um sistema coletivo. Ele se concentrava em investigações de determinados vocábulos, para ele o único dado linguístico completo.

Suas ideias teóricas foram expostas em monografias que escreveu como complemento às descobertas do seu *Atlas Linguístico*. Proclamou o fracasso da etimologia fonética, isto é, a técnica etimológica de aplicar as bem estabelecidas leis fonéticas para chegar ao *etymon* da palavra.

Ao focalizar o vocábulo como o dado verdadeiro e ímpar em linguística, considerava a palavra como um tipo de ser vivo em luta pela vida na competição com outras palavras. Enfatizou a importância da homonímia, da paronímia, de choques fonéticos na cadeia falada, do pequeno volume fonético de um vocábulo para explicar as mudanças fonéticas em um vocábulo e sua substituição. Fez do empréstimo o fenômeno principal e central na mudança linguística. Por exemplo, explicou, por sua redução extremamente fonética, o desaparecimento do *é* francês (emitido do *apis* latino); por uma classe homônima a substituição *Moudre* (lat. *mulgere*) por *traire* (ou *tirer* e assim por diante), uma vez que o lat. *Molere* deu origem à forma *Moudre*; e o *h* aspirado em *héros* como devido ao esforço de não dizer *zéro* na combinação com o artigo plural *les*.

No caso do *patois* (6) francês, acentuou o papel da língua literária através de jornais e do ensino como causa de uma mudança linguística ainda maior. Cria que, em todo lugar, no mundo em geral, a linguagem das classes superiores tende a modificar e, até mesmo, a destruir, as línguas populares locais. Nesse sentido, tomou o empréstimo, dentro de uma língua nacional, como um fenômeno poderoso destinado a impedir diferenciações locais, ou de classe, em uma língua.

Gilliéron usava, na exposição de sua teoria linguística, metáforas de aspecto biológico. Considerando o vocábulo como um tipo de ser vivo lançado ao mundo pelo seu uso nas bocas dos homens, tentou explicar suas viagens, a patologia de seu corpo fonético devido ao seu desgaste na fala apressada e comum e o processo terapêutico que a língua delineia diante da patologia da palavra.

Podemos, portanto, resumir a teoria da mutação de Gilliéron da seguinte maneira: existe uma incessante destruição no corpo fonético dos vocábulos, através de condições práticas de intercâmbio entre os homens; os vocábulos se desgastam tais como os seres humanos nas vicissitudes de suas vidas. Daí as homonímias, as paronímias, os choques fonéticos que tornam o intercâmbio linguístico inadequado e deselegante. A língua procura remediar essa situação por um tipo de terapêutica, cujos processos-chave são o empréstimo e as criações por analogia. Suas ideias exerceram profunda influência entre os linguistas franceses. Havia, entretanto, certo esforço no sentido de tirar partido delas sem completa aceitação de seus revolucionários postulados teóricos. Em referência a isso, é significativo o trabalho polêmico de George Millardet[208], *Linguistique et dialectologie romanes: problèmes et méthodes* [Linguística e dialetologia românicas: problemas e métodos] (1921), embora aplicando a técnica da geografia linguística no seu *Petit Atlas Linguistique D'Une Region Des Landes* [Pequeno atlas linguístico da região de Landes] (1909). Albert Dauzat[209], também, um neogramático

---

208. Romanista francês (1876-1953).

209. Linguista e romanista francês (1877-1955).

em seus traços principais, foi partidário de Gilliéron e um adepto de seu método no *La Géographie Linguistique* [A geografia linguística] (1922) e *Philosophie du Langage* [Filosofia da linguagem] (1932).

A geografia linguística é, ademais, importante como uma nova abordagem ao estudo histórico comparativo. Em vez de ter de recorrer aos textos antigos de fases passadas extintas, o investigador apenas focaliza os aspectos vivos, contemporâneos, da língua, apreendendo as formas linguísticas no intercâmbio oral. Obtém-se uma corrente evolucionária pela comparação das muitas variantes de cada forma, cuja distribuição no espaço pode ser traduzida numa distribuição através do tempo de acordo com regras metodológicas. O aspecto fonético da variante ou sua existência num *patois* relativamente moderno ou notável por traços arcaicos constituem a chave para essa investigação histórica. Por essa razão é que, através da geografia linguística, uma nova técnica para o estudo histórico da linguagem foi imaginada sob o título de "reconstrução interna".

Relacionado com isso, os linguistas italianos Giulio Bertoni e Matteo Bartoli[210], muitos anos depois de Gilliéron, criaram um método de *linguística areal,* por meio do qual eram capazes de classificar as áreas linguísticas de uma língua ou de um grupo de línguas como representantes contemporâneas de estágios linguísticos de desenvolvimento. Dividiram um território linguístico em áreas isoladas, laterais, principais e desaparecidas (i. é, áreas homogêneas que desapareceram deixando apenas umas poucas formas remanescentes).

Esse foi o ponto de partida de uma nova escola de linguística cujos partidários se intitulavam novos linguistas – "Neolinguistas", em oposição aos neogramáticos. Seu preparo teórico é, na realidade, antineogramático, como veremos mais tarde.

No que se refere ao aspecto técnico da investigação pela geografia linguística, muitas melhoras foram feitas desde os dias de Gilliéron.

---

210. Matteo Giulio Bartoli, linguista italiano (1873-1946).

O principal nome nessa melhora de método é o do suíço Karl Jaberg com dois livros: *Sprachgeographie* [Geografia linguística] (1908) e *Aspects géographiques du langage: conférence faites au Collège de France* [Aspectos geográficos da linguagem: conferências feitas no *Collège de France*] (1936), o primeiro em alemão e o segundo em francês. Com seu colega Jakob Jud[211], publicou um volumoso *Sprach- und Sachatlas Italiens und der Südschweiz* [Atlas linguístico da Itália e da parte sul da Suíça] (1928 em diante).

Resumo

Neste capítulo, Mattoso apresenta o surgimento dos estudos ligados à geografia linguística. Destaca fortemente os trabalhos de Gaston Paris e de Jules Gilliéron para a consolidação da área. Mattoso destaca também a importância dos estudos geográficos na inauguração de uma perspectiva que não se limite a estudos da língua escrita, uma vez que as pesquisas passam a focalizar aspectos vivos, contemporâneos, da língua, no inter-câmbio oral.

---

211. Linguista suíço (1882-1952).

XVII

A visão saussuriana da linguagem

Vimos como o estudo geral da linguagem (1) pouco a pouco se desenvolveu na base dos estudos comparativos do indo-europeu. Assinalamos os trabalhos de Max Müller e, principalmente, os de Whitney como os primeiros exemplos desta nova visão em linguística. Podemos também agrupar nesse tipo de estudo as sínteses de Schmidt e Trombetti, embora este último visasse mais exatamente a uma gramática comparativa geral. Nos últimos anos do século XIX, o linguista alemão Georg von der Gabelentz[212] publicou um amplo tratado de linguística geral no qual nos oferece uma abordagem teórica geral à linguagem e um levantamento das línguas do mundo; seu livro se intitula *Sprachwissenschaft: Ihre Aufgaben, Methoden Und Bisherigen Ergebnisse* [Linguística: suas tarefas, métodos e resultados anteriores] (1891).

O principal trabalho sobre linguística geral, porém, foram os *Principias*, de Hermann Paul, o qual, como vimos, desenvolvera, a partir da abordagem neogramática à gramática comparativa do indo-europeu, princípios gerais da linguagem, vista como uma ciência histórica. Excluiu desse estudo científico, como vimos, todo tipo de descrição do funcionamento da linguagem num momento dado, em uma dada sociedade.

---

212. Linguista alemão (1840-1893).

Vimos também como o estudioso alemão Anton Marty opôs-se a esse ponto de vista, esboçando uma ciência descritiva da linguagem como reação à ciência histórica focalizada por Paul. Marty, porém, legou-nos apenas um trabalho fragmentário e muito incompleto e não estabeleceu uma série de princípios homogêneos e bem elaborados como um ponto de partida adequado para essa nova abordagem à linguagem.

Um contemporâneo seu, o linguista suíço Ferdinand de Saussure (2), executou essa tarefa em seus cursos sobre linguística geral (3) nos primeiros anos do século XX. Sua doutrina sobre linguística geral foi exposta em três cursos sucessivos em Genebra onde ele, ao mesmo tempo, precisava focalizar a gramática comparativa do indo-europeu. Saussure não publicou nenhum livro sobre a nova matéria; foi mais feliz, porém, que Marty, pois, após sua morte (1913), suas aulas sobre linguística geral nesses três cursos foram reunidas por dois de seus mais destacados amigos e discípulos, Charles-Albert Sechehaye[213] e Charles Bally[214], sob o título de *Curso de linguística geral* (1916) (4).

Saussure não preparava suas aulas com antecedência. Como outro de seus famosos discípulos, Antoine Meillet (5), enfatizou, nunca parecia trazer às aulas uma verdade definitiva e sua plateia era mantida em suspense diante de um pensamento em atividade, pensamento esse que era, definitivamente, elaborado e formulado no exato momento em que era emitido. Sechehaye e Bally (6), entretanto, foram capazes de apresentar, de modo contínuo e muito coerente, os essenciais da doutrina de Saussure, fato que se constituiria num ponto decisivo para a história da linguística.

A vida de Saussure foi relativamente curta. Morreu com a idade de 56 anos. Foi professor na Universidade de Paris, onde Meillet foi seu aluno e, depois, na Universidade de Genebra, onde expôs suas ideias revolucionárias sobre linguística geral.

---

213. Charles-Albert Sechehaye, linguista franco-suíço (1870-1946).
214. Linguista franco-suíço (1865-1947).

Na Universidade de Paris, ele se restringiu à gramática comparativa do indo-europeu que estudara, principalmente, na Universidade de Leipzig, pouco antes do movimento neogramático, cujas figuras exponenciais eram colegas e amigos seus.

Vimos já como o seu *Memorial sobre o sistema vocálico do indo-europeu* (1879), quando era ele ainda um estudante em Berlim, dera um novo e completo tratamento ao assunto, dissipando as ideias errôneas que, desde os começos da linguística, ainda pairavam sobre a gramática comparativa.

Como um indo-europeísta seguiu, em toda a linha, a doutrina dos neogramáticos (7), embora distinguindo-se como um pensador original no tratar de aspectos críticos da gramática comparativa do indo-europeu.

O primeiro e crucial problema de linguística geral que Saussure focalizou dizia respeito à natureza da língua[215] (8). Encarava-a como um sistema de signos. Ela se lhe apresentava como a realização mais elaborada e mais completa do homem em sua capacidade de operar com signos. Considerava a linguística, portanto, como um aspecto de uma ciência mais geral, a ciência dos signos, ou Semiologia[216] (9) (10). Mas Saussure não se detinha na Semiologia[217] em geral. Achava que a língua, como o mais elaborado e completo meio humano de usar sinais, devia ser estudada *per se* e que os princípios gerais sobre ela deviam servir como elementos para a criação de uma ciência geral de signos humanos (11). Dessa maneira, a linguística era, para ele, uma ciência particular dentro da ciência geral dos sinais, podendo ser a base para aquela ciência geral que estava ainda para ser erigida.

Devido à sua natureza simbólica, a língua lhe parecia como uma entidade abstrata, resultante da relação que uma comunidade estabelecia entre os complexos de sons vocais e os outros conceitos. De acordo com esse ponto de vista, a língua nada mais é que um sistema de relações. Nem é "lógos" nem

---

215. No original, "linguagem".
216. No original, "Semasiologia".
217. No original, "Semasiologia".

o "phōnē" que já vimos focalizados separadamente por Aristóteles. É uma relação entre ambos. Saussure propôs essa ideia distinguindo, de um lado, o que ele chamou de "significante" (*le signifiant*) e, de outro, de "significado" (*le signifié*) (12). Uma forma fonética, ou significante, relaciona-se a um conceito ou feixe de ideias, o significado, e dessa relação resulta a forma linguística. Saussure gostava de desenhar para ilustrar graficamente seus raciocínios e, por isso, esboçou muito vividamente o que tinha em mente deste modo:

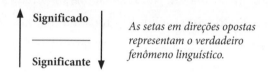

Figura 4: O signo saussuriano

Tal relação parecia a ele "arbitrária", isto é, não determinada pela natureza dos conceitos, qualquer significante sendo capaz de se relacionar com qualquer significado. Desse modo, Saussure aderia ao ponto de vista do "thései" que já encontramos entre muitos filósofos gregos.

Uma visão importantíssima de Saussure para o desenvolvimento da análise linguística foi sua interpretação da língua como um sistema bem organizado. Essa visão se encontrava na base do velho debate entre analogistas e anomalistas já visto por nós ao falarmos da filosofia grega, visão essa que foi reformulada em linhas mais profundas e mais exatas.

De fato, a analogia, sob o novo sentido desenvolvido pelos neogramáticos, foi considerada por Saussure como um processo essencial para conservar a língua[218] como um sistema a despeito da evolução fonética, em lugar da concepção de Scherer, um processo que "falsifica" os resultados regulares das leis fonéticas em sua evolução linguística.

Saussure colocou a sua ideia de um sistema linguístico numa base funcional (13) para a investigação linguística. Afirmava que o sistema linguís-

---

218. No original, "linguagem".

tico consiste em oposições ou contrastes de formas. Uma forma linguística deve sua existência ao fato de ser algo mais que todas as outras formas linguísticas de uma dada língua. Essa formulação de Saussure foi o ponto de partida para a técnica do estabelecimento de grupos de complexos fonológicos a fim de detectar as verdadeiras formas linguísticas de uma dada língua (14).

Essa visão da linguagem como um nítido sistema de formas linguísticas opostas umas às outras entra em choque, entretanto, com a realidade da fala, na qual nos deparamos com uma incessante variação e com inconsistências de falante para falante e, mesmo, tratando-se de um único falante, nas inúmeras ocorrências do seu intercâmbio linguístico diário com seus companheiros.

A solução dada por Saussure a este problema foi incisiva e penetrante. Fez uma nítida distinção entre a língua[219] (15) propriamente dita (*la langue*) e a fala[220] (16) (*la parole*). Por este último termo queria dizer o ato de fala, através do qual o falante expressa suas ideias usando o código da língua e o mecanismo psicofísico a seu serviço, para aquele objetivo. Em outras palavras, a língua é o sistema subjacente à atividade do discurso e pode ser abstraído. A variação e as inconsistências são um fenômeno da fala[221] e, sob eles, há um padrão nítido e bem delineado que à linguística cabe desemaranhar.

A dicotomia rígida entre língua propriamente dita e fala[222] oferece, entretanto, certas afirmações confusas na doutrina de Saussure. Essa confusão (17) jaz em dois pontos principais. Afirmando que a fala[223] permite ao falante exprimir seu "pensamento pessoal", Saussure coloca a fala[224] muito

---

219. No original, "linguagem".

220. No original, "discurso".

221. No original, "discurso".

222. No original, "discurso".

223. No original, "discurso".

224. No original, "discurso".

perto do estilo e chega mesmo a admitir a possibilidade de uma linguística da fala[225] ao lado de uma linguística da língua. Por outro lado, ao focalizar o caráter individual de todo ato de fala[226], ele enfatizava, ao mesmo tempo, que a língua é comum a toda a comunidade e uma forma de instituição social, tal como já o dissera Whitney. Esse fato deu lugar a uma nova dicotomia entre a fala[227], visto como um tipo de língua individual, e a língua propriamente dita ou língua coletiva.

Veremos mais tarde que essa associação da fala[228] tanto ao estilo como à língua individual foi responsável por uma mudança da doutrina de Saussure quanto a seu objetivo essencial, que era o de desvincular do ato concreto da fala[229] o padrão linguístico, ou seja, o sistema que faz a língua propriamente dita. Sob esse restrito ponto de vista, a linguística é o estudo do padrão linguístico que se encontra subjacente em todo ato de fala[230]. E esse ponto de vista foi estimulante e fecundo para o posterior desenvolvimento da linguística, como veremos mais tarde.

Vale a pena notar que a dicotomia "língua-fala"[231] de Saussure não coincide com a dicotomia "*Ergon-Energeia*" (18) de Humboldt. Para Humboldt, *ergon* significava o produto linguístico e *energeia*, o ímpeto linguístico vivo que leva os homens a falar. O sistema linguístico de Saussure nasce da *energeia* de Humboldt e não se constitui, totalmente, no produto morto ou *ergon*. É dinâmico e operativo e, não necessariamente, o simples resultado de um ato de fala[232], tal como a pegada deixada pelo pé do homem na areia.

A visão da língua como um sistema (19) levou Saussure a focalizar o estudo do sistema como tal, independentemente da sua mutação através

---

225. No original, "do discurso".

226. No original, "do discurso".

227. No original, "o discurso".

228. No original, "discurso".

229. No original, "do discurso".

230. No original, "discurso".

231. No original, "discurso".

232. No original, "do discurso".

do tempo. Dessa forma, o estudo descritivo da língua foi incluído na linguística, ao lado do estudo histórico que fora, até então, o único interesse da linguística.

Muito mais do que Marty, Saussure desenvolveu esse novo conceito e estabeleceu, muito claramente, a descrição científica da língua à qual chamou de linguística *Sincrônica*, e o estudo da mudança linguística, ao qual chamou de linguística *Diacrônica*.

Seu mérito, entretanto, não foi o de simplesmente haver afirmado a necessidade de ambos esses estudos e de haver desafiado o ponto de vista de Hermann Paul que negara um caráter científico à descrição linguística. Mantinha, ademais, que o estudo descritivo e o estudo da mudança são distintos em seus objetivos e seus métodos e não podem ser postos, juntos, num único estudo. Enfatizou, ao contrário, que há uma verdade em linguística sincrônica independente da verdade em linguística diacrônica. No inglês *foot-feet* (20), por exemplo (como o exemplifica Saussure), a oposição entre singular e plural é indicada por uma alternância vocálica (/u/-/i/). É uma verdade sincrônica. Visto diacronicamente, o plural *feet* é o resultado de uma mudança de /u/ para /i/, em consequência de uma terminação de plural em *-i*, que veio, afinal, a desaparecer. Dessa forma, o *Umlaut* alemão, como fora estabelecido por Grimm, é o fato histórico de mudança, ou fenômeno diacrônico; mas seu resultado, tal como a oposição /u/-/i/ em inglês *foot-feet*, é uma verdade sincrônica e, sob um ponto de vista sincrônico, podemos dizer que a vogal temática /i/ é a marca de plural naquele vocábulo.

Devido à importância das ideias de Saussure na história da linguística, é conveniente resumi-las como se segue (21): 1) há uma linguística descritiva ao lado de uma linguística histórica e a explicação da mutação nada tem a ver com os fatos sincrônicos dela resultantes; 2) ambos esses estudos devem focalizar a língua[233] como um padrão, abstrato, subjacente aos atos do dis-

---

233. No original, "linguagem".

curso; 3) as formas linguísticas que constituem esse padrão nada mais são do que a relação entre o significante e o significado, isto é, entre complexos sonoros e o que eles significam; 4) essa relação é arbitrária ou, em outras palavras, não existe uma associação natural entre sons vocais e os conceitos por eles expressos; 5) a linguística, dessa forma, é a ciência de uma série de sinais vocais e um aspecto particular de uma ciência geral de sinais ou *Semiologia*[234].

De todas essas ideias, somente a primeira foi nítida e coerentemente expressa no *Cours,* de Saussure. O restante teve de ser debatido, ampliado e esclarecido no trabalho ulterior de seus muitos discípulos.

Resumo

Neste capítulo, Mattoso Camara fala sobre o advento da linguística de Ferdinand de Saussure. Precisa a importância dos estudos comparatistas do genebrino, assim como algumas das principais noções de linguística geral formuladas por ele em seus cursos de linguística geral na Universidade de Genebra. Finalmente, Mattoso faz uma pequena síntese do que considera ser o cerne dessa reflexão.

É importante destacar que Mattoso dará grande visibilidade ao pensamento saussuriano daqui para frente em seu livro. Além deste capítulo, Mattoso dedica a Saussure e sua influência vários dos capítulos seguintes. Ele buscará cercar tanto os efeitos convergentes da teoria saussuriana – principalmente situando-os em relação àqueles a quem chamará de "discípulos" de Saussure, situando-os em relação aos opositores ou aos que denominará de "não saussurianos".

De certa forma, podemos dizer que Mattoso considerará Saussure um marco histórico da linguística, o que se expressa textualmente, por exemplo, em formulações como "Saussure causa uma reviravolta na teoria da linguagem" (mais adiante, no capítulo XXII).

---

234. No original, "Semasiologia".

XVIII

A técnica de análise de Saussure e a influência de seu pensamento; Sechehaye, Gardiner, Vendryes

A visão saussuriana das oposições linguísticas tornando-as um sistema bem delineado situou a linguística dentro do âmbito do estruturalismo (1). Por esse termo, entende-se uma interpretação dos fenômenos como peças de uma estrutura, na qual todo fenômeno tem seu lugar e obtém sua verdadeira significação através de sua relação a outros fenômenos, com outras peças fixas da mesma estrutura.

Esse conceito estava no âmago do antigo modo de encarar a linguagem como um organismo. Mas, nesse antigo modo, havia implicações biológicas, que vieram à baila, como já vimos, na teoria da linguagem apresentada por Schleicher. Também na concepção da linguagem, como uma instituição, advogada, como já foi visto, por Whitney, estava implícito um tipo de estruturalismo, uma vez que a instituição humana estabelece uma firme coordenação e subordinação entre suas partes constitutivas.

O estruturalismo, todavia, é uma nova forma de encarar os fenômenos porque faz com que a significação dependa, completa e exclusivamente, das suas relações íntimas (2) e liberta essa concepção de outros postulados, falsos ou unilaterais, que tinham sido explicitamente enunciados e através dos quais se devia deduzir a existência de relações vagas e indistintas.

A teoria estrutural de Saussure apresentava dois tipos de relação na língua: relações associativas e relações sintagmáticas (3). Por associação linguística, entendia-se os conjuntos de formas linguísticas que todo falante tem em mente; constituem elas uma formação implícita que atribui valor linguístico às formas linguísticas emitidas em um ato de discurso. Em *Meu cachorro dorme*, por exemplo, *meu* é o oposto de *seu, cachorro* é um animal que não é um *gato,* uma *vaca* etc., além de ser um singular contrastando com *cachorros, dorme* se opõe a *está acordado* ou ao passado *dormiu,* e assim por diante. Por relação sintagmática, ao contrário, Saussure tinha em vista a relação existente em um enunciado, tal como *meu cachorro* como um sujeito em oposição ao predicado *dorme* ou *meu* como um determinante de *cachorro* etc. Como Saussure assim o escreve no seu *Cours* ("A relação sintagmática é *in praesentia*; ela se apoia em dois ou vários termos que estão presentes numa série efetiva. Ao contrário, a relação associativa une termos *in absentia* numa série mnemônica virtual" (4)).

Saussure chama de sintagma qualquer relação sintagmática. Em *meu cachorro, meu* e *cachorro* constituem um sintagma; em *meu cachorro dorme* um sintagma de dois termos na oposição sujeito-predicado. Vale a pena notar que a sintagmática de *Saussure* não coincide com *sintaxe,* uma vez que os elementos constitutivos de uma palavra formam um sintagma (5). Por exemplo, em *dorme* temos um sintagma entre a raiz *dorme* e a terminação característica da 3ª pessoa do singular -*e*. Dessa forma, a teoria do sintagma proporciona um método de análise linguística a fim de se chegar aos mínimos elementos linguísticos de um enunciado.

Voltemos agora nossa atenção aos discípulos de Saussure. Podemos dividi-los em dois grupos distintos: 1) os que tentaram discutir e aclarar as ideias essenciais da doutrina de Saussure; 2) os que partiram dessa doutrina para investigar áreas da linguística que ele deixara intactas.

No segundo grupo, podemos colocar Antoine Meillet e Charles Bally.

Meillet conduziu seus estudos de gramática comparativa do indo-europeu ao longo de certas linhas de suposição teórica, muito devendo a Saussure. Bally focalizou um novo campo de pesquisa linguística ao qual chamou de estilística. Reservaremos a ambos aulas especiais mais tarde (6).

No primeiro grupo, podemos mencionar Charles-Albert Sechehaye, Alan Gardiner[235] e Joseph Vendryes, além de um círculo ativo de investigadores contemporâneos em Genebra, cuja figura principal é Henri Frei[236] (7) (com sua *La grammaire des fautes* [Gramática de erros], 1929, na qual ele revela o padrão interno e espontâneo governando o que, à primeira vista, parece um amontoado de erros de linguagem fortuitos, incontroláveis e desconexos).

Sechehaye, um linguista suíço, professor na Universidade de Genebra, era um íntimo amigo de Saussure. Participava com Bally do que nós podemos chamar de "Ala Suíça de Discípulos de Saussure"; na ala francesa temos Meillet e Vendryes. Sechehaye, como vimos, foi com Bally o redator das aulas de Saussure sobre linguística geral após a morte do grande Mestre.

Antes desse empreendimento, nos começos do século XX, Sechehaye escreveu o livro *Programme et méthodes de la linguistique théorique* [Programa e métodos da linguística teórica] (1908). Não está baseado, explicitamente, na doutrina de Saussure que, nessa época, dava início a seus cursos sobre linguística geral em Genebra. Sechehaye tentou, em seu livro, encontrar um lugar para a linguística como uma teoria geral da linguagem entre as ciências humanas, estabelecer seu campo de pesquisa e seus métodos de enquete. Seu livro não exerceu grande influência no desenvolvimento da linguística, mas é importante como uma afirmação incisiva da linguística como ciência geral da linguagem. É também notável por sua assertiva de que a linguística geral deveria ser uma ciência *a priori* e não construída indutivamente pela observação dos fatos, uma abordagem que foi retomada, como veremos, pelo linguista contemporâneo Louis Hjelmslev[237].

---

235. Sir Alan Henderson Gardiner, linguista e egiptólogo inglês (1897-1963).
236. Linguista suíço (1899-1980).
237. Louis Trolle Hjelmslev, linguista dinamarquês (1899-1965).

Os principais trabalhos de Charles-Albert Sechehaye referentes à discussão dos pontos de vista teóricos de Saussure são o *Essai sur la structure logique de la phrase* [Ensaio sobre a estrutura lógica da frase] (1926) e um pequeno tratado sobre *Les trois linguistiques saussuriennes* [As três linguísticas saussurianas], e um artigo sobre *Aspectos individuais e sociais da linguagem* (1930) (8).

Alan Gardiner, um estudioso inglês, era egiptólogo e um linguista devotado ao Antigo Egito. Sua extensa *Egyptian Grammar. Being an Introduction to the Study of Hieroglyphs* [Gramática egípcia. Sendo uma introdução ao estudo dos hieróglifos] (1957) é o mais competente relato da velha língua egípcia. Como egiptólogo, apresentou a primeira interpretação para as inscrições do Sinai, encontradas na Península do Sinai, em 1905, que pareciam ser hieróglifos egípcios, mas cuja combinação, entretanto, não fazia sentido em egípcio; Gardiner viu, nessas inscrições, uma escrita egípcia muito modificada pelo uso da escrita semítica como uma adoção muito arbitrária dos hieróglifos egípcios (1916). Como um linguista geral, Gardiner adotou a doutrina de Saussure e a discutiu num livro muito importante intitulado *The Theory of Speech and Language* (9) [Teoria da fala[238] e da língua] (1932).

O ponto principal da doutrina de Saussure, que Sechehaye e Gardiner discutiram, é a distinção entre fala[239] e língua. Sechehaye considerava a oposição entre o aspecto individual da fala[240] e o aspecto coletivo da língua como o centro da dicotomia saussuriana. Por isso, via ele, na fala[241], um tipo de língua individual e admitia a possibilidade de uma ciência linguística da fala[242] (*linguistique de la parole* (10)). As três linguísticas de Saussure são, portanto, do seu ponto de vista, o estudo diacrônico da língua, o estudo

---

238. No original, "do discurso".

239. No original, "discurso".

240. No original, "do discurso".

241. No original, "discurso".

242. No original, "do discurso".

sincrônico da língua e o estudo da fala[243] em linhas sincrônicas. Ele baseava esse seu ponto de vista numa passagem de Saussure, na qual este admite ser possível uma ciência linguística da fala[244], embora em linhas inteiramente diferentes da ciência da língua[245].

Por outro lado, Sechehaye se irritava com o conflito dos aspectos individual e coletivo numa língua e tentou superar tal antinomia. O cerne de sua solução é asseverar que essa antinomia está dentro de nossas almas e deriva de nossa condição dupla de indivíduos, com uma personalidade própria e como membros de uma sociedade, dela recebendo seus estímulos e hábitos coletivos.

Ademais, digna de nota é a preocupação de Sechehaye com o problema genético da linguagem. Em sua teoria sobre a oração, por exemplo, parte de um estágio primitivo de *monohemes*, isto é, totais indivisíveis de uma oração constituindo um vocábulo fonético.

O livro de Gardiner, como claramente sugere o seu título, trata também da dicotomia língua e fala[246]. Gardiner focaliza a fala[247] nos inumeráveis enunciados dos falantes de uma língua. Estende a qualquer enunciado o termo "oração" e define a oração em termos psicológicos, como resultado linguístico de um "propósito inteligível". O grande mérito de sua discussão é, na realidade, o desenvolvimento de uma teoria total da oração.

Opõe o vocábulo, como unidade da linguagem, à oração, que ele considera uma unidade do discurso. A mesma ideia pode ser encontrada em Saussure, mas este observa que existem tipos fixos de orações em todas as línguas e Sechehaye, nessa base, fez a distinção entre a oração de uma língua, isto é, o padrão linguístico subjacente a toda oração de uma língua, e a oração da fala[248], que é o enunciado *in se*. Sobre esse ponto, a visão de Sechehaye é mais razoável que a de Gardiner.

---

243. No original, "do discurso".

244. No original, "do discurso".

245. No original, "linguagem".

246. No original, "discurso".

247. No original, "o discurso".

248. No original, "do discurso".

Gardiner, porém, desenvolveu com maior agudeza e exatidão os complexos e intrincados aspectos que acompanham o enunciado linguístico. Ele vê a oração como a miniatura de um drama de quatro constituintes: o falante, o ouvinte, a situação que os envolve e a coisa significada que ele cuidadosamente distingue do significado linguístico, isto é, algo inerente em um vocábulo, algo dele inseparável, enquanto a coisa significada é a coisa real à qual se refere o falante. (Tome-se, p. ex., o pronome *eu*, diz ele: "Isto tem como seu significado o falante, em cada caso; mas, quando você está falando, a coisa significada pela palavra *eu é você*".)

Em qualquer oração, ademais, registra: 1) a oração-qualidade (aquele aspecto de uma oração que revela o propósito específico do falante; 2) a oração função (o trabalho que uma dada oração executa na capacidade indicada por sua oração-qualidade, específica; 3) a oração-forma, que tanto é "locucional" (caracterizada pelo emprego de vocábulos particulares e por suas distribuições) e "elocucional" ("que depende principalmente da entoação").

Ele acentua, por outro lado, o papel da mímica. Podemos dizer, portanto, que Gardiner nos ofereceu um quadro vívido e total do fenômeno do discurso ou, em outras palavras, as condições concretas nas quais a língua é chamada a comparecer como meio de intercâmbio na vida social (11).

Voltemo-nos agora ao linguista francês Joseph Vendryes, o qual, como Meillet, recebeu a influência de Saussure e pertence ao que podemos chamar a "Ala Francesa" dos teóricos saussurianos.

Como um indo-europeísta, Vendryes focalizou o celta, o grego e o latim. Foi responsável pela seção sobre as línguas indo-europeias no trabalho coletivo intitulado *Les Langues du Monde* [As línguas do mundo] (1924), organizado por Meillet e Marcel Cohen[249], que renovaram, em linhas mais corretas e modernas, a tarefa de Friedrich Müller em meados do século XIX, a que já aludimos. Também colaborou com Meillet numa excelente gramática comparativa do grego e do latim, como já vimos anteriormente.

---

249. Linguista francês (1884-1974).

Vendryes ocupa, na história da linguística, uma posição de destaque como linguista geral devido a seu livro *Le Langage, introduction linguistique à l'histoire* (1921) [A linguagem, introdução linguística à história] com um subtítulo em desacordo com seu conteúdo. Trata-se, na realidade, de um compêndio sobre a linguagem sem qualquer referência ao papel dela na história do homem. A data do livro não corresponde à época em que ele foi, de fato, escrito. O manuscrito é de 1914, porém a Primeira Guerra Mundial (12) determinou uma demora de sete anos até a sua publicação. É, portanto, por isso mesmo, anterior ao *Cours,* de Saussure, o qual, como vimos, foi publicado em 1916. Vendryes se desculpa por não ter sido capaz de se beneficiar com a doutrina de Saussure, exposta na sua obra póstuma, o *Cours,* mas é evidente que a abordagem de Vendryes deve muito às ideias de Saussure, tanto através de um contato pessoal como por meio de Meillet.

No conjunto, Vendryes não é, em seu livro básico, um pensador original, nem visava ele a um trabalho pioneiro. Seu propósito era escrever um tratado de linguística geral atualizado e acurado.

A maneira como apresenta as novas ideias que substituíram a doutrina neogramática e o modo como faz sua escolha a fim de seguir um curso muito definido e coerente dão, entretanto, a seu livro, um toque pessoal e estimulante.

Ele cerrava fileiras com Meillet no que dizia respeito à visão sociológica da linguagem, como examinaremos mais tarde. Nesse aspecto particular, aplicava as ideias do sociólogo Lucien Lévy-Bruhl[250], um discípulo de Émile Durkheim[251], no que se referia à mente mítica e pré-lógica do homem primitivo, para fazer face à discrepância entre lógica e categorias gramaticais. Seu ponto de vista era que as línguas, mesmo entre os povos mais civilizados, carregam consigo, com o passar dos anos, as visões pré-lógicas

---

250. Filósofo e sociólogo francês (1857-1939).

251. Filósofo, sociólogo e antropólogo francês (1858-1917).

do homem primitivo. Vendryes também se beneficiou das ideias de Bally referentes à linguagem do afeto, ideias essas que apreciaremos mais tarde.

No que se refere à técnica da análise linguística, fez ele uma profunda distinção entre o "Semantema" e o "Morfema" (13) como dois tipos de formas linguísticas, mínimas. Essa distinção teve grande aceitação entre os linguistas europeus. Por semantema, entendia as formas mínimas relacionadas ao mundo das coisas, enquanto que os morfemas compunham o mecanismo gramatical da língua.

A influência da doutrina saussuriana tornou-se muito forte em Vendryes. Mais tarde podemos considerá-lo um discípulo francês de Saussure. É, por exemplo, notável a sua exposição das tarefas da Linguística Estática (1933) *Sur les tâches de la linguistique statique* [Sobre as tarefas da linguística estática] que delineia uma configuração aguçada do estudo linguístico sincrônico.

Resumo

Neste capítulo, Mattoso mantém-se na abordagem do tema da linguística saussuriana. Dessa vez, inicia um mapeamento das influências exercidas pelo pensamento de Saussure, em especial junto ao linguista suíço Charles-Albert Sechehaye, ao inglês Allan Gardiner e, finalmente, junto ao francês Joseph Vendryes. Destaca-se, neste capítulo, o detalhamento com o qual Mattoso se refere a esses autores, principalmente os dois primeiros, o que pode indicar que tiveram alguma influência no pensamento do próprio linguista brasileiro.

XIX

As novas abordagens saussurianas; Bühler; o trabalho de Bally

A doutrina de Saussure estava baseada no intelectualismo filosófico (1) que, desde Descartes no século XVII, dominava a filosofia francesa. O intelectualismo assevera que a razão e a faculdade de raciocínio são as verdadeiras características da mente humana. Uma visão linguística, dentro do âmbito do intelectualismo, assevera que a função essencial da linguagem é expressar a atividade intelectual do homem.

Tal visão é unilateral e foi contestada pelo filósofo austríaco Karl Bühler[252] no seu livro *Sprachtheorie. Die Darstellungsfunktion der Sprache* [A teoria da linguagem. A função de representação da linguagem] (1934). Embora discípulo de Saussure, no que dizia respeito ao aspecto estrutural da linguagem, sua natureza e a necessidade de distinguir entre diacronia linguística e sincronia linguística, Bühler se desviava de Saussure no que ele chamava "modelo orgânico" da linguagem. Considerava, ao lado do aspecto intelectual da linguagem ("representação"), um aspecto não intelectual que ele dividia, num esforço para granjear a atenção do ouvinte ("Apell", em

---

252. Filósofo, linguista e psicólogo alemão (1879-1963).

alemão) e um modo de dar vazão ao mundo íntimo emocional do falante ("Kundgabe", em alemão, que podemos traduzir por "expressão").

A concepção de Bühler teve grande aceitação e foi uma das fontes mais importantes na teoria da oração apresentada por Gardiner, assunto que já tivemos oportunidade de apreciar.

A classificação das orações feita por Bühler com base nessas três funções da linguagem (*Darstellung, Appell, Kundgabe*) foi retomada por Gardiner e, de maneira modificada, aparece nos três tipos de orações desse linguista inglês: orações declarativas, imperativas (com uma subdivisão em perguntas e solicitações) e exclamativas. A inovação de Gardiner é associar cada um desses tipos a um elemento de sua oração-enredo a que já aludimos anteriormente: orações declarativas à coisa significada (que corresponde à representação de Bühler), orações imperativas ao ouvinte (que é o objeto de Appell) e orações exclamativas ao falante (que dá *vazão* às suas emoções).

Ora, o conceito de "Língua" para Saussure era puramente intelectual. Saussure via a língua como um sistema de sinais exclusivamente destinado a um intercâmbio de ideias.

Charles Bally, o discípulo suíço de Saussure, tentou completar essa visão antes de Bühler, através de uma abordagem diferente da empregada por este, discutindo o campo linguístico do que ele chamou "Estilística".

É comum distinguir-se entre a estilística de Bally, que é chamada de linguística estilística, e o estudo do estilo literário como o cunho pessoal verbal de um artista, na língua que ele usa. O próprio Bally nos chama atenção para essa diferença, embora, no fundo, seja mais aparente que real, como acentua incisivamente.

Antes de discutirmos o conceito de estilística de Bally, torna-se conveniente fornecer alguns dados concretos essenciais sobre ele (2). Estudou em Berlim e, ainda muito jovem, como docente da Universidade de Genebra, tornou-se discípulo de Saussure a quem sucedeu na cadeira de Linguística Geral. Embora fosse especialista em sânscrito, que lecionou durante algum tempo em Genebra, e em grego (seu último livro foi *Manuel d'accentuation grecque* [Manual de acentuação grega], dois anos antes de sua morte em 1947, quando já ficara cego), Bally focalizou a língua francesa em suas investigações estilísticas. Sempre foi levado, além do mais, a uma comparação estilística entre o francês e o alemão. O motivo de assim proceder residia no fato de considerar a língua viva, no seu intercâmbio oral diário, como o verdadeiro objeto da linguística, achando, portanto, mais razoável partir de sua própria língua materna, que para ele era o francês, além do alemão, a outra destacada língua nacional da Suíça.

Além do mais, ao contrário de muitos linguistas, Bally se interessava profundamente pelo problema pedagógico do ensino da língua materna. Sua estilística, sob muitos aspectos, é uma nova abordagem a esse problema. Mostrou a inconveniência de um estudo do "certo e errado" em gramática, uma vez que impede a manifestação do impulso vivo das crianças pela língua e pela expressão linguística.

Seus trabalhos principais são *Précis de linguistique* [Manual de estilística] (1905), *Traité de stylistique française* [Tratado sobre a estilística francesa] (1909) e uma seleção de artigos, em 1913, sob o notável título de *Le Langage et la Vie* [A linguagem e a vida].

Desenvolveu ele, mais tarde, uma doutrina linguística total, centralizada na estilística, em um volumoso livro intitulado *Linguistique générale et linguistique française* [Linguística geral e linguística francesa] (1932). A segunda edição desse livro, inteiramente retrabalhada depois de sua aposentadoria como professor universitário (1944), apresenta pontos de vista muito originais, para os quais a doutrina de Saussure tem sido nada mais do que um ponto de partida.

É evidente a influência da filosofia de Bergson[253] na abordagem à linguagem feita por Bally. Sabemos muito bem como Bergson se opunha ao intelectualismo filosófico francês encarando a íntima natureza do homem como um todo espiritual lutando por uma comunhão emocional com o

---

253. Henri Bergson, filósofo e diplomata francês, Nobel de Literatura de 1927 (1859-1941).

universo. Bally via a língua como uma relação íntima e essencial com a vida. No uso da língua, enfatizava o traço básico da expressividade linguística, isto é, a capacidade de o falante dar vazão a seus impulsos mais íntimos através da linguagem. A expressividade, de acordo com Bally, permeia todos os enunciados linguísticos. Nunca, diz ele, um enunciado linguístico é puramente uma comunicação do pensamento. Atribuía bem restritamente a fonte da expressividade aos afetos humanos e focalizava uma linguagem afetiva ao lado de uma linguagem intelectual.

A estilística de Bally é o estudo dos processos linguísticos através dos quais o falante atinge a expressividade linguística. Acentuava o caráter coletivo da expressividade linguística. Nesse sentido, há implícita na doutrina estilística de Bally a visão do padrão estilístico ao lado do padrão linguístico que Saussure focalizara como sendo a língua (*la langue*).

Estava convencido de que toda língua possui seus padrões estilísticos e possui sua gramática interna, ou língua, no sentido de Saussure. E apontava a estilística como o meio de investigar, em um povo, a sua maneira de interpretar a vida, o aspecto mais característico do seu mundo de emoções ou afetos. Dessa maneira, ele define estilística (3) como um meio de descobrir os padrões expressivos que, numa determinada época, são empregados para comunicar o movimento do pensamento e o sentimento dos falantes e de estudar os efeitos espontaneamente produzidos nos ouvintes pelo uso desses padrões.

Tal estudo pode ser sincrônico: "toda consideração histórica fica, aqui, deslocada ou, antes, impossível", diz ele, e dessa forma a estilística de Bally é forçosamente descritiva, ou como ele diz "um aspecto da linguística estatística".

Focalizava, principalmente em sua investigação estilística, o campo da fonética, o uso das palavras e as construções sintáticas. No estudo estilístico dos sons da fala, Bally se desviava da afirmativa incisiva de Saussure no que dizia respeito à arbitrariedade dos signos linguísticos. Como vimos, Saussure, por essa forma, tinha a intenção de acentuar que não há relação íntima entre os sons da fala e os conceitos que eles exprimem. Isso, evidentemente, é verdade se confinamos a nossa investigação ao papel intelectual dos sinais linguísticos os quais, como já vimos, Saussure tinha na mente, apenas. Mas a expressividade linguística utiliza os aspectos vocais da linguagem, e assim Bally admitia a possibilidade de um tipo de fonética a que ele chamou de Fonética Expressiva, isto é, o estudo de uma correspondência íntima entre os sentimentos e os efeitos sensoriais da língua em nossa audição. Veremos mais tarde que esse campo de investigação se desenvolveu na fonética moderna, principalmente no trabalho do foneticista francês Maurice Grammont[254].

Quanto ao método, Bally faz uma distinção entre "estilística interna e estilística externa". O anterior focaliza o jogo da linguagem dentro de uma comunidade linguística, enquanto que o último resulta da comparação entre duas línguas diferentes do ponto de vista da expressividade. Ele se concentrou na estilística interna do francês, mas também fez estilística externa de uma comparação dos processos estilísticos do francês com os do alemão.

Os traços mais característicos da abordagem estilística de Bally são: 1) sua concepção de expressividade ou estilo como um jogo de processos espontâneos e coletivos em uma dada língua; 2) a focalização da fala diária no intercâmbio oral, como base para os estudos estilísticos e a desconfiança da relação entre literatura e língua escrita. A escrita parece a ele distorcer a natureza real da língua, o que o faz desacreditar do estilo literário por não ser inteiramente espontâneo e se desviar do verdadeiro impulso estilístico coletivo na sua busca da originalidade.

Voltemo-nos agora à doutrina linguística geral de Bally, como a expôs no seu livro sobre linguística geral e linguística do francês. A mais importante de suas ideias teóricas é a ênfase no aspecto transitório e incompleto de um sistema linguístico em qualquer época. Ele chama atenção diretamente para o caráter dinâmico do que se entende por um estado linguísti-

---

254. Linguista francês (1866-1946).

co, para as tendências em funcionamento nele. Nesse sentido, associa, implicitamente, o estado linguístico de Saussure com a *energeia* de Humboldt, e essa visão parece ser a correta, como já acentuamos, na discussão das ideias de Saussure. Ele atribui, naturalmente, à expressividade aquele sempre presente impulso dinâmico em uma língua.

Aceitando a dicotomia de Saussure entre língua e fala[255], afirma Bally que uma língua, como padrão linguístico, é a fonte do discurso, e opõe o caráter virtual da língua ao caráter verdadeiro, real, do discurso, estando o discurso na base de uma "realização" da linguagem.

Quanto à oração, Bally vê nela duas partes essenciais: 1) *dictum*, que é a base na qual tem início a oração; 2) a *modalidade*, que ele considera a "alma da oração", correspondente à operação mental do falante diante do *dictum* (4).

Confinando-se ao estudo sincrônico, desenvolve em seu livro uma técnica sutil de análise linguística na base do conceito de sintagma, de Saussure. Tal conceito, que em Saussure é um tanto vago e amplo, torna-se muito claro na discussão de Bally. Ele considera o sintagma uma disposição hierárquica de dois termos linguísticos: o determinado e o determinando.

Tal visão apresenta duas consequências muito importantes: 1) o sintagma é binário, isto é, tem apenas dois constituintes; 2) os elementos linguísticos numa sequência coordenada não podem constituir um sintagma. Em outras palavras, um sintagma é um enunciado linguístico composto de duas partes (não mais de duas), uma destas sendo ligada à outra como seu determinante em um nexo subordinativo.

Tal ponto de vista se constitui num dos mais importantes pontos de partida para o desenvolvimento da técnica de análise em linguística descritiva. Podemos dizer, portanto, que a significação de Bally é dupla dentro da linguística sincrônica: 1) criou a linguística estilística alargando a visão intelectualística de Saussure; 2) fez uma análise linguística mais

---

255. No original, "discurso".

apurada através de um novo conceito de sintagma, dando, dessa maneira, um precioso instrumento para o desenvolvimento da linguística sincrônica que Saussure focalizara. Podemos dizer com segurança que, através dele, novos caminhos foram abertos à doutrina de Saussure e à ciência da linguagem (5).

Resumo

Neste capítulo, Mattoso apresenta as teorias de Bühler e Bally quanto à influência que receberam de Saussure. Tem destaque a teoria de Bally, explicada por Mattoso com detalhamento ímpar dentro do livro.

O trabalho de Meillet; Hermann Hirt

Levemos em consideração agora o discípulo francês de Saussure, Antoine Meillet (1). É uma figura bastante diferente da de Bally.

A grande influência que Saussure exerceu sobre Meillet foi no período anterior aos cursos de linguística geral na Universidade de Genebra, quando Saussure, na Universidade de Paris, dedicava-se inteiramente à gramática comparativa do indo-europeu. Meillet acompanhou, naturalmente, o desenvolvimento das ideias saussurianas e muito lucrou com elas. Permaneceu, porém, principalmente, um estudioso do comparativismo indo-europeu embora com extensa visão sobre a Linguística Geral.

Recebeu, também, a influência da escola sociológica de Durkheim, uma influência que é também visível em Saussure (2). Através da doutrina sociológica de Durkheim ligou muito intimamente o aspecto coletivo que Saussure enfatizara em sua concepção de língua com a ideia de "realidade social" (3) que Durkheim havia desenvolvido em sua interpretação da sociedade.

Meillet estava, realmente, convencido de que a linguística devia ser um ramo da sociologia. Para ele, o aluno ideal de linguística devia ser um sociólogo com sólido conhecimento linguístico e bem treinado na técnica linguística. Pretendia preparar, para esse encargo, o filho de Durkheim, mas o jovem morreu cedo demais.

De acordo com Durkheim, existem "realidades sociais" como algo criado pela sociedade e imposto à mente individual pelos mecanismos sociais de coerção. Para Meillet, a língua era uma dessas realidades sociais, uma vez que a sua estrutura é imposta sobre o indivíduo pela sociedade na qual ele nasce e cresce. Dessa forma, Meillet via a concepção de língua em Saussure sob o mesmo aspecto que Sechehaye, mas diferia deste por rejeitar a possibilidade de uma língua individual. Ao contrário de Sechehaye, não se preocupara com o conflito íntimo entre os aspectos individual e coletivo da língua. Para Meillet, a afirmação de que toda mudança linguística emerge do discurso individual é um truísmo sem significação, uma vez que a inovação individual parte de uma corrente coletiva à qual o indivíduo dá vazão e que é espontaneamente aceita por seus ouvintes. Se a inovação individual não estiver de acordo com a corrente coletiva, é rejeitada e recebe o que Meillet chama "A sanção do ridículo".

Em alguns aspectos podemos associar, no que diz respeito à língua, a visão de Meillet com a visão de Wundt, que já apreciamos antes. Mas Wundt elaborou sua abordagem para a concepção de língua coletiva através da psicologia, enquanto Meillet se colocava no terreno da recém-criada ciência sociológica e via a língua através de um prisma sociológico.

Meillet aceitava a distinção saussuriana entre linguística sincrônica e diacrônica, mas se confinava ao campo da investigação diacrônica. A dicotomia de Saussure, entretanto, levou-o a focalizar "estágios da língua" em sucessão cronológica e a encarar o desenvolvimento linguístico como uma mutação contínua de um estado a outro. Essa mutação parecia a ele ser governada por correntes coletivas e, dessa forma, explicava a íntima regularidade das leis fonéticas e da mudança linguística em geral. Assim, ao discutir a história de certas línguas indo-europeias tais como o latim, o grego e o ramo germânico das línguas, tentava descobrir correntes gerais de desenvolvimento.

Essas correntes, determinadas pelas condições íntimas do sistema linguístico, pareciam a ele capazes de serem aceleradas, retardadas, ou mesmo temporariamente detidas por causas sociais e culturais. Dessa forma, era levado a vincular a história da língua com a história da cultura e da sociedade. Essa abordagem é muito chocante nos seus livros *Esquisse d'une histoire de la langue latine* [Esboço de uma história da língua latina] e *Aperçu d'une histoire de la langue grecque* [Panorama da história da língua grega].

Vale a pena notar que Meillet aceitou a doutrina do substrato lançada por Ascoli, como já vimos anteriormente, mas apenas como causa subsidiária para a mudança linguística. Neste sentido, enfatizou a possibilidade de que, na transferência de uma língua para a outra, as pessoas tendem a favorecer certas correntes de acordo com os hábitos de fala existentes no substrato linguístico (4) ou de introduzir na língua imposta hábitos a ela alheios.

A visão social de Meillet, por outro lado, fê-lo dedicar atenção especial ao empréstimo linguístico, devido ao contato entre culturas diferentes. Através dele teve, também, uma ampla visão das diferenciações sociais na língua ajudando-o a encarar a língua literária como uma delas. Estava cônscio da importância dessa visão e do papel que ela desempenha na história da linguística.

A atenção dada ao empréstimo e à língua literária é um traço essencial no pensamento linguístico de Meillet. Através dele desvia-se profundamente da visão neogramática. Os neogramáticos, na verdade, não se interessavam pela língua literária nem encararam a significação do empréstimo como um dado perturbador no que dizia respeito às leis fonéticas. Meillet atribuiu, por exemplo, a um substrato linguístico do Mediterrâneo, as palavras *asinus* e *rosa* no latim, uma vez que nessas palavras não apresentara o rotacismo, ou seja, a mudança intervocálica de *s* para *r* que é uma lei fonética característica do latim antigo.

Quanto ao conceito teórico da lei fonética, Meillet propôs que se usasse no lugar da expressão "correspondência fonética". Dessa forma podemos estabelecer *a posteriori* uma completa correspondência entre os sons vocais em um dado estado da língua e os demais sons vocais de um estado anterior.

Um ótimo exemplo dessa abordagem sociológica de Meillet à língua é a sua monografia, *Comment les Mots Changent de Sens* [Como as palavras mudam de sentido] (5), que publicou no jornal sociológico de Durkheim, *L'Anneé Sociologique* [O ano sociológico] (1906).

Desde a análise feita por Hermann Paul sobre a mutação semântica, que tivemos já a oportunidade de apreciar, houve dois estudos acurados – um de Wundt em seu livro *Die Sprache* [A linguagem], a que já nos referimos, e outro do estudioso francês Michel Bréal[256], que traduziu a gramática de Bopp para o francês (*Essai de sémantique: science des significations* [Ensaio sobre a semântica: a ciência do significado]). Wundt e Bréal chamaram a atenção para as implicações sociais na mudança do significado do vocábulo, Meillet, porém, colocou essa mudança inteiramente dentro do campo das condições sociais da linguagem. Partindo da diferenciação da língua de acordo com classes profissionais, dá ênfase aos diferentes significados que um vocábulo possa ter, de acordo com seu uso, nas diferentes classes sociais. Como existe, por outro lado, um constante empréstimo linguístico de vocábulos com seus significados particulares, de uma classe para outra, parece a ele que é este empréstimo de vocábulos o responsável pelo que aparece como uma mudança de significado em um vocábulo determinado.

Os trabalhos de Meillet sobre linguística geral são, principalmente, artigos que ele colecionou em um livro sob o título de *Linguistique historique et linguistique générale* [Linguística Histórica e Linguística Geral] em dois volumes (1921; 1936). O segundo volume é, porém, obra póstuma, uma vez que Meillet morreu meses antes de sua publicação. Podemos, também, mencionar um ensaio sobre linguística em uma coletânea *De la méthode dans les sciences* [Sobre o método nas ciências] (1924) e um livro de sua autoria intitulado *Les langues dans l'Europe nouvelle* [As línguas em uma Nova Europa] (1918), no qual denuncia a inconveniência do nacionalismo

---

256. Linguista francês (1832-1915).

linguístico e mostra como as diferenças linguísticas tendem a desaparecer sob a influência da civilização comum.

Como comparativista do indo-europeu, escreveu *Introduction à l'étude comparative des langues indo-européennes* [Introdução ao estudo comparativo das línguas indo-europeias] (1903), que revisou em edições sucessivas, e um outro livrinho, *Les dialectes indo-européens* [Os dialetos do indo-europeu], além de seus estudos históricos sobre o latim, o grego, o germânico, o antigo eslavo, o armênio. A respeito do grego e do latim, além do *Esquisse d'une histoire de la langue latine* [Esboço de uma história da língua latina] e do *Aperçu d'une histoire de la langue grecque* que já mencionamos, escreveu, em parceria com Vendryes, o *Traité de Grammaire Comparée des Langues Classiques*, a que aludimos antes. Com o latinista Alfred Ernout, escreveu o *Dictionnaire étymologique de la langue latine: histoire des mots* [Dicionário etimológico da língua latina: história dos vocábulos], cuja importância é mostrar como Meillet associava a linguística à história da cultura; os vocábulos se juntam de acordo com suas raízes comuns e são, então, delineadas as maneiras pelas quais cada palavra da família adquiriu sua função e lugar no vocabulário latino.

As principais contribuições de Meillet à linguística do indo-europeu são: 1) sua visão do protoindo-europeu não como língua unitária, mas, desde o princípio, como língua diferenciada com traços dialetais; 2) sua visão da reconstrução linguística não como meio de atingir um estado protolinguístico, mas, apenas, como um instrumento para se chegar às protoformas que não pertencem, necessariamente, à mesma época e ao mesmo lugar.

Tomou, desse modo, uma posição inteiramente diferente da de Schleicher, que visava obter, através da reconstrução, a imagem de uma protorreconstrução unitária de um protoindo-europeu unitário.

Sua visão de uma diferenciação dialetal no protoindo-europeu carregou consigo a consequência de associar os ramos de línguas indo-europeias em seus traços essenciais a protodialetos na protolíngua.

Vale a pena notar que Meillet, que tanto contribuiu para aprimorar a técnica da reconstrução comparativa, era muito cético a respeito de sua aplicação a todas as línguas do mundo. Estava convencido de que o método comparativo era um excelente instrumento para o indo-europeu, mas que poderia levar a resultados muito pobres em outros tipos de línguas. Apresenta esse seu ponto de vista de modo muito incisivo na *Introdução* que ele escreveu em 1924 para a coletânea de trabalhos intitulada *Les Langues du Monde* [As línguas do mundo], cujos organizadores eram ele próprio e seu amigo Marcel Cohen. Sua introdução para esta importante síntese, a que já aludimos, expõe a sua doutrina sobre o método comparativo e sobre a classificação genealógica das línguas. Rejeita todo tipo de classificação tipológica, a qual, como já vimos, tem pairado sobre a linguística desde o tempo de Schlegel. Assevera que somente a classificação genealógica[257] tem valor científico (6), porém afasta a possibilidade de aplicá-la em sua escala universal, o que, como vimos, foi focalizado por Whitney e estava implícito na abordagem neogramática à linguagem.

É evidente que essa atitude de Meillet levou-o a um caminho obscuro, e novas técnicas comparativas, como veremos, vieram a superá-la.

Muito do pensamento de Meillet se encontra em pequenas notas e revisões do Boletim da Sociedade Linguística de Paris (fundado em 1866 quando a França se ergueu para um completo estudo linguístico) e em suas intervenções nos debates levados a efeito lá. Possuía mente aberta às ideias dos outros estudiosos e sabia como tirar partido delas dentro de suas próprias visões teóricas. Simpatizante de Gilliéron e do indo-europeu, por exemplo, fez uso das vantagens oferecidas pela geografia linguística e do conceito de empréstimo linguístico.

No indo-europeu, estava Meillet atento à descoberta de novas línguas, tais como o hitita e o tocariano, às quais, como veremos, estavam destinadas, depois de sua morte, a refazer a visão que ele deixara da linguística do indo-europeu. Granjeou posição de destaque entre os linguistas europeus

---

257. No original, "tipológica".

e foi uma figura de grande importância para a gramática comparativa do indo-europeu à época de seu falecimento, aos setenta anos de idade.

Na Alemanha, a gramática comparativa do indo-europeu foi representada principalmente por Hermann Hirt[258], professor de sânscrito e de linguística comparativa na Universidade de Giessen. É autor da *Indogermanische Grammatik* [Gramática do indo-germânico], em sete volumes, cuja publicação teve início em 1927 e foi terminada em 1937, um ano após sua morte.

O valor de Hirt reside em sua pesquisa sobre o *Ablaut* do indo-europeu (retomando a antiga ideia de Holtzmann, nos meados do século XIX a que já nos referimos); ele o considerou dependente da posição do acento e o via como possuindo um longo período de desenvolvimento com três fases distintas: 1) a redução e queda de vogais átonas curtas; 2) o alongamento da vogal em sílabas acentuadas através da queda de sílabas não acentuadas; 3) a passagem de *e*, tornado átono na derivação, para *o*. Lançou essas ideias em dois livros: *Der indogermanische Akzent* [O acento no indo-europeu] (1895) e *Der indogermanische Ablaut, vornehmlich in seinem Verhältnis zur Betonung* [O *Ablaut* do indo-europeu, principalmente em relação com a ênfase] (1900) e revisou sua doutrina no quinto volume da sua *Indogermanische Grammatik* [Gramática do indo-germânico] (1929). Atribuiu principalmente a diferenciação do indo-germânico à influência dos substratos nas diferentes regiões.

Resumo

Neste capítulo, Mattoso dedica-se a apresentar, em detalhe, a obra do linguista francês Antoine Meillet e, com menor destaque, a do alemão Hermann Hirt. Coloca-os na filiação de Ferdinand de Saussure, em especial, precisando sob que enfoque eles desenvolvem aspectos da teoria do mestre genebrino.

---

258. Filólogo alemão (1865-1936).

Os estudos do indo-europeu depois de Meillet

Em seu estudo dos dialetos do indo-europeu a que já aludimos, Meillet apresentou o seguinte quadro (1):

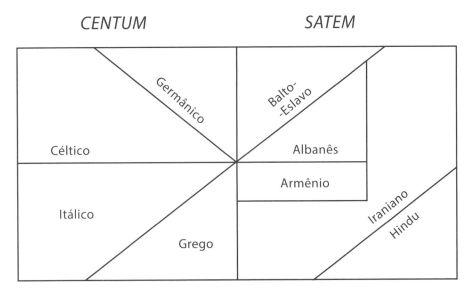

A linha vertical no centro divide as línguas Centum das línguas Satem de acordo com a lei palatal que já mencionamos antes.

Figura 5: Distribuição geográfica dos dialetos do indo-europeu conforme Meillet

Esse quadro visava mostrar a distribuição geográfica dos dialetos do indo-europeu dos quais emergiram os grupos linguísticos dessa família. Abrange aqueles grupos de línguas que, até então, tinham sido atribuídas muito distintamente à família do indo-europeu.

Ora, há muitas alusões à existência de outros grupos do indo-europeu na Itália, na região do Adriático correspondente à antiga Ilíria, nos Bálcãs e na Ásia Menor. O albanês parece ser o remanescente de um extenso grupo da Ilíria e, na Itália, o veneziano no norte e o messapiano no sul eram provavelmente ligados a esses grupos. Nos Bálcãs, deve ter havido um grupo tressiano ao qual o antigo macedônio estivesse ligado. Na Ásia Menor, as línguas da antiga Frígia, pelo menos, tinham indubitavelmente suas origens no indo-europeu.

A linguística indo-europeia teve, entretanto, muito poucos recursos para esclarecer tudo isso com exceção do albanês, que ainda é uma língua viva e já foi examinada cientificamente, principalmente por Gustav Meyer. Como vimos, a linguística foi apenas posta em confronto, ao serem feitas investigações nessas áreas desconhecidas, com raras alusões à literatura antiga, umas poucas inscrições de leitura difícil e nomes de lugares anteriores ao latim e a outras línguas históricas desses territórios.

Ora, nos primeiros vinte anos do século XX, a linguística do indo-europeu fez grandes progressos nesse campo, devido a uma técnica mais apurada que lhe permitia trabalhar fazendo comparações de nomes próprios pré-históricos ao lado do deciframento de inscrições.

Podemos mencionar em referência a essas investigações o trabalho de uns dos primeiros linguistas N. Jokl[259] e P. Skok[260]. Jokl discutiu com inúmeros detalhes o problema do albanês no volume que ele dedicou a essa língua na antologia *Grundriss der indogermanischen Sprache und Altertumskunde* [Um esboço da língua indo-europeia e sua antiguidade] (1917). N. Jokl:

---

259. Norbert Jokl, linguista austríaco (1877-1942).

260. Petar Skok, linguista croata, especialista em onomástica croata (1881-1956).

Linguistisch-kulturhistorische Untersuchungen aus dem Bereiche des Albanischen [Estudos linguístico-histórico-culturais da área dos albaneses] (1923).

A respeito do ilírico, mais especificamente, havia o trabalho meritório do linguista alemão H. Krahe[261], que baseava sua técnica de pesquisa principalmente no estudo comparado de nomes de lugares e nomes de pessoas. Já vimos que essa técnica foi lançada principalmente por Paul Kretschmer, cuja obra *Einleitung in die Geschichte der griechischen Sprache* [Introdução à história da língua grega] (1896) já mencionamos.

Merece destaque o fato de não estar Krahe inclinado a incluir o venesiano no grupo ilírico, mas antes o considerava como uma língua independente a meio-caminho do itálico, ilírico e germânico.

O ponto crítico na classificação dentro do indo-europeu, porém, foram duas línguas da Ásia, acerca das quais, até então, não havia qualquer suspeita.

Dessas línguas, a primeira a ser descoberta foi o tocariano, no Turquestão chinês (oriental), próximo à cidade de Turfã, entre os ricos arquivos em várias línguas, que sucessivas expedições trouxeram à luz a partir da última década do século XIX. Era fácil interpretar os textos tocarianos porque alguns deles eram traduções de trabalhos indo-budistas e muitos vocábulos foram encontrados com seus significados indicados em sânscrito (2).

O nome tocariano foi dado àquela língua pelo estudioso alemão F.K.W. Muller, que o associou ao povo tocariano da Ásia cuja existência era conhecida dos gregos.

A língua apresenta dois dialetos, tocariano oriental e tocariano ocidental. Foi levada em consideração por Meillet, que fixou sua atenção no dialeto ocidental; mas achou, porém, prematuro discutir em detalhes os problemas de classificação que o tocariano levantava dentro do indo-europeu.

Os primeiros investigadores do tocariano foram, além de Meillet, o estudioso francês Sylvain Levi[262], que também dedicou sua atenção ao

---

261. Hans Krahe, linguista alemão (1898-1965).
262. Orientalista francês (1863-1935).

tocariano ocidental e, para o tocariano oriental, os estudiosos alemães Sieg[263] e Siegling[264] que trabalharam em colaboração.

Somente na década dos anos de 1940, o estudo histórico do tocariano, dentro do indo-europeu, foi completamente desenvolvido pelo linguista belga A.J. van Windekens[265] e por Holger Pedersen, cujo trabalho sobre o céltico já foi por nós mencionado.

O difícil problema levantado pelo tocariano é o seu desvio das línguas asiático-indo-europeias, por não apresentar a lei das palatais a que já aludimos.

O hitita foi descoberto nos arquivos encontrados no vilarejo turco de Beghazköi, perto de Ancara, pelo estudioso alemão Hugo Winckler[266] (1905). Os textos, sobre tabuletas de argila, em escrita cuneiforme, incluíam um código de leis, um tratado sobre corrida de cavalos, acordos com reis estrangeiros, cartas e anais reais, orações etc. O deciframento foi facilitado pelos glossários contendo o sumeriano, o acadiano e o hitita em colunas paralelas.

O nome "hitita" foi escolhido para esta língua pela menção, na Bíblia, de um povo Hitti, mas há provas de um nome étnico Hatti nos textos e no nome da capital Hatusas, sobre a qual se encontra Beghazköi.

O hitita é tão diferente, em muitos dos seus traços, das outras línguas indo-europeias que sua origem não foi determinada de início. O caráter indo-europeu do hitita foi desenvolvido pelo estudioso norueguês Knudtzon[267], mas sua opinião foi objetada por muitos. Foi o linguista tcheco B. Hrozny[268] que insistiu definitivamente em ser o hitita uma língua indo-

---

263. Emil Sieg, indianista alemão (1866-1951).

264. Wilhelm Siegling, indianista alemão (1880-1946).

265. Albert Joris van Windekens, linguista belga (1915-1989).

266. Arqueólogo e historiador alemão (1863-1913).

267. Jørgen Alexander Knudtzon, linguista e historiador norueguês (1854-1917).

268. Bedřich Hrozný, linguista tcheco (1879-1952).

-europeia (1915); foi apoiado por C. Marstrander[269] no seu estudo sobre o caráter indo-europeu da língua hitita (1919), e por outros.

O tocariano e o hitita, após serem conhecidos, vieram perturbar a solução dada à classificação das línguas indo-europeias.

No que diz respeito ao hitita, os indo-europeístas ficaram chocados com seu caráter aparentemente arcaico. Podemos mencionar nesse particular: 1) a presença de um som consonantal que parece ser da mesma natureza do H aspirante acadiano e que na transliteração em latim é representado por *h* (3); 2) a não existência do gênero feminino; 3) a frequência e a importância funcional do substantivo com as raízes em *r/n* que, nas outras línguas indo-europeias antigas, tinham perdido muito da sua clareza e importância morfológica; 4) o notável sistema verbal simples, que nas outras línguas indo-europeias é muito complexo, como já vimos.

Daí ter nascido a ideia de ser o hitita uma língua indo-europeia muito mais antiga que qualquer outra. Com base nisso, o linguista norte-americano Edgar Sturtevant[270] (4) desenvolveu uma teoria de acordo com a qual deve ter havido um primitivo indo-hitita com uma protolíngua tanto para o indo-europeu propriamente dito como para o hitita. Na sua gramática comparada da língua hitita (1933), esse estudioso opõe o hitita ao indo-europeu como dois ramos de uma família linguística, cujo ramo indo-europeu se fragmentou nos sub-ramos do indo-iraniano, itálico, balto-eslavo etc.

Holger Pedersen, ao contrário, afirmava ser o hitita uma língua indo-europeia verdadeira no mesmo nível que as demais línguas indo-europeias antigas (1938).

Essa controvérsia está ligada a um outro ponto discutível: a interpretação que devemos dar aos traços divergentes do hitita. Tanto podem ser arcaicos como inovações do hitita. Em apoio a esse segundo ponto de vista, alega-se a possível influência das línguas não indo-europeias em contato íntimo com o hitita.

---

269. Carl Johan Sverdrup Marstrander, linguista norueguês (1883-1965).

270. Edgar Howard Sturtevant, linguista norte-americano (1875-1952).

Uma importante consequência da descoberta do hitita foi o apoio que deu a uma teoria revolucionária que pretendia mudar o quadro dos sons vocais do indo-europeu, estabelecido desde Brugmann. É chamada "teoria laringeal" e se baseia na suposição de que a protolíngua do indo-europeu primitivo deve ter tido uma série de deslizamentos de caráter consonantal depois da vogal *e* e que esses deslizamentos são responsáveis pelo aparecimento dos *e, a, o* do indo-europeu. O nome de laringeais se originou de uma associação da natureza articulatória desses deslizamentos com as consoantes semíticas que são produzidas na laringe, uma vez que o *h* do hitita, a que já aludimos, era considerado um remanescente dessa série de deslizamento e é representado na escrita cuneiforme pelos mesmos símbolos do acadiano, que é uma consoante laringeal.

Agora, porém, essa articulação laringeal parece duvidosa e é muito controvertida. Outros adeptos da teoria chamam os propostos deslizamentos de "schwas" consonantais, usando o nome que os gramáticos hindus haviam dado à vogal neutra do sânscrito.

Os principais linguistas a desenvolver a teoria da laringeal do indo-europeu são o estudioso polonês Jerzy Kuryłowicz[271], que apresentou uma completa avaliação de suas ideias no *Études indo-européennes* [Estudos indo-europeus] (1935), Edgar Sturtevant (5) influenciado por seu amigo Edward Sapir[272], de quem falaremos mais tarde, Holger Pedersen, seu colega dinamarquês Hans Hendriksen[273], o linguista belga W. Couvreur[274] e o indo-europeísta e semiticista americano Louis Gray[275].

Não há completo acordo entre eles quanto aos detalhes da teoria (até mesmo o número de laringeais é controvertido). Recentemente, o linguista francês André Martinet, a quem mencionaremos mais tarde, tentou dar um

---

271. Linguista polonês (1895-1978).

272. Linguista norte-americano, polonês de nascimento (1884-1939).

273. Hans Frederik Hendriksen, linguista dinamarquês (1913-1989).

274. Linguista e filólogo belga (1914-1996).

275. Louis Herbert Gray, linguista norte-americano (1875-1955).

tratamento estruturalista completo ao problema das laringeais do indo-europeu, que ainda se constituem num ponto crítico da gramática comparativa.

Um aspecto importante da moderna gramática comparativa do indo--europeu é o esforço de associar o indo-europeu a outras famílias de línguas. A associação com o camito-semítico foi discutida por dois famosos estudiosos: o dinamarquês Hermann Møller[276], autor de um livro escrito em alemão sobre o semita e o indo-germânico (1906) e um *Vergleichendes indogermanisch-semitisches Wörterbuch* [Dicionário comparativo do semita e do indo-germânico] (1911), e o francês A. Cuny[277] nos seus *Etudes prégrammaticales sur le domaine des langues indo-européennes et chamito-sémitiques* [Estudos pré-gramáticos no domínio do indo-europeu e das línguas camito-semíticas] (1924), nos quais associa as propostas laringeais ou "schwas" do indo-europeu às consoantes laringeais do semítico.

Por outro lado, os estudiosos escandinavos Wiklund[278] (1906), Paasonen[279] (1907) (6) e mais recentemente B. Collinder[280] (1934) (7) advogaram a relação do indo-europeu com o ugro-fínico. O linguista holandês Christianus Cornelius Uhlenbeck[281], a quem retornaremos mais tarde, deu um passo à frente ao associar o indo-europeu, tanto ao ugro-fínico como ao esquimó, na América do Norte.

Nessa discussão das novas tendências da linguística do indo-europeu, devemos mencionar os debates sobre a cultura e o lar do indo-europeu primitivo. Os principais trabalhos relacionados ao assunto, no século XX, são os livros dos linguistas alemães Hermann Hirt e Sigmund Feist[282] (8).

---

276. Martin Thomas Hermann Møller, linguista e filólogo dinamarquês (1850-1923).

277. Linguista francês (1869-1947).

278. Karl Bernhard Wiklund, linguista sueco (1896-1934).

279. Heikki Paasonen, linguista finlandês (1865-1919).

280. Linguista sueco (1894-1983).

281. Linguista e antropólogo holandês (1866-1951).

282. Linguista e pedagogo alemão (1865-1943).

Notável também é o trabalho do estudioso alemão Otto Schrader[283], a respeito do *Reallexikon der indogermanischen Altertumskunde: Grundzüge einer Kultur- und Völkergeschichte Alteuropas* [vocabulário concreto da arqueologia do indo-europeu: fundamentos de uma história étnica e cultural da antiga Europa] (1901), embora seu método tivesse sido considerado ousado demais e muitas das suas conclusões tenham sido criticadas.

De todos esses estudos, obteve-se uma imagem do lar e da cultura do indo-europeu primitivo atribuindo-se o primitivo indo-europeu à última fase do Período Neolítico e colocando-se a cultura do indo-europeu primitivo na região sul, conhecida hoje como Rússia (9).

Resumo

Neste capítulo, ao comentar os estudos do indo-europeu após Antoine Meillet ou sob sua influência – direta ou indireta –, Mattoso Camara apresenta em destaque as controvérsias ligadas aos estudos do tocariano e do hitita, uma vez que, após serem conhecidos, perturbaram consideravelmente as soluções dadas até então à classificação das línguas indo--europeias.

---

283. Filólogo alemão (1855-1919).

XXII

Um estudioso não saussuriano; Jespersen

Depois de seguirmos o progresso dos estudos comparativos do indo--europeu após Meillet, retornemos à discussão da doutrina linguística no século XX.

Vimos como Saussure causa uma reviravolta na teoria da linguagem e como suas ideias inauguraram novas tendências nessa teoria. Houve, entretanto, estudiosos que se conservaram alheios ou, mesmo, manifestaram-se decididamente contra as ideias centrais de Saussure. No primeiro grupo, temos de considerar, especialmente, o linguista dinamarquês Otto Jespersen[284] (1).

Jespersen tinha muito de um linguista autodidata. Em sua juventude fora estenógrafo na Câmara dos Deputados da Dinamarca e esse emprego despertara-lhe a curiosidade pela fonética. Tornou-se um foneticista muito competente, de acordo com a abordagem à fonética que Sievers tinha lançado em terreno sólido, como já tivemos oportunidade de constatar. Escreveu dois importantes livros sobre fonética, ambos em alemão: *Lehrbuch der Phonetik* [Manual de fonética] (1904) e *Phonetische Grundfragen* [Fundamentos de fonética] (1904).

---

284. Linguista dinamarquês (1860-1943).

Como foneticista, vale ressaltar-se a sua compreensão do papel linguístico dos sons da fala, enquanto a maioria de seus colegas se concentrava nos aspectos fisiológicos da fonética e desta fizeram um mero estudo paralinguístico. Como foneticista, Jespersen pode ser considerado, consequentemente, um pioneiro numa nova abordagem que viria a se desenvolver posteriormente, como veremos.

Na mesma época Jespersen dedicou-se à língua inglesa tornando-se um anglicista dos mais competentes. Escreveu a maioria de seus trabalhos em inglês.

Nos seus estudos do inglês associou a abordagem histórica à descritiva. Aceitou o ponto de vista de Saussure de que a linguística pertence à ciência da linguagem no mesmo nível das investigações históricas. Mas, diferentemente de Saussure, não considera necessário nem conveniente separar a abordagem sincrônica da diacrônica.

Para Jespersen, o linguista devia conduzir seus estudos em ambos os campos ao mesmo tempo e fazer a descrição de uma língua com base na linguística histórica. Com isso em mente escreveu *A Modern English Grammar on Historical Principles* [Moderna gramática do inglês com base nos princípios históricos], em três volumes, e um livreto intitulado *Growth and Structure of the English Language* [Desenvolvimento e estrutura da língua inglesa], no qual traça, muito nitidamente, sua orientação e se opõe à separação da abordagem descritiva da abordagem histórica, visando, ao contrário, apoiar o estudo descritivo com base na linguística histórica. "Esforçar-me-ei neste volume", diz ele, "a caracterizar as principais peculiaridades da língua inglesa e a explicar o crescimento e a significação daqueles traços que, em sua estrutura, têm sido de permanente importância. Não importa quão interessante possa ser o estudo dos estágios mais antigos da língua, este só será considerado no que possa lançar luz, diretamente, ou por meio de contraste, sobre as principais características do inglês de hoje..." (p. 1) (2).

Como linguista geral, publicou o tratado *Language: Its Nature, Development, and Origin* [A linguagem, sua natureza, desenvolvimento e origem] (1922), no qual expõe suas ideias teóricas a respeito da linguagem. Esse trabalho está dividido em quatro partes: 1) "História da Ciência Linguística", na qual traça o desenvolvimento das ideias linguísticas de maneira pessoal e crítica; 2) "A criança", na qual discute a alegada influência da criança na mutação linguística e desenvolve um estudo muito acurado da linguagem infantil; 3) "O Indivíduo e o Mundo", na qual expõe seu ponto de vista sobre as razões da mutação linguística; 4) "Desenvolvimento da Linguagem", que contém uma interpretação filosófica da linguagem em sua natureza, desenvolvimento e origem, como sugere o próprio subtítulo da obra.

Podemos resumir a sua interpretação filosófica da seguinte maneira:

1) Ele não aceita a arbitrariedade dos signos linguísticos, como foi desenvolvida por Saussure (3), já por nós visto, e que se encontrava no cerne da teoria grega *thései*. Estava convencido, ao contrário, da existência de um simbolismo inato nos sons da fala; acentuava a adequação de certos sons da fala para exprimir movimento, certas coisas e aparências, estados da mente, tamanho e distância, além da imitação direta de ruídos. Não obstante, não associa, indissoluvelmente, a linguagem ao simbolismo linguístico e admite que, muito frequentemente, o simbolismo encontra oposição na língua.

2) Visualiza o desenvolvimento da língua como o progresso de complexas e intrincadas formas linguísticas para outras mais simples e mais claras. Dessa forma, rejeita a teoria aglutinativa, que é a essência da apresentação das flexões por Bopp, e que fora decididamente desenvolvida por Whitney, como já tivemos oportunidade de ver. Para ele, as palavras primitivas nada mais eram que enunciados longos e incompreensíveis, que se foram reduzindo pouco a pouco. Esse seu conceito é semelhante aos *monorhemes* de Sechehaye a que já aludimos, e pode, também, ser associado a uma velha ideia do estudioso inglês Archibald Sayce, para quem as primitivas palavras da humanidade tinham sido "palavras-oração".

3) Relacionada com esses pontos de vista, Jespersen desenvolveu uma nova teoria sobre a origem dos elementos gramaticais. Em lugar da teoria aglutinativa como explicação universal para todos os afixos derivativos e terminações flexionais, oferece uma explicação à qual chama de "secreção", assim definida por ele: "Uma parte de uma palavra indivisível vem a adquirir uma significação gramatical que não possuía de início e é então sentida como algo acrescentado à palavra propriamente dita". Dessa forma, explica toda a distribuição irregular e arbitrária de quase todas as terminações flexionais nas antigas línguas do indo-europeu como o sânscrito, o grego, o latim ou o gótico.

4) Daí a sua ideia de "progresso" no desenvolvimento linguístico. Ele a apresenta da seguinte forma: "A evolução da língua mostra uma progressiva tendência das conglomerações irregulares inseparáveis para elementos mais curtos e mais regularmente combináveis" (p. 629) (4). Dessa ideia de progresso linguístico emerge a sua afirmação de que as línguas modernas são superiores às antigas línguas flexionais em oposição a uma velha corrente na linguística, desde os seus primeiros dias, de considerar as línguas modernas como resultado da decadência linguística.

5) Para finalizar, na base do seu conceito de palavras primitivas e de sua teoria de secreção, lançou uma nova explanação para a origem da linguagem. Atribuiu a língua a longos e intrincados enunciados do homem primitivo, principalmente suas canções nos momentos mais importantes da vida tribal, língua essa que viria a ser aplicada pouco a pouco a situações sociais mais complexas, ganhando um significado e sofrendo uma diferenciação e secreção durante o processo.

Quanto à mutação linguística, Jespersen acentuou o papel do indivíduo. A razão essencial para a mutação linguística parece a ele jazer na tendência que tem o homem de economizar esforços musculares e mentais. É uma nova versão daquilo que Bredsdorff havia levado em consideração muito rapidamente, como a influência da indolência na mente humana e que depois ganhou expressão mais adequada na "teoria do esforço mínimo" (5), esposada por Whitney.

No que se refere à mudança fonética mais especificamente, Jespersen rejeita o princípio das leis fonéticas, que se desenvolvera pouco a pouco na linguística do indo-europeu, como já vimos anteriormente, até os neogramáticos, para quem esse princípio se tornara a pedra fundamental da gramática histórico-comparativa e da etimologia: "consistência completa", diz ele, "não é para se esperar dos seres humanos nem em pronúncia nem em qualquer outra esfera". Advoga, por isso, maior atenção aos mais frequentes tipos de mudança fonética na história de uma dada língua, mas nega a possibilidade de serem essas mudanças isentas de desvios.

Rejeita a teoria do substrato, também. Devota várias páginas do seu tratado à discussão de exemplos da influência dos substratos na história linguística do indo-europeu, mostrando a unilateralidade ou a fragilidade de tal hipótese em todos esses exemplos. Menciona em relação a isso: 1) a articulação anterior do *u* francês, atribuído a um substrato céltico; 2) a passagem do *f* para o *h* no espanhol, atribuído ao substrato ibérico (1 e 2, Ascoli); 3) a passagem do acento do indo-europeu no germânico, atribuído a uma língua aborígine, quando os alemães não indo-europeus adotaram o indo-europeu dos célticos (S. Feist); 4) a existência de consoantes retroflexas em sânscrito, atribuída ao substrato dravídico (Ascoli); 5) a mudança fonética do alemão (lei de Grimm), atribuída a uma língua aborígine da Alemanha (Feist, Hirt).

Nesse esforço, foi levado a examinar a natureza e o desenvolvimento das línguas crioulas renovando, em outras diretrizes, a investigação de Schuchardt; negou o caráter de línguas misturadas a essas línguas crioulas, sendo sua opinião de que derivavam de uma redução anormal da gramática no uso de uma língua europeia no intercâmbio de europeus com nativos.

Por outro lado, Jespersen pode ser considerado um estruturalista, já que focalizou a língua na inter-relação de seus traços. Achava que havia uma formação lógica na língua que se fortalece à proporção que esta evolui para a simplicidade e coerência de formas. Para a discussão das categorias gramaticais e sua ligação às categorias lógicas, devotou um tratado intitulado

The Philosophy of Grammar [A filosofia da gramática] (1924), ao qual tencionava chamar, inicialmente, *A Lógica da Gramática.*

Estava, também, profundamente interessado, como Bally, no problema do ensino de línguas, mas, diferentemente daquele estudioso, focalizava o ensino da língua estrangeira em vez do da língua materna.

Sua opinião sobre a importância do indivíduo no uso e desenvolvimento da língua levou-o a analisar a interação do indivíduo com o aspecto coletivo da linguagem, pondo de lado, como inútil, a dicotomia língua e discurso de Saussure, em um livro intitulado *Mankind, nation and individual: from a linguistic point of view* [A humanidade, a nação e o indivíduo de um ponto de vista linguístico] (1925). Ou, melhor posto, deixando de lado a oposição entre língua coletiva e língua individual e em seu lugar introduzindo uma nova dualidade, a distinção entre o real (fala[285]) e o potencial (língua). É evidente a afinidade dessa ideia com a de Bally, que já mencionamos.

A grande significação do trabalho de Jespersen na história da linguística pode ser resumida nos seguintes itens: 1) a ênfase que deu às línguas vivas, à qual opunha a constante preocupação da linguística com estágios linguísticos anteriores; 2) seu modo evidente ou realista de encarar os fenômenos linguísticos, em lugar das teorias aprioristicas ou construídas apressadamente na base de poucos ou mal observados fatos; 3) sua maneira de associar indissoluvelmente língua e vida, não vida emotiva como o fizera Bally, mas vida em sua totalidade, concentrando-se sobre a atuação humana. Morreu em 1943, com oitenta e três anos de idade.

Resumo

Neste capítulo, Mattoso Camara apresenta em detalhe a vida e a obra do linguista Otto Jespersen. Trata-se de um capítulo que chama a atenção pelo nível de detalhamento das informações em contraste com os capítulos anteriores.

---

285. No original, "discurso".

O idealismo linguístico; a escola italiana de Croce, Vossler, Leo Spitzer

Já nos referimos aos estudiosos de linguística que se opuseram, decididamente, às ideias centrais de Saussure. Voltemo-nos agora a esse grupo de linguistas que se intitularam "Idealistas", em associação à filosofia de Hegel que via na língua um produto da mente humana, a qual, de acordo com ele, é livre em seu desenvolvimento histórico, como já mencionamos. Podemos, portanto, afirmar com segurança que o idealismo linguístico no século XX deriva de uma aceitação implícita do ponto de vista de Hegel acerca das ciências do homem, ponto esse que já fizera Schleicher, como já tivemos oportunidade de verificar, incluir a linguística entre as ciências da natureza. Eles denunciaram a corrente positivista da linguística desde os dias de Bopp. Tentaram mudar esta tendência buscando, no pensamento linguístico de Humboldt, um novo ponto de partida. Já vimos que Humboldt delineara uma abordagem filosófica à linguagem, a que o desenvolvimento da gramática comparativa do indo-europeu não dera oportunidade para se desenvolver como ciência definitiva da linguagem.

Da gramática comparativa do indo-europeu surgiu uma ciência da linguagem bastante diferente de caráter realmente positivista (1) e em cuja base Saussure construiu a sua doutrina linguística. Vimos como ele surgira do movimento neogramático. Desviou-se dele em sua dicotomia sincrônico-diacrônica e em sua visão estruturalista da linguagem; mas não procurou subverter os fundamentos da linguística que tinham sido lançados, pouco a pouco, desde os dias de Bopp.

Ora, uma subversão desse tipo é que o novo movimento buscava. Os linguistas idealistas atacaram tanto a doutrina dos neogramáticos como a de Saussure. Contra este "positivismo", lançaram o "Idealismo" linguístico.

Cerrando fileiras com Humboldt tiraram partido também das ideias de Vico, cujo trabalho nos fins do século XVIII já foi por nós mencionado. Vimos que Vico considerava a linguagem como um tipo de poesia e a ela atribuía a atividade estética da mente humana.

O grupo idealista era formado de linguistas alemães e italianos (2). Na Alemanha a figura mais importante foi Karl Vossler[286], que lançou um grito de guerra contra os neogramáticos em seu livro *Positivismus und Idealismus in der Sprachwissenschaft* [Positivismo e Idealismo na Ciência da Linguagem] (1904).

Na Itália, o teorizador do movimento não foi um linguista, mas o filósofo Benedetto Croce[287]. Partindo do conceito de Vico, incluía o estudo da linguagem na ciência filosófica da estética. De acordo com esse ponto de vista, escreveu *Estetica come scienza dell'espressione e linguistica generale* [Estética como ciência da expressão e linguística geral] (1900) (3) retrabalhada vinte e três anos mais tarde. Nesse livro, desenvolveu o conceito de "intuição" como um tipo de conhecimento humano oposto ao "raciocínio". Atribuiu o conhecimento racional à ciência e o conhecimento intuitivo à arte. O conhecimento intuitivo dá lugar à expressão do homem tanto através das artes plásticas como através da linguagem. Dessa maneira, língua ou expressão linguística é considerada uma arte e seu estudo colocado no domínio da estética.

---

286. Linguista alemão (1872-1949).

287. Filósofo e historiador italiano (1866-1952).

É evidente que a linguística, assim estabelecida como um ramo da estética, teria de mudar inteiramente seus pontos básicos e seus métodos.

A língua vista como uma realização artística diária, como uma criação diária da expressão, foge ao campo da ciência. Deve ser estudada na incansável renovação de suas manifestações e o método do linguista se torna semelhante à arte do crítico.

Ao mesmo tempo, nega-se na sua essência o conceito coletivo de linguagem; a língua se concentra no indivíduo. Numa passagem de seu livro, Croce elogia Hermann Paul por associar a linguagem à psicologia do indivíduo em oposição a Wundt. Croce não admite a linguagem como algo que se possa separar do indivíduo. Ele busca associar esse ponto de vista ao conceito de *energeia* de Humboldt, embora seja evidente que, para Humboldt, a linguagem seja o objeto em si mesma.

Croce está cônscio disso, mas sua atitude é a de um pensador que parte de Humboldt para chegar ao que, para ele, parece um ponto de vista mais seguro e coerente.

Pode-se localizar a doutrina estética da linguagem, de Croce, na abordagem geral que dominava a linguística na Itália. Mas sua influência não apresenta a mesma intensidade em todos os linguistas italianos. Muitos deles permaneceram mais decididamente discípulos de Ascoli, cuja doutrina era "positivista" e semelhante em suas partes essenciais aos neogramáticos, como já vimos. Mesmo os neolinguistas, como Bartoli e Bertoni, a quem já mencionamos, desenvolveram uma técnica de linguística areal, que está muito distante da abordagem estética à linguagem e que a focaliza no sentido "coletivo e sistemático" de Saussure, opondo-a ao *linguaggio*, que corresponde aproximadamente à "fala"[288] de Saussure.

A doutrina de Croce é, entretanto, fácil de se determinar na formação filosófica de todos os autores italianos. Era ele a favor de uma visão da linguagem como algo intimamente ligado à cultura e essencialmente de-

---

288. No original, "discurso".

pendente da história, do ponto de vista hegeliano. Daí a repugnância em reduzir a linguística histórica a leis fixas de desenvolvimento, tais como as leis fonéticas ou algo semelhante.

Podemos mencionar, por exemplo, a *Storia della lingua di Roma* [História da língua de Roma] (1939), por Giacomo Devoto, para quem a história de uma língua não deve ser a gramática histórica no sentido atribuído pelos neogramáticos, mas a história de uma cultura vista através da linguagem. Vale a pena notar o seu argumento para rejeitar o tradicional conceito de um ramo italiano do indo-europeu: afirmando que o latim e o osco-úmbrio foram ramos separados do indo-europeu, explica que uma cultura comum os aproximou e os uniu em muitos de seus traços linguísticos.

Nesse sentido, podemos falar de uma filosofia idealista da linguagem na linguística italiana em geral.

Muito mais claramente, pode-se determinar a abordagem estético-ortodoxa de Croce nos trabalhos de Antonino Pagliaro[289], Vittorio Bertoldi[290] e Benvenuto Terracini[291].

O principal trabalho de Pagliaro, *Il Sommario di linguistica arioeuropea* [Manual sobre a linguística ária-europeia] (1930), pretende examinar a linguística indo-europeia de um ponto de vista idealista. Afirma, contra Meillet, o caráter individual da linguagem, através da assertiva de que qualquer falante se dirige a si mesmo antes de se dirigir aos outros: os ouvintes o compreendem na medida em que ele se compreende. Um aspecto significativo do conceito idealista de Pagliaro a respeito da linguagem é a atitude de simpatia que mantém pelos pensadores que existiram antes do advento da gramática histórico-comparativa no século XIX; a sua falta de métodos de pesquisa adequados que provocaram o desprezo dos técnicos em linguística recua no tempo e Pagliaro exalta, na maioria deles, o sentido filosófico e humano da linguagem.

---

289. Linguista e filósofo italiano (1898-1973).

290. Linguista italiano (1888-1953).

291. Benvenuto Aronne Terracini, linguista italiano (1886-1968).

Terracini e Bertoldi, por outro lado, buscavam dar um apoio teórico e técnico ao seu conceito de linguística (Bertoldi a chama de "glotologia", de acordo com a tradição italiana). Para eles, a linguística desaparece na história da cultura. Tal é a afirmativa teórica de Terracini em seu pequeno livro *¿Qué es la linguística?* [O que é linguística?] (1942). A abordagem cultural à língua fê-lo revisar, nos moldes culturais, a teoria do substrato de Ascoli, ligando a influência de um substrato ao prestígio dos ideais culturais e políticos que representa.

Bertoldi previu uma abordagem estético-técnica na sua discussão de problemas concretos da linguística indo-europeia e românica. Acentua ele o fato de, muitas vezes, ser uma metáfora poética ou o impulso estilístico a fonte dos vocábulos e seus significados e delineia a formação cultural que é o responsável pelas diferenças léxicas nos ramos linguísticos do indo-europeu, nos nomes usados para "Deus", "Ponte" etc.

Da unidade do movimento idealista na Alemanha e na Itália, dá testemunho Karl Vossler por dedicar a Benedetto Croce seu volume sobre *Positivismus und Idealismus in der Sprachwissenschaft* [Positivismo e idealismo na ciência da linguagem] (1904), a que já aludimos, como ponto de partida do "Idealismo Linguístico Alemão". No Prefácio, demonstra sua gratidão à *Estética* de Croce, mas enfatiza, ao mesmo tempo, o ponto de vista de Humboldt a quem associa o pensamento de Croce.

As ideias linguísticas definitivas de Vossler são, entretanto, melhor expressas em seus últimos trabalhos, tais como seus ensaios em *Gesammelte Aufsätze zur Sprachphilosophie* [Ensaios coletados sobre a filosofia da linguagem] (1923) e *Geist und Kultur in der Sprache* [Espírito e cultura na linguagem] (1925), nos quais o impulso polêmico diminui e suas ideias se apresentam amadurecidas. Vale a pena notar que sua visão estética da linguagem levou-o a dedicar, cada vez mais, sua atenção à língua literária e à literatura e a fazer da linguística um meio de análise estilística literária. Entre seus discípulos, devemos mencionar especificamente Eugene Lerch[292],

---

292. Linguista alemão (1888-1952).

com seu livro *Französische Sprache und Wesensart* [A língua e o caráter franceses] (1933).

Mas a esse respeito, o mais importante trabalho é o tratado de Vossler *Frankreichs Kultur und Sprache* [A cultura e a linguagem da França] (1913), que foi retrabalhado em 1929.

Em oposição à doutrina dos neogramáticos (4), focaliza o desenvolvimento da língua literária francesa, a língua popular sendo mencionada apenas no que diz respeito a traços linguísticos literários. Apresenta esse plano de maneira muito clara na seção devotada aos dialetos do francês antigo: "Para nós que tratamos de literatura, os dialetos têm valor, principalmente, em uma base histórica e como ponto de partida para a criação de uma língua literária-padrão" (5).

Vale a pena ressaltar-se, no tratamento idealista da língua, a abordagem de Vossler às mudanças fonéticas nas línguas românicas e no francês. Associou-as ao ritmo das orações e baseou o seu estudo do ritmo da oração no desenvolvimento da técnica do verso.

Um bom exemplo da sua maneira idealista de explicar traços linguísticos é sua explicação do uso, em espanhol, da preposição *a,* antes de um objeto direto que se refere a pessoa ou a anteposição desse objeto ao objeto-coisa no francês antigo (6). "Em uma época de veneração ingênua por heróis, difícil se tornará visualizar, como mero objeto, um ser vivo que fosse caracterizado pelo desejo".

Os idealistas alemães não davam importância ao indo-europeu e raramente chamavam atenção para o germânico; a preocupação maior deles era o grupo de línguas românicas (Romance), ou melhor dito, algumas línguas românicas como o francês, o italiano e o espanhol. Sua técnica linguística era uma abordagem estilística a essas línguas literárias através do estudo de seus trabalhos literários mais importantes.

Podemos dizer, com segurança, que o idealismo linguístico alemão lançou os fundamentos de uma nova técnica de crítica literária, começando pela interpretação estilística da linguagem de um autor.

Para eles, o conceito de estilística surgiu em uma nítida oposição ao conceito de Bally, que já tivemos oportunidade de apreciar.

Para Vossler e seus seguidores, o estilo tem um caráter linguístico individual e resulta da personalidade humana diante da sociedade. É uma afirmação da mente individual através da linguagem e entra em choque com a atitude conformista dos homens comuns da qual derivam a gramática e a assim chamada linguagem coletiva, de acordo com a linguística idealista.

Portanto, temos a teoria idealista da mutação e desenvolvimento linguístico como resultado do impulso estilístico de indivíduos que se rebelam contra os padrões coletivos de um uso linguístico conformista.

Naturalmente, tal rebelião emerge de mentes linguisticamente bem-dotadas, tais como as dos grandes autores literários. Dessa forma, a linguística parece se justificar, teoricamente, em chamar a atenção sobre importantes trabalhos literários.

Em associação com o movimento idealista alemão, vale a pena mencionar a figura de Leo Spitzer, um estudioso austríaco, a quem já nos referimos como organizador dos trabalhos selecionados de Schuchardt.

Spitzer, que passou os últimos anos de sua vida na América, como professor da Universidade de John Hopkins, era dono de mente rica e versátil, cujo objetivo principal era estudar o estilo como marca da personalidade linguística. Uma vez que, para ele, a linguagem parecia surgir da incessante *energeia* da mente humana visando à sua própria expressão, viu no estudo da linguagem, ou melhor, na estilística literária, um modo de interpretar um autor literário em seus mais recônditos sentimentos e atitude mental diante da vida e da sociedade. A estudiosa austríaca Elise Richter[293] pode ser considerada antes uma discípula sua do que de Vossler.

Deve-se enfatizar que o idealismo linguístico, tal como a geografia linguística, era um movimento dentro da linguística românica com fortes reflexos na ciência geral da linguagem.

---

293. Filóloga austríaca (1865-1943).

Teve seu historiador no linguista romeno Iorgu Iordan[294], um antigo aluno de Vossler que, em sua *Introdução à Linguística Românica* (1937) (7), traçou a história daquele ramo da linguística do ponto de vista crítico do idealismo.

A principal consequência do movimento idealista foi reagir à preferência que a linguística sempre demonstrara pela língua popular e espontânea, focalizando, ao contrário, a língua literária e associando, profundamente, a linguística à crítica literária. Trouxe à baila as implicações culturais existentes na língua e o papel que a fantasia e o sentido estético da mente dos homens eram forçados a desempenhar nos fenômenos linguísticos.

Entre os aspectos menos positivos de sua influência, podemos mencionar a abordagem antiestruturalista à linguagem e o caráter inconstante e, muitas vezes, apressado, de seu método de pesquisa.

Resumo

Neste capítulo, Mattoso Camara apresenta detalhadamente o "idealismo linguístico", centrando-se, em especial, nos nomes de Karl Vossler e Benedetto Croce, além de Leo Spitzer.

---

294. Linguista romeno (1888-1986).

XXIV

A linguagem dentro da história política; Menéndez Pidal e sua escola; Walter von Wartburg

Voltemos agora à Espanha, onde o estudioso Ramon Menéndez Pidal[295] desenvolveu uma doutrina linguística em bases históricas e culturais.

Pidal, nascido em 1869, foi aluno de Gaston Paris, a quem já mencionamos. Gaston Paris estava profundamente interessado na poesia popular da Idade Média e seu trabalho linguístico, principalmente sobre a dialetologia francesa, originou-se deste ponto de vista filológico. Da mesma maneira, Pidal concentrou sua atenção sobre a poesia popular espanhola da Idade Média, sua origem e desenvolvimento. Nessa tarefa filológica, buscava esclarecer a origem das epopeias medievais que, desde o Romantismo, haviam despertado o mais profundo interesse em filologia. O Romantismo acentuara o valor artístico delas ao lado dos poemas de Homero e desenvolvera uma teoria sobre sua origem, como um crescimento espontâneo do impulso poético coletivo nos países medievais, de maneira que essas poesias não podiam ser atribuídas a nenhum autor específico.

Pidal era de opinião bastante diferente e se esforçava para traçar a formação histórica da qual surgira a epopeia espanhola medieval. Por essa

---

295. Filólogo e historiador espanhol (1869-1968).

razão, estudou intensamente o poema do *Cid* ("Cantar de mio Cid" (1)), juntando numa edição crítica, completa, dados linguísticos e históricos do mais significativo exemplo de poesia épica medieval. Afirmava que o poema tem um passado histórico concreto e está bastante próximo de uma narrativa histórica em verso.

O estudo da poesia medieval popular na Espanha levou Pidal à língua espanhola. Visualizou a língua em seu passado histórico e combinou, em uma única disciplina, as pesquisas sobre poesia popular, língua e história da Espanha durante a Idade Média. Seu mais importante trabalho nesse complexo assunto é o tratado *Orígenes del español* [As origens do espanhol], que ele revisou cuidadosamente em sua última edição, em 1950.

Para a história da linguística, o trabalho de Menéndez Pidal é dos mais importantes, uma vez que estabeleceu vários princípios linguísticos e uma abordagem geral à linguagem (2).

Em primeiro lugar, enfatizemos que ele via a língua de um ponto de vista diacrônico. Na realidade, não dava atenção à língua em si, mas apenas como realização histórica de um povo e uma das maneiras mais significativas de alcançar a sua história nacional em seus traços distintivos. Vale notar que o conhecimento linguístico e histórico de Pidal é orientado para trazer à baila o caráter nacional da Espanha e para enfatizar seu destino na história política e cultural da Europa da Idade Média até então. Podemos afirmar, com segurança, que o nacionalismo é o estímulo principal para os estudos históricos e linguísticos de Pidal.

As principais ideias que emergiram dessa abordagem linguística diacrônica do espanhol são as seguintes: 1) a associação íntima entre língua e poesia popular, juntando, em um único estudo, a linguística e a filologia; 2) o conceito histórico do substrato linguístico como causa básica da mudança linguística; 3) o entrelaçamento profundo do desenvolvimento linguístico com o desenvolvimento político da Espanha.

A primeira dessas ideias deu lugar a uma doutrina que explica a regularidade da mudança fonética. Esta é vista por Pidal como uma inovação, do mesmo tipo que uma mudança no texto de um poema popular tradicional. Parece-lhe que a mudança fonética tem origem num indivíduo semelhante, através de um impulso anônimo, espalha-se e é aceita, da mesma maneira que as modificações nos textos poéticos tradicionais.

Quanto ao substrato, lançou a teoria de um substrato em estado latente. De acordo com essa teoria, a língua antiga de um povo conquistado que adotou a língua dos conquistadores pode persistir em ilhotas regionais isoladas e obscuras numa forma de latência e, mais tarde, através de novas condições políticas, vir a espalhar seus traços distintivos sobre a nova língua consolidada do país. Dessa forma, atribuiu, como o fizera Ascoli ao substrato ibérico, a mudança do *f* latino para *h* em espanhol (3). Tentou mostrar como este traço do substrato do ibérico persistiu nas regiões mais remotas de Astúrias durante a Idade Média e como a supremacia política do povo de Castela, nascido de Astúrias, trouxe a toda a Espanha o traço fonético de origem ibérica. Colocava, desse modo, a teoria do substrato dentro do domínio da história política de acordo com a concepção histórica dominante em língua.

Menéndez Pidal tinha dois notáveis discípulos nas pessoas de Dámaso Alonso[296] e Amado Alonso[297], cujos nomes de família, semelhantes, não significam consanguinidade.

Dámaso Alonso desenvolveu uma nova técnica de crítica literária com base na doutrina linguística de Pidal. Concentrou sua atenção na Idade de Ouro da literatura espanhola (séculos XVI e XVII) e aplicou a ela uma análise estilística passível de comparação com a de Vossler. Mas Dámaso focaliza mais diretamente as tecnicalidades do estilo, enquanto que Vossler vê no estudo do estilo um meio de alcançar o espírito de uma época ou de um autor.

Amado Alonso, embora interessado na crítica literária (escreveu, p. ex., *Ensayo sobre la novela histórica: El modernismo* [Ensaio sobre a nove-

---

296. Filólogo e crítico literário espanhol (1898-1990).
297. Linguista e crítico literário espanhol (1896-1952).

la histórica: o modernismo], 1942), foi um linguista de âmbito geral, mas concentrou sua atenção no espanhol. Foi, durante muito tempo, professor na Universidade de Buenos Aires e tratou, muito incisivamente, dos problemas do espanhol na América. Sobre esse assunto, diferia da teoria evolucionária de Rufino José Cuervo[298], um estudioso colombiano do século XIX, que tinha sido profundamente influenciado pela doutrina dos neogramáticos a respeito de uma evolução natural e espontânea da linguagem. Nesse terreno, Cuervo asseverava que o espanhol cresceria na América e se ramificaria em muitas línguas diferentes do mesmo modo que o latim se ramificara nas várias línguas românicas. Amado Alonso ao contrário, baseado na doutrina histórico-cultural de Pidal, afirmava a possibilidade de o espanhol manter, através do tempo, na América, os traços essenciais de sua estrutura linguística.

Vale a pena mencionar que Amado Alonso, embora discípulo de Pidal, era simpático às teorias de Saussure e à estilística de Bally (4). Em Buenos Aires, traduziu para o espanhol o livro básico de Saussure e os trabalhos de Bally e Vossler e, nas introduções e comentários críticos que juntou a essas traduções, buscou encontrar um modo intrínseco de conciliação entre Saussure e Vossler, ou melhor, buscou aderir aos pontos de vista estéticos de Vossler sem abandonar os pontos de vista estruturalistas de Saussure.

É também cultural e historicamente orientado o trabalho do linguista suíço Walter von Wartburg[299], cuja doutrina linguística tem certo contato com a de Pidal. Wartburg, também um estudioso do românico, buscou explicar o crescimento das línguas românicas e o desenvolvimento dos seus traços principais. Baseou suas pesquisas na história política do último Império Romano. Atribuiu a máxima importância às invasões germânicas e à influência que a cultura germânica deve ter exercido nos povos romanizados da Europa.

Nessas linhas, desenvolveu a teoria do *Superstrato* a partir da do *Substrato*. Por superstrato tinha ele em mente a língua dos conquistadores que, tal

---

298. Filósofo e lexicógrafo colombiano (1844-1911).

299. Filólogo suíço (1888-1971).

como os alemães do Império Romano, abandonam a sua língua e adotam a língua do povo vencido, mas que, tal como no caso do substrato, introduzem nela traços linguísticos estrangeiros. Há, naturalmente, uma diferença básica entre as influências do substrato e do superstrato: no caso do substrato, temos de considerar toda uma população adotando a nova língua, enquanto que o superstrato parte da ação de uma pequena minoria ativa. Portanto, a expansão de traços de superstrato através de toda a população deve-se ao empréstimo. Nesse caso, torna-se evidente a presença de fatores políticos e culturais que, como vimos, Terracini descobrira nas influências do substrato, afastando a teoria do terreno fisiológico da articulação na qual se baseara Ascoli. Vale a pena notar que a teoria do substrato em estado latente transforma-o no superstrato de Wartburg, uma vez que é a da minoria, tornada politicamente importante afinal, que os traços, a princípio devidos a uma influência do substrato, são adotados por toda a população.

Wartburg enfatizava, especificamente, a influência dos francos no francês. Essa influência parece-lhe dar à língua francesa uma coloração germânica. Descobriu a influência germânica na mudança fonética, nos traços morfológicos, na sintaxe e no vocabulário. Tal como Terracini, insiste no papel que o prestígio cultural é levado a desempenhar numa mudança fonética.

No tratado *Einführung in die Problematik und Methodik der Sprachwissenschaft* [Introdução aos problemas e métodos da linguística] (1943), Wartburg demonstra claramente seus pontos de vista teórico-linguísticos.

Ao contrário do Idealismo germânico e italiano, tem da linguagem um conceito estrutural e aceita a dicotomia saussuriana de língua e fala[300]. Faz uma distinção nítida entre variação do discurso linguisticamente insignificante no início e sua consolidação através do uso que o transforma, finalmente, numa verdadeira mudança linguística. Advoga os métodos da geografia linguística, dando-lhes uma versão muito refinada e os consolidando com sua visão estrutural da linguagem.

---

300. No original, "discurso".

É típico, também, de sua doutrina, a sua técnica de alternar linguística descritiva e linguística histórica, para oferecer uma explicação total dos fenômenos linguísticos. Chama a essa forma de análise sincrônica e diacrônica a visão "pancrônica" da linguagem (5).

Resumo

Neste capítulo, Mattoso Camara, apesar do título do capítulo, volta-se prioritariamente ao estudo da escola espanhola de estudos linguísticos e, com menor ênfase, aos estudos da escola do suíço Walter von Wartburg. A tônica do capítulo é abordar escolas pós-saussurianas da linguística voltadas aos estudos históricos e culturais da linguagem.

XXV

Novas tendências no comparativismo linguístico; investigações pré-indo- -europeias; a nova doutrina de Marr; empréstimo como causa de agrupamento linguístico; glotocronologia

Antes de seguirmos o último e mais importante desenvolvimento da teoria linguística, devemos fazer uma pausa, uma última vez, para algumas considerações sobre as vicissitudes e os novos aspectos do comparativismo linguístico até nossos dias.

O desenvolvimento da gramática comparativa do indo-europeu, por nós apreciado, foi submetido a uma visão crítica por vários estudiosos no século XX. Podemos dividir essas críticas em três grupos: 1) os que não estavam satisfeitos com as descobertas do comparativismo indo-europeu e buscavam descobrir a remota formação linguística que surgia, indistin- tamente, na reconstrução linguística do indo-europeu; 2) os que deixaram de lado, abruptamente, o comparativismo indo-europeu e buscaram saídas para o pré-histórico passado linguístico da Europa; 3) os que sugeriram novos métodos e novos pontos de vista na técnica comparativa.

O primeiro grupo voltou sua atenção às línguas do pré-indo-europeu naquele continente. Foi lançada a hipótese de um *stratum* linguístico anterior ao indo-europeu na bacia do Mediterrâneo e discutiu-se a possibilidade de colocar as línguas não indo-europeias, tais como o basco, o etrusco e as línguas caucásicas, dentro dessa estrutura.

A mais ampla visão hoje em dia é estabelecer a ligação do basco com as línguas do Cáucaso, enquanto o etrusco é considerado uma língua asiática (1). Desenvolveu-se uma linguística basca, na qual podemos mencionar o estudioso francês René Lafon[301], como também uma linguística caucasiana que se desenvolveu principalmente na Rússia, ao lado de uma linguística indo-europeia. Naturalmente que, sendo o basco e as línguas caucasianas ainda vivas, esses estudos foram conduzidos também nos moldes sincrônicos e a linguística basca e a caucasiana foram estabelecidas em bases sólidas independentemente dos estudos comparados hipotéticos.

Num esforço de reconstrução do pré-indo-europeu podemos mencionar o trabalho do estudioso norte-americano Joshua Whatmough[302] (2), indo-europeísta no que diz respeito aos dialetos pré-itálicos da Itália, e o estudioso espanhol António Tovar[303] em seus esforços para desemaranhar o panorama linguístico pré-histórico da Espanha. Sustentava ele ser necessário considerar o basco uma língua bastante distinta do ibérico, rejeitando assim a visão tradicional que se tinha desde Humboldt, de acordo com a qual o basco é o remanescente, na península, de um grupo ibérico de línguas.

Podemos também mencionar os estudiosos suíços Hubschmid, pai e filho (3), os quais tentaram descobrir os substratos do pré-indo-europeu na bacia do Mediterrâneo.

---

301. Linguista francês (1899-1974).

302. Linguista inglês (1897-1964).

303. Linguista e historiador espanhol (1911-1985).

Deu-se atenção não só ao etrusco, cujos textos permanecem indecifráveis, como também a outras línguas indecifráveis e desaparecidas da Ilha de Creta. Aqui, entretanto, um resultado inesperado surgiria nos últimos anos da década dos anos de 1950. Descobriu-se que uma série de textos, conhecidos como "B. Linear" (4), em Creta, estavam escritos em grego e estavam ligados a outra série de textos no continente perto de Mecenas. Em vez de uma língua pré-indo-europeia, como fora sustentado anteriormente, temos nesse caso um dialeto grego arcaico, o qual deve ser atribuído à cultura micênica da Grécia (5). A decifração desses textos e a descoberta desse dialeto arcaico grego foram realizadas pelo inglês Michael Ventris[304], um arquiteto, mas também um estudioso dos clássicos; foi grandemente ajudado na parte final de sua tarefa pelo filósofo John Chadwick[305]. Os textos restantes que se encontram em Creta, uma escrita hieroglífica, uma escrita silábica muito semelhante ao "B. Linear" e conhecida como "A. Linear", ainda são considerados textos não indo-europeus ou, pelo menos, línguas indo-europeias bem distantes das que nos são familiares, ainda não decifradas.

Temos aqui um exemplo de um resultado não muito frequente daquelas pesquisas do pré-indo-europeu: o de ampliar o escopo da linguística do indo-europeu ao apontar a existência de línguas indo-europeias inteiramente desaparecidas e, até mesmo, sufocadas por levas posteriores do indo-europeu, de maneira a obtermos uma perspectiva ampla e obscura de um passado indo-europeu que se encontra por trás de uma bem estabelecida estrutura de línguas a que já chegou a gramática comparativa do indo-europeu.

Foi desse grupo de estudiosos, devotados às pesquisas do pré-indo-europeu, que teve início a doutrina do linguista russo, de origem georgiana, N.Y. Marr[306], que liderou um movimento revolucionário contra a linguística indo-europeia e, mesmo, contra toda interpretação da ciência linguística desenvolvida até então (6).

---

304. Michael George Francis Ventris, arquiteto inglês (1922-1956).
305. Linguista e filósofo inglês (1920-1998).
306. Nikolai Yakovlevich Marr, linguista e historiador georgiano (1864-1934).

Marr começou a sua carreira, como linguista, na primeira década do século XX dedicando-se às línguas do Cáucaso; o georgiano, sua língua nativa, é na realidade a mais importante do grupo. Foi levado a associar aquelas línguas ao etrusco e ao basco como um substrato do pré-indo-europeu na área do Mediterrâneo. Chamou a esse grupo linguístico hipotético assim divisado de família Jafética e, por último, incluiu o semita no grupo. Expôs suas ideias em 1920 num livro que, três anos mais tarde, foi traduzido para o alemão por F. Braun[307] com o título *Der Japhetische Kaukasus und das dritte ethnische Element im Bildungsprozess der mittelländischen Kultur* [O Cáucaso jafético e o terceiro elemento étnico no processo educacional da cultura mediterrânea] (1923).

Nesse primeiro aspecto de sua doutrina, Marr pode ser equiparado aos vários outros estudiosos que tentaram chegar às remotas línguas do Mediterrâneo, anteriores ao indo-europeu. Ele as interpretava como um grupo homogêneo e sentia vontade de ampliar esse grupo ousadamente e cada vez mais.

Sua atitude evoluiu, entretanto, para uma doutrina mais radical e revolucionária, na qual rejeitava as descobertas, o método e as conclusões teóricas da linguística indo-europeia. Essa nova atitude estava em consonância com a tendência geral dos linguistas russos de adaptar a sua ciência à doutrina sociológica marxista-leninista que sucedeu a Revolução Comunista de 1917 (7). Criticavam uma linguística que se desenvolvera num mundo europeu não comunista tentando um novo espírito em sua técnica e princípios teóricos. Nesses moldes, podemos mencionar o trabalho de Rozalija Schor[308] e V.V. Vinogradov[309]. Porém nem a primeira, uma linguista que se devotara à gramática comparativa do indo-europeu e ao sânscrito, nem o último, um linguista geral, em que podemos delinear a influência de Saussure, tiveram a

---

307. Fyodor Aleksandrovich Braun, linguista russo-alemão (1862-1942).

308. Linguista lituana (1894-1939).

309. Viktor Vladimirovich Vinogradov, linguista russo (1895-1969).

intenção de desnortear a linguística tradicional e substituí-la por uma "nova doutrina", como se comprovou ser o objetivo explícito de Marr.

"A nova doutrina" de Marr, como a chamava, ou sua "Teoria Jafética" como era mais amplamente conhecida, rejeitava o conceito de família linguística e adotava uma tipologia linguística numa perspectiva diacrônica, associando cada tipo a uma "Stadija" ou "Estágio" de desenvolvimento social. Daí a terminologia "Teoria de Estadialidade" (do russo: *Stadialnost*), dada à visão de Marr. Para ele, as mudanças linguísticas dependiam de um processo de hibridização, tal como as mudanças sociais determinam novos traços linguísticos tipológicos e esses traços dão lugar a novas combinações linguísticas num processo "glossogênico" que pouco a pouco metamorfoseia a língua, criando o que chamamos de uma nova família linguística. Explicava, desse modo, o advento do indo-europeu (a que chamou *Prometheid*) como metamorfose *in situ* do jafético.

Em sua teoria do desenvolvimento linguístico não havia lugar para as leis fonéticas ou mesmo para a evolução fonética. Seu comparativismo se baseava nas raízes lexicais através de um método de pesquisa a que ele chamou de "paleontológico". Estava tão seguro desse método e de sua teoria geral de desenvolvimento linguístico que não hesitou em lançar a extravagante asserção de que a língua humana começara de quatro elementos lexicais, os quais se supunha terem ocorrido ainda como componentes de nomes tribais: *Sal* (em sarmação (8)), *Ber* (em ibérico (9)), *Yon* (em jônico) e *Ros* (em etrusco).

Até sua morte, em 1934, Marr desfrutou de um grande prestígio na Rússia. Suas ideias se transformaram na doutrina linguística oficial, em voga. Criou o "Instituto Jafético" na Academia de Ciências de Leningrado que, mais tarde, foi ampliado para um "Instituto da Linguagem e do Pensamento" e seus discípulos dominaram o ensino universitário.

Havia, entretanto, firme oposição a ele. Vinogradov conservou-se alheio à "nova doutrina" e E.D. Polivanov[310] insistia que a doutrina social

---

310. Yevgeny Dmitrievich Polivanov, linguista russo (1891-1938).

marxista-leninista não estava, necessariamente, presa ao marrismo e podia favorecer outros pontos de debate em linguística. Entre os opositores de Marr, podemos mencionar os estudiosos do "Front Linguístico" (do russo "Jazyk-front") e o linguista comunista sueco Hannes Sköld[311], que denunciou a "Moda Caucasiana" (*Zur Verwandtschaft lehre*: *die Kaukasische Mode* [Ensinando sobre parentesco: a moda caucasiana], 1929).

Catorze anos depois da morte de Marr, com o crescimento da oposição às suas ideias, dois de seus discípulos, I.I. Meschtschaninov[312], a quem voltaremos mais tarde, e F.P. Filin[313], atacaram os opositores de Marr numa reunião conjunta do Conselho do "Instituto da Linguagem" de Marr com a subsidiária de Leningrado do "Instituto Russo de Língua". A princípio, o ataque teve grande sucesso e Vinogradov, por exemplo, admitiu ter errado. Mais tarde, porém, o jornal oficial *Pravda* (10) publicava um artigo muito importante contra a "nova doutrina", da pena do linguista georgiano A. Chikobava[314] (*Über einige Fragen der sowjetischen Sprachwissenschaft* [Sobre algumas questões da linguística soviética], 9 de maio de 1950) e, na polêmica que se seguiu, o próprio Stalin tomou parte para condenar Marr (11), a quem ele considerava um simplificador e popularizador do marxismo, que tentara se tornar um marxista, mas que não o conseguira por sua formação pré-marxista.

Essa retirada do apoio oficial levou a doutrina de Marr a sobreviver às suas próprias custas, o que se converteu na sua destruição.

Podemos dizer que o aspecto positivo da teoria jafética foi o trabalho do discípulo de Marr, Meschtschaninov, já mencionado. Partiu das extravagantes pesquisas paleontológicas de Marr para desenvolver uma tipologia linguística baseada na teoria da estadialidade. Em seus livros *Obshcheye yazykoznaniye* [Linguística geral] (1940), *Chleny predlozheniya i chasti*

---

311. Johannes Evelinus Sköld, linguista sueco (1886-1930).

312. Ivan Ivanovich Meschtschaninov, linguista russo (1883-1967).

313. Fedot Petrovich Filin, linguista russo (1908-1982).

314. Arnold Chikobava, linguista georgiano (1898-1985).

rechi [Constituintes da oração e partes do discurso] (1945) e *Glagol* [O verbo] (1949), desenvolveu uma "sintaxe estadial" e assinalou quatro tipos básicos de estrutura da oração contrastando o indo-europeu com as línguas caucasianas e siberianas. O nominal (como em gilyak), o possessivo (como em aleuta), o ergativo (como em chukoto) e o nominativo (como em línguas indo-europeias).

Note-se que Meschtschaninov veio para uma linguística como um orientalista, depois de ter sido um advogado profissional e se haver devotado à arqueologia.

Um ataque muito mais moderado ao método comparativo do indo-europeu partiu do linguista holandês C.C. Uhlenbeck, já mencionado, por sua tendência a associar o indo-europeu tanto ao fino-úgrico como ao esquimó.

Uhlenbeck sustentava que uma família linguística é o resultado de uma prolongada assimilação das línguas em contato. Aplicava, dessa forma, o conceito de família linguística ao conceito antropológico de aculturação, que consiste na adaptação de traços culturais tomados por uma cultura à outra.

Essa visão, que Uhlenbeck desenvolveu na década de 1930, era partilhada, nas suas partes essenciais, por outros linguistas contemporâneos. Podemos mencionar entre eles o linguista italiano Vittore Pisani[315], que faz a comparação de uma família de línguas, não a uma árvore, como o fazia Schleicher, mas a um rio que recebe muitos afluentes e é sempre considerado o mesmo, embora suas águas sejam o resultado de muitos outros. Nesses moldes teóricos, Pisani aplicou à linguística do indo-europeu o método da geografia linguística, delineado para linguística românica pelo estudioso suíço Jules Gilliéron, como já foi visto antes, dando ênfase ao processo de empréstimo como o fizera Gilliéron na linguística românica.

O cerne dessa nova abordagem ao indo-europeu era a convicção de que o empréstimo entre as línguas em contato geográfico é o fenômeno básico da mudança linguística e dá lugar ao nascimento de grupos linguísticos, de

---

315. Linguista italiano (1899-1990).

modo a se supor não mais haver aqueles grupos se fragmentando através de sua evolução de uma protolíngua unitária, como é hipótese essencial na gramática comparativa tradicional.

Uma atitude mais condizente foi tomada, a esse respeito, por Trubetzkoy[316] (12), cujo trabalho, como chefe do Círculo Linguístico de Praga (13), teremos de apreciar mais tarde. Estabeleceu uma distinção entre as famílias linguísticas resultantes da fragmentação de uma protolíngua, como era o caso da família indo-europeia, e uma liga linguística (*Sprachbunde*) na qual as línguas, geneticamente à parte, sofrem um processo de nivelamento através de um permanente contato geográfico. De acordo com Trubetzkoy, devemos levar em consideração as áreas linguísticas nas quais as línguas de origens diferentes se tornam tipologicamente relacionadas nesse tipo de liga.

Daí a linguística haver buscado estabelecer um ponto de partida entre a evolução e o empréstimo na mudança linguística.

Embora o empréstimo possa afetar todos os níveis da linguagem dos fonemas ao léxico, e o empréstimo, no léxico, ser um extenso processo de mutação, afirma-se que existe um núcleo de palavras no qual a substituição através do empréstimo é lenta e leva milênios para se tornar efetiva.

É desse ponto de vista que uma técnica comparativa muito recente surgiu para testar a relação entre línguas cujo escasso material disponível consiste, apenas, em algumas listas de vocabulário. Tendo como objetivo principal uma comparação aproximada das raízes das palavras a fim de pôr de lado aquelas que a evidência comprova não terem qualquer relação, leis fonéticas bem formuladas podem ser dispensadas e se torna possível ampliar a comparação linguística num processo amplo e ousado. Ademais, pretendeu-se que, ao se aplicar esse método a línguas cuja história é suficientemente conhecida, e ao partir-se de um número mínimo de itens daquele vocabulário básico, parece haver uma categoria universal e constante

---

316. Nikolay Sergeyevich Trubetzkoy, linguista russo (1890-1938).

no processo daqueles itens lexicais. Daí haver surgido um novo método comparativo baseado em um tipo de estatística léxica e chamado de "glotocronologia" (14), uma vez que, pela proporção das substituições, é possível determinar-se, de forma aproximada, há quanto tempo atrás uma língua se fragmentara da protolíngua. Seu principal teorizador é o linguista americano Morris Swadesh[317], que logo veremos como uma das figuras notáveis da escola linguística americana.

Resumo

Neste capítulo, Mattoso Camara dá destaque à escola linguística russa de Marr, avaliando suas linhas de pensamento centrais, os principais efeitos e reações que provocou. O capítulo tem grande valor histórico na medida em que fornece informações a respeito de uma linguística, ainda hoje, pouco divulgada entre nós.

---

317. Linguista norte-americano (1909-1967).

XXVI

O desenvolvimento da fonética; fonética experimental; Rousselot e Grammont

Já vimos como a fonética se desenvolveu na segunda metade do século XIX (1). De uma abordagem biológica evoluiu, finalmente, para uma disciplina linguística com E. Sievers e seus seguidores (2).

A fonética, vista como um estudo auxiliar da linguística, continuou nos mesmos moldes teóricos durante as duas primeiras décadas do século XX. Podemos mencionar em relação a esse fato os trabalhos fonéticos de Jespersen a que nos referimos, o livro *Die Grundlage der Phonetik* [Os fundamentos da fonética] (1925) (3) do foneticista J. Forchhammer[318], ao qual retornaremos mais tarde, e o livro *Os sons vocais* (4) do outro foneticista alemão Carl Stumpf[319] (1926). O trabalho de Stumpf é notável por sua abordagem acústica.

Já vimos que a fonética, em meados do século XIX, desenvolveu-se principalmente como um estudo da articulação da fala, apesar de serem as pesquisas de Helmholtz, sobre as vogais, conduzidas de um ponto de vista acústico. O estudo da articulação resultou da abordagem biológica dos

---

318. Jørgen Ebbesen Forchhammer, linguista dinamarquês (1873-1963).
319. Filósofo e psicólogo alemão (1848-1936).

sons da fala no século XVIII e se consolidou através do exemplo dos gramáticos hindus que lidavam com o sânscrito. Dessa forma, foi abandonado o método que focalizava a audição, método esse seguido pela gramática grega; achava-se muito difícil trabalhar com a audição dentro de uma técnica rigorosa. Isso só poderia ser feito através da fonética acústica e, uma vez que tal abordagem exigia do investigador um conhecimento básico de física, foi evitado pelos linguistas que não se achavam preparados para a tarefa do físico. Stumpf, entretanto, retomou a abordagem acústica de Helmholtz em fonética.

Vale a pena notar que, no século XX, encontramos uma escola francesa de fonética muito importante, derivada de Paul Passy, a quem já nos referimos.

As descobertas da fonética, até então, foram expostas minuciosamente pelo foneticista francês Léonce Roudet no seu *Elements de Phonétique Générale* [Elementos de fonética geral] (1910). Mas as maiores contribuições são provenientes das importantíssimas investigações de Rousselot, a quem já mencionamos como amigo e partidário de Gilliéron.

Rousselot é o verdadeiro criador da nova técnica fonética a que chamou de *Fonética Experimental*. Consiste no emprego de aparelhos para a investigação fonética, em lugar de ter o foneticista que se apoiar, exclusivamente, em sua audição e na observação visual dos movimentos bucais.

Essa técnica tinha sido conduzida por um grupo de médicos franceses cuja figura principal era o Dr. Marey[320]. Seu objetivo não era, entretanto, linguístico, uma vez que tinha apenas um propósito médico. Foi do grupo de Marey que Rousselot teve a ideia para a sua principal aparelhagem em Fonética Experimental: o quimógrafo, que se destina a registrar no papel os movimentos dos órgãos da fala estando o papel sujeito a um movimento em um cilindro rotativo, enquanto um estilógrafo em conexão com o órgão da fala inscreve no papel uma linha correspondente aos movimentos desse órgão

---

320. Étienne-Jules Marey, médico e cientista francês (1830-1904).

durante o discurso. Outro instrumento importante da fonética experimental de Rousselot foi o palato artificial, idealizado pelo fisiólogo Kingsley[321].

Rousselot publicou o resultado de suas experiências nos dois volumes do seu *Principes de Phonétique Expérimentale* [Princípios de fonética experimental] (1897-1901). Ressalte-se o fato de que ele não encontrou aprovação unânime para suas ideias. Jespersen, por exemplo, era muito cético acerca desses resultados e Rousselot os defendeu contra o colega em um artigo na *Revue de Phonétique* [Revista de fonética] sob o título de "La phonétique expérimentale jugée par M. Jespersen" [Fonética experimental como a considera o senhor Jespersen] (1911).

Como amigo e partidário de Gilliéron, Rousselot era também um dialetólogo. Um de seus trabalhos mais importantes é a pesquisa sobre mudanças fonéticas, conduzida numa área dialetal, num detalhado estudo de pronúncia dentro de uma família de Celefruin (1891). Por meio de um rigoroso método experimental foi capaz de mostrar que houvera uma passagem constante nos sons de uma geração mais antiga para gerações mais jovens. O trabalho de Rousselot veio apoiar uma teoria de mudança fonética, de acordo com a qual as mínimas mudanças ocorrem na transmissão da língua dos mais velhos para os mais novos e a mudança fonética histórica nada mais é do que o acúmulo dessas mudanças mínimas dentro de um grande espaço de tempo. Em relação a isso, vale a pena mencionar que o linguista suíço Gauchat, que já mencionamos, conduziu uma pesquisa semelhante em Charmey, no cantão de Friburgo, verificando que há, muitas vezes, um movimento regressivo naquelas passagens dentro de um lapso de tempo mais considerável.

É óbvio que a importância do trabalho de Rousselot não nos deve fazer esquecer os grandes trabalhos pioneiros em fonética experimental, anteriores a ele, na Suíça (Schneebeli[322], 1876 (5)), na Alemanha (P. Grützner[323],

---

321. Norman William Kingsley, dentista e artista norte-americano (1829-1913).

322. Heinrich Schneebeli, foneticista suíço.

323. Paul Grützner, fisiologista alemão (1847-1919).

1879 (6)), nos Estados Unidos da América do Norte (T.A. Edison[324], o inventor do fonógrafo, 1878), além do grupo de Marey, na França, a que já nos referimos.

Nem estava a fonética experimental confinada à França apenas, em sua íntima relação com a linguística. Há que ser mencionada uma escola fonética inglesa (cuja figura principal é Daniel Jones[325]), uma escola italiana com Pancocelli-Calzia, que dividia suas atividades entre a Itália e a Alemanha, uma escola americana com Wheeler-Scripture[326], cujo trabalho é contemporâneo ao de Rousselot e que, posteriormente, deixou a América pela Europa, uma escola espanhola com Navarro Tomás[327]; devemos mencionar também o foneticista alemão Albert Thumb[328] com seu livro (7) *Die experimentelle Psychologie im Dienste der Sprachwissenschaft* [Psicologia experimental vista como uma disciplina auxiliar da linguística] (1907) e o foneticista tcheco Joseph Chlumský[329].

Um discípulo de Rousselot, Maurice Grammont, professor na Universidade de Montpellier, merece atenção mais específica. Desenvolveu e melhorou a técnica de Rousselot com base no quimógrafo e sua doutrina é da maior significação para as tendências da fonética nas primeiras décadas do século XX.

Além do seu estudo sobre fonética geral, focalizou o ritmo do verso e o simbolismo fonológico. A terceira parte do seu *Traité de Phonétique* [Tratado de fonética] (1933) é dedicada a esse último problema. Seu ponto de vista é que o simbolismo fonológico aparece na língua quando o significado e as condições do discurso estão aptos para dar lugar a ele. Em outras palavras, ele não rejeita o princípio da arbitrariedade dos símbolos linguísticos,

---

324. Thomas Alva Edison, empresário e inventor norte-americano (1847-1931).

325. Foneticista inglês (1881-1967).

326. Edward Wheeler Scripture, médico norte-americano (1864-1945).

327. Tomás Navarro Tomás, linguista espanhol (1884-1979).

328. Linguista alemão (1865-1915).

329. Foneticista tcheco (1871-1939).

tão incisivamente lançados por Saussure (Grammont era na realidade um discípulo entusiasta de Saussure); ele defende, entretanto, que existe uma relação íntima de certos sons vocais (ele emprega o termo "fonêmico" que discutiremos mais tarde) com certos sentimentos e sensações humanas e que essa relação, embora não determine o aspecto fonético das formas linguísticas, é utilizada pela língua toda vez que os sons vocais de uma palavra estejam de acordo com os sentimentos e sensações aos quais o significado da palavra dá lugar.

Um dos aspectos mais importantes do trabalho de Grammont foi seu esforço em estabelecer leis gerais de desenvolvimento do som. Sustentava que as leis fonéticas, em certas línguas, nada mais eram que o resultado de tendências gerais ou correntes que dominavam o desenvolvimento fonético da linguagem humana. Nisso era um discípulo de Meillet, que buscara assinalar as grandes e dominantes linhas do desenvolvimento linguístico. Grammont concentrava sua teoria geral de desenvolvimento fonético no fenômeno da assimilação (8), por meio do qual um som muda dentro de uma palavra ou de uma oração através da influência de um som próximo ou contínuo. Partindo da assimilação, Grammont idealizou uma classificação muito simples e coerente das mudanças fonéticas levando em consideração o fenômeno oposto da desassimilação (9) (que ele interpreta como uma reação à assimilação sob condições especiais) e tentando sistematizar a metátese (10), isto é, o deslocamento de um som vocal dentro de uma palavra. Seu objetivo é o de que todas aquelas mudanças estão sob o domínio da lei do mais forte: um som vocal, sendo mais forte que o outro, determina a mudança ou o deslocamento do mais fraco. Vale notar que o conceito de força de um som para Grammont não se baseia em critérios articulatórios ou acústicos: é antes um conceito psicológico e, ademais, dependente do lugar que o fone ocupa dentro da sílaba e da palavra. Explica, por exemplo, a metátese do latim *fenestra* para o português *fresta* sob a hipótese de que o *r* em uma posição átona como segundo elemento de um grupo consonantal numa sílaba átona final era trazido à primeira sílaba psíquica e articulatoriamente mais forte, a fim de ser preservado.

A técnica da fonética experimental continuou sendo melhorada cada vez mais. O principal inconveniente de seus aparelhos, tais como o quimógrafo ou o palato artificial, é haverem os mesmos colocado o falante em condições artificiais de emissão tanto de um ponto de vista psicológico como fisiológico.

Essa é a razão por que a fonética experimental mais moderna deu preferência aos registros auditivos. Gravações da voz, por exemplo, eram mais úteis, uma vez que permitiam ouvir repetidamente o mesmo enunciado.

Mas havia aparelhos mais complexos e mais sutis. O oscilógrafo e o espectrógrafo devem ser mencionados. Ambos são de caráter acústico. O oscilógrafo nos fornece uma linha correspondente à onda sonora. No espectrógrafo (idealizado pelos técnicos da Bell Company of Telephones de Nova York), o som vocal é transmitido por uma coloração escura em papel fotográfico.

O grande mérito do espectrógrafo, como afirma o foneticista norte-americano Martin Joos[330], é registrar exatamente o que o ouvido humano pode captar e de um modo muito semelhante, enquanto que o oscilógrafo é mais informativo em dados puramente físicos. O oscilógrafo é a base para a análise eletroacústica da fala que, nos anos de 1930, fora desenvolvida pelo foneticista italiano A. Gemelli[331] assistido por seu discípulo G. Pastori[332]. Como uma importante investigação sobre fonética acústica experimental, temos de mencionar o foneticista tcheco Paul Menzerath[333].

Todo esse notável desenvolvimento da fonética foi de grande utilidade para a linguística, uma vez que deu aos linguistas uma penetração mais verdadeira e mais profunda no mecanismo da fala. Teve, entretanto, o inconveniente de afastar, cada vez mais, a fonética de uma verdadeira disciplina

---

330. Linguista norte-americano (1907-1978).

331. Agostino Gemelli, psicólogo e religioso italiano (1878-1959).

332. Giuseppina Pastori, médico e biólogo italiano (1891-1983).

333. Linguista tcheco (1883-1954).

linguística. O desenvolvimento da fonética nesses moldes ameaçou fazer do estudo dos sons vocais um tipo de ciência natural, enquanto o conceito da língua como um sistema de sinais (tão incisivamente apresentado por Marty e Saussure) levava a linguagem, cada vez mais intimamente, para o domínio das ciências do homem (11).

Ademais, os linguistas se deram conta de que muitos detalhes refinados e diferenças acústicas e articulatórias nos sons vocais eram insignificantes do ponto de vista da comunicação linguística. Havia, evidentemente, uma grande distância entre as descobertas da fonética e o funcionamento dos sons vocais da língua.

Os foneticistas, orientados linguisticamente, tinham total consciência do problema e tentaram relacionar a fonética, mais estreitamente, com a linguística. Podemos mencionar nesse particular Jespersen, Forchhammer e Grammont, além de Daniel Jones, os quais tomaram uma nova posição de acordo com uma nova abordagem aos estudos fonéticos, que passaremos a apreciar de agora em diante.

Resumo

Mattoso Camara, neste capítulo, apresenta as grandes linhas do desenvolvimento da fonética, em especial da fonética experimental. O capítulo apresenta uma significativa quantidade de autores do campo, o que se revela de extrema importância para balizar as principais linhas de pensamento do campo.

XXVII

O conceito de fonema; Baudouin de Courtenay, Saussure e o Círculo de Praga, Daniel Jones

Vimos que alguns foneticistas tornaram-se cônscios, no começo do século XX, do fato de que muitos dados fonéticos eram irrelevantes para a comunicação linguística e não desempenhavam, portanto, qualquer papel no nível da língua propriamente dita. Havia discrepância entre as descobertas da fonética e a percepção espontânea de falantes e ouvintes no uso da língua. Muitos foneticistas, naturalmente, estavam convencidos de que o conhecimento fonético deveria dar a verdadeira interpretação dos sons vocais e desprezar a interpretação básica dos falantes e ouvintes que os impedia de perceber o que eles estavam, na realidade, pronunciando e ouvindo.

Outros foneticistas, entretanto, com um sentido mais aguçado da realidade linguística, pensaram que se deveria partir da percepção usual do intercâmbio linguístico para as rigorosas e detalhadas descobertas da fonética. Eram, assim, levados a acentuar seus enunciados fonéticos, aquilo que era realmente percebido pelo indivíduo comum no intercâmbio linguístico.

Sweet, por exemplo, criou uma transcrição fonética detalhada ou "escrita" dos sons vocais, para o uso do técnico em fonética e uma transcrição lata ou "ampla" em que se estabelecesse as distinções fonéticas apenas no nível da percepção dos falantes e ouvintes. Jespersen e Grammont tinham consciência de que um som vocal (ou um "fonema" como Grammont costumava dizer, adotando um termo que discutiremos mais tarde) pode ser pronunciado de maneiras discrepantes sem perturbar a comunicação linguística.

Foi, entretanto, Forchhammer, entre os foneticistas do começo do século XX, que deu um passo à frente, de maneira mais decidida nesse campo ainda novo. Faz diferença, na realidade física e fisiológica, entre "sons vocais" (*Sprachlaute*) e sons da transição ou glides (*Ubergangslaute*); acentua também que, para qualquer som vocal, há diferentes colorações sonoras (*Lautschattierung*). O propósito linguístico, de acordo com ele, superpõe-se a todas essas diferenças físicas e, na língua, encontramos um grupo de sons representados por uma letra (*Buchstabenlautgruppen*). Em outras palavras, Forchhammer acha que as letras na linguagem escrita representam a síntese de vários sons, que são distinguidos uns dos outros pelos falantes e ouvintes comuns (1). Veremos agora como esse conceito se encontra na base de uma nova abordagem aos sons vocais.

O primeiro estudioso a dar um passo firme nessa nova abordagem foi o polonês Jan Baudouin de Courtenay[334], cujo principal trabalho no fim do século XIX se intitula *Versuch einer theorie phonetischer alternationen. Ein capital aus der psychophonetik* [Tentativa de uma teoria das alternâncias fonéticas. Um capital da psicofonética] (1895). Courtenay, que era um professor de Linguística na Universidade de São Petersburgo, admitia a distinção entre os sons que eram realmente emitidos e os que os falantes acreditam fazê-lo e os ouvintes julgam ouvir (2). Os primeiros se constituem no objeto da investigação da fonética; mas os últimos tinham um conteúdo linguístico, uma vez que é por meio desses sons "pretensamente" emitidos que a comunicação se realiza. Chamou a esses sons "intencionais" de "fo-

---

334. Jan Niecisław Ignacy Baudouin de Courtenay, linguista polonês (1845-1929).

nemas" em oposição àqueles emitidos realmente, que são os sons vocais da fonética. O termo "fonema" já existia na Grécia antiga, com o significado de "enunciação" ou "voz". Esse termo foi sugerido a Baudouin por seu notável discípulo e colaborador Kruszewski[335], que é o autor de um tratado sobre mudanças fonéticas (3).

Baudouin definia o fonema como "a ideia de um som vocal" e advogava uma análise psicológica a fim de se chegar a ele, partindo do nível da fonética e seus sons vocais. Isso quer dizer que atribuía o som vocal à física e o fonema (4) à psicologia.

O novo conceito de Baudouin de Courtenay permaneceu confinado a seu círculo universitário de discípulos embora, mais tarde, como veremos agora, tenha dado lugar a novas abordagens no campo fonético.

A palavra "fonema", entretanto, teve rápida difusão entre os estudiosos europeus. Na França, foi adotada pelo latinista Louis Havey[336], porém como sinônimo de som vocal (sons da língua), o que parecia uma frase desajeitada. Foi empregada pelo Dr. Marey e seus colaboradores que já mencionamos e, como vimos, por Grammont e outros foneticistas franceses. Mas o conceito de Baudouin a esse respeito já passara completamente.

Saussure (5), entretanto, que também adotara o termo, colocou os sons vocais, aos quais chamou "fonemas", dentro do seu conceito geral e essencial dos sinais linguísticos. Acentuou que, para a linguística, o fonema é apenas importante na medida em que é diferente dos demais fonemas. Isso significa que ele estendeu à fonética o princípio das oposições linguísticas que, como já vimos, é a base de toda a sua concepção de língua. Dessa maneira, embora usando o "fonema" como um sinônimo para o som vocal, transferiu para esse termo um novo significado linguístico, no qual desprezava a realidade fonética verdadeira. Em sua maneira de pensar havia, portanto, uma parte física do som que a técnica da fonética registra além

---

335. Mikołaj Habdank Kruszewski, linguista polonês (1851-1887).
336. Pierre Antoine Louis Havey, linguista francês (1849-1925).

do que é necessário para a comunicação linguística. Consequentemente, no conceito saussuriano do fonema está implícita a distinção entre uma fonética linguística, que era a ideia central de Baudouin. Mas para Saussure estava implícito, no seu princípio de oposição linguística, uma técnica não psicológica de chegar ao fonema. Em vez de ser visto como a ideia de um som vocal, o fonema poderia ser detectado confrontando-se as variações dos sons vocais a fim de se descobrir aquelas que tivessem relevância linguística, isto é, aquelas que caracterizam as formas linguísticas na língua.

O conceito psicológico de Baudouin foi repudiado por seus discípulos na Rússia. Figura importante entre eles foi Lev Shcherba[337] (1912) (6) que baseou sua definição do fonema em sua capacidade de diferençar palavras, o que se encontrava na base da abordagem de Saussure.

Shcherba, não obstante, não se afastou completamente da psicologia ao definir o fonema uma vez que levou em consideração a percepção e não percepção de nuanças fonéticas por falantes foneticamente destreinados. Argumentava que as variações fonéticas não constituem um fonema, toda vez que passarem despercebidas a falantes destreinados ou forem percebidas por eles, porém assimiladas em um som "concreto" no ato do reconhecimento.

O grupo mais importante que percebeu a distinção feita por Baudouin entre som vocal e fonema e a desenvolveu em novas e mais significativas linhas foi um pequeno círculo cujas figuras principais eram Nikolai Trubetzkoy, Roman Jakobson e Serge Karcevski[338], este último tendo trazido para o grupo as ideias saussurianas que adquirira na Suíça.

Trubetzkoy, que tinha sido aluno de Baudouin em São Petersburgo, era tanto um europeísta quanto um especialista em línguas caucasianas. Relacionado com ambos os estudos linguísticos, fez ele trabalho de valor inestimável. Já vimos como contribuiu para as novas abordagens à linguística

---

337. Linguista russo (1880-1944).
338. Linguista russo (1884-1955).

comparativa. Mas sua contribuição mais importante e notável foi sua investigação teórica a respeito do novo conceito de "fonema", no qual, juntamente com seus companheiros, chegou a uma abordagem completamente diferente da que Baudouin apresentara.

Forçado a deixar a Rússia depois da Revolução Comunista de outubro de 1917 (era um príncipe, primo do czar), estabeleceu-se na Áustria e lecionou em Viena e Praga. Nessa última cidade, foi criado um Círculo Linguístico (1926) com ele e seus amigos e colegas russos acima mencionados e estudiosos tchecos tais como Vilém Mathesius[339], que lançou a ideia de um círculo linguístico, B. Trnka[340] e J. Vachek[341]; o Círculo publicou anualmente um volume das atas sob o título francês de *Travaux du Cercle Linguistique de Prague* [Trabalhos do Círculo Linguístico de Praga], com artigos escritos em francês, inglês e alemão. O primeiro volume desses *Travaux* data de 1929 e a série foi interrompida logo depois de 1941 no seu décimo volume. O nono e décimo (1939) volumes foram publicados após a morte de Trubetzkoy, em princípios de 1939, quando Viena foi invadida pelos nazistas. O nono volume é a obra póstuma de Trubetzkoy, escrita em alemão, e intitulada *Grundzüge der Phonologie* [Princípios de fonologia].

O Círculo fez sua primeira aparição na Europa em 1928, durante o Primeiro Congresso Internacional de Linguistas realizado em Haia. Nesse congresso, Jakobson, Karcevski e Trubetzkoy apresentaram uma comunicação na qual discutiam os métodos mais convenientes para uma descrição prática e completa da gramática de uma língua como ofereciam também, nessa oportunidade, o conceito de entidades linguísticas ao qual haviam chegado em face da realidade física do discurso. Propuseram a criação de dois estudos distintos: a fonética, uma ciência natural, e a fonologia, uma parte linguística que trata da significação dos traços fonéticos em uma língua (7).

---

339. Linguista tcheco (1882-1945).

340. Bohumil Trnka, linguista tcheco (1895-1984).

341. Josef Vachek, linguista tcheco (1909-1996).

Essa comunicação, que é muito breve e que foi escrita por Jakobson em francês, enfatizava: 1) a necessidade de "correlações fonológicas", isto é, do estabelecimento de um sistema de oposições de sons linguisticamente significativos, de acordo com o princípio das oposições linguísticas de Saussure; 2) a importância de partir dessas correlações para explicar a mudança fonética (uma ideia inteiramente nova que hoje tem sido intensamente desenvolvida, como veremos). Esse segundo aspecto daquela comunicação visava a fonologia diacrônica; não foi levado em consideração, entretanto, no trabalho de Trubetzkoy, que permaneceu no nível sincrônico.

Em seus *Princípios de Fonologia*, Trubetzkoy buscou estabelecer um quadro teórico, muito bem elaborado, das oposições fonológicas e do fonema como uma entidade linguística. Faz distinção entre oposições fonológicas equipolentes, privativas e graduais. Na primeira, cada membro do par em oposição tem um traço fonológico próprio; na segunda, um dos membros é caracterizado pela ausência do traço fonológico existente no outro membro; e na terceira encontramos um traço constante que aumenta de membro para membro dentro de um grupo de fonemas que se opõem (8).

Quanto ao conceito do fonema, aceitou a afirmativa de Jakobson, para quem o fonema é um feixe de traços distintivos. De acordo com este ponto de vista, o fonema está contido no som vocal da mesma maneira que a "língua", de Saussure (i. é, o padrão linguístico), está contida na fala[342] (a *parole*, de Saussure). O som vocal, como parte de um discurso, apresenta muitos traços fonéticos que não são padronizados e não têm significação para a comunicação linguística. Além deles há, entretanto, traços padronizados, que são linguisticamente significativos e sua soma produz o fonema. Veremos, mais tarde, que esse conceito de fonema é semelhante ao de Bloomfield[343], na América.

Muito característico na doutrina de Trubetzkoy é seu conceito de "neutralização" e "arquifonema". Por neutralização, queria dizer o fato de uma oposição fonológica cessar, sob certas condições fonéticas. Nesse caso, em vez de um

---

342. No original, "no discurso".

343. Leonard Bloomfield, linguista norte-americano (1887-1949).

fonema se opor a outro, temos uma entidade que não é equivalente a nenhuma outra ou, na nomenclatura de Trubetzkoy, "um arquifonema". O arquifonema pode ser foneticamente semelhante a um dos fonemas de oposição neutralizada ou pode ser uma síntese de ambos ou, ainda, ser diferente de ambos (9).

A doutrina do Círculo de Praga teve grande aceitação e Trubetzkoy teve muitos discípulos, mais ou menos ortodoxos, em toda a Europa. Vale a pena destacar o grupo de Moscou formado pelos "Neofonólogos" P.S. Kuznetsov[344], R.Y. Avanesov[345], V.N. Sidorov[346] e N.F. Yacovlev[347] que estão mais próximos de Trubetzkoy e Jakobson, do que de Shcherba e dos discípulos diretos de Baudouin.

Entre as doutrinas divergentes nascidas da fonologia, podemos mencionar Gyula Laziczius[348], um estudioso húngaro, que repudiava a ideia de que, ao definir o fonema, devêssemos atender a critérios estilísticos, enquanto Trubetzkoy apoiava seu conceito da função representativa da linguagem dentro da tríade de Bühler, a quem já nos referimos.

Uma abordagem mais fonética ao fonema desenvolveu-se dos esforços de alguns foneticistas para separar a realidade fonética das suas descobertas e uma percepção fonética mais simples do falante espontâneo.

Foi nesses moldes, como já vimos, que Forchhammer estabeleceu seu conceito de um grupo de sons corresponder a uma letra. Por isso, um novo conceito de fonema foi desenvolvido, ou seja, o fonema visto como um grupo de sons vocais semelhantes.

Essa era a visão de Daniel Jones e sua escola inglesa de fonética, que já mencionamos. Enquanto Baudouin e o Círculo de Praga estabeleceram uma nítida distinção entre fonética propriamente dita e uma teoria linguística do fonema ("fonologia", como a chamava Trubetzkoy) e concentravam o seu estudo nessa última, Daniel Jones não aceitava a necessidade nem a

---

344. Petr Savvich Kuznetsov. Linguista russo (1899-1968).

345. Ruben Ivanovich Avanesov. Linguista russo (1902-1982).

346. Vladimir Sidorov. Linguista russo (1903-1968).

347. Nikolai Yakolev. Linguista russo (1892-1974).

348. Linguista húngaro (1896-1957).

oportunidade de tal distinção. Em suas pesquisas fonéticas, procurou estabelecer os sons vocais na sua realidade física e, numa etapa posterior, reuni-los em grupos de sons semelhantes ou fonemas.

O fonema não foi interpretado, portanto, como uma entidade linguística oposta ao som vocal, mas como uma síntese a que deveria chegar o foneticista ao combinar em um todo mais amplo as mínimas diferenças sonoras que uma técnica fonética rigorosa é capaz de estabelecer em uma dada língua.

Resumo

Neste capítulo, Mattoso dedica-se a traçar a história da noção de fonema, em especial a partir dos trabalhos de Baudouin de Courtenay e do Príncipe Trubetzkoy, passando pelos trabalhos do Círculo Linguístico de Praga, do inglês Daniel Jones, todos tomados em relação – de oposição ou não – a Ferdinand de Saussure.

XXVIII

Tendências da linguística nos Estados Unidos; Boas e Sapir

Nas primeiras décadas do século XX, a linguística chegou, também, a um ponto decisivo nos Estados Unidos da América.

Já vimos como, em meados do século XIX, o trabalho de Whitney, não só como linguista geral, mas também como sanscritista, recebeu pleno reconhecimento na América e na Europa. Depois dele, a América continuou no mesmo ritmo dos estudos europeus. A filologia e a linguística nos moldes neogramáticos tiveram grande impulso naquele país e, hoje, encontram-se em total desenvolvimento. Podemos mencionar os estudos indo-europeus de Carl Buck e Joshua Whatmough[349], os estudos indo-europeus e semíticos de Louis Gray, o trabalho românico de Grandgeant[350] sobre o latim vulgar, nos moldes lançados por Meyer-Lubke que, como já vimos, revisara a doutrina românica de Diez, as pesquisas latinas de Roland Kent[351] e, de Edgar Sturtevant, sua investigação sobre a pronúncia do grego e do latim e sua ousada concepção da protofamília hindu-hitita em complementação a seus estudos sobre o hitita, a que já aludimos.

---

349. Linguista inglês (1897-1964), que fez a carreira nos Estados Unidos.

350. Filólogo norte-americano (1862-1939).

351. Roland Grubb Kent, linguista norte-americano (1877-1952).

Ademais, a América tem sido um novo lar para muitos estudiosos europeus ou os tem recebido por curto espaço de tempo, como professores visitantes. Vossler, por exemplo, que já discutimos, estava na América e lá ensinou sua doutrina idealista da linguagem. Leo Spitzer viveu na América durante a última parte de sua vida e, na Universidade de John Hopkins, desenvolveu suas ideias sobre estilística e crítica literária a que já nos referimos.

Mas a contribuição mais original da América (1), para a linguística, surgiu de outra fonte. Desenvolveu-se uma escola de linguística muito ativa e intensa em associação com o estudo das línguas indígenas norte-americanas.

Esse estudo estava inicialmente ligado à antropologia, quando o Major John Wesley Powell e seu corpo de antropólogos tiveram a sua atenção voltada para a cultura indígena americana. A linguagem era focalizada dentro da antropologia, como já vimos ter acontecido com as investigações antropológicas na Ásia, África e Oceania.

Na América, entretanto, o antropólogo Franz Boas[352], continuador de Powell, teve uma percepção linguística da maior significação e, sob sua orientação, um grupo de notáveis linguistas dedicou-se à descrição e classificação das línguas indígenas americanas. Boas, de origem alemã, não tivera treinamento prévio em linguística e estava completamente liberto de ideias preconcebidas sobre a linguagem com base na linguística indo-europeia. Expôs seus mais importantes pontos de vista sobre a linguagem, sua natureza e seu funcionamento na sociedade na "Introdução" que escreveu para o *Handbook of American Indian languages* [Manual das línguas indígenas americanas] (1911), que continha sob sua redação uma série de estudos descritivos das línguas indígenas americanas (2). Nele, e depois dele, Boas desenvolveu uma visão geral sobre a linguagem, acentuando seu caráter de padronização, a inconsciência desse padrão, a não dependência da estrutura linguística da cultura ou da raça e a possibilidade do empréstimo

---

352. Franz Uri Boas, antropólogo alemão, pioneiro da antropologia norte-americana (1858-1942).

linguístico em uma escala muito mais ampla do que a ortodoxa linguística europeia estava inclinada a admitir. Em associação com os fatos acima expostos, sustentava que os pequenos grupos tribais dos índios americanos e a frequência, entre eles, de mulheres de outras tribos e línguas, favoreciam o empréstimo linguístico de maneira muito significativa. Estava, principalmente, inclinado a postular uma difusão de traços linguísticos gerais, tais como categorias gramaticais e traços fonéticos de nasalização, glotalização etc. que tendem a dar às línguas indígenas americanas, geneticamente separadas, um aspecto estrutural semelhante.

As ideias de Boas e seu interesse pelas línguas indígenas americanas exerceram uma influência decisiva sobre Edward Sapir, que fora, inicialmente, um estudioso da filologia germânica.

O próprio Sapir nos diz que, depois de assistir a uma palestra de Boas, decidiu devotar sua atenção às línguas indígenas americanas e sentiu a necessidade de lançar uma doutrina linguística em bases mais amplas e mais sólidas. Contribuiu para o *Manual das Línguas Indígenas Americanas* com uma descrição do takelma (3), na qual buscou mostrar o que era realmente pertinente nos valores funcionais da língua sem dar muita atenção à ortodoxa abordagem indo-europeia. Mais tarde, fez uma valiosa descrição do *paiute do sul* (4) baseado no último falante daquele dialeto, um velho índio faminto, encontrado perto de Chicago, cuja língua nenhum perito fora capaz de decifrar.

A mais importante contribuição de Sapir para a linguística, entretanto, foi o desenvolvimento de uma teoria linguística original que discutiu em seu livro *Language: An introduction to the study of speech* [A linguagem, uma introdução ao estudo da fala] (5) (1921) e em muitos artigos e palestras. Quando morreu, em 1939, na idade de cinquenta e seis anos, tinha já lançado os fundamentos de uma escola de linguística geral da maior relevância.

Sapir era um formalista, isto é, via a linguagem como uma forma autossuficiente que fornece ao pensamento e à cultura humanas seus canais expressivos adaptando ambos a ela. De acordo com ela, a tarefa do linguista é a análise completa da forma linguística para descobrir seus padrões intrínsecos. A forma linguística é pré-racional e nasce da intuição. Para aquilatá-la em seu significado e ordenação totais os linguistas necessitam de uma base psicológica bem diferente da psicologia clássica e dependente da investigação do inconsciente. Essa visão da forma linguística e dos padrões linguísticos de Sapir aproxima-se da concepção de língua, de Saussure; mas Sapir deixa de lado o caráter coletivo da língua, como dado não essencial para sua definição, e concentra sua teoria nos padrões da linguagem e no seu plano geral formal (6).

Foi essa visão padronizada da língua que levou Sapir a procurar chegar a um padrão intrínseco para os sons vocais. Não podia aceitar a ideia de que os sons vocais fossem realizações físicas e nada mais do que isso. Num artigo da maior significação sobre "Padrões Fonológicos" (7) na revista *Language* [Linguagem] (8), fez uma separação muito clara entre o que é produzido pelos órgãos fonadores do homem e o que o homem reconhece como linguisticamente significativo. Afirma que há uma padronização fonética, numa base psicológica intuitiva que se superpõe às diferenças físicas do som e cria o que ele chama padrão fonológico da língua. Sua concepção de padrão fonológico, formado de pontos que são sons linguisticamente significativos, é equivalente à concepção de sistema de fonemas na doutrina de Trubetzkoy; por fim, Sapir adotou o termo "fonema". É digno de nota, entretanto, que a abordagem de Sapir é, no fundo, psicológica, como vimos ser a de Baudouin. A teoria de Sapir diverge, entretanto, da de Baudouin pelo seu ponto de vista formalista. A base psicológica e a técnica da pesquisa formalista que constituem a teoria de Sapir sobre padrões fonológicos está muito claramente apresentada em seu artigo "La réalité psychologique des phonemes" [A realidade psicológica dos fonemas], que ele publicou em francês numa edição linguística do *Journal de Psychologie Normale et Pathologique* [Revista de psicologia normal e patológica] (1933).

O formalismo de Sapir levou-o a focalizar a descrição linguística e a tornar-se um sincrônico no sentido de Saussure. Mas ele tinha também um profundo conhecimento do problema histórico da linguagem e o encarava do seu ponto de vista formalista. Nesse sentido, oferece-nos uma doutrina mais coerente e mais homogênea do que a de Saussure que, em sua abordagem diacrônica, não vai além dos princípios neogramáticos da lei fonética e da analogia.

Sapir, ao contrário, considera a mudança linguística essencialmente ligada à estrutura linguística. Rejeita a separação que os neogramáticos faziam entre mudança fonética e mudança morfológica e encara-a como um todo, no qual se entrelaçam os motivos fonéticos e morfológicos. Afirma, ademais, que ela não é errática nem casual, mas tem uma direção muito clara, ou, como ele mesmo diz, um impulso (*drift*). Tal impulso é bastante diferente do conceito de evolução, que vimos ser dominante na linguística desde Schleicher e, para a questão das causas intuitivas, de acordo com Sapir, a ciência ainda não está capacitada a oferecer uma resposta completa. Determina um desenvolvimento incessante de padrões dentro da língua. Sapir acentua, por outro lado, da mesma forma que Boas, que não há relação entre o impulso linguístico e o desenvolvimento da cultura. De acordo com ele, a língua, como forma, é um molde que pode servir para todo tipo de cultura e todo tipo de pensamento coletivo.

Vale a pena registrar que a concepção formal da linguagem tornou Sapir partidário de uma classificação tipológica das línguas, que Meillet, por exemplo, rejeitara em favor de uma classificação genética. Sapir não aceita o esquema triádico nem as modificações que até então tinham sido propostas. Elaborou uma classificação complexa em três níveis: o nível conceptual, o nível morfológico (no qual nos dá uma versão melhorada da classificação de Schleicher) e o nível morfossemântico, no qual distingue as línguas analíticas (um único conceito para cada palavra), as línguas sintéticas (mais de um conceito por palavra) e as línguas polissintéticas (muitos e intrincados conceitos dentro de uma palavra). Não é uma classificação funcional e não foi adotada mesmo por seus discípulos; mas é importante como primeiro passo fonético coerente e homogêneo para uma classificação tipológica de línguas na linguística descritiva ou sincrônica.

A influência que Sapir exerceu na linguística americana foi enorme (9). Chamou atenção para três grandes pontos discutíveis no estudo da linguagem: 1) o estudo descritivo, a fim de descobrir os padrões intrínsecos de uma língua; 2) o estudo do impulso linguístico; 3) as inter-relações entre língua e pensamento a fim de ver até que ponto a língua é levada a infringir a atividade mental de uma comunidade linguística e a dirigir a visão coletiva da vida e do universo dentro daquela comunidade (10).

A descrição de uma língua nos moldes formalistas tornou-se o objeto absorvente da linguística americana a partir de Sapir. Esse conceito de padrões fonológicos combinados à teoria fonêmica de seu amigo e colega Leonard Bloomfield, que discutiremos mais tarde, deu lugar à *fonêmica*, que é a réplica americana da teoria fonológica do Círculo de Praga, na Europa. Embora Bloomfield contribuísse com um método e técnica rigorosos para este estudo, foi Sapir que chamou mais enfaticamente a atenção para a nova abordagem e, além do livro de Bloomfield, em 1933 (que apreciaremos mais tarde), foi um discípulo direto de Sapir, Morris Swadesh, quem expôs, numa maneira muito clara, a técnica teórica do "Princípio Fonêmico" num artigo escrito em 1934 (11).

Dentro do conceito do impulso linguístico, Sapir lançou as bases de um estruturalismo diacrônico que fora focalizado em 1928, está presente no manifesto do Círculo de Praga, e suplantado pela atenção dada à sincronia por parte daquele Círculo. Sapir não desenvolve uma técnica para uma abordagem estrutural à diacronia, mas focaliza o problema de maneira desafiante e provocativa.

Quanto ao terceiro aspecto do pensamento linguístico de Sapir, vale a pena notar o seu conceito de linguística, dentro da antropologia, com uma percepção aguçada de suas profundas implicações. A maneira de colocar a linguística a serviço da antropologia histórica foi exposta no seu livro *Time Perspective in the Aboriginal American Culture* [Uma perspectiva temporal da cultura americana aborígine] (1916), um trabalho inicial, porém muito importante, no qual encontramos sugestões para uma visão semântica da língua que seu discípulo Benjamin Lee Whorf[353], como veremos mais tarde, desenvolveu em uma teoria completa sobre a relação da língua com o conhecimento.

Resumo

Neste capítulo, Mattoso Camara apresenta, detalhadamente, a reflexão do linguista Edward Sapir, um dos mais importantes da linguística norte-americana. Além da influência exercida pelo antropólogo Franz Boas sobre Sapir, Mattoso explica nuanças da teoria sapiriana em contrataste com vários outros autores, entre os quais Ferdinand de Saussure.

---

353. Linguista e engenheiro norte-americano (1897-1941).

XXIX

Bloomfield e sua escola de linguística

O estudo detalhado das línguas indígenas americanas, nos moldes lançados por Boas, e o estimulante trabalho de Sapir foram as causas principais de um grande interesse pela linguística e uma nova visão da ciência linguística na primeira década do século XX nos Estados Unidos.

Em 1925, esse novo interesse e as novas tendências nele implícitos deram lugar à fundação da "Linguistic Society of America" [Sociedade de Linguística da América] e à sua revista *Language* que, até hoje, são os dois mais importantes canais dos estudos linguísticos e das novas abordagens linguísticas na América (1).

O trabalho que formulou uma ampla teoria e técnica para esses estudos e abordagens foi o livro de Leonard Bloomfield, intitulado *Language* [Linguagem], em 1933 (2).

Era Leonard sobrinho do sanscritista Maurice Bloomfield[354], que devemos colocar entre os estudiosos americanos da filosofia tradicional, tais como Buck, Grandgeant, Sturtevant, a quem já nos referimos. Leonard Bloomfield passou vários anos de estudo na Alemanha (3) e, quando voltou para a América, publicou o livro *An introduction to language* [Intro-

---

354. Filólogo norte-americano (1855-1928).

dução ao estudo da linguagem], em 1914. Baseava-se nos pontos de vista de Wundt sobre a linguagem, já por nós discutido. Em 1933, entretanto, Bloomfield lançou o que ele chamou "uma versão revista" deste trabalho que era, na realidade, um novo livro em seu escopo e em seus princípios teóricos. Essa completa mudança de atitude, como bem podemos supor, foi devida ao exemplo de Boas e de Sapir e à influência do "behaviorismo" (4), uma abordagem psicológica baseada no comportamento, em lugar das técnicas tradicionais da psicologia, que tinham sido lançadas na América por um grupo de psicólogos, cuja figura principal era Albert Paul Weiss[355]. Bloomfield buscou colocar a linguagem em um nível de observação puramente objetivo das formas linguísticas, da mesma forma que os behavioristas tinham tentado fazer com as ações humanas. Era a abordagem "mecanicista" à linguagem, que se tornou um princípio básico entre os discípulos de Bloomfield. Eles a contrastavam com a abordagem "mentalista", a qual, como era o caso de Wundt, era levada a relacionar a linguagem aos processos mentais que se supunha dar lugar a eles. Dessa maneira, a atitude de Bloomfield foi bem diferente da de Sapir, que focalizou a base psicológica dos fenômenos linguísticos, embora, como já vimos, não estivesse satisfeito com as correntes clássicas da psicologia.

No seu livro mais importante, de 1933, Bloomfield desenvolveu o conceito de fonema como um feixe de traços distintivos dentro do complexo do som vocal de um modo semelhante ao conceito de Jakobson e Trubetzkoy, como já observamos. Ele deu, assim, a base teórica para o desenvolvimento da "fonêmica", a réplica americana para a "fonologia" de Trubetzkoy. Bloomfield não foi o criador do termo "fonêmica" que foi criticado como "espúrio", uma vez que a derivação normal, de acordo com a formação da palavra em grego, requeria *fonemática*, mas empregou o termo *fonêmico* como um adjetivo.

A principal discrepância entre os foneticistas americanos e a Escola de Trubetzkoy é que estes últimos aceitavam os conceitos de "Neutralização"

---

355. Psicólogo alemão (1879-1931).

e "Arquifonema", que não eram levados em consideração na discussão de Bloomfield. Ademais, Bloomfield era muito cético quanto ao que dizia respeito à descoberta da fonética, por ele não considerada uma verdadeira ciência. Essa atitude levou a fonêmica americana a enfatizar cada vez mais o que se chamou distribuição de fonemas. Em vez de definir um fonema através de seus traços fonéticos, a técnica distribucional procura defini-lo por suas posições nas formas linguísticas e pela maneira com que se combina com outros fonemas. Alguns discípulos de Bloomfield foram tão longe nessa abordagem distribucional que chegaram a pôr de lado a caracterização fonética dos fonemas. Por meio da distribuição o conceito de neutralização podia, francamente, ser evitado, restringindo-se um fonema às posições parciais nas quais a sua oposição a outros fonemas não é neutralizada. Em vez da neutralização os foneticistas americanos levaram em consideração o conceito de "superposição" ou "debordamento" quando em certas posições um contraste de dois fonemas não se processa (5).

Vale a pena notar que muitos foneticistas americanos, entretanto, partiram da definição do fonema de Bloomfield e passaram a encarar o fonema como um grupo de sons vocais semelhantes, tal como era feito na escola inglesa de Daniel Jones, a que já nos referimos.

Mas a discussão do fonema era apenas parte da teoria da linguagem de Bloomfield. Seu livro abrange todos os tipos de fenômenos linguísticos, não só em seus aspectos descritivos, como também históricos (6).

No seu aspecto histórico, sua mais importante contribuição foi, como afirma Robert Hall[356], demonstrar "a justificação proporcionada pela teoria fonêmica para a pressuposição da mudança fonética regular e, por isso, para a aplicação do método comparativo, mostrando sua compatibilidade com as descobertas da geografia linguística e colocando, esta última, na posição adequada com respeito ao trabalho comparativo". Assinala a reação contra os antineogramáticos, em concordância com Hall, ou melhor, lan-

---

356. Robert Anderson Hall Jr., linguista norte-americano (1911-1997).

çou as bases para uma abordagem estrutural à linguística diacrônica com uma metodologia segura.

Sobre essa base estrutural, os linguistas americanos foram capazes de desenvolver um estudo histórico das línguas indígenas americanas e, consequentemente, de qualquer grupo primitivo moderno de línguas, o que, como vimos, Meillet duvidara ser possível conseguir. Os pontos básicos para isso foram uma aplicação exaustiva das leis fonéticas e o que se chamou "comparação interna", isto é, uma comparação das variações dialetais dentro de uma língua; supõe-se que essas variações representam estágios cronológicos diferentes e, desse modo, é possível estabelecer cadeias de desenvolvimento de formas linguísticas a fim de se chegar a uma forma teoricamente reconstruída da protolíngua. É fácil de ver que esse método deriva da técnica da geografia linguística, a que nos referimos.

O principal caráter dessa abordagem diacrônica é o esforço em reconstruir estados linguísticos, isto é, de obter uma série de sistemas linguísticos sincrônicos através do tempo. A diacronia é vista como uma mudança de um estado sincrônico para outro e o investigador tenta obter uma ideia tão clara quanto possível de um sistema de fonemas e formas opositivas que funcionaram no passado. É uma visão bem diferente, em face da de Meillet e Jespersen que, como já vimos, afirmavam não ser possível, através do método de reconstrução, chegar-se a uma verdadeira língua no passado, uma vez que as formas reconstruídas não são, necessariamente, da mesma época e do mesmo lugar. A técnica americana, ao contrário, pressupõe uma solidariedade entre muitos dados linguísticos reconstruídos com base em princípios estruturais. Um fonema reconstruído, por exemplo, pressupõe uma oposição de fonemas surdos *versus* sonoros (7) e permite muitas sugestões nessa linha.

Daí ser a linguística histórica dependente dos princípios estruturais gerais de linguística descritiva e podemos dizer com segurança que, para Bloomfield e sua escola, a técnica descritiva é o fundamento básico de estudo linguístico.

Nessa técnica, desenvolveu-se o mais importante corpo de princípio e métodos que colocaram os estudiosos bloomfieldianos numa posição de destaque na linguística contemporânea.

Ao lado do fonema, em fonologia, Bloomfield desenvolveu para a morfologia o conceito de "forma mínima" como a unidade estrutural básica do discurso. Dividiu-a em "formas livres" e "formas presas" e através do conceito de "formas livres" chegou a uma doutrina do vocábulo, muito funcional. Seus discípulos preferiram o termo "morfema" a "forma mínima" e desenvolveram para os enunciados a técnica da análise componencial, visando obter os "Constituintes Imediatos" desses enunciados, como unidades mínimas estruturais de uma língua (8).

Essa técnica descritiva básica tem sido incessantemente aperfeiçoada com métodos muito elaborados e nomenclaturas muito complexas. Podemos dizer que, dentro da linguística bloomfieldiana, há, com referência tanto a método quanto à nomenclatura, muitas tendências divergentes.

A mais importante das divergências diz respeito ao uso de dados semânticos na análise linguística.

Bloomfield sustentava que a semântica não é cientificamente manipulável em termos linguísticos e estava inclinado a deixá-la de lado no estudo da linguagem e colocá-la, antes, como pertencente aos estudos filosóficos (9). Usou, entretanto, um critério semântico para opor formas mínimas como unidades linguísticas diferentes. Para ele, o significado linguístico devia ser usado como critério para a pressuposição das diferentes formas mínimas: dois segmentos fonêmicos diferentes podiam ser apenas variantes de uma única forma linguística (ex.: -*t* de *taught* e o -*d* de *lived* (10)) e, por outro lado, um segmento fonêmico particular podia representar mais de uma forma de acordo com seu significado diferente (ex.: /sij/ em *sea* e *see* (11)). Alguns linguistas americanos, todavia, preferiram deixar de lado, por completo, os critérios de significado. Desenvolveram uma técnica baseada na distribuição, levando às últimas consequências o princípio distribucional que já se encontrava claramente exposto em Bloomfield.

236

É, naturalmente, impossível dar um relato completo das subescolas linguísticas norte-americanas derivadas de Bloomfield (12). Devemos contentar-nos com mencionar algumas das figuras mais características e os trabalhos dentro delas.

A teoria geral da linguagem foi discutida, depois de Bloomfield, por exemplo, por Zellig Harris[357] em muitos artigos e em seu livro *Methods in Structural Linguistics* [Métodos em Linguística Estrutural] (1951) que adota uma abordagem estritamente distribucional para a análise linguística. Podemos mencionar também, mais recentemente, o livro de Charles Hockett[358], *A Course in Modern Linguistics* [Um curso em linguística moderna] (1958), que visa oferecer um resumo da linguística nos moldes bloomfieldianos. Hockett também escreveu *A Manual of Phonology* [Um manual de fonologia] (1955), no qual muitos pontos sobre a teoria do fonema, de acordo com a escola bloomfieldiana, são retrabalhados sob uma visão mais ampla.

A teoria da linguística descritiva, partindo principalmente da análise do inglês americano, desenvolveu-se no sucinto *Outline of Linguistic Analysis* [Perfil da análise linguística] (1942), de Bernard Bloch[359] e George Trager[360], que foi aprovado implicitamente por Bloomfield, uma vez que ele o considerava a contraparte de seu livrete *Outline Guide of Foreign Language Teaching* [Guia de ensino de língua estrangeira] (1942) (13). Trager é também o autor, em colaboração com Henry Lee Smith[361], de um pequeno tratado, *An outline of English structure* [Um esboço sobre a estrutura do inglês] (1951), igualmente resumido. Podemos mencionar, também, em referência com o assunto acima, Archibald A. Hill[362], da Universidade do Texas, que no seu trabalho *Introduction to linguistic structures: from sound*

---

357. Zellig Sabbetai Harris, linguista norte-americano (1909-1992).

358. Charles Francis Hockett, linguista norte-americano (1916-2000).

359. Linguista norte-americano (1906-1965).

360. George Leonard Trager, linguista norte-americano (1906-1992).

361. Linguista norte-americano (1913-1972).

362. Archibald Anderson Hill, linguista norte-americano (1902-1992).

to sentence in English [Introdução às estruturas linguísticas: do som à sentença em inglês] (1958) tentou fazer uma análise linguística geral com base na análise fonêmica, uma maneira indireta de evitar o critério semântico na linguística descritiva. Os princípios mais fundamentais e não controvertidos da análise linguística na América são discutidos no livro de H.A. Gleason[363] intitulado *Introduction to descriptive linguistics* [Introdução à linguística descritiva] (1955).

No âmbito das línguas indígenas americanas, cujo estudo, como já vimos, deu lugar ao surgimento da nova abordagem americana à linguagem, podemos mencionar como mais original as investigações de Morris Swadesh cuja nova técnica, *Glotocronologia,* já foi discutida e Kenneth Pike[364]. Este, juntamente com Eugene Nida[365], como diretor do Instituto Linguístico de Verão (14), desenvolveu um vasto campo de pesquisa daquele instituto destinado a estudar as línguas americanas e outras línguas primitivas. Seu colega Eugene Nida escreveu, com essa finalidade, o tratado *Morphology: The Descriptive Analysis of Words* [Morfologia: a análise descritiva dos vocábulos] (1949) e um livrinho provocante e, ao mesmo tempo, estimulante, intitulado *Linguistic Interludes* [Interlúdios linguísticos] (1944) no qual, na técnica platônica de exposição de diálogos, explica e discute a nova abordagem à linguagem feita pela linguística americana. Pike, por outro lado, fez um estudo intenso e revolucionário intitulado *Phonetics, a Critical Analysis of Phonetic Theory and a Technique for the Practical Description of Sounds* [Fonética, uma análise crítica da teoria fonética e uma técnica para a descrição prática de sons] (1943), desenvolveu uma técnica objetiva sobre a fonêmica e, recentemente, desenvolveu uma teoria geral de linguagem como base para a interpretação e a análise do comportamento humano em geral (15). Em sua obra, faz uma curiosa distinção entre interpretações "éticas" e "êmicas" dos fenômenos lin-

---

363. Henry Allan Gleason, linguista canadense (1917-2007).

364. Kenneth Lee Pike, linguista e antropólogo norte-americano (1912-2000).

365. Eugene Albert Nida, linguista, tradutor e pastor batista norte-americano (1914-2011).

guísticos e sociais: os termos "ético" e "êmico" foram cunhados das terminações "etics" e "emics" de *phonetics* e *phonemics* e visam pôr uma visão física e concreta dos fenômenos e sua significação sistemática, como um ponto estrutural, num padrão social ou linguístico (16). Pike tentou também desenvolver uma técnica de análise sintática com base no conceito de "tagmema", um termo lançado por Bloomfield em sua discussão de sintaxe, mas ao qual Pike atribuiu um novo sentido e, assim, para evitar-se qualquer confusão com o tagmema de Bloomfield, chamou-o inicialmente de "gramema": a diferença entre os conceitos de Bloomfield e de Pike é que o tagmema de Bloomfield representa a unidade mínima da relação sintática, enquanto que o de Pike é a unidade mínima na comunicação global.

Os principais méritos da escola linguística de Bloomfield no que se refere às ideias da história da linguística foram: 1) estabelecer a possibilidade de um método singular de investigação linguística para todas as línguas do mundo, contra o preconceito de que a linguística propriamente dita devia ser confinada ao indo-europeu e a alguns outros grupos de línguas e, para as línguas "primitivas", deveríamos sempre voltar a uma visão antropológica geral; 2) desenvolver uma técnica de reconstrução baseada na linguística descritiva que fosse independente de um conhecimento concreto de estágios linguísticos anteriores; 3) chamar a atenção para uma aplicação muito ampla e estimulante dos princípios da linguística ao ensino de línguas estrangeiras; 4) mostrar que a gramática tradicional e o estudo de "certo e errado" da linguagem deviam ser substituídos por uma análise objetiva e restrita de uma língua, sem a orientação normativa que deve ser apreciada como um mecanismo social de diferenciação de classes.

Teve, também, o grande mérito de estabelecer uma base sólida para o desenvolvimento de um ensino mais acurado de línguas estrangeiras e línguas nativas de nossa civilização ocidental. O ensino da língua estrangeira foi iniciado pelo próprio Bloomfield, como já vimos, e um corpo de linguistas sob sua orientação, nas Forças Armadas, durante a Segunda Guerra Mundial (17).

Desenvolveu-se, também, uma nova técnica para o ensino de inglês nos Estados Unidos, nos moldes bloomfieldianos, e a figura notável naquele campo foi Charles Fries[366], com sua abordagem estrutural funcional.

Resumo

Neste capítulo, Mattoso apresenta a teoria linguística de Leonard Bloomfield, que deu origem a uma das escolas linguísticas mais importantes do século XX, o distribucionalismo, também conhecido como estruturalismo americano. Mattoso perfila vasta informação a respeito das grandes linhas do pensamento bloomfieldiano além de listar os principais autores que foram influenciados por esse pensamento.

---

366. Charles Carpenter Fries, linguista norte-americano (1887-1967).

XXX

Uma visão geral de outras tendências na linguística descritiva

A técnica descritiva da Escola de Praga e dos linguistas bloomfieldianos era apenas uma parte de uma vasta tendência em linguística descritiva, que dominava a ciência da linguagem depois que Saussure dera ênfase à abordagem sincrônica (1).

Podemos mencionar nessa tendência geral várias correntes de maior ou menor importância ao lado dos discípulos de Trubetzkoy e dos de Bloomfield.

Devemos nos contentar em focalizar as mais notáveis, tanto em suas ideias como na influência que já haviam exercido ou podiam vir a exercer, finalmente, no desenvolvimento da linguística.

Começaremos pela escola inglesa de J.R. Firth[367], professor de linguística geral na Universidade de Londres (2), que desenvolveu a teoria e a técnica da análise linguística descritiva mais ou menos no espírito da abordagem de Bloomfield, como ele próprio nos diz no seu artigo "Atlantic linguistics" [Linguística atlântica] (*Archivum Linguisticum*, Glasgow, 1949: 1-2). Entre

---

367. John Rupert Firth, linguista inglês (1890-1960).

seus seguidores, mais ou menos ortodoxos, podemos citar C.E. Bazell[368], W. Sidney Allen[369] e M.A.K. Halliday[370].

Considerando fora de cogitação o "Indo-Germanismo" ou "Arianismo", que acha ser um traço dos estudos germânicos no século XIX, o objetivo de Firth é desenvolver uma linguística descritiva que possa fazer justiça à estrutura de toda língua, do mundo em geral. Pessoalmente, está ele interessado, principalmente, na língua inglesa e nas modernas línguas da Índia, tanto indo-europeias como dravídicas.

Seu pensamento linguístico está profundamente associado com a escola inglesa de antropologia social cujas principais figuras são Malinowski[371], o conhecido antropólogo polonês que fez da Inglaterra seu segundo lar, e o discípulo deste, Raymond Firth[372]. Malinowski expôs sua visão de língua dentro da antropologia em um "Apêndice" do livro *The Meaning of Meaning: A Study of the Influence of Language upon Thought and of the Science of Symbolism* [O significado do significado: um estudo da influência da língua sobre o pensamento e da ciência do simbolismo] (1923), de Ogden[373] e Richards[374], livro esse que, como veremos mais tarde, visava ao desenvolvimento de uma teoria linguística de sinais e lançava a base de uma semântica descritiva (3). Para Malinowski, o significado linguístico está intimamente ligado ao contexto cultural e só pode ser determinado por ele. Firth, da mesma maneira, acha que o significado linguístico é "contextual", isto é, só pode ser definido na base de um contexto cultural dentro do contexto linguístico de um enunciado. Dessa forma, como o diz C.E. Bazell, "o significado de uma palavra ou de uma oração é visto não tanto

---

368. Charles Ernest Bazell, linguista inglês (1909-1984).

369. William Sidney Allen, linguista inglês (1918-2004).

370. Michael Alexander Kirkwood Halliday, linguista inglês (1925-2018).

371. Bronisław Kasper Malinowski, antropólogo polonês (1884-1942).

372. Raymond William Firth, etnólogo neozelandês (1901-2002).

373. Charles Kay Ogden, linguista e filósofo inglês (1889-1957).

374. Ivor Armstrong Richards, crítico literário inglês (1893-1979).

pelo que é ou denota, mas pelo papel que desempenha ou pelo que faz no contexto de relevante, verbal e não verbal, no qual é emitido e ouvido". Firth nega, portanto, a possibilidade de atribuir a todo elemento gramatical um valor semântico básico, que é a hipótese do que Bloomfield chamou de "mentalismo". Mas, ao invés de deixar a semântica fora da linguística, tenta desenvolver dentro dessa ciência um tipo de semântica pragmática partindo dos contextos cultural e verbal apontados por Malinowski.

A análise linguística de Firth se baseia em quatro conceitos, a saber: unidade, série, classe e sistema. As unidades linguísticas são retiradas dos enunciados e a tarefa do linguista é determinar as séries dentro do enunciado e de lá reuni-las em classes cujo todo constitui o sistema da língua analisada. Os níveis da análise linguística são o nível fonológico, no qual encontramos uma forma linguística de substância fonética, os níveis gramatical e léxico, que tratam das unidades linguísticas palavra e oração, e o nível contextual, que relaciona as formas linguísticas e seu contexto cultural (4).

Em fonologia (5), Firth não parte do fonema, mas da sílaba, que ele afirma ser a verdadeira unidade fonológica caracterizada pela marca prosódica. Julga irrelevante dividir a sílaba em suas partes constitutivas, ou fonemas, e crê que, para muitas línguas, é desaconselhável fazê-lo (6).

Na Dinamarca, temos de mencionar as figuras de Viggo Brøndal[375] e Louis Hjelmslev, que tal como Sechehaye, a quem já tivemos a oportunidade de apreciar, visavam a uma teoria geral da linguagem, da qual a linguística deveria ser derivada dedutivamente (7).

Em Brøndal essa teoria tendia a ser desenvolvida como um tipo de lógica ampla abrangendo a língua. Ao lado desse estudo sincrônico, Brøndal focalizou também a linguística histórica e tentou desenvolver da teoria do substrato, que já apreciamos, a base de uma teoria geral de mutação linguística. Seu ponto de vista era o de que velhos hábitos linguísticos são um tipo de "idioma" indissoluvelmente ligado a toda a população e toda nova

---

375. Filólogo dinamarquês (1887-1942).

língua que essa população tivesse de adquirir deveria seguir aqueles hábitos como um canal preestabelecido.

É, ao contrário, uma teoria exclusiva de linguística descritiva que o estudioso dinamarquês Louis Hjelmslev oferecia em sua nova abordagem à linguagem sob o nome de *Glossemática* (8). Sua teoria se desenvolveu nos moldes da de seus companheiros do Círculo Linguístico de Copenhague, uma réplica do Círculo de Praga. Entre eles, são dignos de menção H.J. Uldall[376], K. Togeby[377] e Prager Haag.

A ideia inicial de Hjelmslev, tal como a de Sechehaye e Brøndal, era elaborar uma gramática geral, construída dedutivamente, que pudesse executar, em nova base científica, o desejo da gramática filosófica do século XVIII, anterior ao advento da linguística: "Uma teoria que busca a estrutura específica da linguagem através de um sistema exclusivamente formal de premissas". Seus primeiros passos nessa abordagem foram os livros, escritos em francês, *Principes de Grammaire Générale* [Princípios de gramática geral] (1929) e *Essai sur la théorie de cas* [Ensaio sobre a teoria do caso] (1935) (9). Desses trabalhos experimentais, ascendeu a uma discussão revolucionária dos princípios da ciência linguística e a uma crítica ousada de seus esteios tradicionais.

O caráter dedutivo da teoria da *glossemática* jaz nos princípios da "arbitrariedade", isto é, sua independência de qualquer experiência, e da "adequação", ou seja, sua aplicabilidade a dados empíricos, ou, em outras palavras, a línguas concretas. Na realidade, Hjelmslev não associa sua teoria a línguas orais, mas antes a encara como algo independente de qualquer substância. Daí o nome de *glossemática* em vez de *linguística*, que tem sido constantemente associada à substância da língua oral produzida pelos órgãos fonadores do homem. A teoria de Hjelmslev, como enfatiza, não se interessa por *coisas*, mas por *relações*. Das relações obtemos a "forma" e,

---

376. Hans Jørgen Uldall, linguista dinamarquês (1907-1957).
377. Knud Dag Nielsen Togeby, linguista e crítico literário dinamarquês (1918-1974).

portanto, a *Glossemática* é o estudo da forma. Por esse termo, quer dizer tanto "forma" como "significado" no seu sentido vulgar. Hjelmslev, em vez de forma no seu sentido comum, usa o termo "expressão" e, em vez de significado, o termo "conteúdo, relacionando um ao outro da mesma maneira que o "significante" e o "significado" de Saussure (10). Afirma que tanto a expressão como o conteúdo são linguisticamente estruturados e os opõe à substância fonética e à substância mental que pode somente ser conhecida através de sua formação como "expressão" e "conteúdo" em linguagem. Com a finalidade de assimilar a independência da glossemática da linguagem oral humana, a unidade de expressão de Hjelmslev é o *cenema,* do qual o fonema nada mais é do que um caso particular (11).

Deve-se levar em consideração que a glossemática não foi ainda aceita por completo e desenvolvida totalmente. A mais fidedigna exposição da teoria, focalizando seus princípios básicos de modo programático, é um pequeno livro de Hjelmslev, em dinamarquês, datado de 1943, do qual uma versão inglesa, supervisionada pelo autor, foi feita em 1953 (12). Há muitos pontos a serem esclarecidos e, mais concretamente, desenvolvidos. Mas já existem aplicações da teoria à descrição de determinadas línguas, como, por exemplo, a *La structure immanente de la langue française* [A estrutura imanente da língua francesa], de Togeby (13).

Na linguística contemporânea, a glossemática de Hjelmslev é assunto de profunda controvérsia. Seus críticos condenavam seu caráter abstrato, o que a aproxima de um tipo de álgebra (como a álgebra simbólica de Carnap[378], a quem aludiremos mais tarde) devido à complexidade de seus termos técnicos e definições sutis. Reconhece-se, entretanto, a clareza e a lógica de suas deduções e a exatidão de sua estrutura teórica. Ademais, muitos conceitos da glossemática estão ganhando aceitação na linguística descritiva, devido a serem adequados à descrição e devido ao inegável aperfeiçoamento teórico que apresentam. Podemos mencionar os concei-

---

378. Rudolf Carnap, lógico e filósofo alemão (1891-1970).

tos da "expressão" e "conteúdo" a que já aludimos e a visão da língua como um sistema de sinais, sistema esse construído de não sinais chamados pelo latinismo *figurae*. Dessa maneira, os elementos fonológicos da expressão são estruturados como não sinais ou figuras dentro da língua, com o nível básico para sua operação como um sistema de sinais. O conceito de forma com seu ponto de partida da substância é, também, muito sugestivo. E podemos ainda mencionar a técnica de comutação como o procedimento axial para chegar às unidades formais na língua. A "comutação" de Hjelmslev tem, na realidade, um significado mais amplo e mais firme do que o procedimento de substituição dos sons vocais em uma forma linguística a fim de ver se são elementos distintivos ou fonemas, uma técnica adotada tanto pelo Círculo de Praga como pelos linguistas bloomfieldianos.

Nos moldes da doutrina do Círculo de Praga, Roman Jakobson (14), a quem já nos referimos como o mais importante colaborador de Trubetzkoy, desenvolveu, nos Estados Unidos da América, onde vive desde 1943 (15), uma teoria linguística descritiva (16), que já expôs em vários artigos, em um sucinto e muito compacto pequeno tratado, *Preliminaries to Speech Analysis: The Distinctive Features and Their Correlates* [Preliminares à análise da fala: os traços distintivos e seus correlatos] (1952) (17), e no livrinho *Fundamentals of Language* [Fundamentos da linguagem] (1956) (18). Seus principais colaboradores nessa nova tarefa à qual se devotou são: Lotz[379], Morris Halle[380] e G. Fant[381].

A nova técnica de análise de Jakobson baseia-se na hipótese teórica de que toda oposição linguística é essencialmente binária, isto é, constituída de dois membros polares. Dessa maneira, ele trabalhou o complexo sistema de conjuntos estruturais linguísticos desenvolvidos por Trubetzkoy visando, desse modo, à teoria do binarismo linguístico.

---

379. Janós Lotz, linguista norte-americano (1913-1973).

380. Linguista letão que fez carreira nos Estados Unidos (1923-2018).

381. Carl Gunnar Michael Fant, engenheiro eletricista sueco (1919-2009).

Aplicou essa nova técnica principalmente em fonologia. Mas, ao mesmo tempo, lá introduziu um novo procedimento – o de operar com traços acústicos em vez de articulatórios. Buscou determinar os traços acústicos correspondentes aos articulatórios pelos quais os fonemas tinham sido tradicionalmente descritos e parte desses traços acústicos como a verdadeira realidade linguística. Ademais, subdivide o fonema em traços acústicos componentes e opera na fonologia com aqueles traços, que ele afirma ser a unidade fonológica por excelência. Considera cada fonema e todo fonema como o resultado de uma combinação variável de um conjunto restrito de traços acústicos elementares comuns à linguagem humana em geral e dispostos em simples pares opositivos de acordo com a teoria do binarismo (19).

No *Preliminaries to Speech Analysis* [Introdução à análise da fala], já mencionado, estabelece de modo claro e detalhado esses pares acústicos por meio da fonética acústica experimental baseada no aparelho chamado espectrógrafo, que, como já vimos, foi idealizado nos laboratórios da Bell Company of Telephone em Nova York.

Uma abordagem bastante diferente à linguística descritiva, em face de todas as escolas pós-saussurianas estruturalistas de linguística, é a complexa teoria do estudioso francês Gustave Guillaume[382] (20), que tentou associar os fenômenos linguísticos a seu substrato psíquico e visava a uma análise estrutural de significação psicológica, uma vez que parte do enunciado linguístico para uma formação psicologicamente estruturada na qual se deva basear a estrutura linguística. Assim, nós nos deparamos com a psicomecânica da linguagem (21), cujo objetivo é desemaranhar a secreta estrutura psicolinguística, que deveria responder pelas estruturas linguísticas fônicas evidentes que encontramos em certas línguas. Ao longo dessas linhas teóricas, Gustave Guillaume estudou, por exemplo, a categoria linguística do verbo em sua imanência e transcendência (22). Sua teoria linguística geral para a base de uma nova técnica de linguística descritiva não foi de-

---

382. Linguista francês (1883-1960).

senvolvida totalmente, entretanto, e a influência do linguista francês no pensamento linguístico contemporâneo não foi muito significativa, embora possamos descobri-la em alguns dos modernos estruturalistas franceses, como Bernard Pottier[383].

De um modo geral, o descritivismo francês permaneceu mais profundamente associado às premissas do Círculo de Praga, cujas ideias sobre a fonologia e a gramática estrutural foram aplicadas muito cedo à língua francesa pelo estudioso de Strasbourg, Georges Gougenheim[384].

É também essa associação que caracteriza a abordagem descritiva do linguista francês contemporâneo André Martinet[385]. Mas sobre Martinet teremos de falar no próximo capítulo, uma vez que sua mais importante contribuição tem sido no campo dos estudos diacrônicos.

Resumo

Neste capítulo, Mattoso busca apresentar outras perspectivas de estudos linguísticos descritivos que não aquelas centradas exclusivamente nos nomes de Ferdinand de Saussure e Leonard Bloomfield, além do Círculo Linguístico de Praga. Dessa maneira, dá destaque a autores importantes do século XX cuja influência se estende até os dias de hoje na linguística contemporânea.

---

383. Linguista francês (1924-).
384. Linguista francês (1900-1972).
385. Linguista francês (1908-1999).

XXXI

Linguística diacrônica estrutural e tipologia linguística; tradução mecânica

O desenvolvimento estrutural do estudo dos sons vocais, como foi feito, desde Saussure, pela Escola de Praga, pelos linguistas bloomfieldianos americanos, pela Escola Inglesa de Firth e por Hjelmslev e seus seguidores, era conduzido no nível sincrônico como uma forma de descrição linguística mais científica.

Vale notar que Saussure não conceberá uma nova fonética histórica com base na sua concepção de fonema. Ao contrário, não encontrou razões para tal, pois, para ele, o conceito de sistema linguístico era essencialmente um conceito sincrônico. Daí a contradição implícita entre a discussão saussuriana de fonema e sistema de sons na linguística sincrônica e sua aceitação, do ponto de vista dos neogramáticos, da mudança fonética.

Naturalmente, essa não era a concepção de Sapir, que, como já vimos, associava a ideia de um sistema fonético permanentemente mutável que esteja constantemente adquirindo novos contornos estruturais. Porém, como também já tivemos oportunidade de ver, Sapir não desenvolveu sua doutrina linguística num método completo de análise linguística. Essa tarefa foi realizada na América por Bloomfield e seus seguidores, que concentravam a sua atenção na fonêmica descritiva.

No que diz respeito à Escola de Praga, vimos que o manifesto de Jakobson, Karcevski e Trubetzkoy, em 1928, no Primeiro Congresso Internacional de Linguistas, enfatizava o aspecto diacrônico da nova abordagem e até opunha-se à atitude de Saussure sobre o assunto. Porém, nos anos seguintes, Trubetzkoy e o Círculo de Praga focalizariam, tal como os linguistas bloomfieldianos, o fonema e o sistema fonêmico em sua função sincrônica.

Havia, entretanto, no Círculo de Praga e entre seus simpatizantes, alguns estudiosos que voltaram a sua atenção para a fonética histórica e para a possibilidade de renová-la através de uma completa abordagem fonêmica.

Jakobson, que, como já observamos, deve ter sido o verdadeiro autor do "Manifesto" de 1928, tentou, um ano mais tarde, desenvolver uma fonologia diacrônica para o estudo histórico do russo e escreveu em francês um estudo intitulado *Remarques sur l'évolution phonologique du russe comparée à celle des autres langues slaves* [Notas sobre a evolução fonológica do russo em comparação com outras línguas eslavas] (TCLP 2) (1929) (1). Também tentou sistematizar as consequências da mudança linguística de um padrão fonêmico ou fonológico dispondo-os em três itens: *fonologização*, quando se encontra o advento de um novo fonema; *desfonologização*, quando os fonemas se fundem e a oposição fonológica desaparece; e *refonologização* quando o rendimento de um fonema no sistema aumenta ou diminui como resultado de uma mudança fonética.

Também o francês Gougenheim, a quem já mencionamos, o linguista holandês H.J. Pos[386] e, principalmente, N. van Wijk[387] ocuparam-se com o problema de desenvolver uma doutrina sobre fonologia diacrônica. Van Wijk redigiu o trabalho teórico *Umfang und Aufgabe der diachronischen Phonologie* [Escopo e tarefa da fonologia diacrônica] (1937), publicado em *Mélanges de Linguistique et de Phonologie offerts à Jacques van Ginneksn à l'occasion du soixantieme anniversaire de sa naissance* [Coletânea

---

386. Hendrik Josephus Pos, linguista e filósofo holandês (1898-1955).
387. Nicolaas van Wijk, linguista holandês (1880-1941).

de linguística e fonologia oferecidas a Jacques van Ginneksn por ocasião do sexagésimo aniversário de seu nascimento] e aplicou seus pontos de vista a um estudo sintético do desenvolvimento das línguas eslavas, o qual foi publicado, postumamente, em nosso século, *Les langues slaves. De l'unité à la pluralité (série de leçons faites à la Sorbonne)* [As línguas eslavas. Da unidade à pluralidade (série de lições na Sorbonne)] (1956).

Os linguistas, porém, que mais contribuíram para os fundamentos desse ramo da fonêmica ou fonologia foram o polonês J. Kuryłowicz e o francês André Martinet (2).

Kuryłowicz, a quem já mencionamos mais de uma vez, é um notável indo-europeísta e semiticista. Seu maior empenho tem sido o de realizar suas pesquisas naqueles campos, nos moldes estruturalistas. Tal como Sapir, não gosta de separar demasiadamente a mudança fonética da morfologia e não perde de vista a interdependência de ambos. Ademais, vê a mudança fonética como um processo fonológico, através do qual um sistema de fonemas é retrabalhado e dá lugar a um novo sistema.

André Martinet, por outro lado, é o maior teorizador da fonologia diacrônica (3). Suas ideias sobre o assunto são discutidas em vários trabalhos, desde a década de 1940, em nosso século, e sua discussão geral sobre o assunto é encontrada na obra de sua autoria, publicada em 1955, *Economie des changements Phonétiques* [A economia das mudanças fonéticas].

Martinet explica a mudança fonética como resultado de três causas principais: 1) a assimetria dos órgãos fonadores da boca do indivíduo, o que impede o estabelecimento de um sistema fonológico simétrico; 2) as forças internas dentro do sistema; 3) o impacto de um sistema fonológico estrangeiro devido ao substrato.

No segundo item, que é o mais importante, enfatiza o papel das seguintes forças: a dispersão fonética da articulação de um fonema, que pode fazê-lo abordar perigosamente fonemas com pouco rendimento funcional, isto é, aparecendo como elementos distintivos de pouquíssimas formas linguísticas; a atração de um fonema por um espaço vazio no sistema, o que o faz mudar a sua articulação e seus traços distintivos a fim de preencher aquele espaço como um membro de uma oposição sistemática; a tendência de fonemas erráticos, isto é, fonemas não bem integrados nos pares de oposições do sistema para sofrer mutação em nome de uma completa integração; a catálise, isto é, a fusão de suas articulações distintivas, que podem resultar numa fusão de fonemas toda vez que a comunicação não é, seriamente, impedida por ela.

Podemos dizer que Martinet, que lecionou na Universidade de Colúmbia nos Estados Unidos e é, atualmente, professor de linguística na Universidade de Paris, criou uma verdadeira escola de linguística diacrônica estrutural (4). Seus discípulos, Haudricourt[388] e Juilland[389], sob sua direção, estudaram nessas novas linhas a fonética histórica francesa; explicaram, por exemplo, através da influência da assimetria da boca do indivíduo, cuja parte posterior é muito mais estreita que a anterior, a mudança da vogal posterior do latim *u* para a vogal anterior do francês *U*, quando o número de fonemas vocálicos posteriores se tornou demasiado grande no sistema fonológico dessa língua. Outro discípulo de Martinet, F.H. Jungemann[390], numa tese de doutoramento na Universidade de Colúmbia (1952), tentou aplicar os pontos de vista de Martinet à influência do substrato de uma língua no estudo do desenvolvimento do hispano-românico e no do gascão (5). Outra tese de doutoramento na Universidade de Colúmbia, sob a orientação de Martinet, foi o estudo de William Diver[391] sobre a relação do latim com o osco-úmbrio.

O próprio Martinet fez a aplicação de suas teorias a muitos problemas da linguística românica e indo-europeia e a segunda parte de seu livro *Economie des changements Phonétiques* [A economia das mudanças fonéticas] inclui como capítulos seus os vários trabalhos que ele vem

---

388. André-Georges Haudricourt, antropólogo, linguista e botânico francês (1911-1996).

389. Alphonse Juilland, linguista francês (1922-2000).

390. Frederick Henry Jungemann, linguista norte-americano (1911-1989).

391. Linguista norte-americano (1921-1955).

escrevendo ultimamente sobre esses problemas. No 8º Congresso Internacional de Linguistas (1959), desenvolveu a doutrina das laringeais do indo-europeu em termos puramente estruturais (6).

Por outro lado, alguns linguistas norte-americanos voltaram, finalmente, sua atenção para a linguística diacrônica, restabelecendo o ponto de partida da fonêmica americana, com Sapir. Podemos mencionar o livro de Henry Hönigswald[392] sobre mudanças fonéticas, em que desenvolve as ideias de um trabalho realizado em 1946 (7) e os *Essays in Linguistics* [Ensaios sobre linguística], de Joseph Greenberg[393] (1957), que focaliza, principalmente, sob nova luz, o problema da classificação das línguas. Uriel Weinreich[394], da Universidade de Colúmbia, desenvolveu uma teoria das línguas em contato em seu livro *Languages in contact: findings and problems* [Línguas em contato: achados e problemas] (1953), que reúne substrato e empréstimo em uma doutrina geral da influência recíproca de sistemas linguísticos em contato.

Uma consequência interessante da abordagem estrutural à linguística diacrônica foi o desenvolvimento de uma tipologia das protolínguas. Já vimos que a abordagem de Kuryłowicz à gramática comparativa do indo-europeu leva em consideração a estrutura de estágios linguísticos do passado, abrindo caminho para uma tipologia indo-europeia geral. O estudioso alemão Peter Hartmann, de Münster, encarou essa tarefa com ousadia em seu livro *Zur Typologie des Indogermanischen* [Sobre a tipologia do indo-germânico] (1956).

Naturalmente, uma investigação clara da tipologia do indo-europeu deve se basear numa teoria geral de tipologia linguística, o que é uma tendência muito importante da linguística contemporânea. Além de Sapir, de quem já discutimos, e do russo Meschtschaninov, cuja tipologia, como já

---

392. Heinrich Max Franz Hönigswald, linguista alemão, que fez carreira nos Estados Unidos (1915-2003).

393. Joseph Harold Greenberg, linguista norte-americano (1915-2001).

394. Linguista lituano, que fez carreira nos Estados Unidos (1926-1967).

vimos, desenvolveu-se a partir das discussões de Peter Hartmann em seu livro *Allgemeinste Strukturgesetze in Sprache und Grammatik* [As leis estruturais mais gerais na linguagem e na gramática], (1961), existem os trabalhos do estudioso tcheco Wladimir Skalička[395], que leva em consideração os conceitos tipológicos tradicionais desde Schleicher e tenta retrabalhar e redefinir termos como "aglutinação", "polissintetismo" e "flexão interna". Observe-se, por exemplo, sua classificação do chinês como língua polissintética ("Sur la typologie de la langue chinoise parlée" [Sobre a tipologia da língua chinesa falada], 1946). A doutrina tipológica de Skalicka é tanto sincrônica como diacrônica, já que ele tenta investigar o desenvolvimento de traços tipológicos de uma dada língua através das sucessivas modificações minuciosas que sofre.

Skalicka rejeitou qualquer propósito de uma classificação tipológica das línguas do mundo, mas o desenvolvimento da linguística tipológica abriu uma nova perspectiva a esse problema. Ressalte-se, por exemplo, o esquema de classificação tipológica de Joseph Greenberg, a quem mencionamos. Atendo-se à morfologia, retrabalhou a classificação tipológica de Sapir, tornando-a mais útil e simples.

Uma tipologia inteiramente concentrada na sincronia, mas tão dinâmica quanto a estrutura do assunto visto sob a luz da física contemporânea foi desenvolvida pelo linguista norte-americano Noam Chomsky[396] sob o nome de "Gramática Transformacional". Nessa doutrina, a estrutura da linguagem é estabelecida num nível de traços básicos que podem ser transformados em discurso para dar lugar a enunciados secundários de uma complexidade cada vez mais crescente. Para Chomsky, a tipologia linguística está baseada na estrutura da oração como unidade da comunicação e, dessa forma, a gramática descritiva parte da sintaxe (8).

---

395. Linguista tcheco (1909-1991).
396. Avram Noam Chomsky, linguista norte-americano (1928-).

A comparação tipológica de línguas serve de fundamento teórico para um resultado contemporâneo muito importante dos estudos linguísticos: o desenvolvimento de processos mecânicos de tradução de uma língua para outra por meio de uma comparação detalhada das unidades-tipo, básicas, o que permite colocar na máquina uma unidade-tipo de uma dada língua a fim de se obter a unidade-tipo correspondente da outra língua.

Resumo

Neste capítulo, Mattoso apresenta a fonologia estrutural diacrônica desenvolvida no século XX com especial atenção para o trabalho de Martinet e, posteriormente, o de Sapir. No entanto, a tônica do capítulo é mesmo mostrar a aplicação da abordagem estrutural à linguística diacrônica, o que é algo que poderia ser demostrado somente após a apresentação feita da dita linguística estrutural. Finalmente, Mattoso explica os termos pelos quais retorna, no século XX, a necessidade de elaborar uma teoria geral de tipologia linguística. O tema da "tradução mecânica", anunciado no título do capítulo, restringe-se apenas ao último parágrafo do capítulo, não tendo recebido maior atenção de Mattoso.

XXXII

O estudo da semântica

Vimos em nosso estudo sobre o desenvolvimento da linguística que a ciência da linguagem, desde os seus primórdios no século XIX, focalizava principalmente a forma linguística em seu corpo fonético e em seu mecanismo gramatical. A linguística não encarara ainda, de forma decidida, o problema do significado, o qual determina o papel das formas linguísticas na comunicação entre os homens. O significado fora estudado, principalmente, na paralinguística filosófica (1). Uma abordagem paralinguística digna de nota foi, em épocas recentes, o tratado do filósofo alemão Ernst Cassirer[397], *Philosophie der symbolischen Formen* [A filosofia das formas simbólicas] (2) (1923). Cassirer sustentava que a faculdade de trabalhar com símbolos é o traço essencial do intelecto humano e considera as formas simbólicas idealizadas pelo espírito do homem: o mito, a religião, a arte, a história, a ciência e a linguagem. É levado a estudar a linguagem em seu caráter simbólico, do qual surge o significado linguístico. Dedica a esse estudo o primeiro volume da sua obra mencionada acima (3).

De modo semelhante, como já vimos, Anton Marty e Saussure encaravam a linguística como parte da ciência geral dos sinais, ou Semasiologia para um e Semiologia para o outro. Tal visão coloca, de modo evidente, o significado linguístico no cerne dos estudos linguísticos. Eles, porém, não

---

397. Filósofo alemão (1874-1945).

desenvolveram suas ideias nesse assunto. Recentemente uma visão semelhante foi discutida pelo estudioso armênio Charles Morris[398] no seu tratado *Signs, Language and Behavior* [Sinais, linguagem e comportamento] (1946). Morris, que não levava em consideração o pensamento pioneiro de Marty e Saussure, lançou as bases de uma teoria geral dos sinais, a que ele chamou de "Semiótica" (4), nos moldes behavioristas, tentando chegar ao significado pela observação da reação do organismo animal aos sinais. Desenvolveu o estudo da *semântica,* visto como a relação entre os sinais e seus significados, ao lado da *pragmática* (uma relação entre os sinais e aqueles que os usam) e da *sintática* que trata da combinação dos sinais em um ato de comunicação. Como parte da semiótica, a linguística deveria, também, ser dividida em Semântica, Pragmática (correspondente a Estilo) e Sintática ou Gramática.

Podemos estabelecer, em três itens, os problemas que o significado linguístico levanta: 1) a relação entre coisas e palavras, isto é, a maneira pela qual a forma linguística cobre o campo da realidade extralinguística; 2) a dependência do conhecimento humano do significado linguístico, uma vez que o homem pensa, principalmente, através da linguagem; 3) a relação íntima entre as formas linguísticas no que diz respeito a seus significados.

O terceiro destes itens, naturalmente, podia apenas ser focalizado pela linguística, uma vez que é um problema puramente linguístico, incapaz de ser resolvido pelos estudos filosóficos paralinguísticos.

O segundo item, ao contrário, é basicamente filosófico e deu margem a uma crítica da linguagem que era muito viva na filosofia grega. Claro que deriva do primeiro item e a resposta a ele depende do que possa ser estabelecido sobre a relação entre coisas e palavras. As duas questões estão intimamente ligadas e têm sido, frequentemente, analisadas ao mesmo tempo.

Em linguística propriamente dita, o primeiro estudioso que as discutiu foi Humboldt no começo do século XIX, como já tivemos oportunidade de

---

398. Charles William Morris, filósofo norte-americano (1901-1979).

verificar. Humboldt crê que toda língua oferece uma visão de si própria no mundo (5) que nos cerca, deixando implícito que o conhecimento humano nasce dessa visão linguística particular. Mais recentemente insinuou Sapir, também, que o conhecimento humano depende, em grande parte, da configuração dos significados que a língua proporciona. Sua ideia foi desenvolvida por seu discípulo Benjamin Lee Whorf, um jovem engenheiro que se sentiu atraído à linguística depois de travar conhecimento com Sapir. Tinha uma grande curiosidade científica e, na sua dedicação à linguística, podemos mencionar seus esforços para decifrar a escrita maia do México. Morreu jovem e seus trabalhos sobre essa ciência foram reunidos, postumamente, em um tratado sob o título de *Language, Thought and Reality: Selected Writings of Benjamin Lee Whorf* [Linguagem, pensamento e realidade: textos escolhidos de Benjamin Lee Whorf] (1956) (6). A sua parte mais importante foi devotada ao problema da interdependência existente entre conhecimento e linguagem. Escreveu sobre esse assunto quatro artigos que exerceram grande influência na América e que tinham já sido reunidos em um livrete editado por George Trager, de quem falaremos mais tarde. Seu ponto de vista era de que a linguagem é nossa visão real do mundo que nos cerca e que os padrões linguísticos são os que determinam nossa visão do mundo (7). O conhecimento é, dessa forma, intimamente dependente da linguagem, uma vez que chegamos à ciência através de canais linguísticos. O resultado dessa doutrina é uma doutrina cética ou, pelo menos, relativista do conhecimento humano.

As ideias de Whorf estão, de modo geral, de acordo com as de Humboldt e uma filosofia crítica da linguagem, desenvolvida pelo estudioso alemão Fritz Mauthner[399], que afirma que a lógica de Aristóteles seria bem diferente se sua língua nativa fosse a dacota (8) em vez do grego. Dessa maneira, Whorf se aproxima dos linguistas contemporâneos alemães, tais como Leo Weisgerber[400] e seus discípulos, que desenvolveram um neo-humboldtia-

---

399. Novelista, crítico e filósofo alemão (1849-1923).

400. Johann Leo Weisgerber, linguista alemão (1899-1985).

nismo, enfatizando a influência dos valores linguísticos sobre a nossa interpretação das coisas que nos cercam e, portanto, do papel da linguagem no desenvolvimento dos padrões culturais.

A originalidade de Whorf jaz, principalmente, na maneira como conduziu o seu ponto de vista, comparando, de modo sistemático, o inglês com o hopi, uma língua indígena norte-americana. Tentou mostrar como as diferenças estruturais entre essas duas línguas são não apenas responsáveis, mas, também, correlacionadas às diferenças nos campos conceituais do falante inglês e do hopi.

O terceiro problema que mencionamos no estudo do significado linguístico é, entretanto, o núcleo da semântica como uma disciplina linguística verdadeira: como as formas linguísticas se relacionam umas com as outras no que diz respeito aos seus significados?

Na última parte do século XIX, tal relacionamento foi focalizado sob o aspecto histórico, dando lugar a um estudo histórico da semântica com Hermann Paul, Michel Bréal e Meillet, como já foi visto anteriormente. Tal estudo teve sequência no século XX, por vários estudiosos, entre os quais podemos mencionar o sueco Gustav Stern[401] com um livro no qual focalizava, principalmente, a língua inglesa (1931) (9) e pelo alemão H. Sperber[402] que se colocou num ponto de vista psicológico freudiano (1930) (10).

Quando a atenção dos estudiosos em linguística se voltou para o estudo descritivo ou sincrônico da linguagem, esperava-se o desenvolvimento de uma réplica descritiva ou sincrônica da semântica. Na realidade, os pontos de vista de Saussure favoreceram a inclusão do estudo do significado em linguística sincrônica. Como já vimos, fez ele uma nítida distinção entre o significado e o mesmo de uma forma linguística e levou ao estudo do significado sua teoria geral das oposições linguísticas, fornecendo uma pista para determinar o significado linguístico através da associação e do

---

401. Linguista sueco (1822-1948).

402. Hans Sperber (1885-1963).

contraste das formas linguísticas (11). Os estudiosos saussurianos foram sensíveis ao estudo do significado. Podemos mencionar em relação com esse estudo, além de Gardiner e Bally, de quem já falamos, o linguista belga E. Buyssens[403] com um pequeno livro *Les Langages et le discours: Essai de linguistique fonctionnelle dans le cadre de la sémiologie* [As línguas e o discurso: ensaio de linguística funcional no contexto da semiologia] (1943) e o linguista húngaro Zoltán Gombocz[404], que publicou em magiar (húngaro) um tratado de semântica (1926) (12).

Um conceito do signo linguístico semelhante ao de Saussure (13), embora negando qualquer ligação com ele, foi desenvolvido em inglês por C.K. Ogden e I.A. Richards no seu livro *O significado do significado*, cuja repercussão foi muito grande. Nenhum dos autores era um linguista no sentido restrito do termo. Richards era crítico literário e já se tornara famoso por suas ideias sobre crítica literária; Ogden estava interessado em filosofia e foi, antes, como filósofo, que ele desenvolveu seus planos para o *Basic English* (14) como solução para o problema de uma Língua Auxiliar Internacional, velho objetivo dos alunos de língua desde Leibniz no século XVIII, várias vezes discutido fora da linguística, o que somente na década de 1920 despertou interesse pelo problema, com Jespersen e Sapir.

A grande importância do seu livro foi enfatizar o caráter arbitrário dos sinais linguísticos e sua relação não com os objetos, mas com as ideias desses objetos. Eles imaginaram o seguinte diagrama para explicar o significado linguístico,

REFERÊNCIA

REFERENTE   **OBJETO**

Figura 6: O significado linguístico (15)

---

403. Eric Buyssens, linguista belga (1910-2000).
404. Linguista húngaro (1877-1935).

acentuando que as formas linguísticas, ou referentes, são símbolos de nossa referência a coisas e não se referem às coisas em si. Tomaram, entretanto, a atitude normativa para com as significações linguísticas, tentando estabelecer a maneira correta para lidar com elas a fim de serem essas significações exatas e verdadeiras. Essa atitude desviou-os de uma observação científica do significado em linguagem e deu lugar a uma escola filosófica de semântica com vistas à não ambiguidade e à verdade através da linguagem. Tal era o objeto do pensador polonês Korzybski[405], que publicou nos Estados Unidos o livro *Science and sanity: An introduction to non-Aristotelian systems and general semantics* [Ciência e sanidade: uma introdução a sistemas não aristotélicos e à semântica geral] (1958) e lá possuía um grupo de seguidores. O núcleo de sua abordagem era suprimir do significado linguístico a fluidez e os tons de sentimentalismo que eram inerentes, reduzindo a linguagem a um simbolismo lógico. O estudioso alemão Carnap desenvolveu nesses moldes uma nova lógica baseada em sinais linguísticos sob o valor representativo apenas.

Por outro lado, entre os estudiosos em linguística na América, Bloomfield e seus discípulos, como já vimos, não consideravam os problemas semânticos como pertinentes à investigação linguística. George Trager deu a essa visão do assunto uma estrutura classificatória: atribui à semântica a "metalinguística" como um estudo interdisciplinar associando a linguística à antropologia cultural. Classificou, por isso, como pesquisas metalinguísticas, os ensaios de Whorf, que já discutimos, e os publicou num livrete sob o título de *Four articles on Metalinguistics* [Quatro artigos sobre metalinguística] (1950). Podemos associar a posição de Trager com a de Firth, de quem o assunto "significado contextual" já tivemos oportunidade de apreciar. Há, entretanto, uma diferença básica no fato de que Firth não considera a possibilidade de uma análise linguística puramente formal isolada do nível semântico, mas antes parte, em sua análise linguística, de um significado contextual.

---

405. Alfred Habdank Skarbek Korzybski, engenheiro polonês (1879-1950).

Sapir, por outro lado, tinha um agudo interesse pela semântica e, no seu artigo "Grading: a study in semantics" [Gradação: um estudo em semântica] (1944), ele separa três níveis de significação existentes nas formas linguísticas: 1) o nível lógico; 2) o nível psicológico; e 3) o nível linguístico, que não coincide nem com o lógico nem com o psicológico, pois ambos, algumas vezes, o superpõem ou permanecem não expressos nele.

Tal distinção foi um passo firme para o desenvolvimento de uma semântica linguística, que trabalha com o nível linguístico do significado. A base para tal já fora lançada por Saussure quando este colocou o significado na estrutura das oposições linguísticas. Podemos relacioná-la com a teoria do linguista alemão Jost Trier[406] sobre *campos semânticos* que ele discutiu no livro *Der deutsche Wortschatz im Sinnbezirk des Verstandes: die Geschichte eines sprachlichen Feldes* [O vocabulário alemão na área sensorial da mente: a história de um campo linguístico] (1931). De acordo com ele, os conceitos existentes nas formas linguísticas são espontaneamente reunidos nos campos semânticos em um tipo de estrutura em que o significado da forma linguística depende dos significados das outras colocadas no mesmo âmbito. Trier conduziu sua investigação ao longo de linhas diacrônicas como uma nova abordagem estrutural – a semântica histórica. Focalizou certas palavras em alemão e tentou demonstrar como o fato de serem elas "pontos" em um campo semântico eram os responsáveis por suas mudanças de significado da mesma maneira que as mudanças culturais afetavam os conceitos linguísticos dentro do campo.

Entretanto, em sua abordagem, havia uma nova visão dos significados linguísticos que passaram, assim, a ser vistos como constituintes de padrões linguísticos. Essa ideia foi mais detalhadamente desenvolvida ao longo de linhas sincrônicas pelo linguista dinamarquês Louis Hjelmslev e seus seguidores dentro da doutrina da "Glossemática" que já examinamos em suas linhas teóricas. Hjelmslev substituiu os conceitos de "Significante" e

---

406. Linguista alemão (1894-1970).

"Significado" de Saussure por "Expressão" e "Conteúdo" e buscou interpretar o conteúdo, isto é, o significado linguístico, em um padrão linguístico de significações, cada língua possuindo o seu padrão típico. Abriu, assim, caminho para o estudo do nível linguístico do significado, que, como já vimos, Sapir separara do nível lógico e do psicológico.

Como consequência de todos esses esforços, a semântica adquiriu então, hoje, uma técnica tanto diacrônica como sincrônica ao longo de linhas estruturais. Seu lugar dentro da linguística foi discutido por Stephan Ullmann[407], professor na Universidade de Glasgow, em seu livro *The Principles of Semantics* [Os princípios da semântica] (1951) (16).

Resumo

Neste capítulo, Mattoso dedica-se a apresentar o que considera ser as grandes linhas da reflexão semântica de seu tempo. O capítulo, além de citar alguns dos nomes mais importantes da teoria semântica da primeira metade do século XX, testemunha uma peculiaridade da história da semântica nos estudos linguísticos, qual seja, a sua dificuldade em se adaptar aos parâmetros metodológicos linguísticos *stricto sensu* e sua consequente vinculação ao campo "paralinguístico".

---

407. Linguista húngaro (1914-1976).

Comentários ao texto de *História da linguística*, de Mattoso Camara Jr.

NOTAS DO CAPÍTULO I – ABORDAGENS DIFERENTES AO ESTUDO DA LINGUAGEM; PRÉ-LINGUÍSTICA, PARALINGUÍSTICA, LINGUÍSTICA PROPRIAMENTE DITA

(1) Essa passagem tem importância e deve ser destacada, uma vez que confirma a gênese do livro: um curso ministrado a um público de estudantes.

(2) Apesar de Mattoso assumir, com relação à escrita, uma posição aparentemente restrita à relação entre o som e o gráfico, ele não deixa de ver na invenção da escrita uma revolução tecnológica importante, de natureza sociocultural, o que está absolutamente em sintonia com discussões posteriores (em diferentes quadros teóricos) que viriam a enfocar a natureza das relações entre o oral e o escrito, o impacto que a escrita teve sobre a humanidade, além do lugar que a questão ocupa na teoria linguística em geral. Cf., a esse respeito, Auroux (1998).

(3) Cabe ver aqui que a observação de Mattoso sobre o valor sociolinguístico que uma variedade linguística adquire na sociedade mostra clara-

mente a contemporaneidade de sua discussão. Ora, o texto de Mattoso é do início da década de 1960, e os estudos em Sociolinguística passaram a ser explorados de maneira mais sistemática exatamente ao longo das décadas de 1960 e 1970, em especial a partir das publicações dos trabalhos de William Labov.

(4) Observe-se que Mattoso considera os estudos normativos como um ponto de vista possível de estudo da linguagem. Isso se coaduna com a postura assumida em *Estrutura da língua portuguesa*, quando contrapõe gramática normativa e gramática descritiva: "a gramática normativa tem o seu lugar e não se anula diante da gramática descritiva. Mas é um lugar à parte, imposto por injunções de ordem prática da sociedade. É um erro profundamente perturbador misturar as duas disciplinas" (Camara Jr. 2019: 33).

(5) Observe-se que Mattoso atribui lugar de destaque ao estudo de línguas estrangeiras, o que preconiza o desenvolvimento que o tema conhecerá, no Brasil, no âmbito da linguística aplicada.

(6) É importante destacar aqui que Mattoso não está atribuindo caráter normativo ao que chama de *Estudo lógico da linguagem*. Na verdade, o autor está apenas chamando a atenção para o fato de que, na origem, os estudos tradicionais, considerados posteriormente normativos, beneficiaram-se dos estudos lógicos. Isso é bastante evidente, por exemplo, na abordagem sintática até hoje feita pelos estudos normativos (cf. Azeredo 2015).

(7) Ao que parece, Mattoso quer destacar aqui que os estudos filológicos, via de regra, buscavam apenas a adequação descritiva dos dados. Assim, o estudo dos metaplasmos, por exemplo, consistia em relacionar palavras isoladas e as mudanças por que elas passaram até chegarem à forma corrente. Por exemplo: *apiculam* (latim) > *apicula* > *apecola* > *apecla* > *abecla* > *abelha* (português).

A linguística moderna, por outro lado, busca leis gerais de mudança (e variação) nas línguas naturais, com o objetivo de explicar como e por que tais mudanças acontecem. A observação empírica dos dados certamente faz parte da investigação linguística, mas a busca por uma teoria da mudança linguística é definitivamente seu objetivo último. O estudo da mudança linguística começa a receber rigor formal a partir dos estudos de linguística histórico-comparada, que serão tratados em detalhe por Mattoso nas próximas seções.

(8) É interessante observar que, nesse ponto, Mattoso parece restringir o que chama de estudo *descritivo* a um estudo de natureza funcionalista da linguagem. Isso se deve, certamente, à sua vinculação ao pensamento jakobsoniano. É sempre importante relembrar que Mattoso conheceu detalhadamente a teoria do linguista russo Roman Jakobson, de quem foi aluno e tradutor. Observe-se o que diz o Professor Carlos Eduardo Falcão Uchôa, na introdução que faz à seleção de textos de Mattoso, publicada em 1972, *Dispersos de Mattoso Camara Jr.*, enfocando, no caso, a atividade de tradutor de Mattoso: "outro linguista que teve uma série de artigos traduzidos por Mattoso, englobados em um volume, foi Roman Jakobson, seu antigo professor em Nova York. Fonema e fonologia (1967) ficou sendo o nome deste conjunto de ensaios de uma das figuras mais destacadas do famoso Círculo Linguístico de Praga, e que se radicou, desde 1943, nos Estados Unidos da América" (Uchôa 1975: XIII).
Para melhor entender a influência de Jakobson sobre Mattoso é interessante ler a correspondência entre os linguistas, cf. Altman (2015), Jakobson (1967) e Uchôa (1975).

(9) Desde a década de 1960, o que Mattoso chama aqui de *Estudo da língua estrangeira* se desenvolveu grandemente. Hoje, a área conta com diversos pesquisadores e diferentes métodos e abordagens de ensino de língua estrangeira (ou adicional). A literatura sobre o desenvolvimento da área é

muito vasta, e o leitor interessado pode começar por três livros já clássicos na área: Brown (1994), Lightbrown e Spada (1999) e Stern (1993).

(10) O ponto de vista assumido por Mattoso a esse respeito certamente segue a tradição estruturalista norte-americana da época, tradição da qual ele era exímio conhecedor: a língua é menos um fenômeno biológico do que um fenômeno social, uma "criação social", nas suas palavras. Por esse motivo, Mattoso considera os estudos lógicos e biológicos da linguagem humana como *paralinguísticos*. Tendo sido formado no estruturalismo norte-americano, Mattoso não teria como afirmar o contrário.

Hoje, contudo, as ênfases *biológicas* e *lógicas* estão plenamente integradas no estudo linguístico. Um exemplo disso são as áreas conhecidas como Biolinguística e Semântica Formal, que usam o arcabouço da biologia evolutiva e da lógica formal, respectivamente, como base de investigação linguística. Cabe lembrar também que, em especial a partir da década de 1960, diversos pesquisadores (como Massimo Piatteli-Palmarini, Noam Chomsky e Eric Lenneberg) passam a investigar a linguagem essencialmente como um produto biológico evolutivo. Hoje, o debate sobre a natureza social *versus* biológica da linguagem recebe bastante atenção da comunidade acadêmica linguística.

(11) A história "oficial" da linguística costuma manter suas origens e desenvolvimentos centrados na Europa e nos Estados Unidos, essencialmente. Esse ponto de vista é refletido aqui. Fora desse eixo, apenas o trabalho do gramático hindu Pānini costuma ser reconhecido, por sua descrição "formalizada" do sânscrito por volta de 500 a.C. Mattoso fala sobre Pānini no próximo capítulo.

(12) A posição, de certa forma eurocêntrica, assumida por Mattoso a esse respeito é, certamente, decorrente da forte presença dos estudos europeus nas universidades brasileiras (cf. Altmann 1998).

(13) A esse respeito, vale ler a excelente apresentação feita por Chomsky em Chomsky (1997).

(14) Essa tomada de posição de Mattoso acerca do escopo de uma "história da linguística" é digna de destaque. O autor concebe a disciplina "História da linguística" como um campo amplo de estudos que – ao que suas afirmações indicam – inclui claramente aspectos do que veio a ser estudado no âmbito das diferentes perspectivas históricas de abordagem dos estudos da linguagem: história das ideias linguísticas, história das teorias linguísticas, história da ciência linguística, historiografia linguística, historiografia da linguística etc.

Para um melhor delineamento das diferenças e semelhanças existentes entre essas abordagens, cf.: Colombat, Fournier e Puech (2010), Koerner (2006) e Puech (2006).

NOTAS DO CAPÍTULO II – OS ESTUDOS "PRÉ-LINGUÍSTICOS" E "PARALINGUÍSTICOS" NA ANTIGUIDADE

(1) Muitos são os autores que tomam o mundo grego como marco zero da história do pensamento sobre a linguagem. Assim é com Robins (1983: XI), que explicita: "a narrativa se concentra na história da linguística europeia". Mais adiante, justifica: "construí-la [a narrativa] com base na história da linguística da Europa não implica, de modo algum, pretender uma superioridade europeia no campo linguístico. Com efeito, em grande parte dos domínios fonético e fonológico e no tocante a certos aspectos da análise gramatical, o conhecimento europeu foi manifestamente inferior ao dos antigos hindus. Na tradição europeia, porém, nos encontramos em condições de seguir uma linha contínua de desenvolvimento dos estudos linguísticos desde as suas origens na Grécia, enquanto que sabemos muito pouco da origem e dos primeiros estágios que estão por trás da amadurecida obra dos gramáticos hindus sobre o sânscrito" (Robins 1983: 5). No entanto, é

bom lembrar, esse recorte feito por Robins coloca em destaque apenas o mundo ocidental.

Mattoso, por sua vez, ao evocar os estudos da linguagem desenvolvidos na Índia, dá destaque a um importante capítulo da história do pensamento linguístico produzida pela humanidade. É importante destacar essa atitude de Mattoso, no contexto historiográfico linguístico em geral, e, em especial, no contexto da linguística brasileira, uma vez que, ainda hoje, estudos que visam a essa abordagem são raros, principalmente, no Brasil.

A esse respeito, vale consultar a excelente *Introdução* de Adriano Aprigliano ao livro *Da palavra [Vākyapadīya]* de Bhartrhari, traduzido diretamente do sânscrito (cf. Bhartrhari 2014).

(2) Um dos trabalhos mais completos de que se tem notícia na atualidade acerca da tradição linguística indiana pode ser encontrado no primeiro volume de *Histoire des idées linguistiques*, a monumental obra coordenada por Sylvain Auroux. Nele encontram-se, além de estudos sobre a tradição indiana, estudos sobre o nascimento da reflexão linguística ocidental, da tradição árabe e da tradição do Extremo Oriente (cf. Auroux 1989).

(3) Hoje em dia, considera-se que tenha vivido entre os séculos VI-V a.C. (cf. Aprigliano 2014; Auroux 1998).

(4) Conforme Aprigliano (2014: 19-20), "único monumento que a tradição indiana legou da disciplina etimológica, o *Nirukta* de Yāska (VI-V a.C.) é um comentário a listas de palavras extraídas dos Vedas e de autoria anônima chamado *Nighantu*, que contém grupos de sinônimos e homônimos, formas raras, formas verbais e nomes de divindades".

(5) Datado dos séculos XII-X (a.C.), trata-se de uma "coleção de hinos para uso ritualístico e, ademais, registro dos mais arcaicos dentre as línguas indo-europeias" (Aprigliano 2014: 15).

(6) A gramática de Pāṇini (gramático que viveu entre VI-V a.C.), como é conhecida, é um trabalho descritivo do sânscrito, composto por "3.996 regras (*sūtra*, literalmente 'fio') que operam, de um ponto de vista eminentemente sincrônico e descritivo, a formação do enunciado por meio da adição de afixos e bases verbais e nominais" (Aprigliano 2014: 22-23). Para Salmoni (1978: 39), Pāṇini "foi o primeiro, na história do homem por nós conhecida, a intuir a existência de palavras formadas por raízes e desinências, e a agrupar séries de palavras derivadas da mesma raiz primitiva. Observando analogias e correspondências, na variação de grupos de palavras, derivou da própria língua regras e preceitos. E chegou a uma síntese tal na expressão de suas intuições e normas, que atingiu por vezes a brevidade das fórmulas algébricas. Pela primeira vez, com a obra de Pāṇini, estudou-se uma língua não com fins práticos, mas como objeto de interesse em si".

(7) Trata-se de um comentário às observações de Kātyāyana – gramático que viveu por volta de 250 a.C. – sobre o texto de Pāṇini, além de um comentário sobre outras regras contidas na obra de Pāṇini (cf. Aprigliano 2014: 24).

(8) Para um aprofundamento da herança grega e latina dos estudos da linguagem, recomendamos a leitura do ensaio de Casevitz e Charpin (2001) e Neves (2005).

(9) Mais uma vez, vemos Mattoso destacar a natureza "oral" de seu curso de história da linguística. Observamos tal destaque logo no início do primeiro capítulo deste livro.

(10) Ambos os filósofos seguem influenciando a linguística contemporânea. Um dos problemas centrais do programa gerativista em linguística, por exemplo, é conhecido como o **Problema de Platão**. Esse problema foi batizado assim em homenagem às ideias que aparecem no diálogo *Mênon*,

em que Sócrates e Mênon debatem sobre como dominamos certo tipo de conhecimento sem a necessidade de ensino formal. Em linguística gerativa, o Problema de Platão está relacionado com o fato de que as crianças aprendem sua língua materna – um sistema altamente complexo – com base em pouca informação disponível. Aristóteles, por outro lado, influenciou toda uma área da Linguística que faz interface com a lógica clássica, tal como a Semântica Formal.

(11) Mattoso refere-se ao estoicismo, escola filosófica criada por Zenão de Cício (335-264 a.C.). No campo dos estudos da linguagem, chegaram a propor a teoria das partes do discurso, a lógica da proposição, tudo em uma disciplina chamada Dialética.

(12) Grupo de filósofos, especialistas em retórica e técnicas de persuasão. A sofística é um conjunto de "doutrinas ou, mais exatamente, atitude intelectual comum aos principais sofistas gregos (Protágoras, Górgias, Pródigo, Hípias)", cf. Lalande (1996: 1.050).

(13) Uma excelente síntese acerca da distinção entre analogistas e anomalistas pode ser encontrada em Lyons (1979). Explica Lyons (1979: 4-6) que a diferença de entendimento que havia entre anomalistas e analogistas é oriunda da discussão entre naturalistas e convencionalistas, ou seja, do debate entre aqueles que consideravam que a conexão entre o significado e sua forma ou era natural ou era convencional. Os primeiros consideravam que as "palavras eram, de fato, apropriadas por natureza às coisas que elas significavam"; os segundos consideravam que essa relação era "resultado do costume e da tradição, i. é, de um acordo tácito, ou 'contrato social', entre os membros da comunidade – 'contrato' que, por ter sido feito pelos homens, podia ser pelos homens violado". Essa controvérsia entre os naturalistas e os convencionalistas evolui, no século II a.C., para a discussão sobre irregularidades (anomalia) e regularidades (analogia) na língua. Os anomalistas eram, *grosso modo*, naturalistas; os analogistas, convencionalistas.

(14) A gramática normativa da língua portuguesa sempre teve uma forte influência dos estudos gramaticais gregos e latinos. A primeira gramática grega foi elaborada por Dionísio da Trácia, que desenvolveu ideias sobre conjugação, declinação, vozes, tempos verbais etc. A gramática latina se baseou muito na tradição grega estabelecida por Dionísio da Trácia. Sobre o assunto, remetemos o leitor a Neves (2005).

(15) Roma foi fundada por volta do ano 753 a.C., provavelmente por povos sabinos e latinos. Durante o período da República (509-31 a.C.), Roma desenvolveu sua economia e cultura e começou sua expansão territorial e conquistas bélicas. Em cerca de quinhentos anos, a pequena região do Lácio se tornou uma das maiores potências de que o mundo já foi testemunha: primeiramente, os romanos dominaram toda a Península Itálica. Depois, o exército romano partiu para a conquista de outras regiões: Espanha, Portugal, Gália, Macedônia, Grécia, Oriente Próximo, África do Norte e Egito. Além disso, conquistaram também as ilhas Sicília, Sardenha, Córsega, Creta, Chipre e Rodes. No seu apogeu, os romanos dominaram completamente todos os territórios que cercavam o Mar Mediterrâneo, chegando ao norte da Europa e às Ilhas Britânicas.

(16) Conforme explica Auroux (1998: 413), as *Etimologias* de Isidoro de Sevilha são uma das mais importantes obras de síntese de conhecimentos medievais e "a gramática aparece aí como um método universal do saber". O procedimento da etimologia busca a origem das palavras. Explica Viaro (2013: 30) que, nos volumes da enciclopédia de Isidoro de Sevilha, "o número de étimos é imenso e os vinte livros dessa obra carregados de erudição (mais de 150 autores são citados) tratam de vários assuntos. Sobretudo no livro X (*De vocabulis*) é possível ver a aplicação da técnica etimológica em uma vasta lista de palavras, na maior parte, ordenada alfabeticamente. Uma das preocupações constantes de Isidoro é informar o que a palavra significa e, portanto, confundem-se, muitas vezes, significado e étimo".

NOTAS DO CAPÍTULO III – O ESTUDO DA LINGUAGEM NA IDADE MÉDIA E NOS TEMPOS MODERNOS ATÉ O SÉCULO XVIII

(1) Mattoso, com esse título, parece querer reunir um longo período da história dos estudos da linguagem: a Idade Média (entre os séculos V e XV), o Renascimento (até final do século XVI) e o Iluminismo (até final do século XVIII).

Conforme Auroux (1998), a Idade Média europeia é fértil quanto aos estudos da linguagem. A gramática é, a esse tempo, fundamental para a construção do sistema de ensino medieval. É dessa época a proposição do *trivium* – a primeira parte do ensino universitário, formada por três disciplinas (gramática latina, lógica e retórica) – ministrado antes do *quadrivium* – o conjunto dos quatro ramos do saber (aritmética, geometria, música e astronomia), orientados pela matemática, que compunham, com o *trivium*, as sete artes liberais ministradas nas universidades. Os estudos gramaticais medievais são reservados à língua escrita, com predominância do latim como língua de religião, cultura e administração.

No Renascimento, tem início um "processo que distingue definitivamente a tradição ocidental das outras tradições de reflexão linguística. Trata-se da *gramatização* dos vernáculos europeus e das outras línguas do mundo a partir dos conceitos e técnicas constituídas para o grego e de início adaptadas ao latim" (Auroux 1998: 417).

No Iluminismo, surgem gramáticos-filósofos que, diferentemente dos gramáticos anteriores, "dedicam-se ao objetivo de construir uma ciência das línguas" (Auroux 1998: 417). Tem grande importância nesse momento o pensamento cartesiano. É dessa época a elaboração de "gramáticas racionais", cujo exemplo mais influente, sem dúvida, é a *Gramática de Port-Royal* (1660), objeto que Mattoso, na sequência, comenta. Esses gramáticos-filósofos "encaram o problema da linguagem a partir de novas bases, independentemente de qualquer referência religiosa" (Auroux 1998: 417).

(2) Sobre a presença do latim na Idade Média e seus efeitos no estudo das línguas vernáculas, há, hoje em dia no Brasil, excelentes trabalhos que po-

dem subsidiar pesquisas mais aprofundadas, situando, em especial, a língua portuguesa no contexto histórico. Para acompanhar em detalhe a opinião de Mattoso sobre o assunto, recomendamos a leitura dos dois primeiros capítulos da *Estrutura da língua portuguesa* (2019), recentemente publicada em uma edição crítica pela Editora Vozes, além de Basso e Gonçalves (2014), Faraco (2006) e Teyssier (1997).

(3) Aqui Mattoso usa o termo "língua vernácula" para diferenciar o latim culto literário das variedades linguísticas que iam tomando forma nas "nações que constituíram o Império Romano do passado" e que seriam, mais tarde, as línguas românicas.

(4) A Vulgata é a tradução latina da Bíblia feita por São Jerônimo (340-420), que foi declarada a versão oficial da Igreja romana pelo Concílio de Trento.

(5) É interessante que Mattoso considere a *Doctrinale Puerorum* de Villedieu "a mais completa expressão da gramática latina" no âmbito dos estudos normativos medievais. Trata-se de uma época em que proliferam comentários, manuais etc. (Auroux 1998: 412-416). Certamente isso se deve ao caráter escolar dessa obra.

(6) A cópula é um elemento gramatical que expressa uma relação de igualdade ou pertencimento. Em português, a cópula é expressa pelos verbos *ser* e *estar*.

(7) Hoje a ideia ainda vive e está subjacente, por exemplo, na teoria chomskiana da Gramática Universal.

(8) Os modistas foram filósofos e gramáticos adeptos da corrente filosófica conhecida como Modismo, entre os séculos XIII e XIV. De acordo com Dezotti (2010: 7), "Os principais nomes da gramática modista são os de João

de Dácia, Martinho de Dácia, Simão de Dácia, Boécio de Dácia, Tomás de Erfurt, Siger de Courtrai e Radulfo Brito, também conhecido como Raul o Bretão". Ainda seguindo Dezotti (2010: 9-10), "[...] os gramáticos modistas retomam a herança clássica, representada por Donato e Prisciano, para criticá-la, reorganizando e reformulando as reflexões anteriores sobre essa mesma herança, de modo a compor uma doutrina nova e singular. De fato, seu critério de definição das partes da oração se afasta não só do critério por assim dizer morfológico, que se revela na distinção declinável/indeclinável e na enumeração didática dos acidentes (Donato), mas também dos critérios semântico (Prisciano) e funcional (logicistas), que distinguem entre partes relacionadas ao sujeito e partes relacionadas ao predicado. Sua concepção da linguagem pressupõe a existência de categorias estáveis e permanentes, que entram em funcionamento por meio de regras gerais e universais que independem de variações acidentais (como a diversidade de línguas, de situações, de interlocutores)".

(9) Aelfric compôs a primeira gramática do latim redigida em um vernáculo europeu, o inglês (cf. Auroux 1998: 414). A esse respeito, explica Robins (1983: 55): "Exemplos de livros especificamente didáticos de latim são a *Latin grammar*, o *Coloquium* (livro de conversação) e glossário latim-inglês, todos de autoria de Aelfric. Esses trabalhos foram escritos por volta do ano 1000 e se destinavam a crianças de fala inglesa (anglo-saxônica). [...] as regras do manual prático que compôs se assentam nos escritos de Prisciano e Donato. Muito significativa é a sua advertência aos leitores de que seu manual também serviria adequadamente como introdução à gramática do velho inglês". Acrescenta ainda o linguista, na mesma direção do que diz Mattoso: "como a sua gramática foi, pelo que sabemos, uma das primeiras escritas especificamente para estudantes de fala inglesa, podemos considerá-la como marco característico de vários séculos de estudos gramaticais do inglês inspirados no latim" (Robins 1983: 55-56).

(10) Para uma excelente abordagem – com grande detalhamento – das primeiras gramáticas do Renascimento, em especial, entre 1500 e 1700, recomendamos Padley (2001).

(11) Obra italiana, conhecida também como *Elegantiae linguae latinae*, é um tratado impresso em 1471 que versa sobre o estilo e o uso latinos: "essa obra dá o tom conservador e latinizante que vai caracterizar as primeiras tentativas da gramática humanista" (Padley 2001: 57).

(12) Conforme Padley (2001: 66), o primeiro a construir, desde o final da Idade Média, uma teoria gramatical de base aristotélica, o que corrobora a leitura de Mattoso. A obra de Scaliger destacada por Mattoso é considerada a primeira, na Idade Média, em que "o uso cede lugar à razão" (Padley 2001: 75).

(13) A *Gramática de Port-Royal*, publicada em 1660, é uma das obras mais influentes da história dos estudos linguísticos. Profundamente influenciada pelo *O discurso do método*, do filósofo René Descartes (1596-1650), a gramática busca aplicar o método cartesiano ao estudo da linguagem, dedicando-se a demonstrar os termos pelos quais o homem concebe ideias, formula juízos e encadeia raciocínios. A importância da *Gramática de Port-Royal* deve-se à busca do conhecimento geral de todas as línguas; disso resulta uma das primeiras formulações da noção de uma "gramática universal", uma vez que a ideia é formular observações relativas a todas as línguas. O objeto do estudo são, portanto, os mecanismos comuns a todas as línguas, ou, ainda, o que se considerará, posteriormente, como "universais linguísticos".
A *Gramática de Port-Royal* recebeu tradução brasileira em 1992. Nela, encontra-se um excelente *Prefácio à edição brasileira* (cf. Basseto & Murachco 1992: IX-XXX) cuja consulta é fundamental para o entendimento dos aspectos históricos, culturais e teóricos implicados na *Gramática* (cf. Arnauld & Lancelot 2001).

(14) Dante Alighieri, no século XIV, decidiu escrever seu grande poema épico, *A divina comédia*, em italiano vernacular (na variedade falada na região da Toscana), em detrimento de escrever em latim, subvertendo o costume à época.

Na obra *De vulgaris eloquentia* [Sobre a eloquência em vernáculo] (1302-1305), Dante defende a ideia de que era necessário escrever na língua vernácula: "dois eram os argumentos [para isso]: um linguístico (a língua vernácula tinha recursos expressivos comparáveis aos do latim) e outro político (escritos em língua vernácula, os textos se tornariam acessíveis a um número grande de pessoas e não ficariam restritos aos poucos eruditos que sabiam latim)" (Faraco 2006: 19). Além disso, em *De vulgaris eloquentia*, Dante estuda a fala comum, usada à época, e defende que o traço específico da linguagem humana é a mutabilidade no tempo e sua variação no espaço, o que, segundo ele, faria surgir uma pluralidade de línguas: "Se portanto, como foi dito, uma língua varia em um mesmo povo com o passar do tempo, e não pode de maneira alguma manter-se imóvel, as línguas de populações que vivem separadas e distantes devem necessariamente alterar-se de maneiras diversas, como de diversas maneiras mudam os usos e costumes destas populações, os quais não são estáveis a causa da natureza ou da sociedade, mas ao contrário nascem como frutos do arbítrio humano e com base em critérios de proximidade espacial" (Alighieri 2011: 13).

(15) A gramática de Antonio de Nebrija, publicada em 1492, deu à língua castelhana uma abordagem modelada pelas antigas gramáticas latinas, em especial a de Prisciano. Nebrija dedicou-a "aos chamados reis católicos, Fernando e Isabel, cujo casamento unira os reinos de Aragão e Castela, base da Espanha moderna. Nebrija justificava sua gramática do castelhano pela 'necessidade de se fixar uma língua enobrecida' para ser difundida pelo império que começava a ser constituído" (Faraco 2006: 19). Além disso, como destaca Faraco (2006: 19), "é interessante lembrar (para entendermos bem seu sentido político) que essa gramática apareceu no mesmo ano

em que ocorreu a conquista de Granada, último reduto árabe da Península Ibérica, pelos castelhanos. Com isso, se completava o longo período de luta dos povos ibéricos contra a dominação árabe (que ficou conhecido como a Reconquista) e se atingiam as bases para a construção de um Estado unificado. Foi também em 1492 que a Espanha iniciou seu empreendimento colonial, subvencionando a primeira viagem de Colombo em direção ao Oeste" (Faraco 2006: 19).

(16) Richard Percywall escreveu *Containing a grammar, with a dictionarie in Spanish, English and Latine* (1591) [Contendo uma gramática, com um dicionário em espanhol, inglês e latim]. É considerado o primeiro dicionário bilíngue espanhol/inglês.

(17) Corrobora essa afirmação de Mattoso o que diz Fávero (1996: 25): "Essa obra é primeiramente a obra de um fonólogo, já que dos cinquenta parágrafos (ou capítulos), vinte e quatro (de 6 a 29) são dedicados à fonética e à ortografia; treze (de 30 a 42), à lexicologia; seis (de 43 a 46), à morfologia e um, à sintaxe (49)". Para estudar a produção gramatical no Brasil e em Portugal, remetemos o leitor a Fávero (1996).

(18) Corrobora esse pensamento Basseto (2001: 29), ao explicar que, "nos séculos XV e XVI, as línguas nacionais se firmam e surgem gramáticas de todas elas, bem como dicionários e manuais. A grande preocupação é a origem das línguas, embora os estudos não tenham base científica nem filológica: assim, sob influência da Bíblia, um número considerável de autores considerava o hebraico como a língua primitiva, entre outros, G. Postel, em *De originibus seu de Hebraicae Linguae et gentis Antiquitate* (Das origens, ou da antiguidade da língua e do povo hebreus) (Paris 1538); e Bibliander, em *De Ratione communi omnium linguarum et litterarum commentarius* (Comentário sobre a razão comum de todas as línguas e letras) (Zurique, 1548)".

(19) Para melhor compreender essa passagem condensada do texto de Mattoso, o leitor vai se beneficiar sobremaneira da leitura do quinto capítulo, *A hipótese monogenética e as línguas-mães*, do livro de Umberto Eco, *A busca da língua perfeita na cultura europeia*. Nele, Eco dá detalhada informação sobre o "retorno do hebraico" como língua primordial da humanidade. Na parte intitulada "A utopia universalista de Postel", Eco explica que, em seus tratados, Postel defende que "a língua hebraica é proveniente da descendência de Noé, e dela derivam o árabe, o caldeu, o hindu e, só indiretamente, o grego" (Eco 2018: 91). Sobre Gessner, Eco lembra que o autor escreveu o livro *Mithridates*, em 1555, no qual estabelece um paralelo entre 55 línguas: "após deter-se sobre a condição invejável de alguns seres lendários dotados de língua dupla, uma para a fala humana e outra para falar a linguagem dos pássaros, Gessner passa logo a afirmar que, entre todas as línguas existentes, 'não há nenhuma que não possua vocábulos de origem hebraica, embora corruptos' (ed. 1610: 3)" (Eco 2018: 96).

(20) Ao abrir espaço para Leibniz, em sua *História da linguística*, Mattoso dá lugar a um dos filósofos mais influentes dos estudos linguísticos. Antes dele, talvez apenas Platão, Descartes e Humboldt tenham tamanho reconhecimento. Viaro (2013) considera que há em Leibniz uma *primeira versão* da teoria indo-europeia. Explica Robins (1983) que Leibniz interessou-se pelo aspecto histórico da linguagem sem abandonar a teoria monogenética das línguas, embora não tente encontrar a origem das línguas em uma língua viva. Com base em raízes supostamente comuns, Leibniz divide a língua original em dois grupos: o jafético ou celto-cítico (línguas *jaféticas*, na terminologia de Viaro (2013)) e o aramaico (línguas *aramaeis,* para Viaro (2013)). Assim, "Leibniz não acredita que o hebraico seja a língua original" (Viaro 2013: 36). A reflexão de Leibniz é determinante de toda a linguística, em especial a histórico-comparada, que se sucede: "Leibniz indicou alguns princípios que podem servir de base a uma proveitosa investi-

gação linguística de natureza histórica. Salientou que os nomes de lugares e rios constituem meios de evidenciar a primitiva distribuição territorial das línguas: uma língua primeiramente falada numa região pode aí ter deixado apenas vestígios em virtude de os seus falantes terem sido expulsos para outras terras ou de terem adotado a língua de um povo invasor" (Robins 1983: 135). Leibniz teria também incentivado a elaboração de gramáticas e dicionários das línguas do mundo, atlas linguísticos, além de afirmar que era preciso criar "um alfabeto universal, baseado no sistema gráfico latino, para o qual se pudesse fazer a transliteração de qualquer forma de escrita adotada pelas línguas" (Robins 1983: 135).

Para saber mais sobre a relação entre Leibniz e os estudos da linguagem, recomendamos Pombo (1997), Ross (2001), Barreto (2018) além de Viaro (2013). É ainda interessante verificar a reflexão de Leibniz em relação à língua chinesa e a proposição de uma língua universal. A esse respeito, vale consultar Barreto (2018).

(21) Há uma tradução portuguesa, cf. Leibniz (2012).

(22) Conforme explica Robins (1983: 136), o interesse de Catarina II pelas questões linguísticas de seu país acarretou a publicação "de um vocabulário comparativo que continha palavras de duzentas línguas".

(23) O título completo dessa obra é *Catálogo de las lenguas de las naciones conocidas, y numeración, división, y clases de estas según la diversidad de sus idiomas y dialectos* e foi publicado pelo abade Lorenzo Hervás y Panduro (1735-1809), em seis volumes, entre os anos de 1800 e de 1805.

(24) Obra publicada em Berlim entre os anos de 1806 e de 1817, escrita pelos alemães Johann Christoph Adelung (1732-1806) e Johann Severin Vater (1771-1826). Trata-se de uma obra que é, na verdade, uma grande enciclopédia de cerca de quinhentas línguas então conhecidas.

(25) É de especial interesse a obra *Leviatã* (1661), em especial o capítulo 4, "Sobre a linguagem", no qual, conforme Eco (2018: 231-232), é lembrado que "aos usos da linguagem correspondem outros tantos abusos, quando os homens registram de maneira errônea os seus pensamentos por meio da inconstância dos significados das palavras, ou quando usam as palavras metaforicamente, isto é, de forma diferente do seu sentido comum, quando pelas palavras declaram querer aquilo que não querem, e quando usam as palavras para tornar-se mutuamente suportáveis". Ora, a passagem de Eco é suficiente para indicar que a reflexão de Hobbes deixa à mostra uma concepção nominalista de linguagem.

(26) A obra de Rousseau é, em muitos aspectos, dedicada aos estudos da linguagem humana. Sem dúvida, tem destaque, entre outras, o *Ensaio sobre a origem das línguas* cujo subtítulo é *Em que se fala da melodia e da imitação musical*, publicado postumamente possivelmente em 1759 (cf. Arbousse-Bastide & Machado 1997). Considera-se que há, no *Ensaio*, "três partes bem caracterizadas e correspondentes a três interesses bem definidos: a) a origem da linguagem – estudo da necessidade da comunicação no homem natural; b) diferenciação das línguas – estudo da evolução dos grupos humanos e dos meios de expressão; c) estudo particular das questões musicais relacionadas com a evolução linguística social" (Arbousse-Bastide & Machado 1997: 251).
Vê-se no *Ensaio*, nas palavras dos anotadores à edição brasileira (cf. Arbousse-Bastide & Machado 1997: 248), "o desejo de fundir numa só linha interpretativa a transformação do homem pela sociedade, a formação e evolução das línguas, e o desenvolvimento da expressão musical".
Bento Prado Júnior, na apresentação que faz ao *Ensaio*, na tradução de 2003, coloca, de início, a grande questão: "Qual o estatuto da linguagem segundo Rousseau?" (Prado Jr. 2003: 9). O autor situa na frase "a palavra distingue os homens dentre os animais: a linguagem distingue as nações entre si" (Rousseau 2003: 99) a proposição que encerra o conjunto da lógica

de Rousseau da *identidade e da diferença*: a identidade dos homens entre si, que os torna diferentes dos outros animais; a diferença dos homens entre si, que se dispersam nas *nações*. Rousseau não aborda a linguagem ordenada à estrutura da razão – como se vê na linguística cartesiana –, mas constituída estruturalmente por certa impureza, que descontinua a razão e a estrutura das línguas. É uma outra concepção de linguagem a que formula Rousseau – que Bento Prado chama de *Retórica* –, pois, sendo a linguagem constitutivamente impura, não é mais da lógica da verdade que se trata, mas de uma verdade ética. Há um perigo constitutivo da linguagem detectado pela *linguística* (cf. Derrida 1967) de Rousseau.

Um dos principais trabalhos sobre a reflexão linguística de Rousseau encontra-se na obra do filósofo francês Jacques Derrida (1930-2004), em especial em Derrida (1967 e 2004).

(27) Monboddo publicou entre 1772 e 1792 *Of the origin and progress of language* [Sobre a origem e progresso da língua], em seis volumes, obra que reúne informações sobre línguas clássicas e línguas modernas europeias. Para melhor compreender a reflexão de Monboddo no contexto da linguística do século XVIII, cf. Robins (1983: 127-128).

(28) Condillac é um importante autor francês que, ao lado do também francês Rousseau, está no centro de questões fundamentais para o entendimento do pensamento linguístico. Entre essas questões, destaca-se a da origem da linguagem. O Século das Luzes será o século dos ensaios sobre esse tema. O *Essai sur l'origine des connaissances humaines* [Ensaio sobre a origem dos conhecimentos humanos], de 1746, de Condillac, o *Essais sur l'origine des langues* [Ensaio sobre a origem das línguas], de 1759 (?), de Rousseau, e o *Abhandlung über den Ursprung der Sprache* [Ensaio sobre a origem da linguagem], de 1772, de Herder – de quem Mattoso falará logo a seguir –, constituem a prova de que o tema encontra-se, então, na ordem do dia.

Para um pequeno estudo que coloca os três autores em relação, cf. Franchetto e Leite (2004) e Robins (1983).

(29) Livro fundamental para entender a passagem do debate sobre a origem da linguagem do campo do divino para o campo da razão. Há uma tradução portuguesa da obra que vale a pena ser consultada, cf. Herder (1987).

(30) A obra de Vico é de uma importância capital para o entendimento da evolução dos estudos sobre a linguagem. Em um de seus livros mais célebres, *Scienza Nuova* [Ciência nova], publicado em 1725, é possível encontrar uma outra visão de história e, em especial, história da língua: "ele [Vico] não vai à procura de uma origem cronológica, mas esboça os traços de uma história ideal eterna [...]. O que ele quer descrever não é [...] um desenvolvimento histórico, mas as condições que decorrem constantemente de um nascimento e de uma evolução da linguagem em cada época e país" (Eco 2018: 106). Eco ainda explica que Vico propõe "uma espécie de sucessão genética da linguagem partindo da língua dos deuses bem como da língua dos heróis, para finalmente chegar à língua dos homens" (Eco 2018: 106). Acrescente-se a isso a formulação de Steiner (2002: 105) de que Vico talvez tenha sido "o primeiro representante do 'historicismo linguístico', ou relativismo", pois ele "tinha uma percepção apurada do gênio autônomo e da coloração histórica de cada uma das diferentes línguas. Todos os homens primitivos tendiam a exprimir-se através de 'universais imaginários' (*generi fantastbuscaici*), mas, nas diversas línguas, esses universais adquiriram rapidamente configurações muito diferentes".

NOTAS DO CAPÍTULO IV – O ADVENTO DA LINGUÍSTICA; A ABORDAGEM FILOSÓFICA DE HUMBOLDT; A ABORDAGEM COMPARATIVA DE RASK

(1) É notável que Mattoso tenha localizado o que chama de "o advento da linguística" no século XVIII e, como veremos, muito especialmente, em Humboldt (1767-1835). Esse ponto de vista é de grande atualidade e, considerada a época em que Mattoso o formulou, podemos afirmar que o

prisma do qual nosso autor olhou os estudos linguísticos era, em relação à linguística brasileira, muito à frente de seu tempo.

Como sabemos, costuma-se situar o surgimento da linguística descritiva sincrônica nos cursos ministrados por Ferdinand de Saussure, na Universidade de Genebra, entre 1907 e 1911 (e na posterior publicação póstuma de anotações de suas aulas, em 1916, o *Curso de linguística geral*). Mattoso também procederá dessa maneira – como veremos no capítulo XVII, *A visão saussuriana da linguagem* –, mas tomando o cuidado de assinalar que Saussure produz no contexto de uma "linguística geral", o que requer uma análise diferente da que exige a teoria de Humboldt, cujas bases filosóficas estão enraizadas em uma reflexão antropológica densa. De certa forma, Humboldt antecipa Saussure em muitos aspectos. Tem razão Mattoso, portanto, e seu ponto de vista é verdadeiramente *avant-garde*, uma vez que, assim procedendo, ele recoloca Humboldt no centro da reflexão linguística do final do século XVIII e do início do XIX.

Cabe lembrar, ainda, que a época de Humboldt é pródiga em trabalhos linguísticos (gramática comparada, linguística histórica etc.) e em nomes importantes da reflexão linguística (os irmãos Schlegel, Bopp, Grimm, Schleicher, desembocando nos neogramáticos no final do século XIX) que não podem ser confundidos ou misturados ao trabalho e ao nome de Humboldt, absolutamente singular em seu tempo. Portanto, ter dedicado um capítulo especial a Humboldt é procedimento que sinaliza a extrema compreensão que Mattoso tinha da história das ideias em linguística.

Entre nós, no Brasil, há pouca coisa traduzida de Humboldt. Cabe lembrar, porém, que o leitor muito se beneficiará do contato com a edição bilíngue organizada por Heidermann e Weininger (2006), na qual se encontra o célebre discurso de 1820, proferido na Academia de Berlim.

(2) Mattoso Camara tem conhecimento da obra de Humboldt já há bastante tempo antes das aulas de história da linguística que ministra na Universidade de Washington. Encontramos sólida referência ao filósofo-linguista

alemão no *Princípios de linguística geral*, obra cuja primeira edição é de 1942. Mattoso fala em Humboldt em dois momentos no capítulo VII de seus *Princípios*.

O primeiro é quando trata das "discordâncias léxicas entre línguas" (Camara Jr. 1969: 115) e das dificuldades de correspondências entre as línguas que a tradução evidencia. Mattoso lembra o quanto isso fica destacado nos estudos da língua hopi feitos pelo linguista norte-americano Benjamin Lee Whorf (1897-1941) e explica: "por isso, ainda no século passado, o teorista alemão Wilhelm von Humboldt se propunha a chegar através de uma língua dada à visão do universo (al. *Weltansicht*) ali consubstanciada (Humboldt, 1949, 61). [...]. Humboldt estabeleceu o problema de saber até que ponto essa visão do universo impede uma compreensão exata da realidade" (Camara Jr. 1969: 116). Nessa passagem, Mattoso tem absoluta consciência da importância da noção de "visão do universo" – que recebeu, também, entre nós, a tradução de "visão de mundo" e "cosmovisão" – e da influência que pode ter exercido junto ao trabalho do chamado relativismo linguístico, normalmente associado ao nome de Whorf.

O segundo é quando trata do "quadro das categorias gramaticais" (Camara Jr. 1969: 125-127), ainda no contexto das significações linguísticas. Mattoso, a esse respeito, encaminha uma conclusão muito interessante: "a linguística não pode estabelecer um quadro geral de categorias gramaticais" (Camara Jr. 1969: 125). E acrescenta: "mesmo entre povos que possuem hoje uma cultura básica mais ou menos comum, há discrepâncias em virtude de uma remodelação que se faz com velocidade variável de língua para língua. Assim, em relação ao gênero dos nomes, só há nas línguas românicas o masculino e o feminino, o alemão ainda conserva um terceiro gênero neutro, tal como havia em sânscrito, grego e latim, e o inglês oferece uma categorização nova na base de uma distinção entre 'pessoas' e 'coisas' (Camara Jr. 1969: 125). É nesse contexto que Mattoso recorre a Humboldt e, dessa vez, aos conceitos de "forma interna" e "forma externa" da língua. Vejamos: "é justamente a rede de categorias gramaticais, expressas nos morfemas, e o 'recorte' do mundo objetivo, apresentado nos semantemas, que tinha em mira Humboldt, por certo, nas suas conhecidas considerações, tantas vezes comentadas posteriormente, sobre a forma interna de uma língua (Humboldt, 1949: 89/90). Diante da tendência da linguística do seu tempo a classificar e distinguir as línguas pelo aspecto, configuração e conexão dos elementos vocabulares ele opunha a esta forma externa, assim excessivamente destacada, uma forma linguística interna. [...]. Dentro da concepção humboldtiana, podemos dizer que cada língua tem uma forma interna privativamente sua. Distingue-se das demais pelo grupo de categorias que encerra, e pelos traços peculiares que matizam cada uma das categorias aparentemente comuns a mais outra ou outras línguas" (Camara Jr. 1969: 126).

Interessante observar também que Mattoso refere em seu *Princípios* (1969: 317) a famosa introdução escrita por Humboldt a propósito de seu estudo da língua kawe (cf. adiante), *Über die Verschiedenheit des menschlichen Sprachbaus und seinen Einfluss auf die geistige Entwicklung des Menschengeschlechts* [Sobre a diversidade da estrutura da linguagem humana e sua influência no desenvolvimento intelectual da raça humana]. Finalmente, informa o Professor Carlos Eduardo Falcão Uchôa, em "Bibliografia de Joaquim Mattoso Camara Jr.", adjungida à reunião póstuma de textos, de 1972, intitulada *Dispersos*, que Mattoso publicara no número 33 da *Linguistics An International Review*, em 1967, uma resenha de *Schriften zur Sprachphilosophie* [Escritos sobre filosofia da linguagem], de Humboldt.

(3) A obra de Humboldt é realmente merecedora de um capítulo à parte da história da linguística. Dono de uma obra vastíssima, Humboldt legará à posteridade uma série de reflexões sobre a linguagem que ainda não estão devidamente dimensionadas. Muitos são os termos e conceitos humboldtianos que terão largo uso no desenvolvimento da linguística – embora, infelizmente, sejam, muitas vezes, desconectados da reflexão teórica da qual fazem parte: *visão de mundo, estrutura, forma interna da língua, forma externa da língua, energeia* (por oposição a *ergon*), *caractere, nação, organismo,* são

apenas alguns exemplos. Tem razão Mattoso em considerá-lo mais que um "mero estudo paralinguístico", pois, na verdade, Humboldt propõe uma linguística de grande envergadura, que abarca diferentes aspectos das línguas, das relações entre as línguas e dessas com o mundo e com o pensamento. Considerado um filósofo pelos linguistas e um linguista pelos filósofos, não raramente seu pensamento se perde na parcialidade dos estudos que privilegiam um lado ou outro. Sobre isso, porém, vale advertir: "na perspectiva humboldtiana, não há diferença entre a linguística e a reflexão filosófica sobre a linguagem; é o mesmo trabalho. Se [...] o sentido da linguística ou do estudo comparado das línguas se encontra na investigação do espírito humano através de suas múltiplas manifestações, o sentido da filosofia humboldtiana da linguagem – que é necessariamente uma filosofia da linguística – é exatamente o mesmo" (Trabant 1995: 65). No entanto, como segue explicando Trabant (1995: 65), "de toda a forma, o casamento humboldtiano da linguística empírica com a filosofia não teve sequência nem pela filosofia nem pela linguística. Ao contrário, a situação no início do século XIX é caracterizada por um divórcio que se quer radical entre filosofia e ciência linguística – em detrimento das duas aliás: a nova linguística do século XIX, na qualidade de estudo comparativo diacrônico das línguas indo-europeias, é programaticamente antifilosófica. Mas também ali onde [...] a linguística seguia Humboldt na descrição estrutural das línguas do mundo, frequentemente era deixado de lado o aspecto filosófico da empreitada".

(4) Sobre essa perspectiva, explica Chabrolle-Cerretini (2007: 99): "Humboldt se interessa por todas as línguas pela evidente razão de que elas são, cada uma, um exemplar da aptidão dos homens para a linguagem. Não existe, para ele, pequenas ou grandes línguas nem falares mais dignos de atenção que outros".

(5) Conforme Chabrolle-Cerretini (2017: 32), "a originalidade teórica de Humboldt reside em uma abordagem abrangente da linguagem: a lingua-

gem é pensada em todos os seus aspectos cognitivos, expressivos, comunicativos, histórico e social, concebidos em relação entre si. É a primeira vez na história ocidental da descrição das línguas que se desenvolve um interesse científico pela diversidade linguística a ponto de projetar ser esse o objeto de uma ciência linguística autônoma". Humboldt rompe com a concepção dualista que separa pensamento e linguagem e concebe a linguagem como uma criação, como uma "atividade" (*energeia*) e não um resultado, um produto (*ergon*). Há em Humboldt uma reflexão sobre a linguagem articulada a um projeto antropológico – uma antropologia comparada – que toma as línguas como elemento fundamental de definição da noção de homem.

(6) Tem razão Mattoso em lembrar essa face da obra de Humboldt. O linguista-filósofo é conhecido por ter se dedicado a estudar várias línguas do mundo. Em 29 de junho de 1820, ele profere, na Academia de Berlim, o discurso *Über das vergleichende Sprachstudium in Beziehung auf die verschiedenen Epochen der Sprachentwicklung* [Sobre o estudo comparativo das línguas em relação com as diferentes épocas do desenvolvimento das línguas], marcando ali a exposição pública de suas ideias linguísticas e apresentando então "o programa de uma descrição sistemática e estrutural de todas as línguas do mundo, projeto de um *Mithridates* reformado e de uma gramática filosófica 'empirizada'" (Trabant 1995: 57). Humboldt se beneficia fortemente de uma época em que proliferam informações sobre as línguas do mundo: "o primeiro traço que parece caracterizar esse período é o acesso sem precedentes às línguas do planeta. De todos os continentes, viajantes, exploradores e missionários relatam informações sobre línguas ainda desconhecidas na Europa. Vocabulários, dicionários, gramáticas e relatos de viagens com contribuições lexicais vão permitir a descoberta de línguas fino-úgricas, semíticas, malaio-polinésias, ameríndias, africanas, o chinês, e também o deciframento das escritas egípcias" (Chabrolle-Cerretini 2007: 48). Além disso, é importante lembrar que o irmão de Humboldt, o geógrafo e naturalista Alexander von Humboldt (1769-1869), contribuiu

fortemente para o enriquecimento desse *corpus*; ele traz de suas viagens à América dicionários e gramáticas feitas por missionários espanhóis dedicados a descrever as línguas ameríndias, na época da conquista do Novo Continente. Assim, devemos aos irmãos Humboldt "a entrada das línguas ameríndias nas obras europeias da época e uma contribuição para o início das trocas científicas relativas à linguística entre europeus e americanos" (Chabrolle-Cerretini 2007: 49). Wilhelm von Humboldt, de posse desses dados, "redige gramáticas, dicionários e descreve numerosos aspectos estruturais das línguas da América do Norte. Ele trabalha também sobre as línguas da Polinésia, as línguas da Indonésia como o Kawi e, após 1820, sobre o chinês" (Chabrolle-Cerretini 2007: 49).

(7) Mattoso lembra nessa passagem um dos trabalhos mais célebres de Humboldt, produzido entre os anos de 1830 e de 1835. Trata-se de *Über die Verschiedenheit des menschlichen Sprachbaus und seinen Einfluss auf die geistige Entwicklung des Menschengeschlechts* [Sobre a diversidade da estrutura da linguagem humana e sua influência no desenvolvimento intelectual da raça humana], publicado postumamente em 1836 e traduzido para o francês – versão à qual tivemos acesso – por Pierre Causat com o título *Introduction à l'oeuvre sur le Kavi* [Introdução à obra sobre o Kawi] em 1974. No Brasil, estão publicados em Heidermann e Weininger (2006) os capítulos 6, 7, 11, 12, 13 e 14 da *Introdução*. Explicam Heidermann e Weininger (2006: L), na introdução que fazem à tradução brasileira, que a *Introdução ao Kawi* é uma publicação póstuma, feita em três volumes, entre 1836 e 1839. Além disso, os autores explicam que "Kawi é uma das línguas faladas na Ilha de Java, hoje pertencente à Indonésia. A análise que Humboldt empreendeu dessa língua [...] tornou-se uma referência bastante conhecida e o mais conhecido dentre seus trabalhos linguísticos" (Heidermann & Weininger 2006: XXXIV). O estudo propriamente dito da língua Kawi tem cerca de 1.000 páginas e é menos lido se comparado com as cerca de 500 páginas da "Introdução". No prefácio da obra, o irmão de Humboldt,

Alexander, adverte que a *Introdução* "não deveria em princípio ser separada da obra sobre o kawi" (Thouard 2016: 161), no entanto, como sabemos, não foi isso que aconteceu.

(8) Excelente lembrança de Mattoso. Ora, o estudo da língua basca é, sem dúvida, a fonte do projeto linguístico de Humboldt. Ele viaja duas vezes à Espanha (cf. Chabrolle-Cerretini 2007) e isso tem efeito definitivo sobre o seu pensamento, uma vez que permite a articulação de todo o seu estudo antropológico ao estudo linguístico. Ou seja, "o estudo da situação basca vai permitir a Humboldt apresentar formalizações inovadoras das relações língua/nação, língua/pensamento, e conceber uma interação contínua entre pensamento/língua/nação". O encontro com o basco é produtivo para Humboldt tanto do ponto de vista antropológico quanto do ponto de vista linguístico. Embora nunca chegue a publicar sua grande obra sobre o basco, Humboldt escreverá três textos consagrados à língua e à cultura bascas dos quais vale destacar o ensaio de 1821, *Prüfung der Untersuchungen über die Urbewohner Hispaniens vermittelst der Baskischen Sprache* [Exame dos estudos sobre os habitantes originais da Hispânia por meio da língua basca]: "nos três textos, os princípios de uma análise interna são desenvolvidos para estudar os primeiros habitantes da Europa através da língua basca. A estrutura do basco é destacada a partir de suas leis internas tanto de um ponto de vista fonético e morfológico quanto semântico. A comparação com outras línguas intervém nas demonstrações ou a título de contraexemplos. O contexto particular da pesquisa sobre a língua basca, percebe-se, persuadiu Humboldt da necessidade de uma renovação metodológica no estudo das línguas. Ela também o colocou em direção da linguagem como objeto possível de estudo a partir do exame de línguas particulares" (Chabrolle-Cerretini 2007: 48).

(9) Essa passagem ratifica claramente o conhecimento que Mattoso tinha da obra de Humboldt. O estudo do chinês ocupou boa parte do tempo

que Humboldt dedicou aos estudos linguísticos: "Humboldt é um dos primeiros europeus, por seu estudo do chinês, a considerar uma formatação do sentido, ao mesmo tempo cultural e linguístico, que seja radicalmente diferente daquele ao qual está habituada a tradição ocidental na sua dupla origem judaico-cristã e greco-romana" (Thouard 2016: 207).

Cabe aqui também uma nota sobre o termo "língua chinesa": este é um termo mais político do que linguístico. Ele costuma ser usado para se referir ao conjunto de línguas diferentes faladas na China e não a uma língua específica. Contudo, eventualmente também se entende – como parece ser o caso aqui – o termo como sinônimo de uma das línguas majoritárias na China, o mandarim.

(10) O estilo de Humboldt é tema de variados comentários. Observem-se alguns: "Wilhelm von Humboldt foi um dos pensadores mais profundos do século XIX em questões de linguística geral. Se o seu estilo fosse menos difuso, se as suas ideias apresentassem maior desenvolvimento e viessem acompanhadas de uma exemplificação mais rica e se sua obra fosse melhor conhecida e mais amplamente lida, ele certamente seria colocado ao lado de Saussure como um dos fundadores do pensamento linguístico moderno" (Robins 1983: 140). A esse respeito vale ler a excelente "Introdução" de Heidermann e Weininger (2006) à tradução brasileira de uma coletânea de textos de Humboldt, já por nós mencionada. Nela, encontramos o item "O estilo de Humboldt" em que os autores tecem importantes considerações sobre Humboldt e seu estilo de escrita e pensamento.

(11) A lembrança do erudito italiano Giambattista Vico vai ao encontro de toda a fortuna crítica em torno da obra de Humboldt. A esse respeito, cabe ver o excelente trabalho de Trabant (1999) que dedica um capítulo – "'Fantasia e favell': imagination et langage chez Vico et Humboldt" – para avaliar as teorias dos dois pensadores.

(12) Esse trabalho de Humboldt (*Über den Dualis*), publicado em 1826, exemplifica o procedimento de Humboldt ao observar um fenômeno linguístico nas línguas (cf. Chabrolle-Cerritini 2007: 119-120). A análise feita por Humboldt pode ser decomposta em quatro partes: a) estabelecimento da área geográfica coberta pelas línguas que apresentam o sistema do dual (são detectadas três grandes zonas correspondentes às línguas semíticas, às línguas da Índia e às do Lapão); b) apresentação de uma tipologia do tratamento do dual por essas línguas (três grupos: as que organizam o dual em torno do sistema pronominal "eu"/"tu", as que limitam aos objetos que têm pares e as que marcam o dual em todas as classes de palavras); c) divisão das línguas segundo essa tipologia; d) análise dos exemplos.

(13) Quando se fala em classificação das línguas, é comum encontrarmos referência a Humboldt. Atribui-se a ele, normalmente, a classificação quadripartida em línguas isolantes, aglutinantes, flexionais e incorporantes. Como nossas observações anteriores permitem ver, a obra de Humboldt é extensa e complexa. Na verdade, a classificação das línguas nunca foi o centro da linguística humboldtiana; ela é, na perspectiva humboldtiana, algo que pode ser feito apenas após um detalhado trabalho de análise linguística. Trabant (1992) admite que os termos isolante, aglutinante, flexional e incorporante são utilizados por Humboldt, mas apenas para caracterizar procedimentos de formação das frases e das palavras e não propriamente para classificar as línguas. A esse respeito, vale ler o comentário detalhado de Chabrolle-Ceritini (2007: 51-52), "a ideia de uma classificação é incompatível com o fundamento de sua [de Humboldt] linguística. Se admitimos que uma tipologia seja considerada a partir dos objetos-línguas que têm em comum um certo número de traços por relação a um tipo, a pesquisa das particularidades em Humboldt não é de ordem genérica, mas individual. Seu estudo é fundamentado sobre o que diferencia as línguas, portanto o que as individualiza, e não sobre o que elas partilham. No entanto, o linguista concorda que o estabelecimento de grandes categorias pode me-

lhorar a descrição das línguas; mas quanto a considerar essa categorização apenas sobre um critério, geralmente morfológico, o procedimento lhe parece muito restritivo para a concepção de língua que ele defende". Em 1822, Humboldt até proporá uma classificação das línguas considerando-as sincronicamente e historicamente, mas fará isso de maneira muito distinta e mesmo oposta às classificações operadas por antecessores seus como, por exemplo, Friedrich von Schlegel e August Wilhelm von Schlegel.

(14) Tendo em vista a importância da obra de Humboldt – justificavelmente destacada por Mattoso –, optamos por fornecer breve cronologia de sua obra, com ênfase nas obras lembradas por Mattoso Camara:

- 1816 – *Einleitung zu AEschylos* Agamemnon [Introdução ao *Agamemnon* de Ésquilo].
- 1820 – *Über das vergleichende Sprachstudium in Beziehung auf die verschiedenen Epochen der Sprachentwicklung* [Sobre o estudo comparativo das línguas em relação com as diferentes épocas do desenvolvimento das línguas].
- 1821 – *Über den Einfluss des verschiedenen Charakters der Sprachen auf Literatur und Geistesbildung* [Sobre a influência da diversidade do caráter diferenciado das línguas na literatura e na formação intelectual].
- 1822 – *Über die Entstehung der grammatischen Formen und ihren Einfluss auf die Ideenentwicklung* [Sobre a origem das formas gramaticais e sua influência no desenvolvimento de ideias].
- 1824 – *Über die Buchstabenschrift und ihren Zusammenhang mit dem Sprachbau* [Sobre o alfabeto e sua conexão com a estrutura da linguagem].
- 1827 – *Über den Dualis* [Sobre o dual].
- 1828 – *Über die Sprache der Südseeinseln* [Sobre a língua das ilhas do Pacífico Sul].
- 1836 – *Über die Verschiedenheit des menschlichen Sprachbaus und seinen Einfluss auf die geistige Entwicklung des Menschengeschlechts* [Sobre

a diversidade da estrutura da linguagem humana e sua influência no desenvolvimento intelectual da raça humana].

(15) Sobre isso, cabe ler o seguinte comentário de Chabrolle-Cerretini (2017: 33): "Humboldt e seu trabalho foram conhecidos durante sua vida por linguistas alemães, mas também franceses, italianos, espanhóis, austríacos, suíços e norte-americanos. Suas posições sobre assuntos discutidos na época, como genealogia das línguas, a classificação, a descrição do chinês, o estudo linguístico em geral, facilitaram a difusão de suas ideias. Apesar de tudo, seu projeto ganhou pouco apoio não correspondendo ao horizonte de expectativa dos anos de 1820, voltados à gramática comparada. A partir de meados do século XIX, a recepção da linguística de Humboldt caracterizou-se essencialmente por uma fragmentação teórica e uma distorção de conceitos. No entanto, seu pensamento exerce uma influência real de maneira mais ou menos subterrânea nos trabalhos de descrição estrutural das línguas africanas (Hermann Steinthal), fino-úgricas (Lucien Tesnière), malaio-polinésias (Karl Buschmann), ameríndias (Lucien Adam), mas também na obra de linguistas que, além de descrever as línguas ameríndias, contribuíram para a fundação da linguística na América do Norte e de uma de suas origens, a etnolinguística (Franz Boas, Edward Sapir, Benjamin Whorf). Em estilística, a abordagem circular de Leo Spitzer aos textos literários mostra sua afinidade com o pensamento de Humboldt. Mais perto de nós [na França], o poeta-linguista-tradutor Henri Meschonnic propôs uma poética do traduzir fortemente impregnada da teoria da linguagem de Humboldt. Hoje, essa teoria é reconhecida como essencial para continuar pensando na diversidade das línguas".

(16) Para a melhor compreensão do que se encontra condensado nesse raciocínio de Mattoso, é importante ter em mente que há muitas possibilidades de classificação das línguas. Entre as mais conhecidas estão a classificação genética e a classificação tipológica. A primeira visa à atribuição de

genealogias entre as línguas; a segunda, ao agrupamento de línguas com características semelhantes, a partir de critérios morfológicos, sintáticos etc. A esse respeito, remetemos o leitor ao capítulo "Classificação das línguas", em Battisti, Othero e Flores (a sair).

(17) A obra de Rask é de grande importância no século XIX. Costuma-se considerá-lo, ao lado de Jacob Grimm (1785-1863) e Franz Bopp (1791-1867), um dos fundadores da linguística histórico-comparada.

(18) Trata-se de *Über das Conjugationssystem der Sanskritsprache in Vergleichung mit jenem der griechischen, lateinischen, persischen und germanischen Sprache* [Sobre o sistema de conjugação do sânscrito em comparação com o do grego, latim, persa e germânico], publicado em 1816. Esse trabalho apresenta a proposta de uma grande família de línguas que engloba a Europa e a Ásia. É um trabalho considerado fundador da ciência linguística histórico-comparada por efetivamente desenvolver um estudo comparado entre línguas.

(19) O termo usado por Mattoso ("morfofonêmica") faz alusão à "fonêmica", termo inicialmente preferido por Mattoso em detrimento de "fonologia" e que inclusive intitula sua tese de doutorado – defendida em 1949 e publicada em 1953 – *Para o estudo da fonêmica portuguesa*, "um livro que é um marco na história da linguística brasileira. Não há um trabalho sobre fonologia do português do Brasil que não o cite e não o use como referência fundamental" (Leite 2005: 33). No *Dicionário de linguística e gramática* encontramos no verbete "Fonêmica" uma explicação relativa ao uso terminológico: "termo criado na escola linguística norte-americana para o estudo que, ao lado da fonética e ao contrário dela, focaliza apenas o fonema, sem se preocupar com a realidade física integral do som da fala. A este mesmo estudo a escola linguística de Praga chamou fonologia" (Camara Jr. 1986: 119). Já em relação ao termo "morfofonêmica", lemos no *Dicionário*

que se trata de "parte da linguística descritiva que estuda a distribuição das variantes posicionais das formas linguísticas em juntura, quer no interior do vocábulo, quer de vocábulo para vocábulo na frase" (Camara Jr. 1986: 171-172). Essa discussão, como se pode ver, tem grande importância para Mattoso e não pode ser reduzida a mera questão opcional.

Na verdade, Mattoso, ao referir o uso terminológico, cerca uma história de constituição de uma área importante da linguística. É assim que encontramos, aqui mesmo neste *História da linguística*, no final do capítulo XVIII, que "a descrição de uma língua nos moldes formalistas tornou-se o objeto absorvente da linguística americana a partir de Sapir. Esse conceito de padrões fonológicos combinados à teoria fonêmica de seu amigo e colega Leonard Bloomfield, que discutiremos mais tarde, deu lugar à fonêmica, que é a réplica americana da teoria fonológica do Círculo de Praga, na Europa. Embora Bloomfield contribuísse com um método e técnica rigorosos para este estudo, foi Sapir que chamou mais enfaticamente a atenção para a nova abordagem e, além do livro de Bloomfield, em 1933 (que apreciaremos mais tarde), foi um discípulo direto de Sapir, Morris Swadesh, quem expôs, numa maneira muito clara, a técnica teórica do 'Princípio Fonêmico' num artigo escrito em 1934", cf. capítulo XXVIII.

Ainda com a intenção de historiar o uso dos termos, é importante lembrar a observação feita por Othero e Menuzzi (2015, nota 8) nas notas adjungidas à tradução comentada de *Estruturas sintáticas* de Chomsky (2015): "Traduzimos *phonemic structure* e *morphemic structure* por 'estrutura fonêmica' e 'estrutura morfêmica', respectivamente, diferentemente da edição portuguesa, que traduz estes termos por 'estrutura fonológica' e 'estrutura morfológica'. Há duas razões básicas para essa decisão: (i) os termos 'fonêmico' e 'morfêmico' estão também disponíveis em português, sendo mais próximos aos de Chomsky; (ii) adotá-los é mais fiel à história da terminologia linguística, uma vez que *Syntactic Structures* deve muito, reconhecidamente, à tradição estruturalista bloomfieldiana e harrisiana, em que se fala de 'estrutura fonêmica' e 'estrutura morfêmica' como 'níveis de análise' – por oposição à fonologia como 'o estudo da estrutura fonêmica' e à morfologia como 'o estudo da estrutura morfêmica'. Chomsky (1955) utiliza essa mesma terminologia. A distinção entre 'níveis de representação gramatical' e 'componentes de regras que geram níveis de representação' é fundamental em teoria gramatical. Cf., nesse sentido, a existência de modelos contemporâneos baseados apenas em 'restrições sobre representações', como é o caso da HPSG, da LFG e da OT. Mas esta distinção só começa a ganhar ênfase a partir da década de 1960; em estudos de sintaxe, isso acontece especialmente a partir de Chomsky (1965), por causa do debate sobre a hipótese de que a 'estrutura profunda' seria um 'nível de interpretação semântica' da frase. Já a ideia de que a fonologia é um 'componente de regras' que gera diferentes tipos de 'representações gramaticais' – entre as quais a representação fonêmica de morfemas e palavras – só ganha expressão definitiva com a obra *The Sound Pattern of English*, que Chomsky publicou com Morris Halle em 1968".

(20) O sândi, como conhecemos correntemente, é um "fenômeno fonológico que se aplica em formas justapostas e tem como motivação ajuntar ou agregar formas adjacentes" (Cristófaro-Silva, 2011: 198). Um exemplo de sândi em português é a elisão que ocorre em *caso encerrado* [ka.zen.se.ha.do].

(21) Mattoso tratará especificamente desse tópico no próximo capítulo.

NOTAS DO CAPÍTULO V – A DESCOBERTA DO SÂNSCRITO PELA ERUDIÇÃO MODERNA

(1) Segundo informa a "Nota da tradutora" de Maria do Amparo Barbosa, presente na edição que é aqui comentada, este capítulo não foi traduzido por ela. Ele já se encontrava publicado na *Revista de Cultura Vozes* de agosto de 1974. Encontra-se ainda a seguinte informação da tradutora: "a redação da revista, porém, informa que o texto é de uma apostila em portu-

guês, sem data, muito próximo ao texto em inglês, possivelmente tradução do próprio Mattoso Camara". Confirma essas informações a observação presente em Altman (1996: 176) de que "o próprio Mattoso teria preparado uma tradução de 8 dos 32 capítulos originais, que circularam, em forma de apostilas datilografadas, entre os participantes [de cursos ministrados por Mattoso]. Das traduções originalmente elaboradas por Mattoso, só se acha publicada aquela que viria a constituir o capítulo V do livro de 1975 – "A Descoberta do Sânscrito pela Erudição Moderna" (cf. *Revista de Cultura Vozes*, 1974: 5-8; Mattoso Camara 1975: 33-37). Os demais capítulos que traduziu, bem como seus originais em inglês, continuam inéditos".

(2) Essa referência de Mattoso mostra claramente uma característica de sua *História da linguística*: dar indicações que possam servir de direção ao leitor em pesquisas futuras. Nesse caso, por exemplo, explica Robins (1986: 107): "os missionários da Igreja Católica já haviam iniciado os estudos das línguas da Índia em séculos anteriores. A primeira referência ao sânscrito de que temos conhecimento data dos fins do século XVI, quando o italiano Filipo Sassetti, numa carta enviada à Índia, discorreu com admiração sobre a *lingua sanscruta* e apontou numerosas semelhanças entre palavras italianas e sânscritas. Posteriormente, o alemão B. Schulze e o padre francês Coeurdoux também assinalaram a existência de semelhanças entre o sânscrito e algumas línguas europeias. Tais observações, porém, não tiveram nenhuma consequência importante".

O interesse pelas línguas da Índia por parte de acadêmicos, missionários católicos e viajantes europeus no século XVIII é relatado por Salmoni (1978), de quem pegamos emprestado este trecho:

"Fim de 1753. Na biblioteca do rei, em Paris, o filho de uma antiga família francesa, quase adolescente, Abraham Hyacinthe Anquetil Duperron, debruça-se sobre a página de um manuscrito sânscrito. [...]

Nos duzentos anos que separaram Duperron de Sassetti, as relações entre a Europa e a Índia tinham crescido progressivamente, alargando-se e intensificando-se: ingleses, franceses e holandeses, com vultoso capital, fundaram as três grandes companhias comerciais das Índias Orientais, servindo-se de esquadras organizadas e do apoio dos respectivos governos. A companhia inglesa estabeleceu a base do Império Britânico na Índia; além de funcionários, chegavam missionários católicos e pregadores com frequência cada vez maior.

Empregados da Companhia das Índias, religiosos e viajantes entraram em contato com os brâmanes, conheceram os manuscritos sânscritos (testemunhos silenciosos de uma civilização remota), e procuraram decifrá-los. Embora alguns missionários tivessem aprofundado seus estudos e lançado alguma luz para os futuros linguistas, sua maior contribuição ao estudo do sânscrito foi a remessa de manuscritos relativamente numerosos, obtidos como presente ou comprados. É assim que, na metade do século XVIII, havia coleções de manuscritos sânscritos nas bibliotecas de Paris, Oxford e Copenhague" (Salmoni 1978: 21-22).

(3) Sir William Jones (Londres, 28 de setembro de 1746 – Calcutá, 27 de abril de 1794) chegou à Índia como funcionário da Companhia Inglesa das Índias Orientais aos trinta e sete anos. Ali, encontrou terreno fértil para desenvolver e continuar seus estudos sobre línguas orientais, em especial o sânscrito. Em 1784, funda uma sociedade para estudar os manuscritos sânscritos, a Sociedade de Calcutá. Tal sociedade tinha como finalidade "promover sessões, em que os membros possam confrontar ideias e resultados, e [...] publicar num boletim seus ensaios e notas. [Jones] está convencido de que só um grupo de pesquisadores, organizados e diretos, poderá efetuar os progressos indispensáveis ao conhecimento das obras sânscritas" (Salmoni 1978: 37).

É nos encontros da sociedade que Jones encontra, por exemplo, os textos da gramática de Pānini; e, com base nela, chega a generalizações sobre a origem comum do sânscrito com outras línguas até então não aparentadas. Em 1786, lê seu hoje famoso discurso em uma sessão da Sociedade, em que afirma (apud Salmoni 1978: 41-42): "A língua sânscrita, qualquer que seja a sua antiguidade, é de uma estrutura maravilhosa. Mais perfeita que a grega, mais rica que a latina, mais melodiosa que ambas. Essas três línguas têm um parentesco tão estreito entre si, tanto nas formas como nas raízes, que é impossível pensar numa coincidência fortuita. O filólogo que as examina a fundo é obrigado a reconhecer que devem derivar de uma fonte comum, que talvez se tenha perdido. Igual razão existe para fazer-nos pensar que as línguas góticas e celtas têm a mesma origem, por fim até o persa poderia ser incluído na mesma família".

(4) É digno de nota que essa indicação é uma das poucas vezes que vemos uma referência bibliográfica feita por Mattoso no texto. Nesse caso, trata-se da obra *Sprachwissenschaft. Der Gang ihrer Entwicklung von der Antike bis zur Gegenwart* [Linguística. O curso de seu desenvolvimento da Antiguidade até o presente] de Hans Arens (1911-2003), linguista alemão, publicada em 1955. Sobre essa obra, assim se manifesta Robins (1983: 6): "abrange a história da linguística como um todo, principalmente através de trechos, seguidos de comentários, de escritores representativos de cada época. Arens dedica maior espaço à linguística histórica e comparativa do século XIX; porém os trabalhos descritivos do século XX também são focalizados até 1950". Leão (1999) faz uma análise bastante interessante da presença da obra de Arens no texto de Mattoso: a autora comenta também a respeito de outras "histórias da linguística", publicadas à época e que possam ter, de alguma maneira, influenciado Mattoso.

(5) Friedrich von Schlegel foi o irmão mais novo de August Schlegel. Teve grande importância para o desenvolvimento da linguística comparada e da formalização de processos regulares no estudo diacrônico das línguas, como se verá neste e nos próximos capítulos.

(6) Conforme nota 4, acima.

(7) A referência aqui é à obra da linguista alemã Eva Fiesel (1891-1937), *Die Sprachphilosophie der deutschen Romantik* [A filosofia da língua do romantismo alemão], publicada em 1927.

Essa história também é contada em tom romanesco por Salmoni (1978: 43-44), que teve acesso a documentos históricos primários da época: "Quem estendeu aos linguistas europeus a possibilidade de estudar o sânscrito foi Alexander Hamilton, funcionário da Companhia das Índias em Calcutá, colaborador da Sociedade de Bengala, aluno de sábios brâmanes. Regressando à Inglaterra, tomou parte na guerra contra a França e foi aprisionado. [...] Foi admitido na Biblioteca [de Paris], e dela, em pouco tempo, se tornou diretor. Pôde assim publicar uma obra englobando estudos sobre o sânscrito feitos na Índia e em Paris, e iniciando os linguistas europeus no estudo do antigo hindu. Entre outros, foi amigo de Chèzy, que obteve a primeira cadeira de sânscrito instituída na Europa. Nessa época, chegou em Paris Friedrich Schlegel, jovem alemão especialista em grego e latim, interessado no parentesco entre as antigas línguas. Pediu para ser apresentado a Hamilton. A simpatia surgida entre os dois logo se transformou em amizade, enquanto, esquecidos da guerra e da revolução, deixavam-se transportar para épocas e lugares longínquos. O resultado desses estudos, enriquecidos de pesquisas pessoais, foi a publicação do trabalho de Schlegel, um tratado sobre a língua e a filosofia hindu, no qual expôs várias ciências estudadas pelos antigos habitantes da Índia e provou a validade da afirmação de Jones. Na sua obra, Schlegel considerou a descoberta do linguista dinamarquês Rasmus Kristian Rask, que demonstrou serem o alemão nos seus dialetos, o inglês, o holandês, o dinamarquês e o norueguês, todas as continuações de uma língua antiga e esquecida e que podem ser agrupadas em uma única família chamada germânica, com algumas características semelhantes ao grego e ao latim. Partindo do princípio de não deixar nada ao capricho da imaginação e de reconhecer como válidas apenas correspondências irrefutáveis, Schlegel iniciou o estudo comparativo sistemático das línguas germânicas, do sânscrito, persa, grego e latim".

(8) Confirmam essa informação Robins (1983: 137) e Porzig (1964: 328), além de Nóbrega (2020: 944-945), que explica o seguinte: "Nessa obra [o livro de 1808], a análise da morfologia prevalece sobre os demais níveis de articulação, e se demonstra a relação existente entre o passado dos persas, indianos, romanos, gregos, egípcios antigos, etíopes, germanos e, mais remotamente, armênios, eslavos e celtas. A língua sânscrita é, então, percebida como superior, de forma que as demais línguas teriam sido derivadas diretamente dela ou de sua antecessora, o que terminou por transformar todas as assunções que se tinha até então sobre a origem das línguas. Ademais, entendia-se que as línguas eram sujeitas à degradação, a observar pela deterioração do sistema flexional das línguas que teriam descendido do sânscrito ou de seu ancestral. Schlegel, então, passa a ter elementos para atacar seus antecessores no que concerne à teoria da então suposta monogênese das línguas. [...] um dos êxitos de Schlegel consiste na impressão por ele deixada de que a descoberta do sânscrito dava novos rumos à filologia na Alemanha, o que, inclusive, resultou na criação de novas cátedras sânscritas e no reconhecimento da disciplina em um período de consolidação da própria linguística como disciplina autônoma, somada ao sentimento de nascimento de uma nova *Philologie*, mais ampla, acadêmica e sistemática, baseada na empiria e não mais limitada a textos isolados. Registre-se que esses são eventos ocorridos no contexto do romantismo alemão, período em que havia um entusiasmo por tempos remotos, pela poesia primitiva e pelo folclore, de forma que o passado deveria ser reconstruído a partir de suas origens no Oriente [...]. Quanto à taxonomia empregada, o termo "gramática comparativa" (*vergleichende Grammatik*) teve origem nos estudos de Friedrich Schlegel [...], caracterizando, assim, uma inovação terminológica importante".

(9) O conceito de "flexão" é central na morfologia estruturalista e contemporânea. Mattoso mesmo, em *Problemas de linguística descritiva* e *Estrutu-*

ra da língua portuguesa descreve com pormenores a morfologia flexional do português brasileiro. Cf. Camara Jr. (2019, 2021).

(10) O *Avesta* é o conjunto dos livros sagrados do zoroastrismo persa atribuídos ao profeta Zoroastro ou Zaratustra (VII a.C.). Esse livro contém rezas, regras morais, procedimentos litúrgicos etc. Escrito em avéstico, antiga língua iraniana oriental, da família das línguas indo-europeias.

(11) Os copistas eram pessoas (muitas vezes monges ou freiras, na Europa católica) que copiavam textos manuscritos, com a intenção de reproduzir as obras originais.

(12) Conforme nota 4, acima.

NOTAS DO CAPÍTULO VI – OS FUNDAMENTOS DEFINITIVOS DA GRAMÁTICA HISTÓRICO-COMPARATIVA DO INDO-EUROPEU; BOPP E GRIMM

(1) Trata-se de *Über das Conjugationssystem der Sanskritsprache in Vergleichung mit jenem der griechischen, lateinischen, persischen und germanischen Sprache* [Sobre o sistema de conjugação do sânscrito em comparação com o do grego, latim, persa e germânico].

(2) Trata-se de uma obra de grande envergadura: a *Gramática comparada das línguas indo-europeias* (1833-1852). Apareceu dividida em seis partes (1833, 1835, 1842, 1847, 1849, 1852), sob o título de *Vergleichende Grammatik des Sanskrit, Zend, Griechischen, Lateinischen, Litthauischen, Altslawischen, Gotischen und Deutschen* [Gramática comparativa do sânscrito, avesta, grego, latim, lituânio, antigo eslavo, gótico e alemão].

(3) Tem razão Mattoso em fazer tal afirmação. Sobre Bopp, lemos em Paveau e Sarfati (2008: 14): "O projeto de Franz Bopp é significativamente

diferente, marcado por uma forte ambição de totalização. Embora o cientista seja diferente da maioria das interpretações românticas em termos de filosofia da linguagem (natureza, origem etc.), ele permanece apegado à suposição de uma 'língua materna'. Seu interesse, marcado pela pesquisa dos irmãos Schlegel e Grimm o leva a buscar a motivação comum do conjunto das línguas indo-europeias. É Bopp que, na Alemanha, juntamente com Rask na Dinamarca, orientará a Gramática Comparada no exame da organização morfológica das palavras (em particular do substantivo e do verbo). Ele colocará em evidência uma série de regularidades históricas, através das quais os mecanismos das línguas atestadas foram definidos e formados a partir de formações arcaicas. Bopp é um dos estudiosos de sua época que se posicionou a favor da hipótese da primogenitura do sânscrito: esse idioma seria o tronco inicial do qual todas as línguas indo-europeias derivariam após uma longa série de transformações".

(4) Jacob Ludwig Karl Grimm nasceu em Hanau, a 4 de janeiro de 1785 e faleceu em Berlim, a 20 de setembro de 1863. Juntamente com seu irmão Wilhelm Grimm (Hanau, 24 de fevereiro de 1786 – Berlim, 16 de dezembro de 1859), ficou conhecido especialmente por seu trabalho de coleta e redação de contos e histórias folclóricas germânicas, tais como "A Bela Adormecida", "A Branca de Neve", "Chapeuzinho Vermelho", "Cinderela", "João e Maria", "O Pequeno Polegar", "Rapunzel", entre outras. Sua importância para os estudos linguísticos é comentada por Mattoso na sequência do texto.

(5) Jacob Grimm publicou sua gramática comparada das línguas germânicas em 1ª edição, em 1819, e, em 2ª edição, em 1822. A *Deutsche Grammatik* [Gramática alemã] dá grande atenção ao gótico e à fonética. Grimm desenvolveu um estudo aprofundado da mudança fonética no estudo comparado das línguas germânicas. Ficou conhecido por ter desenvolvido uma "lei linguística" de mudança sonora que levou seu nome, "a lei de Grimm". Mattoso tratará disso adiante.

(6) Em linguística diacrônica, o fenômeno do *Umlaut* corresponde ao fenômeno da *metafonia*, que consiste na mudança de timbre de uma vogal por influência de outra vogal na palavra. Um exemplo do fenômeno acontece na mudança da palavra latina *debitam* para *dívida* em português, por exemplo. A vogal da primeira sílaba (*e*), por influência da vogal *i*, foi assimilada. O fenômeno do *Ablaut* corresponde, modernamente, ao fenômeno da *apofonia*, que consiste na "variação de um fonema ou de um grupo de fonemas num determinado sistema morfológico. Exemplo: poder/pode/pude" (Mateus & Xavier 1992: 88).

(7) Os verbos causativos são verbos transitivos cujo sujeito desempenha a função semântica de agente ou causador. Por exemplo, em *O Pedro quebrou o vaso*, *quebrar* é um verbo causativo, pois entendemos que o sujeito do verbo (*O Pedro*) provocou ou causou uma ação sobre o objeto (*o vaso*), que, por consequência, sofreu essa ação denotada pelo verbo.

(8) A Lei de Grimm é uma "lei" fonética formulada por Jacob Grimm em 1822. De acordo com Dubois et al. (1993: 319), "essa lei explica as principais correspondências entre as línguas germânicas, por uma mutação surgida no período pré-histórico do germânico: as consoantes aspiradas do indo-europeu [bh, dh, gh] tornaram-se as não aspiradas [b, d, g], as sonoras [b, d, g] tornaram-se as surdas [p, t, k], enquanto que as consoantes surdas tornaram-se aspiradas [f, Θ, h]. Essa lei, que não dava conta de um certo número de exceções, foi completada mais tarde pela Lei de Verner, que explica essas exceções pelo papel do acento. Essa lei é importante em si, pelo valor dos resultados que depreendeu, e também do ponto de vista epistemológico. Apareceu, com efeito, como a justificação do princípio da regularidade das leis fonéticas a partir da qual pôde desenvolver-se a fonética histórica e comparada".

(9) O próprio Grimm reconhece o pioneirismo de Rask e a influência que exerceu na formulação da famosa lei, como nos conta Nóbrega (2020: 945):

"Na seção sobre as "línguas trácias" (i. é, grego e latim) [do livro de 1818], Rask estabelece as correspondências regulares entre p, t, k do latim e f, þ e h do gótico, que, mais tarde, viriam a ser conhecidas como 'Lei de Grimm'. O próprio Jacob Grimm (1785-1863), no prefácio à primeira edição de sua *Deutsche Grammatik* ('Gramática Germânica', 1818: xviii-xix) lamenta a publicação 'tardia' da obra de Rask, cujos aspectos não puderam ser incorporados à sua própria gramática, o que terminou por acontecer na segunda edição de sua *Deutsche Grammatik* (1822), que deu publicidade à referida 'lei'. Apesar de não incluir análises das línguas orientais, a gramática de cunho descritivo de Rask representa uma primeira tentativa comparativista das línguas indo-europeias, e seu interesse em retenções e inovações linguísticas lhe conferem tal-qualmente um caráter histórico".

(10) Uma consoante plosiva desvozeada (ou surda).

(11) Para melhor compreender o alcance heurístico e epistemológico da proposição da famosa "Lei de Grimm", recomendamos a leitura de Auroux (1998).

NOTAS DO CAPÍTULO VII – OS ESTUDOS INDO-EUROPEUS E NÃO INDO-EUROPEUS DEPOIS DE BOPP E DE GRIMM

(1) A tese de Mattoso de que a abordagem histórica da linguagem permite a ciência linguística propriamente dita (com ela, saímos "da pré-linguística e da paralinguística") merece ser mais bem compreendida e avaliada no contexto epistemológico de instauração da dita "Gramática histórico-comparada".
A esse respeito, recomendamos fortemente a leitura de toda a segunda parte, *Uma epistemologia da gramática comparada,* do livro de Bouquet (2000), *Introdução à leitura de Saussure.* Nela é possível encontrar, além de uma análise dos efeitos que os impasses colocados pelas leis fonéticas provocaram, uma avaliação rigorosa em termos de critérios de literaliza-

ção, formalização e refutabilidade da epistemologia subjacente à Gramática Comparada.

Essa discussão toma maior corpo quando lembramos que Ferdinand de Saussure, no primeiro capítulo da *Introdução* do *Curso de linguística geral* (CLG), publicado em 1916 – do qual Mattoso sempre revelou grande conhecimento –, explica que "A ciência que se constitui em torno dos fatos da língua passou por três fases sucessivas antes de reconhecer qual é o seu verdadeiro e único objeto" (Saussure 1975: 7). Saussure fala, em primeiro lugar, nos estudos gramaticais gregos; em seguida na filologia, para finalmente falar sobre a Gramática Comparada. A esta última, o CLG reserva várias páginas (situando os estudos de Jones, Bopp, Grimm, Pott, Kuhn, Benfey, Aufrecht, Müller, Curtius, Schleicher) para, então, concluir: "Tal escola, porém, que teve o mérito incontestável de abrir um campo novo e fecundo, não chegou a constituir a verdadeira ciência da Linguística. Jamais se preocupou em determinar a natureza do seu objeto de estudo. Ora, sem essa operação elementar, uma ciência é incapaz de estabelecer um método para si própria" (Saussure 1975: 10).

Observe-se que Saussure circunscreve o que Mattoso chamaria de estudo linguístico propriamente dito ao estabelecimento de método e objeto para a linguística.

(2) Nesse aspecto, é importante considerar o que coloca Bouquet (2000: 83 n. 2) para quem "nos trabalhos dos pioneiros da linguística indo-europeia não podemos traçar uma demarcação entre o comparativismo linguístico no sentido estrito e a história linguística. A extensão de sentido da expressão *gramática comparada* a essas duas abordagens reflete essa realidade, e isso se deve fundamentalmente ao fato de que a comparação de dois estados consecutivos de língua ou de dois estados não consecutivos de língua (sejam essas línguas parentes ou não) remete, na episteme do século XIX, à questão da origem (sendo a origem o objeto presente da primeira comparação e a origem – comum ou não – o terceiro objeto da segunda)".

Por isso, vemos, muitas vezes, o uso indistinto de expressões como *gramática comparada* ou *comparativismo* para indicar tanto os estudos de fonologia e morfossintaxe históricas como os estudos que visam à comparação de elementos sucessivos de uma mesma língua ou de línguas diferentes.

(3) A "teoria do menor esforço" afirma que as mudanças sonoras ocorrem para facilitar, fisiologicamente, a pronúncia das palavras. Assim, um [k] intervocálico passa a ser pronunciado como [g] para facilitar a produção de sons vozeados em sequência, tal como na mudança da palavra latina *aqua* para *água* em português, por exemplo. De fato, percebemos diversos fenômenos de mudança fonética que levam em consideração o fator "tornar a pronúncia mais fluida". Entretanto, essa teoria não se sustenta sozinha, visto que muitas mudanças fonéticas acabam "dificultando" a pronúncia da palavra, ao invés de facilitá-la. A palavra portuguesa *estrela*, por exemplo, deriva da palavra latina *stella*, que não apresenta encontro consonantal.

NOTAS DO CAPÍTULO VIII – A GRAMÁTICA COMPARATIVA DO INDO-EUROPEU COMO PONTO DE PARTIDA PARA UMA CIÊNCIA GERAL DA LINGUAGEM; O TRABALHO DE SCHLEICHER

(1) O maior legado de August Schleicher talvez seja a representação de famílias linguísticas em árvores genealógicas, seguindo o *modus operandi* das representações biológicas. Salvo melhor juízo, Schleicher foi o primeiro linguista a incorporar a esquematização em árvores no estudo das famílias linguísticas.

(2) Segundo Paveu e Sarfati (2008: 18), "a introdução do tema historicista, a formulação da hipótese indo-europeia e a reflexão teórica sobre o *status* científico da linguística caracterizam, por sua vez, a contribuição desse continuador da escola alemã". Para os autores, "num contexto teórico que levou à maturidade o evolucionismo científico (com a crescente influência de Darwin) e o romantismo filosófico (com a filosofia da história de He-

gel), o trabalho de August Schleicher marca um ponto de virada radical nos desenvolvimentos de GC [Gramática Comparada]. Este trabalho constitui uma síntese e uma transcendência da empreitada de Rask e Bopp" (Paveau & Sarfati 2008: 18).

(3) Charles Darwin apresentou publicamente seu trabalho seminal sobre a teoria da evolução das espécies em julho de 1858, em um encontro da Linnean Society of London. Seu livro *A origem das espécies* foi publicado no segundo semestre do ano seguinte.

(4) O livro foi publicado em 1863 e apresenta as ideias naturalistas de Schleicher.

(5) Trata-se da obra *Compendium der vergleichenden Grammatik der in-dogermanischen Sprachen* (*Kurzer Abriss der indogermanischen Ursprache, des Altindischen, Altiranischen, Altgriechischen, Altitalischen, Altkeltischen, Altslawischen, Litauischen und Altdeutschen*) [Compêndio de gramática comparativa das línguas indo-germânicas (breve resumo de uma teoria fonética e morfológica da língua indo-germânica, origem do antigo indiano, do antigo iraniano, do antigo grego, do antigo itálico, do antigo celta, do antigo eslavo e do antigo alemão)].

(6) Sobre essa árvore genealógica, lembra Robins (1983: 144-145) que "a *Stammbaumtheorie*, ou o modelo de árvore genealógica, em que ele [Schleicher] representa as relações entre a língua matriz e as línguas indo-europeias conhecidas deve muito aos métodos de classificação botânica por espécies e grupos [...]. A *Stammbaumtheorie*, como o modelo genealógico de Schleicher é frequentemente chamado, representa importante contribuição para o desenvolvimento da linguística histórica em geral e indo-europeia em particular. Tal modelo nos fornece um meio de apresentar o conjunto dos membros de uma família linguística e de configurar, olhando o con-

junto de cima para baixo, um quadro da história de toda a família e das relações temporais entre seus membros".

(7) Tem razão Mattoso em considerar que a *Stammbaumtheorie* está sujeita a certas objeções. Sem dúvida, as línguas não se separam em um dado ponto no tempo e de forma tão determinada do mesmo modo que um ramo de árvore. O processo de distinção entre as línguas é bastante lento e gradual até que se possa reconhecer a existência de duas ou mais línguas. A esse respeito vale lembrar que Ferdinand de Saussure, ainda no século XIX, especificamente em 1891, na sua primeira conferência na Universidade de Genebra já advertia: "quando consideramos um certo estado de língua, como o francês do século XIX, e um certo estado de língua anterior, como por exemplo o latim do século de Augusto, ficamos impressionados, no primeiro momento, pela grande distância que os separa e ficamos, eu me apresso a acrescentar, muito mais impressionados pela denominação diferente que se convencionou lhes dar, chamando este de *latim* e aquele de *francês*. Nós imaginamos, então, frequentemente, que há duas coisas e que uma sucede à outra. Ora, que há sucessão, isso é indubitável e evidente, mas que haja duas coisas nessa *sucessão* é falso, radicalmente falso, perigosamente falso, do *ponto de vista* de todas as concepções que se seguem. Basta aqui refletir um instante, já que tudo está contido nessa simples observação: cada indivíduo emprega, no dia seguinte, o mesmo idioma que falava no anterior e é isso que sempre se observa. Não houve, portanto, um dia em que se pudesse lavrar o atestado de óbito da língua latina e não houve, igualmente, um dia em que se pudesse registrar o nascimento da língua francesa. Jamais aconteceu que as pessoas da França acordassem dizendo *bom dia* em francês, tendo, antes de dormir na véspera, dito *boa noite* em latim" (Saussure 2004: 133).

(8) Essa observação de Mattoso Camara é controversa e merece ser avaliada com detalhamento pelo leitor, uma vez que esse tema enseja uma di-

versidade muito grande de indagações e, consequentemente, de pesquisa. Em Lyons (1987), por exemplo, encontramos um ponto de partida sólido e ponderado. Para o linguista, dizer que línguas pertencem à mesma família, que se relacionam geneticamente, é dizer "que elas são variantes divergentes, descendentes, de uma língua ancestral comum ou protolíngua" (Lyons 1987: 174). No entanto, isso não significa que se conheça diretamente a protolíngua da qual descendem as línguas de uma dada família: "as protolínguas são construtos hipotéticos em favor de cuja existência não existem dados diretos, mas postula-se que tenham existido e que são constituídas de tal e tal estrutura" (Lyons 1987: 175). Sobre o protoindo-europeu, especificamente, Lyons (1987: 174-175) diz que se trata do "ancestral hipotético do protogermânico, protoeslavônio, protocelta, protoitálico, protoindo-iraniano etc., e, em última instância, de todas as línguas indo-europeias antigas e modernas". E acrescenta: "podemos até localizar o protoindo-europeu, com uma certa margem de segurança, no tempo e no espaço – nas planícies do sul da Rússia no quarto milênio antes de Cristo – e, combinando os dados linguísticos e arqueológicos, dizer algo a respeito da cultura daqueles que o falavam. Por exemplo, a maioria das línguas indo-europeias comprovadas primeiro possuem palavras que podem ser remontadas a palavras-fonte hipotéticas que significam 'cavalo', 'cachorro', 'vaca', 'carneiro' etc. O fato de o vocabulário reconstruído do protoindo-europeu conter essas palavras, bem como palavras relacionadas a fiar, tecer, arar e outras atividades agrícolas e de pastoreio, indica com clareza razoável que os falantes do protoindo-europeu viviam uma vida relativamente estabelecida. Palavras que denotam flora e fauna, condições climáticas etc., permitem-nos identificar, dentro de certos limites, o seu *habitat* geográfico, enquanto o vocabulário comum relativo a instituições sociais e religiosas torna possível inferir acerca das características mais abstratas de sua cultura. Está bastante claro, por exemplo, que sua sociedade era patriarcal e que eles veneravam um deus celeste e outros fenômenos naturais deificados. Quanto aos dados arqueológicos, foi sugerido recentemente que isso indica que os falantes do protoindo-europeu pertencem à chamada cultura de Kurgan, uma cultura da Idade do Bronze que se espalhou a oeste do sul da Rússia na primeira metade do quarto milênio antes de Cristo e mais tarde pelo leste, penetrando no Irã. Tal hipótese, embora seja a mais plausível dentre as apresentadas até o momento, não é aceita universalmente, e muitos estudiosos são céticos quanto à possibilidade de se afirmar qualquer coisa muito definida sobre o *habitat* e a cultura dos falantes do protoindo-europeu, com base nos dados disponíveis" (Lyons 1987: 175).

Émile Benveniste, um dos maiores indo-europeístas do século XX, assim define o indo-europeu já no prefácio do primeiro volume do monumental *O vocabulário das instituições indo-europeias*: "o indo-europeu se define como uma família de línguas oriundas de uma língua comum e que se diferenciaram por separação gradual. É, portanto, um imenso acontecimento global que tomamos em seu conjunto, porque ele se decompõe no decorrer dos séculos numa série de histórias distintas, cada qual referente a uma língua particular" (Benveniste 1995: 7). O que essas observações de dois grandes linguistas podem sugerir no contexto da afirmação de Mattoso? Nosso linguista tem razão em supor que não há, na origem do indo-europeu, uma homogeneidade absoluta, quer dizer, a variação dialetal é característica inerente a todas as línguas. Mais uma vez, é Lyons quem esclarece: "o método comparativo funciona a partir do pressuposto de que cada membro de uma família de línguas relacionadas encontra-se numa linha direta de descendência da protolíngua e permaneceu intocada, durante esse tempo, pelo contato com outras línguas e dialetos relacionados. Tal pressuposto é, no mínimo, irreal. Todas as línguas são, em grau maior ou menor, diferenciadas quanto a dialetos. Não há razão para crer que o protoindo-europeu, o protogermânico, o protoeslavo e as outras protolínguas que tomamos hipoteticamente como a fonte de famílias e de subfamílias de línguas comprovadas eram homogêneas do ponto de vista dialetal. Sempre que possível, o método comparativo reconstrói uma protoforma única para todas as formas comprovadas. Segue-se que o sistema linguístico reconstruído tende a ser, não apenas morfologicamente mais regular, mas também dialetalmente mais uniforme do que qualquer sistema linguístico real" (Lyons 1987: 188). Além disso, não é fácil saber se todos os sons que ocorrem sob forma com asterisco – que demarca formas linguísticas (sons, morfemas, palavras...) reconstruídas hipoteticamente por meios comparativos – ocorreram de fato ao mesmo tempo e no mesmo dialeto da protolíngua. O fato é que "foram estabelecidas correlações entre línguas muito distantes geograficamente. Regularidades linguísticas atestaram, por exemplo, que línguas tão diferentes quanto grego, irlandês antigo, gótico, indiano antigo e lituano [...], entre outras línguas, derivavam de uma língua ancestral comum, o indo-europeu, cuja existência não pode ser atestada diretamente, mas inferida e reconstruída a partir da comparação entre as línguas derivadas dessa língua-mãe mais antiga. Por essa razão, frequentemente nos referimos ao indo-europeu como uma protolíngua: é uma língua reconstruída por meio do método comparativo e fixada como antecedente das línguas comparadas" (Moura & Cambrussi 2018: 62).

Em suma, Mattoso Camara, com sua verve de cientista, sugere um tema de investigação cujos horizontes, ainda hoje, podem ser muito ampliados. Cf., p. ex., esta advertência de Moura e Cambrussi (2018: 63), sobre a névoa que ainda cerca o povo indo-europeu e sua(s) língua(s): "Especula-se muito sobre o período em que a protolíngua esteve em uso e sobre quem foram seus falantes. Poucos linguistas abordam essa questão e aqueles que se arriscam usam intervalos temporais tão amplos que chegam a ser inócuos, como entre 4500 e 2500 a.C. – podemos suspeitar dessa datação tão vaga e pensar que é equivalente a não localizar o fato no tempo. Sobre a identificação de quem foram os falantes da protolíngua, nada mais preciso se produziu. Costuma-se dizer que eram pastores, agricultores, guerreiros, e isso é pouco informativo, já que a língua foi falada justamente na época da expansão agrícola, em que muitos conflitos ocorreram e, portanto, essas eram as principais atividades humanas". Remetemos o leitor para as referências que citamos aqui (Benveniste 1995; Lyons 1987; Moura & Cambrussi 2018), além de Meier Brügger (2003).

(9) Trata-se de *Avis akvāsas Ka* [A ovelha e os cavalos], um pequeno texto escrito por August Schleicher em 1868. Com esse texto, Schleicher busca mostrar não apenas formas individuais de palavras reconstruídas, mas também sua conexão sintática na frase.

(10) A esse respeito, comentam Battisti, Othero e Flores (a sair): "Schleicher é um autor interessante do século XIX. De um lado, ele propôs, na continuidade de Bopp e Grimm, um estudo genético das línguas. A classificação em árvore genealógica por ele desenvolvida exerceu forte influência na linguística comparada. Mas é com relação à classificação tipológica, baseada na estrutura da palavra, que ele realmente dá uma grande contribuição na história da linguística. O linguista alemão apresenta a classificação tripartida das línguas articulada a uma visão genealógica; quer dizer, a intenção de Schleicher não era propriamente fazer um estudo descritivo das línguas, mas traçar um quadro evolutivo dessas. Assim, as línguas *isolantes*, caracterizadas pela presença de vocábulos indecomponíveis em duas ou mais formas mínimas em que as funções sintáticas são expressas pela posição da palavra, seriam um primeiro estágio das línguas (p. ex., o mandarim e o vietnamita). As línguas *aglutinantes*, caracterizadas pela reunião de elementos formais à raiz, que permanece invariável, seriam um segundo estágio das línguas (p. ex., o turco, o japonês e o húngaro). Finalmente, as línguas *flexionais*, caracterizadas pela assimilação dos elementos formais que exprimem significações gramaticais, categóricas ou relacionais, cujas raízes têm a capacidade de modificação interna (p. ex., o latim e o grego)".

(11) Aqui temos duas concepções relacionadas e equivocadas. Infelizmente, tais concepções ainda estão presentes contemporaneamente. A primeira é de que as línguas ou variedades linguísticas faladas em tempos remotos eram mais "completas", "bonitas" ou, de alguma maneira, "superiores" às línguas ou variedades faladas no presente. A segunda é de que as línguas

mudam com o tempo tal como um ser vivo, que atinge um ápice em determinada idade e, a partir desse ponto, passa a se tornar decadente. Ambas as ideias foram há muito desconstruídas por estudos linguísticos contemporâneos. Cf. Aitchison (1991) para uma introdução a esses temas.

NOTAS DO CAPÍTULO IX – A CONSOLIDAÇÃO DO ESTUDO GERAL DA LINGUAGEM; MAX MÜLLER E WHITNEY; O TRABALHO INDO--EUROPEU DE FICK

(1) Tem razão Mattoso em situar o primeiro grande momento da gramática comparada no nome de Schleicher. Em relação a isso, há certa unanimidade entre os historiadores da linguística. Assim, por exemplo, Robins (1983: 144) declara: "na metade do século XIX, a figura que exerceu maior influência e que teve maior importância histórica no campo da linguística foi talvez A. Schleicher". Também Paveau e Sarfati (2008: 18) consideram que "a introdução do tema historicista, a formulação da hipótese indo-europeia e a reflexão teórica sobre o *status* científico da linguística caracterizam, sucessivamente, a contribuição desse continuador da escola alemã". E acrescentam: "Em um contexto teórico que conduziu à maturidade o evolucionismo científico (com a crescente influência de Darwin) e o romantismo filosófico (com a filosofia da história de Hegel), o trabalho de August Schleicher marca uma virada radical no desenvolvimento da GC. Esse trabalho constitui uma síntese e uma superação da empreitada de Rask e de Bopp" (Paveau & Sarfati 2008: 18).

(2) Sobre o quase monopólio alemão nos estudos linguísticos da época, comenta Robins (1983: 136): "em grande parte, a linguística do século passado [século XIX] se concentrou no estudo histórico das línguas indo-europeias, campo em que se realizaram os avanços e refinamentos teóricos e metodológicos mais importantes. Esse período da linguística foi dominado quase exclusivamente pela erudição alemã. Mesmo os linguistas que trabalhavam em outros países tinham quase sempre estudado na Alemanha,

como o americano W.D. Whitney, ou eram expatriados alemães, como Max Müller, que ensinou em Oxford". Nesse período, a influência do pensamento de Schleicher se faz notar para além da Alemanha. Na verdade, essa influência "foi duradoura, inicialmente na Alemanha, em seguida na França, onde a difusão de seu pensamento andava de mãos dadas com a introdução do comparativismo" (Paveau & Sarfati 2008: 21). Quanto, especificamente, a Max Müller, ele "foi, sem dúvida, o herdeiro de Schleicher, que levou mais longe suas teses naturalistas. O que fez dele o ator de uma importante controvérsia (sobre o *status* da linguística e a natureza da linguagem), que o oporá a W.D. Whitney" (Paveau & Sarfati 2008: 22).

(3) Müller foi um acadêmico e intelectual prolífico, atuando no campo da investigação linguística, como Mattoso relata a seguir, mas também muito interessado nas histórias sobre mitos e religiões do Ocidente e Oriente Próximo. Deixou extensa obra publicada.

(4) Trata-se de uma reunião de palestras realizadas na *Royal Institution of Great Britain* em 1861.

(5) William Dwight Whitney foi um pioneiro da linguística norte-americana. Seu livro de 1875, *The Life and Growth of Language: An Outline of Linguistic Science*, foi publicado no Brasil pela Editora Vozes sob o título de *A vida da linguagem*, em 2010, a partir do francês *La vie du langage*. Interessante observar, quanto a isso, que a versão francesa é assinada pelo próprio Whitney conforme informa Normand (1978: 117). Whitney antecipa em vários pontos o que encontraremos sistematizado no *Curso de linguística geral* de Ferdinand de Saussure, publicado postumamente em 1916, e no clássico *Language: an introduction to the study of speech*, publicado em 1921 por Edward Sapir (a edição brasileira deste último foi traduzida por Mattoso, sob o título *A linguagem: introdução ao estudo da fala*, em 1938).

A compreensão que Whitney tem acerca da ciência linguística, por exemplo, ainda é bastante atual: "Essa ciência [a linguística] tem como objetivo compreender a linguagem, primeiramente em seu conjunto, como meio de expressão do pensamento humano; depois, em suas variedades, tanto em relação aos elementos constituintes como em relação à sintaxe. Ela se propõe a descobrir a causa dessas variedades, assim como as relações entre linguagem e pensamento, e a origem dessas relações. Ela pesquisa as razões de ser da linguagem no passado e no presente e, na medida do possível, seus primeiros desenvolvimentos" (Whitney 2010: 20).

(6) Trata-se de *Sanskrit Grammar: Including Both the Classical Language, and the Older Dialects, of Veda and Brahmana* [Gramática do sânscrito: incluindo tanto a língua clássica e os antigos dialetos de vedas e brâmanes], publicada originalmente em 1879.

(7) Texto sagrado do hinduísmo, parte dos quatro livros dos Vedas. Segundo Aprigliano (2014: 15-16), ao Rgveda – mais antiga coleção de hinos para uso ritualístico, o mais antigo dos Vedas – "no decorrer dos séculos, sucederam mais três coleções de matéria verbal dos rituais públicos e privados, seja a que era prerrogativa de uma função sacerdotal específica, como é o caso do *Yajurveda*, acúmulo das fórmulas sacrificais enunciadas pelo *adhvaryu*, sacerdote-gerente, e o Sāmaveda, registro da modulação musical dos hinos rgvédicos, profissão do *udgātr*, sacerdote-cantor, seja a que se apresentava nas práticas rituais domésticas contidas na quarta coleção, o *Atharvaveda*".
Essa informação tem grande importância no contexto da vida e da obra de Whitney, uma vez que demonstra sua grande capacidade de agregar informações – no caso, sobre o sânscrito – em favor de uma discussão sobre linguística geral. Whitney talvez tenha sido o primeiro grande linguista geral, ao qual se sucedeu uma linhagem capitaneada por Ferdinand de Saussure. Aliás, nos manuscritos saussurianos encontra-se um conjunto de notas – intitula-

do nos *Escritos de linguística geral* [Notas para um artigo sobre Whitney], uma homenagem póstuma ao sanscritista – que situa, de maneira lúcida, Whitney no contexto generalista dos estudos da linguagem. Sobre o sanscritista, fala o genebrino no âmbito dos estudos da gramática comparada: "ele é o primeiro generalizador que soube não tirar conclusões absurdas, sobre a linguagem, da obra da gramática" (Saussure 2004: 176).

(8) A esse respeito, cabe ler o que diz Normand (1978: 151), na apresentação que faz, à sua tradução para o francês, de um extrato de comentário crítico de Whitney, de 1871, *Strictures on the views of A. Schleicher respecting the nature of language and kindred subjects*, traduzido por Normand como *Commentaires critiques sur les opinions de A. Schleicher concernant la nature du langage et des sujets voisins* [Comentários críticos sobre as opiniões de A. Schleicher relativas à natureza da linguagem e temas próximos]: "a longa querela que, até sua morte, opôs Whitney aos defensores do *naturalismo* (em particular Schleicher e seu continuador M. Müller) se apresenta em uma série de fascículos em que se lê, como o último avatar do velho debate *natureza/convenção*, sob a forma modernizada: a linguística deve ser uma ciência natural ou uma ciência histórica (social)?"

(9) O debate entre a natureza social/cultural *versus* genética/biológica da linguagem segue vivo e intenso nos círculos linguísticos contemporâneos. Para nosso entendimento, trata-se de uma discussão sobre o recorte metodológico que o analista ou teórico pretende dar no estudo da linguagem. A linguagem tem claramente uma relação entranhada na nossa natureza biológica, mas somente se desenvolve durante um processo de interação entre interlocutores no seio social em que estamos inseridos. Como afirmam Battisti, Othero e Flores (a sair), no seu capítulo *Linguística*: "[...] um estudo vinculado a princípios naturais e biológicos do conhecimento mobiliza uma perspectiva de ciência completamente distinta se comparada com aquele que mobiliza aspectos culturais do conhecimento humano. Poderíamos, no primeiro caso, *grosso modo*, falar em ciências biológicas

ou naturais; no segundo, em ciências sociais. Nesse sentido, poderíamos aproximar a linguística de um paradigma científico natural ou de um paradigma científico sociocultural. Em qualquer um dos casos, implicaria fazer escolhas teóricas e metodológicas diferentes.

Em outras palavras, a aproximação da linguística às ditas "ciências naturais" ou às ditas "ciências sociais" [...] produz reflexões muito distintas entre si, o que, na atualidade, permitiria falar em linguísticas, no plural. Não à toa o campo que antigamente não hesitávamos em denominar de linguística, nos dias de hoje tem recebido outras designações: *estudos da linguagem, estudos linguísticos, ciências da linguagem* e *ciências linguísticas* são apenas algumas. Essa heterogeneidade de designações, sem dúvida, é sintoma evidente da heterogeneidade epistemológica do campo".

(10) A esse respeito, cabe lembrar que Paveau e Sarfati (2008) dedicam uma parte inteira de sua obra – parte esta intitulada "A polêmica Whitney/ Schleicher e Müller" – para explicar os termos das críticas de Whitney. Em Normand (1978) encontra-se um dos textos de Whitney em que se delineiam essas críticas, que podem ser assim resumidas: a) importância do uso linguístico – "cada lei linguística tem seu fundamento e sua causa nos usos que os homens fazem da língua" (Whitney 1978: 152); b) negação da associação das línguas a organismos naturais – "as línguas [...], longe de serem organismos naturais, são os produtos, gradualmente elaborados, dos seres humanos" (Whitney 1978: 152); c) fundamento cultural da linguagem humana – "se nós devêssemos dar um nome à linguagem que colocasse em evidência suas características essenciais de maneira mais dintintiva e precisa, indo contra aqueles que gostariam de fazer dela um organismo, nós a designaríamos por uma *instituição*, uma das instituições que formam a cultura humana" (Whitney 1978: 152).

(11) A tradução seria algo como "com medo" e "sem medo", ou "medroso" e "destemido". Os sufixos *-ful* e *-less* remetem às formas livres do inglês *full* (cheio) e *less* (menos).

(12) Tem razão Mattoso em fazer tal afirmação. Whitney é, sem dúvida, o grande precursor daquilo que viria a se consolidar – em especial, com Saussure – sob a égide da disciplina conhecida como "linguística geral". Em favor dessa ideia, por exemplo, encontramos em Paveau e Sarfati (2008: 34) uma seção de seu livro intitulada exatamente "W.D. Whitney (1827-1894) – A ideia de uma linguística geral". Claudine Normand, linguista francesa, grande conhecedora da linguística geral, afirma: "a certeza de que é tempo de constituir uma ciência geral da linguagem caracteriza esse período" (Normand 2000: 442) e o ponto de vista relativo aos termos dessa "linguística geral" que oporá Whitney e Schleicher (e seu seguir Max Müller) – em que o primeiro defenderá uma ciência geral de base social e o segundo, uma ciência geral de base naturalista – deverá perdurar para além do século XIX.

(13) Sabemos hoje que as línguas não deixam de existir para se transformarem em duas ou mais línguas completamente independentes. As línguas mudam com o tempo de maneira constante, tal como Saussure sentencia: "O tempo altera todas as coisas; não existe razão para que a língua escape a essa lei universal", p. 91 do *CLG* (edição de 2000). Nesse sentido, não podemos afirmar que o latim, por exemplo, se dividiu em português, italiano, espanhol, francês etc. Antes, devemos entender que o latim, espalhado por vasto território, passou por um processo de mudança, em cada lugar, originando as línguas românicas tais como as conhecemos hoje.

NOTAS DO CAPÍTULO X – O ADVENTO DA FONÉTICA

(1) A fonética articulatória investiga a produção dos sons das línguas humanas enquanto articulados pelos componentes fisiológicos que compõem nosso aparelho fonador.

(2) A fonética auditiva estuda a percepção dos sons da fala pelo ouvido e cérebro humanos.

(3) Mattoso quer dizer "fricativa palato alveolar", representada pelo símbolo ʃ do Alfabeto Fonético Internacional. É o som inicial de palavras como *churrasco* ou *xadrez*.

(4) Um sistema de escrita desenvolvido por povos mesopotâmios que usavam instrumentos em forma de cunha para grafar símbolos em superfícies argilosas.

(5) A título de aprofundamento do debate feito à época referida por Mattoso neste capítulo, cabe indicar ao leitor as "Notas preparatórias para o curso II (1908-1909)", de Ferdinand de Saussure, manuscrito em que o genebrino contrapõe argumentos de Whitney e do assiriólogo Oppert.

(6) Jean-François Champollion é considerado por muitos como o "pai da egiptologia". Foi um dos principais responsáveis por decifrar o código de escrita hieroglífico do antigo Egito.

(7) Etimologicamente, a palavra "runa" vem do nórdico antigo e significa "segredo", "mistério". As runas eram as 24 letras, ou sinais gráficos, que faziam parte do mais antigo alfabeto usado no noroeste da Europa, especialmente na Escandinávia e nas Ilhas Britânicas, entre os séculos III e XVII d.C.

(8) Alexander Melville Bell, pai de Alexander Graham Bell, foi professor de fonética e investigador nas áreas de educação para surdos e fonética articulatória. Antes de se mudar para as Américas, ele lecionou na Universidade de Edimburgo e na Universidade de Londres.

(9) Alexander Bell desenvolveu uma série de trabalhos sobre o que chamou de *visible speech*, ou "fala visível". Aqui, Mattoso provavelmente está se referindo ao livro *Visible Speech: The Science of Universal Alphabetics* [Fala visível: a ciência dos alfabetos universais], publicado em 1867.

(10) Mattoso se refere aqui, provavelmente, à obra publicada em 1876 com o título de *Grundzüge der Lautphysiologie zur Einführung in das Studium der Lautlehre der indogermanischen Sprachen* [Fundamentos da fisiologia do som para a introdução ao estudo da teoria do som das línguas indo-germânicas] e republicada nas demais edições com o título de *Grundzüge der Phonetik zur Einführung in das Studium der Lautlehre der indogermanischen Sprachen* [Fundamentos da fonética para a introdução ao estudo da teoria sonora das línguas indo-germânicas].

(11) Paul Passy fundou a Associação Fonética Internacional, em 1886, e teve participação na elaboração do Alfabeto Fonético Internacional. Foi aluno de Ferdinand de Saussure na França e seu nome aparece, ao lado do nome de Viëtor, nas anotações dos alunos de Saussure nos famosos cursos da Universidade de Genebra. Por exemplo (as páginas das citações, a seguir, são todas da Edição Crítica do *Curso de linguística geral*, elaborada por Engler 1989): a) em George Dégallier: "grandes progressos atualmente. <Viëtor [na] Alemanha; Paul Passy na França" (p. 99); em Mme. A. Sechehaye: "Viëtor (Alemanha), P. Passy na França reformaram as ideias" (p. 99); em Francis Joseph: "Mas nós fizemos progressos notáveis. Notadamente M. Viëtor na Alemanha e Paul Passy em Paris" (p. 99); finalmente, em Émile Constantin, cujas anotações são consideradas as mais completas pela filologia saussuriana: "M. Viëtor (Alemanha), Paul Passy (França) reformaram as ideias sobre os verdadeiros métodos a empregar" (p. 99).
O mais interessante dessas informações que fornecemos ao leitor é que Rudolf Engler, o grande exegeta saussuriano, coloca-as em paralelo – portanto como fonte importante – do capítulo VII, intitulado "A fonologia", do *Curso de linguística geral*. Eis aí um indício importante para contar a história do surgimento da fonologia moderna.

(12) Hoje, adentrando na terceira década do século XXI, podemos, por um lado, afirmar que os estudos fonéticos das línguas naturais definitivamente

pertencem à linguística; por outro lado, contudo, a investigação dos sons da fala humana ultrapassa os domínios estritamente linguísticos e fazem parte do cotidiano de engenheiros e terapeutas, seja no trabalho de processamento da fala, seja no tratamento terapêutico de pacientes com dificuldade de produção sonora. As interfaces da Fonética, na verdade, vão além. Para Cagliari (2006: 6), "A interface mais usada atualmente [pela Fonética] é, sem dúvida, a interface com a engenharia de comunicação: telefonia, fala sintética, produção escrita a partir da fala e reconhecimento automático da fala por máquinas. Uma outra interface que tem apresentado grande interesse de ambas as partes é a que une a Fonética aos estudos de neurolinguística, em particular, com a patologia da fala e a fonoaudiologia. Numa dimensão bastante reduzida, a Fonética mantém interface com outras áreas, em que os estudos dos sons da fala entram com elementos importantes. Desse modo, a Fonética contribui para os estudos do processo de alfabetização, da leitura e da formação e do uso dos sistemas de escrita. Contribui também para o estudo específico de alguns aspectos da teoria literária, como os estudos sobre poética, metrificação, estilística e até para mostrar características textuais relacionadas, por exemplo, com as atitudes do falante".

NOTAS DO CAPÍTULO XI – A NOVA VISÃO DO INDO-EUROPEU DEPOIS DE SCHLEICHER

(1) Essa teoria se opõe de maneira bastante radical à teoria da árvore genealógica (*Stammbaumtheorie*) desenvolvida por Schleicher e levada adiante por Fick. Sua principal diferença diz respeito ao fato de a propagação das inovações linguísticas entre diferentes sistemas se dever ao contato entre os falantes. Segundo Tarallo (1990: 37), "a grande diferença entre os dois modelos está, pois, na questão do componente contato entre os falantes das línguas consideradas: no modelo das árvores ele é colocado como um pressuposto, uma vez que são considerados somente os sistemas historicamente relacionados; no modelo das ondas o fenômeno do contato aparece

como um entrave à possibilidade unívoca e segura para o estabelecimento de protolínguas: a questão do desenvolvimento paralelo, que invalidaria a proposta da protolíngua parcialmente, permite, por outro lado, comparar sistemas historicamente não relacionados".

(2) Hermann Osthoff é um dos fundadores da escola neogramática (*Junggrammatiker*). Mattoso falará detidamente de Osthoff mais adiante, quando abordar, em capítulo específico, o movimento dos neogramáticos (cf. capítulo XII).

(3) Ferdinand de Saussure é considerado por muitos como o fundador da linguística moderna. Ministrou três cursos de linguística geral na Universidade de Genebra entre os anos de 1907-1911 que deram origem à edição póstuma do célebre *Curso de linguística geral*, em 1916, organizada pelos colegas Charles Bally (1865-1947) e Albert Sechehaye (1870-1946). Mattoso é exímio conhecedor do pensamento saussuriano e tratará do genebrino em capítulo especialmente a ele dedicado a seguir (cf. capítulo XVII).

(4) Publicado quando Saussure tinha ainda 21 anos, o *Mémoire sur le système primitif des voyelles dans les langues indo-européennes* [Memorial sobre o sistema primitivo de vogais em línguas indo-europeias] é uma das obras mais importantes da linguística histórica do século XIX. Diz Saussure, no Prefácio de seu *Mémoire*: "estudar as formas múltiplas sob as quais se manifesta o que chamamos o *a* indo-europeu, tal é o objeto imediato deste opúsculo: o restante das vogais apenas será levado em consideração na medida em que os fenômenos relativos ao *a* derem oportunidade" (Saussure 1984: 3). No entanto, acrescenta que, apesar de seu objetivo maior ser estudar as múltiplas formas do *a* indo-europeu, teve de abordar "o sistema das vogais no seu conjunto" (Saussure 1984: 3), o que o levou a tratar "uma série de problemas de fonética e de morfologia, dos quais alguns esperam ainda solução e outros nem foram ainda propostos" (Saussure 1984: 3).

Sobre esse trabalho de Saussure, assim se manifesta um de seus discípulos mais célebres, Émile Benveniste: "Mesmo em 1903, i. é, vinte e cinco anos depois, ainda não se podia saber tudo o que continha de intuições divinatórias o *Mémoire* de 1878. Eis um brilhante exemplo. Saussure havia percebido que o sistema vocálico do indo-europeu continha vários *aa*. À luz do conhecimento puro, os diferentes *aa* do indo-europeu são objetos tão importantes quanto as partículas fundamentais em física nuclear. Ora, um desses *aa* tinha a singular propriedade de comportar-se diferentemente dos seus dois congêneres vocálicos. Muitas descobertas começaram por uma observação semelhante, uma discordância num sistema, uma perturbação num campo, um movimento anormal numa órbita. Saussure caracteriza esse *a* por dois traços específicos. De um lado, não é parente nem de *e* nem de *o*; de outro, é coeficiente sonântico, i. é, é suscetível de desempenhar o mesmo papel duplo, vocálico e consonântico, das nasais ou das líquidas, e se combina com vogais. Observemos que Saussure fala dele como de um fonema, e não como de um som ou de uma articulação. Não nos diz como se pronunciava esse fonema, de que som poderia aproximar-se nesse sistema observável; nem mesmo se era uma vogal ou uma consoante. A substância fônica não é considerada. Estamos na presença de uma unidade algébrica, um termo do sistema, a que ele chamará mais tarde uma entidade distintiva e opositiva. Não se pode dizer que, mesmo vinte e cinco anos após haver sido publicada, essa observação tenha despertado muito interesse. Seriam necessários mais vinte e cinco anos para que ela se impusesse, em circunstâncias que a imaginação mais audaciosa não teria podido conceber. Em 1927, M. Kuryłowicz tornava a encontrar numa língua histórica, o hitita, então recentemente decifrada, sob a forma do som escrito *h,* o fonema definido cinquenta anos antes por Saussure como fonema sonântico indo-europeu. Essa bela observação fazia entrar na realidade a entidade teórica postulada pelo raciocínio em 1897. Naturalmente, a realização fonética dessa entidade como *h* em hitita trazia ao debate um elemento novo, mas de natureza diferente. A partir daí, duas orientações manifestaram-se na pesquisa. Para uns, tratava-se antes de tudo de avançar mais a investigação teórica, de elucidar, principalmente na morfologia indo-europeia, os efeitos e as combinações desse "coeficiente sonântico". Descobre-se hoje que esse fonema não é único, que representa uma classe inteira de fonemas, desigualmente representados nas línguas históricas, e que se chamam os 'laríngeos'. Outros linguistas acentuam, pelo contrário, a análise descritiva desses sons; procuram definir-lhes a realidade fonética; e como o número desses laríngeos ainda é matéria para discussão, vê-se de ano para ano multiplicarem-se as interpretações, que dão origem a novas controvérsias. Esse problema está hoje no centro da teoria do indo-europeu; apaixona os diacronistas tanto quanto os descritivistas. Tudo isso atesta a fecundidade das visões introduzidas por Saussure, e que não se cumpriram a não ser nestes últimos decênios, meio século após haverem sido publicadas. Até mesmo os linguistas de hoje que não leram o *Mémoire* lhe são devedores" (Benveniste 1988: 38-39).

Saussure argumenta que as raízes indo-europeias deveriam ter a estrutura silábica CVC (consoante-vogal-consoante), mesmo as raízes reconstruídas com a sequência consoante-vogal alongada. Para Saussure, haveria, em coda silábica, uma consoante aspirada que possivelmente teria sofrido apagamento, resultando, assim, no alongamento da vogal central. De acordo com McWhorter (2004: 44), "a teoria de Saussure foi rejeitada porque não havia evidência concreta de que esses sons tivessem existido. Contudo, no começo do século XX, antigas tábulas com escrita cuneiforme foram encontradas na Turquia, datando de 1700 a.C. Muitas delas estavam escritas no que parecia ser uma extinta língua indo-europeia, chamada hoje de hitita. O hitita tem um som consonantal, escrito como um *h*, que aparece em lugares onde Saussure previra que apareceria. Por isso, hoje se presume que o indo-europeu tenha tido esses sons, chamados *laringais*, ainda que nenhuma língua viva os preserve mais".

(5) O *schwa* é um som vocálico neutro átono não tonal. O símbolo do Alfabeto Fonético Internacional usado para representá-lo é ə.

NOTAS DO CAPÍTULO XII – O MOVIMENTO DOS NEOGRAMÁTICOS

(1) A analogia foi utilizada pelos neogramáticos como um recurso para explicar mudanças lexicais que escapavam às leis fonéticas. De fato, sabemos hoje que as palavras podem mudar por analogias a outras. É uma tendência de uniformizar e generalizar paradigmas ou "regras" gramaticais, por vezes excluindo as exceções do sistema. Nos estudos de mudança linguística é possível diferenciar três termos na mudança por analogia:

Termo ativo: é o termo que exerce influência sobre outro.

Termo passivo: é o termo que sofre a influência, que é modelado pelo termo ativo.

Termo analógico: é o termo resultante da influência do ativo sobre o passivo. Por exemplo, "a forma *impeço* do verbo *impedir* se formou por analogia com a forma *peço*, de *pedir*, embora os dois verbos não tenham uma origem comum (*pedir* deriva do latim *petire*, enquanto *impedir* deriva de *impedire*, em que está presente a raiz *ped-*, 'pé', de modo que *impedire* significava, originalmente, 'travar os pés de alguém para que não se mova'), ou seja, *pedir :: peço :: impedir :: impeço*" (Bagno, 2017: 14).

(2) Essa discussão levantada por Mattoso é muito complexa. Tarallo (1990) explica que o grupo dos neogramáticos tinha grande apreço pela abordagem das regularidades da língua. A busca pelas regularidades – na verdade, pelos princípios regulares da mudança linguística – era levada às últimas consequências por esses estudiosos do século XIX. A síntese das ideias dos neogramáticos, um verdadeiro manifesto, aparece, em 1878, no *Prefácio* de uma revista editada por Karl Brugmann e Hermann Osthoff, abordados a seguir por Mattoso. Nesse manifesto, são apresentados dois princípios fundamentais da escola neogramática: o de que a mudança fonológica ocorre de acordo com leis que não têm exceção e o de que a analogia é a fonte de explicação para as exceções da mudança linguística. Mais adiante, voltaremos ao tratamento dado pelos neogramáticos a esses dois princípios. Por ora, gostaríamos apenas de adiantar a complexidade do tema.

(3) Conforme informa Lehmann (1967: 197), o *Prefácio* é escrito por Brugmann, mas assinado também por Osthoff.

(4) Tem razão Mattoso em avaliar dessa maneira o *Prefácio* dos neogramáticos. Tarallo (1990) considera-o até mesmo panfletário, o que não implica tirar-lhe o mérito da originalidade das propostas que formula. Nesse *Prefácio,* aparece a síntese das teses dos neogramáticos que podem, *grosso modo*, ser assim apresentadas:

a) Crítica à concepção do modelo de reconstrução comparada: "A linguística mais antiga, como ninguém pode negar, abordou seu objeto de investigação, as línguas indo-europeias, sem antes ter formado uma ideia clara de como a fala humana realmente vive e se desenvolve, quais fatores estão ativos na fala e como esses fatores, ao se entrecruzarem, causam a progressão e a modificação da substância da fala. As línguas foram, realmente, investigadas com mais avidez, mas o homem que a fala, muito pouco" (Osthoff & Brugmann 1967: 198).

b) Atenção aos aspectos psicológicos e não apenas físicos da fala humana: "O mecanismo da fala humana tem um aspecto duplo, um mental e um físico. Chegar a um entendimento claro de sua atividade deve ser um objetivo do linguista comparativista. Pois, apenas com base em um conhecimento mais exato do arranjo e do modo de operação desse mecanismo psicofísico, ele pode ter uma ideia do que é possível na linguagem em geral – pelo que não se deve privilegiar a língua no papel, pois no papel quase tudo é possível. Além disso, somente através desse conhecimento o linguista comparativo pode obter a visão correta de como as inovações linguísticas, procedentes dos indivíduos, ganham força na comunidade da fala, e somente assim ele pode adquirir os princípios metodológicos que devem guiá-lo em todas as suas investigações em linguística histórica. A fonética articulatória se preocupa com o aspecto puramente físico do mecanismo da fala" (Osthoff & Brugmann 1967: 198).

328

c) Proposição de um objeto de estudo que não se limite à língua escrita: "[...] somente aquele que renuncia para sempre ao método de investigação, antes difundido mas ainda muito usado, segundo o qual as pessoas observam a língua apenas no papel e resolvem tudo via terminologia, sistemas de regras e formalismo gramatical, e acreditam que então compreenderam a essência dos fenômenos quando criaram um nome para a coisa – somente ele pode chegar a uma ideia correta da maneira pela qual as formas linguísticas vivem e mudam, e somente ele pode adquirir esses princípios metodológicos sem os quais não se pode obter resultados concretos em toda e qualquer investigação em linguística histórica e sem os quais qualquer penetração nos períodos do passado, i. é, por trás da tradição histórica de uma língua, é como uma viagem marítima sem bússola" (Osthoff & Brugmann 1967: 202).

d) Atenção aos dialetos vivos e à fala: "Precisamente os estágios mais recentes das novas línguas indo-europeias, os dialetos vivos, são de grande importância para a metodologia da linguística comparada em muitos outros aspectos também. Aqui, posso enfatizar especialmente apenas uma outra coisa à qual a pesquisa linguística prestou pouca atenção até agora, simplesmente por acreditar que, sempre que possível, deve dar as costas à vida linguística dos tempos mais recentes. Em todos os dialetos vivos, as formas de sons peculiares ao dialeto sempre aparecem de maneira muito mais consistente em todo o material linguístico e mantidas pelos membros da comunidade linguística do que se poderia esperar do estudo das línguas antigas acessíveis apenas por meio de escrita" (Osthoff & Brugmann 1967: 201-202).

e) Atenção a dois princípios: a mudança fonológica como processo mecânico cujas leis não admitem exceção e a criação de novas formas via analogia: "Os dois princípios mais importantes do movimento 'neogramático' são os seguintes: Primeiro, toda mudança sonora, na medida em que ocorre mecanicamente, ocorre de acordo com leis que não admitem exceção. Ou seja, a direção da mudança sonora é sempre a mesma para todos os membros de uma comunidade linguística, exceto quando ocorre uma divisão em dialetos; e todas as palavras nas quais o som sujeito à mudança aparece no mesmo relacionamento são afetadas pela mudança, sem exceção.

Segundo, visto que a associação de formas, ou seja, a criação de novas formas linguísticas por analogia, desempenha um papel muito importante na vida das línguas mais recentes, esse tipo de inovação linguística deve ser reconhecido sem hesitação por períodos mais antigos e até para os mais velhos. Este princípio não é apenas para ser reconhecido, mas também para ser utilizado da mesma maneira que é empregado para a explicação dos fenômenos linguísticos de períodos posteriores" (Osthoff & Brugmann 1967: 201-202).

(5) Na verdade, a obra toda é composta por cinco volumes, dos quais três são feitos por Brugmann e Delbrück.

(6) Mattoso se refere à obra *Grundriss der vergleichenden Grammatik der indogermanischen Sprachen* [Resumo da gramática comparativa das línguas indo-germânicas], publicada por Karl Brugmann e Berthold Delbrück entre 1886 e 1916, a que se refere no próximo parágrafo.

(7) Como explica Ilari (1999: 19), "na prática, o trabalho dos neogramáticos se caracterizou por uma exigência de extremo rigor, que se traduziu na crença de que as 'leis' da evolução fonética agem de maneira absolutamente regular, admitindo exceções apenas quando sua ação é contrariada pela ação da força psicológica da *analogia*". A analogia foi utilizada pelos neogramáticos como um recurso para explicar mudanças que escapavam às leis fonéticas, como apontamos também em comentário anterior.

NOTAS DO CAPÍTULO XIII – A OPOSIÇÃO AOS PONTOS DE VISTA DOS NEOGRAMÁTICOS; WUNDT, SCHUCHARDT, ASCOLI, MARTY

(1) Trata-se de *Volkerpsychologie* [Psicologia popular ou cultural], publicada em 10 volumes.

(2) Na linguística brasileira, também usamos o termo *psicolinguística* para definir a área da Linguística que busca unir as áreas da psicologia e dos estudos sobre linguagem. De acordo com Scliar-Cabral (2008: 4), "a psicolinguística, como o nome indica, é uma ciência híbrida que resultou da intersecção entre a linguística e a psicologia, acrescidas pela teoria da informação, no que elas têm em comum". Para Marcus (2008: 1), "a Psicolinguística é – ou deveria ser – um esforço para unir as duas áreas, Psicologia e Linguística, que são suas partes componentes. A Linguística, ao menos como é praticada frequentemente, lida com a descrição básica da estrutura da língua – e isso, por sua vez, é uma questão fundamental para a Psicologia, sobre como a mente funciona. Sempre que nós produzimos ou compreendemos uma sentença, nosso cérebro aciona uma série de computações intrincadas, e (espera-se que) os métodos da Psicologia possam nos dar alguns *insights* sobre como isso acontece em tempo real".

(3) Schuchardt defendia que as mudanças linguísticas dependiam de fatores externos da língua, ao contrário do que postulavam os neogramáticos. Desenvolveu trabalhos pioneiros e importantes na área de crioulística, em especial sobre crioulos de base portuguesa. Paixão de Souza (2010) apresenta detalhes do embate entre Shuchardt e os neogramáticos.

(4) *Tropare* é uma protoforma hipotética do latim vulgar, que teria existido seguindo as hipóteses das leis fonéticas dos neogramáticos.

(5) Essa história é contada em detalhes na seção intitulada *The etymology of* "trouver" ("A etimologia de *trouver*"), em Tuite (2006).

(6) O basco é uma língua isolada, de origem desconhecida, falada por cerca de 1 milhão de falantes na região conhecida como País Basco, que fica na fronteira entre Espanha e França, próxima ao Oceano Atlântico.

(7) As línguas crioulas são línguas originadas historicamente de *pidgins*. Os *pidgins* não são considerados uma língua propriamente, mas uma forma rudimentar de comunicação entre pessoas que falam línguas diferentes. Em geral, um *pidgin* surge da necessidade de falantes de línguas diferentes que se veem em algum contexto em que precisam se comunicar sem compartilhar uma língua comum.

(8) As línguas dravídicas modernas oficiais na Índia são o telugo, o malaiala, o tamil e o canará.

(9) Mattoso situa aqui um dos primeiros usos do termo "semasiologia" que, na história da linguística, ganhará maior destaque em função, principalmente, da contraposição ao termo "onomasiologia". O *Dicionário de linguística* de Jean Dubois et al. (1993) define os termos em seu sentido mais atual: "Semasiologia – por oposição a onomasiologia, a *semasiologia* é um estudo que parte do signo, em busca da determinação do conceito. Assim, os passos semasiológicos típicos são os da lexicologia estrutural, visando à representação das estruturas (eixo paradigmático e eixo sintagmático) que explicam uma unidade lexical. Conforme essa marcha, a palavra cadeira será estudada de acordo com os contextos (distribuição) e de acordo com os paradigmas nos quais figura (método das comutações)" (Dubois 1998: 534). Em outras palavras, parte-se do signo e chega-se ao conceito; ou, ainda, trata-se de um estudo da significação cuja metodologia de análise parte das formas linguísticas para indicar as noções ou conceitos a elas correspondentes. A onomasiologia, por sua vez, "é o estudo semântico das denominações; ela parte do conceito e busca os signos linguísticos que lhes correspondem. [...]. A onomasiologia opõe-se à semasiologia, que parte do signo para ir em direção à ideia" (Dubois 1998: 441).

Para entender a evolução histórica desses conceitos é fundamental a consulta a Baldinger (1966).

NOTAS DO CAPÍTULO XIV – ESTUDOS DO INDO-EUROPEU NO PERÍODO NEOGRAMÁTICO; LINGUÍSTICA ROMÂNICA

(1) A esse respeito, vale ler o trabalho de Schneider sobre a pesquisa saussuriana acerca do lituano: "O linguista russo Filip Fortunatov é uma peça fundamental para o projeto de pesquisa de Ferdinand de Saussure a respeito do padrão acentual da língua lituana. O trabalho de Fortunatov (1878) sobre o sistema acentual lituano oferece para Saussure a possibilidade de sistematizar o acento báltico de forma distinta daquela proposta por Kurschat. O pesquisador eslavo sugere que a distribuição dos diferentes padrões acentuais do lituano corresponde a uma distribuição dos coeficientes soantes indo-europeus, o que poderia ser mapeado por uma série de correspondências entre diferentes ramos linguísticos. O nome de Fortunatov é mobilizado no último artigo de Saussure sobre o tema – *Accentuation lituanienne* (1896) – para apontar a relação entre o acento agudo lituano e coeficiente soante *r*, em sânscrito. Em virtude dessa parceria argumentativa, a lei fonética apresentada por Saussure no Xe *Congrès Internacional des Orientalistes* é muitas vezes registrada em manuais de linguística indo-europeia como *Lei Fortunatov-Saussure*" (Schneider 2016: 76-77). Para o entendimento da pesquisa em torno da língua lituana no contexto do século XIX, remetemos o leitor a Schneider (2016).

(2) Trata-se, na verdade, de um léxico comparativo: *Lexicon palaeoslovenico-graeco-latinum: emendatum auctum*.

(3) Justifica-se a afirmação de Mattoso Camara em relação à escola neogramática e o estabelecimento de uma linguística românica. Prova disso encontramos, por exemplo, em Ilari (1999), que abre seção especial em seu

Linguística românica para falar sobre os neogramáticos. Para Ilari (1999: 19), trata-se de uma "escola linguística marcante para a romanística".

(4) Como no *Appendix probi*, texto do século IV d.C. que contrastava a forma considerada errada (do latim vulgar) com a forma considerada correta (do latim clássico).

(5) É de suma importância chamar a atenção para uma das poucas indicações de referência bibliográfica das fontes utilizadas por Mattoso. No capítulo V vimos que Mattoso faz referência, além de à obra, também histórica, de Hans Arens, à linguista alemã Eva Fiesel. Neste caso, porém, é o próprio trabalho de Meyer-Lübke que é referido. Se consultarmos os *Princípios de linguística geral*, vemos que, já lá, Mattoso fazia remissão a essa obra de Meyer-Lübke, o que sinaliza certa reiteração das fontes mattosianas e dá pistas acerca do processo de elaboração reflexiva do nosso autor.

NOTAS DO CAPÍTULO XV – ESTUDOS NÃO INDO-EUROPEUS; GRAMÁTICAS COMPARATIVAS; A SÍNTESE DA COMPARAÇÃO LINGUÍSTICA

(1) O grupo de línguas bantu é composto por mais de 600 línguas faladas na África Central e Meridional. Esse grupo vem sendo estudado pela comunidade linguística extensivamente desde o início do século XX.

(2) O tema da antropologia em sua relação com a linguística é preocupação constante de Mattoso. Talvez isso explique o relativo aprofundamento dessa relação em um livro sobre história da linguística. Além das informações detalhadas que o autor fornece neste capítulo, há o capítulo XVIII, "Tendências da linguística nos Estados Unidos. Boas e Sapir", em que ele destaca as contribuições do antropólogo e do antropólogo-linguista.

Uma rápida olhada no conjunto da obra mattosiana permite facilmente concluir que o tema é de grande interesse para ele. Por exemplo, Mattoso traduziu a obra de Edward Sapir *Language. An introduction to de study of speech* [A linguagem. Introdução ao estudo da fala] e traduziu e organizou um conjunto de artigos, também de Sapir, intitulado *Linguística como ciência*; participou de associações ligadas à antropologia, ministrou curso no Museu Nacional entre muitas outras atividades (cf. Rodrigues 2005). Como lembra Rodrigues (2005: 20), Mattoso "dedicou, ainda, parte apreciável de seus esforços à promoção dos seus estudos de línguas indígenas brasileiras. Conhecedor como poucos da obra linguística de Humboldt, de Boas, de Sapir, de Bloomfield e de tantos outros linguistas com visão antropológica da linguagem, compreendia bem a importância que tinha a investigação das línguas dos povos indígenas para a Linguística Geral". Finalmente, não podemos deixar de fazer referência à última parte dos *Dispersos* de Mattoso Camara, publicado originalmente em 1972, intitulada "Mattoso Camara, a linguística e a antropologia" em que se encontra um relatório, escrito por Mattoso, em que se faz "um balanço da contribuição da Linguística às pesquisas antropológicas entre nós" (Camara Jr. 1975: 253).

(3) Instituição educacional e de pesquisa norte-americana (www.si.edu).

(4) Essa observação de Mattoso, embora esteja circunscrita ao tratamento que o tema recebeu no início do século XX (com Müller e Finck), deveria passar por uma avaliação mais detida para ser mais bem compreendida. Sabemos, hoje em dia, que o conceito de "raça" não está relacionado à realidade empírica ou mesmo à categorização teórica científica. A esse respeito, vale ler o estudo do antropólogo Claude Lévi-Strauss (1908-2009), "Raça e história" (1976). Nele, segundo Freire (2007: 204), Lévi-Strauss "aborda a questão do racismo escondido sob o tema proposto, pois que, observa o autor, se existe originalidade de contribuições culturais, esta se deve a

circunstâncias geográficas, históricas e sociológicas, não estando relacionadas à constituição anatômica ou fisiológica dos negros, dos amarelos ou brancos, apontando como pecado original da antropologia a confusão entre a noção puramente biológica de raça e as produções sociológicas e psicológicas das culturas humanas, concluindo que há muito mais culturas humanas que raças humanas. Daí por que falar em contribuição das raças para a civilização mundial pode, ao contrário de constituir fator integrador dos povos, redesenhar preconceitos ainda maldesenraizados de seu fundo biológico. Num primeiro passo, insta discutir o que sejam culturas diferentes".

(5) Em português, o mesmo pronome pessoal de primeira pessoa do plural (*nós*) pode incluir (a) ou excluir (b) o interlocutor, como se vê nestes exemplos:
a) Venha cá, Pedro; *nós* precisamos conversar.
b) Pedro, preciso te dizer algo sobre mim e a Maria: *nós* vamos nos mudar. Há línguas, contudo, em que há mais de uma forma de primeira pessoa do plural, a depender da inclusão ou não do interlocutor.

(6) Mattoso provavelmente se refere à obra *Die Sprachfamilien und Sprachkreise der Erde* [As famílias linguísticas e os círculos linguísticos da Terra], publicada em 1926.

(7) Essa expressão e suas variações, utilizada por Mattoso já nos anos de 1960, ganhou muita força nos estudos linguísticos dos últimos trinta anos. Exemplo disso é a obra monumental, coordenada por Sylvain Auroux, publicada em três volumes, *Histoire des idées linguistiques*. Volume 1: *La naissance des métalangages* (1989); volume 2: *Le développement de la grammaire comparée* (1992); volume 3: *L'égémonie du camparatisme* (2000).

(8) Nos estudos linguísticos, a teoria difusionista contradiz alguns postulados centrais da hipótese neogramática. Para os neogramáticos, por exemplo, as mudanças ocorridas nas palavras das línguas investigadas se deviam a propriedades fonético-fonológicas das próprias palavras. Essas mudanças eram regulares e afetavam um vasto número de palavras. Por exemplo, muitas consoantes desvozeadas em latim, quando em posição intervocálica, deram origem a consoantes vozeadas em português (*lupu* > lobo, *aqua* > água, *dicere* > dizer etc.).

Para os difusionistas, as mudanças, ao contrário, ocorrem inicialmente em apenas algumas palavras da língua e, a partir daí, vão se propagando para outras. Ao invés de hipotetizar que a mudança seja lexicalmente abrupta (i. é, que atinja um grande número de palavras em um curto espaço de tempo), a teoria difusionista postula que as mudanças devem ser lexicalmente graduais (i. é, as mudanças se propagam gradualmente entre as palavras da língua).

(9) Essa obra foi publicada em dois volumes.

(10) A hipótese da monogenia linguística afirma ter havido uma única origem da linguagem, em um único momento da História. É uma hipótese perseguida até hoje, com algum sucesso, em especial a partir dos estudos concentrados dentro de uma área interdisciplinar chamada de *Biolinguística* (cf. Berwick & Chomsky 2017). A essa hipótese se opõe a tese da poligenia linguística, segundo a qual a linguagem humana teria mais de uma origem, em lugares e momentos diferentes.

NOTAS DO CAPÍTULO XVI – UMA NOVA ABORDAGEM PARA A LINGUÍSTICA HISTÓRICA; GEOGRAFIA LINGUÍSTICA

(1) Conforme o *Dicionário de linguística*, de Jean Dubois et al. (1995: 354), a isoglossa, ou linha de isoglossa é "a linha ideal que separa duas áreas dialetais que fornecem para um traço dado formas ou sistemas di-

ferentes. [...] é representada num mapa linguístico por uma linha que separa os pontos em que se encontra um traço dado daqueles em que este não se encontra".

(2) O linguista Rudolf Engler, em um texto intitulado *La géographie linguistique* (2000), apresenta um importante histórico do surgimento dessa disciplina com ênfase para o tratamento que, no início do século XX, Ferdinand de Saussure deu ao campo, uma vez que, como sabemos, o *Curso de linguística geral* aborda o tema na sua quarta parte, intitulada, exatamente, *Linguística geográfica*. Engler (2000: 247), a respeito do assunto, destaca com clareza um ponto de vista de pesquisa que é fundamental a todos os que se interessam pela história das ideias linguísticas: "não é possível indicar aqui [em seu texto] todas as tendências e todas as contribuições para o conhecimento linguístico de uma concepção dialetal e geográfica das línguas. Em uma história de 'ideias' linguísticas, parece importante examinar o impacto dessa visão no entendimento que essa ciência tem de seu objeto: 'a língua' ou 'as línguas', de acordo com as definições atuais, ou as unidades eventualmente dissimuladas pelo conceito de língua. Pensamos que poderíamos dizer que a concepção geográfica da linguagem questiona essas entidades".

(3) Jules Gilliéron foi cofundador da *Revue des patois gallo-romans* [Revista de *patois* galo-românicos], publicada entre 1887 e 1893. Sua grande obra foi o *Atlas linguistique de la France* [Atlas linguístico da França], publicado entre 1902 e 1910, juntamente com Edmond Edmont.

(4) A École Pratique des Hautes Études [Escola Prática de Altos Estudos] (www.ephe.fr) é um estabelecimento de excelência no ensino superior na França. Foi criada em 1868, e vários linguistas já passaram por ela, como Roland Barthes, Émile Benveniste e Ferdinand de Saussure.

(5) Sobre essa contraposição entre os neogramáticos e o trabalho de Gilliéron, no âmbito da geografia linguística, vale observar o que diz Robins (1983: 153): "a Gilliéron deve-se a doutrina, à primeira vista oposta ao pensamento neogramático, de que 'toda palavra tem a sua própria história'. As duas proposições, porém, não são inteiramente incompatíveis. As mudanças na pronúncia dos vocábulos implicam duas coisas. Por um lado, a transferência de uma geração a outra de hábitos articulatórios repousa sobre a aprendizagem durante a infância de sons que, ouvidos inicialmente em certas palavras, são assimilados e usados noutras; por motivos ainda não inteiramente conhecidos, as mudanças fonéticas se realizam justamente no curso dessas sucessivas transferências, e a repetição de um número relativamente pequeno de sons no vocabulário virtualmente ilimitado de uma língua favorece o estabelecimento de princípios universais relativos a essas mudanças. Por outro lado, os vocábulos também são apreendidos como unidades lexicais, aprendendo-se com elas concomitantemente as variações, as alterações e outras características individuais de pronúncia, as quais, uma vez mantidas, poderão propagar-se na fala das gerações futuras ou das pessoas da mesma geração. Toda palavra tem a sua própria história semântica, gramatical e fonética. Na maioria dos casos pode-se traçar a evolução fonética da palavra acompanhando a evolução dos sons que a constituem, mas em certos casos devemos buscar em certas circunstâncias ao longo da história do vocábulo a explicação para determinadas mudanças de sua pronúncia. Os neogramáticos deram maior relevo à uniformidade fonética; Gilliéron e seus discípulos, à individualidade etimológica". Ora, como podemos notar, a discussão é polêmica e mereceria maior atenção entre aqueles que se interessam pelo lugar da geografia linguística na história da linguística (cf. tb. Nóbrega 2020).

(6) O *patois* é um termo francês – não muito usado em Linguística contemporânea – que se refere a falares minoritários, normalmente dialetos não urbanos.

NOTAS DO CAPÍTULO XVII – A VISÃO SAUSSURIANA DA LINGUAGEM

(1) O final do século XIX e o século XX ficarão conhecidos, na história da linguística, como o período de estabelecimento de uma ciência geral da linguagem, ou ainda, uma linguística geral. Mattoso Camara, como veremos neste e em outros capítulos, também dará ênfase a essas abordagens.

O termo *Linguística geral*, porém, merece algum comentário como forma de dar acesso ao leitor a alguma informação suplementar ao que informa Mattoso. Inicialmente, observemos que o tema é tão controverso que mereceu uma parte inteira – a sétima parte – a ele dedicada no terceiro volume da grande obra dirigida por Sylvain Auroux, *Histoire des idées linguistiques* (2000). Encontram-se nela cinco longos trabalhos: três da linguista francesa Claudine Normand (1934-2011), um do linguista Patrick Seriot (1949-) e um do linguista Sylvain Auroux (1949-), ambos também franceses. Auroux (2000: 433-434) considera que tem início, a esse tempo, uma espécie de dissolução da gramática comparada em favor da ideia de uma linguística geral. Segundo Auroux, antes mesmo do século XX, já nos "primeiros anos do século XIX, o conceito de gramática comparada perderá sua consistência". Informa ainda que "Meillet e Vendryes, assim como Saussure, não hesitarão em proclamar que a gramática comparada não existe como disciplina; ela não é senão um método comparativo. Em 1906, Meillet intitula sua aula inaugural no *Collège de France: Sobre o estado atual dos estudos de linguística geral*. Além disso, em 1868, Michel Bréal teria igualmente aberto seu curso sobre a ideia de linguística geral". Flores (2019: 332-337), por sua vez, lembra que "a expressão 'linguística geral' conheceu notoriedade no século XX. Ela intitula grandes livros de grandes linguistas: a *Estética como ciência da expressão e linguística geral*, de Benedetto Croce, em 1902; o *Curso de linguística geral*, de Ferdinand de Saussure, em 1916; o *Linguística histórica e linguística geral*, de Antoine Meillet, em 1921; os *Elementos de linguística geral*, de André Martinet, em 1960; os *Problemas de linguística geral I* e *II*, de Émile Benveniste, 1966 e 1974 respectivamente; os *Essais de linguistique générale*, de Roman Jakobson, em 1963. Entre nós, no Brasil, há a publicação dos *Princípios de linguística geral*, de Mattoso Camara, em 1942". A isso, acrescenta: "não há unanimidade nem na definição do que viria a ser uma linguística geral nem nos pontos de vista que se poderia assumir para delimitá-la", o que o leva a concluir, na esteira de Auroux (2000), que "o conceito de linguística geral não se remete a uma problemática unitária, objeto de um consenso. Sua função é colocar em causa a hegemonia da gramática comparada no final do século XIX, seguindo, para isso, caminhos muito diversos e, não raras vezes, opostos". Enfim, a título de incentivo ao debate, cabe ainda lembrar o que disse o grande linguista francês Émile Benveniste, em sua aula de 2 de dezembro de 1968 no *Collège de France*, sobre "linguística geral": "Vamos, portanto, continuar falando de problemas de 'linguística geral'. Uma noção que pode ser entendida em diversos sentidos. Podemos dar ao termo "geral" um valor dimensional: o conjunto das línguas, as leis de sua evolução. Tal como eu a compreendo, a linguística geral é a linguística que se interroga sobre si mesma, sobre sua definição, sobre seu objeto, sobre seu estatuto e sobre seus métodos. Trata-se, portanto, de uma interrogação incessante, que se desenvolve, que se renova, na medida em que a experiência do linguista se aprofunda e seu olhar se amplia" (Benveniste 2014: 90). A perspectiva de Benveniste parece capaz de, na atualidade, reativar – e mesmo reabilitar – o uso da expressão sobre novas bases.

(2) Tem razão Mattoso ao fazer essa observação. No entanto, para que seja compreendida em toda sua amplitude, é necessário seguir de perto um pouco da biografia de Saussure. Talvez seja interessante, inclusive, examiná-la a partir do princípio de que uma biografia pode ter efeito sobre a bibliografia. Partamos, para isso, de parte do que informa o *Quadro biográfico* anteposto ao *Prefácio à primeira edição* do *Curso de linguística geral* (CLG). Lá encontramos (Saussure 1975: s/p):

• 26/11/1857 – Seu nascimento em Genebra.

• 1867 – Contato com Adolphe Pictet, autor das *Origenes Indo-européenes* (1859-1863).

O linguista suíço Adolphe Pictet (1799-1875) foi o mentor de Saussure e a quem o genebrino sempre reconheceu como fonte de sua formação. Pictet era amigo e vizinho da família de Saussure: "Pictet era uma sumidade da intelectualidade genebrina: não apenas atuou na propagação europeia da gramática comparada e dos estudos do sânscrito, mas redigiu nos anos de 1850, os volumes da primeira obra-síntese sobre a civilização indo-europeia, criando, com isso, uma disciplina: a paleontologia linguística. O jovem Ferdinand tinha por ele, como escreveria mais tarde, uma 'admiração tão profunda quanto infantil', a ponto de, aos doze ou treze anos, estudar – 'seriamente' afirma ele – os volumes de *Origines indo-européennes*" (Bouquet 2000: 57-58). A admiração de Saussure por Pictet era tanta que, aos quinze anos de idade, depois de ter aprendido grego, latim, alemão, inglês, além, obviamente, do francês, ele entregou ao mestre Pictet um ensaio, intitulado *Essai pour réduire les mots du grec, du latin et de l'allemand à un petit nombre de racines* [Ensaio para reduzir as palavras do grego, do latim e do alemão a um pequeno número de raízes], no qual Saussure formula e defende a hipótese – uma teoria geral das línguas – de que, independentemente da língua de partida, seria sempre possível encontrar quinze raízes universais, formadas por um sistema de duas ou três consoantes básicas. Saussure envia seu *Essai* ao erudito, acompanhado de uma carta em que confessa (cf. Bouissac 2012: 66-67) sua intenção em formular generalizações, sistematizações universais. Esse ensaio de Saussure está disponível no número 32 dos *Cahiers Ferdinand de Saussure* (CFS) (https://www.cercleferdinanddesaussure.org/CFS/Volume_32_1978. pdf). Conforme o próprio Saussure relembra, em um texto escrito em 1903 (publicado no número 17 dos CFS (https://www.cercleferdinandde saussure.org/CFS/Volume_17_1960.pdf)), Pictet respondeu-lhe por escrito: "O excelente estudioso teve a gentileza particular de me dar uma resposta escrita, onde ele me disse entre outras coisas: Meu jovem amigo, eu vejo que você pegou o touro pelos chifres [...] e ele me dirigiu então boas palavras que foram eficazes para me acalmar definitivamente em relação a qualquer sistema universal de linguagem" (Saussure 1960: 17). Pictet, embora tenha percebido a incipiência da tese de Saussure, não o desencorajou a tornar-se um estudioso das línguas. O pupilo, a partir de então, dedicou-se ao estudo do sânscrito.

• 1875 – Estudos de física e química na Universidade de Genebra.

Conforme Culler (1979: 7-8), Saussure seguiu, nesse ponto, a tradição da família: estudou física e química na Universidade de Genebra. Além disso, continuou a frequentar os cursos de gramática grega e latina: "esta experiência convenceu-o de que sua carreira estava no estudo da linguagem, pois não apenas ingressou numa associação linguística profissional, a Sociedade Linguística de Paris, mas, sentindo que seu primeiro ano em Genebra tinha sido grandemente desperdiçado, persuadiu seus pais a enviá-lo à Universidade de Leipzig para estudar línguas indo-europeias"

• 1876 – Membro da Sociedade Linguística de Paris.

Saussure foi admitido no mês de maio de 1876 na prestigiosa *Societé linguistique de Paris*, com apenas 19 anos. Supõe-se que a candidatura de Saussure à Sociedade, apresentada por Michel Bréal, é acompanhada de trabalhos etimológicos, publicados no número 42 dos CFS sob o título de *Dix-huit notes étymologiques de Ferdinand de Saussure* [Dezoito notas etimológicas de Ferdinand de Saussure] (https://www.cercleferdinanddesaussure.org/CFS/Volume_42_1988.pdf).

• 1876 – Em Leipzig.

Saussure frequenta alguns cursos nas universidades de Lepzig, em especial o de gramática comparada de Georg Curtius, o de eslavo e lituano de August Leskien, o de persa de Johann Heinrich Hübschmann (1848-1908) e o de celta de Ernst Wilhelm Oskar Windisch (1844-1918). Conhece os neogramáticos e é aluno de Karl Brugmann e Hermann Osthoff. O genebrino permaneceu em Leipzig por quatro anos.

• 1877 – Quatro memórias lidas na Sociedade Linguística de Paris, especialmente *Essai d'une distinction des différents a indo-européens*.

Conforme Bouquet (2000: 60), Saussure, entre os anos de 1876 e 1877, apresenta vários trabalhos na Sociedade Linguística de Paris, entre os quais "uma longa comunicação que esboçava uma nova abordagem ao vocalismo indo-europeu". Nessa comunicação, Saussure "prova a oposição indo-europeia arcaica *e/a/o* pelo fato de as guturais serem representadas em sânscrito pelas palatais, como o *c* antes de um *e* antigo e pelas guturais como o *k* antes de um *a* ou *o* antigos".

• 1877-1878 – *Mémoire sur les voyelles indo-européenes* (publicada em dezembro de 1878 em Leipzig).

O famoso *Mémoire sur le système primitif des voyelles dans les langues indo--européennes* [Memorial sobre o sistema primitivo das vogais nas línguas indo-europeias] que Meillet classificou como "o mais belo livro de gramática comparada já escrito" (Meillet, apud Bouquet 2000: 61). Saussure "oferece a primeira teoria completa sobre as vogais indo-europeias arcaicas, esclarecendo um conjunto de fatos fonológicos e morfológicos que os estudos comparatistas não tinham conseguido explicar" (Bouquet 2000: 61). Apesar de a obra não ter sido imediatamente aceita por todos em sua íntegra, ela foi suficiente para dar um reconhecimento ímpar a Saussure. Bouquet (2000), Culler (1979) e Bouissac (2012) relatam a anedota de que Saussure havia sido indagado por um douto de Leipzig se ele era, por acaso, parente do grande linguista suíço Ferdinand de Saussure, o autor do *Mémoire*.

• 1880 – Fevereiro – Tese de doutorado: *De l'emploi du genitif absolu en sanskrit*. Viagem à Lituânia. Em Paris, segue os cursos de Bréal.

Saussure volta de Lepzig e, em 1880, defende sua tese de doutorado *Do emprego do genitivo absoluto em sânscrito*, pela qual obtêve o título de doutor *summa cum laude* (Culler 1979: 8). Saussure contava, na época, com 23 anos. A tese foi escrita em francês e obteve publicação em Genebra em 1881.

A viagem à Lituânia e os estudos do lituano por Saussure é um capítulo à parte de sua formação. Em trabalho especificamente voltado a esse tema da obra de Saussure – *Notes sur l'accentuation lituanienne: uma ciência em construção* – Schneider (2016: 86-87) explica que a Lituânia "atraía diversos pesquisadores em virtude das características muito específicas que as línguas da região apresentam quando comparadas com as demais línguas indo-europeias. A viagem realizada pelo jovem Ferdinand de Saussure à Lituânia permanece sendo um ponto de interrogação para os pesquisadores do *corpus* saussuriano. Sabemos que essa jornada não inaugura o contato do linguista com o idioma báltico, visto que durante seus anos em Leipzig tomou contato com a língua através de Leskien e da leitura da obra de Kruschart, fonte dos exemplos citados em seu *Mémoire*. Conforme consta no CLG, Saussure realiza sua viagem à Lituânia após a defesa de sua tese de doutorado em Leipzig".

Sobre Bréal, o mínimo que se pode dizer é que ele foi um dos maiores incentivadores de Saussure na França. Por seu intermédio, Saussure tem acesso às grandes instituições de ensino francesas e, como se sabe, Saussure era o mais cotado para sucedê-lo no *Collège de France*, a instituição de maior prestígio do sistema francês.

• 1881 – "Maître de conférences", na *École Pratique des Hautes Études* com 24 anos.

Na École, Saussure ensinou gramática comparada "renovada pelas ideias neogramaticais" (Bouquet 2000: 61); ensinou grego, latim, lituano, sânscrito, gótico e alto-alemão (Culler 1979: 8). Nessa escola, Saussure sucede Bréal no ensino de gramática das línguas germânicas (em especial, gótico e alto-alemão).

• 1882 – Secretário-adjunto da Sociedade Linguística de Paris e diretor de publicação das *Memórias* da Sociedade. Fica conhecendo Baudoin de Courtenay.

Depecker (2012: 196) situa no ano de 1881 a posse de Saussure na condição de secretário-adjunto da *Sociedade*. Deve-se comentar também que não deixa de chamar a atenção a referência feita a Baudouin de Courtenay (1845-1929) pelos editores do CLG, no *Quadro biográfico* por eles anteposto ao CLG. A que se deve tal lembrança? Ora, isso se deve, certamente, ao fato de Saussure dividir com Courtenay o que se considera a paternidade da noção de fonema, em especial na interpretação que dele dá Albert Sechehaye – um dos editores do CLG – e, em seguida, o Círculo Linguístico de Praga. São Roman Jakobson e Linda Waugh (1980: 25-26) quem explicam: "quanto a Saussure, manifestamente inspirado pelo exemplo de Baudouin e Kruszewski (1851-1887), é o mesmo problema da relação entre o som e a significação que chama sua atenção". E acrescenta "ele colocava as bases de uma nova disciplina, a 'fonética semiológica', que seu aluno Albert Sechehaye (1870-1946) rebatiza, em seguida, com o nome de 'fonologia' em sua obra de 1908, termo que, adotado pelos linguistas de Praga no início dos anos de 1920, entrou, desde então, para o uso internacional".

• 1890-1891 – Retoma os cursos da *École Pratique des Hautes Etudes.*
Saussure ensina gramática comparada do grego e do latim e o lituano (cf. Depecker 2012: 196).

• 1891-1896 – Professor extraordinário em Genebra.
É convidado a inaugurar a cadeira de história e comparação de línguas indo-europeias na Universidade de Genebra. Em razão disso, profere três conferências que atualmente estão publicadas no livro *Escritos de linguística geral*, que reúne uma série de manuscritos de Ferdinand de Saussure

• 1896 – Professor titular em Genebra.
Ministra cursos de línguas germânicas e aborda assuntos de linguística geral até 1912.

• 1907 – 1º Curso de Linguística Geral.
Os cursos ministrados por Saussure na Universidade de Genebra dão origem ao livro póstumo, de 1916, *Curso de linguística geral* (CLG). Eles serão objeto de comentário mais detalhado logo a seguir (cf. a próxima nota de comentário). Por ora, é suficiente ter em mente que tais cursos

foram frequentados por vários estudantes – cujas anotações vieram a público algumas na época de elaboração do CLG e outras muito tempo depois, versaram sobre assuntos diferentes entre si e continham significativo conjunto de reflexões inéditas de Saussure.

- 1908-1909 – 2º Curso de Linguística Geral.
- 1910-1911 – 3º Curso de Linguística Geral
- 27/02/1913 – Seu falecimento em Genebra.

(3) Flores (2020) explica que Ferdinand de Saussure, por determinação da Faculdade de Letras e Ciências Sociais de Genebra em 8 de dezembro de 1906, sucede o filólogo, teólogo e rabino-chefe (*Gran-Rabbin*) de Genebra, Joseph Wertheimer, no ensino de linguística geral e comparação das línguas indo-europeias na Universidade de Genebra. Nesse tempo, ele dá início aos célebres cursos de linguística geral que, anos depois, comporão o livro póstumo, de 1916, *Curso de linguística geral.* Saussure ministra três cursos: 1907 (o primeiro), 1908-1909 (o segundo) e 1910-1911 (o terceiro). No primeiro curso (16 de janeiro de 1907 – 3 de julho de 1907), de natureza mais analítica, Saussure aborda: a) a fonologia (*Lautphysiologie*); b) a linguística evolutiva; c) as mudanças fonéticas e analógicas; d) as relações entre as unidades percebidas sincronicamente pelos falantes e raízes, sufixos além de outras unidades isoladas da gramática histórica; e) a gramática histórica; f) a etimologia popular; e g) os problemas da reconstrução. De acordo com Joseph (2012), é contemporânea desse curso a apresentação, mesmo que ainda incipiente, de termos importantes em seu legado, como *signo, sistema, valor.* Nesse curso, comparecem também termos como *língua, fala* (Joseph 2012: 506-507), *sincronia e diacronia* (Joseph 2012: 512), além da abordagem das relações entre línguas e linguagem (Joseph 2012: 498).

No segundo curso (ministrado entre a primeira semana de novembro de 1908 e 24 de junho de 1909), De Mauro (1976) informa que Saussure aborda a relação entre teoria dos signos e teoria da língua e dá início às definições de *sistema, unidade, identidade* e *valor linguístico.*

No terceiro curso (transcorrido entre 28 de outubro de 1910 e 4 de julho de 1911), estão reunidas "a ordem dedutiva do segundo curso à riqueza analítica do primeiro" (De Mauro 1976: 354). O terceiro curso desenvolve, inicialmente, o tema "As línguas"; Saussure vai da diversidade das línguas à noção de língua e, desta, ao linguístico (cf. Gadet 1996: 21).

(4) Desde sua publicação em 1916, o *Cours* continua sendo reeditado e publicado regularmente, em várias línguas. A primeira tradução do *Cours* foi feita para o japonês (1928), seguindo-se então traduções para o alemão (1931), o espanhol (1945), o inglês (1959) e o italiano (1967). Esta última é, além de tradução, uma edição crítica reconhecidamente muito rica, elaborada pelo próprio tradutor, o linguista italiano Tullio De Mauro. No Brasil, a primeira publicação data de 1970 e foi traduzida por Antônio Chelini, José Paulo Paes e Izidoro Blikstein, com prefácio de Isaac Nicolau Salum.

(5) A importância de Meillet para se compreender a história da linguística saussuriana é enorme. Ele sucedeu Saussure na *École des Hautes Études*. Trata-se de um linguista de grande influência institucional na França. Sua concepção de língua como fato social o coloca na esteira de pensadores como Émile Durkheim, com o qual trabalhou. Meillet inaugurou a sociolinguística francesa.
O leitor muito se beneficiará do exame da correspondência entre Saussure e Meillet. Essas cartas foram reunidas por Émile Benveniste (1902-1976), em 1964, e encontram-se publicadas no número 21 dos *Cahiers Ferdinand de Saussure* (CFS), em https://www.cercleferdinanddesaussure.org/CFS/Volume_21_1964.pdf

(6) Mattoso refere-se aqui à organização feita por Bally e Sechehaye do CLG. Sobre isso, cabe uma observação: Bally e Sechehaye não assistiram às aulas de linguística geral que dão origem ao CLG (cf. Bouquet 2009: 164) e dizem isso no prefácio que fazem à obra: "obrigações profissionais

nos haviam impedido quase completamente de nos aproveitarmos de seus derradeiros ensinamentos" (Bally & Sechehaye 1975: 2). A bem da verdade, Sechehaye assistiu às conferências pronunciadas em 1891, quando da inauguração da cadeira de história e comparação de línguas indo-europeias na Universidade de Genebra (cf. Bouissac 2012: 98) e esteve, juntamente com Bally, em cursos de gramática comparativa, (cf. Bouissac 2012: 197). Essa informação tem grande importância, pois vai de encontro à ideia geral de que o CLG teria sido organizado e editado pelos "alunos" de Saussure. O único aluno que participou da elaboração do CLG foi Albert Riedlinger, cujas notas dizem respeito apenas ao segundo curso, efetivamente frequentado por ele.

(7) Essa observação de Mattoso merece um comentário à parte, pois o contexto ao qual ela se refere – a relação de Saussure com os neogramáticos – é palco de uma particularidade curiosa da biografia do genebrino. É bem verdade que Saussure teve formação neogramática. Durante o período em que esteve em Leipzig, Saussure chegou a frequentar algumas aulas, em especial as de Brugmann. No entanto, em suas *Souvenirs*, publicadas no número 17 dos CFS (https://www.cercleferdinanddesaussure.org/CFS/Volume_17_1960.pdf), Saussure confessa se sentir malpreparado para acompanhar as discussões feitas pelos neogramáticos. Embora conhecesse alemão, seus conhecimentos de línguas antigas e de sânscrito ainda eram por ele considerados incipientes (lembremos que Saussure contava à época com apenas dezenove anos). Saussure fala em Brugmann – à época apenas com vinte e sete anos de idade – de maneira quase lacônica, embora com respeito e admiração. É nesse ponto que tem lugar uma quase anedota: Saussure relata que, tendo recém-chegado a Leipzig, em conversa com o professor de iraniano Hübschmann, é informado que um colega seu, Karl Brugmann, havia feito uma descoberta interessante: o fato de que a vogal *a* grega representava um *n*, na origem. A esse fenômeno Brugmann chamou de *nasal soante*. Ora, Saussure tinha feito essa mesma descoberta, três anos

antes, então com 16 anos, ao estudar um texto de Heródoto, mas não a publicou por tê-la considerado demasiadamente óbvia. Leiamos a narrativa de Saussure: "Ao participar do programa da universidade, fui atraído, entre outras coisas, pelo anúncio do Sr. Hübschmann, que faria um curso (privadíssimo) de *Altpersisch* [persa antigo]. Fui à sua casa, não muito longe da Augustusplatz, para me apresentar a ele. Ele foi o primeiro professor de alemão que eu conheceria e fiquei encantado com o humor jovial com o qual ele me recebeu. Ele começou a falar comigo quase imediatamente sobre linguística indo-europeia e me perguntou se eu tinha lido o artigo, publicado durante as férias, por Brugmann sobre *nasalis sonans*. Eu desconhecia o nome de Brugmann, o que era perdoável na época, especialmente para mim, e foi então que o Sr. Hübschmann me disse que havia, há algumas semanas, uma intensa agitação em torno da questão de saber se alguns α gregos não vieram do *n*, ou alguns *n* não produziram α. Eu mal acreditei nos meus ouvidos, já que logo na primeira entrevista que tive com um cientista alemão, ele me apresentou como conquista científica o que eu havia considerado há três anos e meio como uma espécie de verdade elementar [...], disse timidamente a M. Hubschmann que isso não me parecia muito extraordinário ou novo" (Saussure 1960: 20-21).

Além disso, é preciso ter em mente que, como explica Bouquet (2000: 88), "a epistemologia saussuriana do comparativismo é ao mesmo tempo devedora e independente em relação às problemáticas neogramáticas, mostrando-se talvez muito severas em relação a elas". Ou seja, Saussure em muitos aspectos corroborou a teoria neogramática – em especial, as questões relativas à analogia –, mas também deles se afastou em função, principalmente, da distinção rigorosa de Saussure entre sincronia e diacronia, a natureza sistêmica da língua e a não separação entre morfologia e sintaxe na concepção da gramática de uma língua (cf. Culler 1979: 58).

(8) Certamente, Mattoso está se referindo aqui ao termo *língua* e não ao termo *linguagem*, como consta no original de *História da linguística*. É a

esse termo que realmente Saussure atribui a noção de sistema de signos: "uma língua, vale dizer: um sistema de signos distintos correspondentes a ideias distintas" (Saussure 1975: 18); "a língua é um sistema de signos que exprimem ideias" (Saussure 1975: 24); "a língua, sistema de signos arbitrários" (Saussure 1975: 87); entre outras ocorrências.

(9) O termo utilizado por Saussure para se referir a essa ciência é "Semiologia". No *Curso de linguística geral* (CLG), encontramos: "A língua é um sistema de signos que exprimem ideias, e é comparável, por isso, à escrita, ao alfabeto dos surdos-mudos, aos ritos simbólicos, às formas de polidez, aos sinais militares etc. Ela é apenas o principal desses sistemas. Pode-se, então, conceber *uma ciência que estude a vida dos signos no seio da vida social;* ela constituiria uma parte da Psicologia social e, por conseguinte, da Psicologia geral; chamá-la-emos de *Semiologia* (do grego *sēmeîon,* 'signo'). Ela nos ensinará em que consistem os signos, que leis os regem. Como tal ciência não existe ainda, não se pode dizer o que será; ela tem direito, porém, à existência; seu lugar está determinado de antemão. A Linguística não é senão uma parte dessa ciência geral; as leis que a Semiologia descobrir serão aplicáveis à Linguística e esta se achará dessarte vinculada a um domínio bem definido no conjunto dos fatos humanos. Cabe ao psicólogo determinar o lugar exato da Semiologia; a tarefa do linguista é definir o que faz da língua um sistema especial no conjunto dos fatos semiológicos" (Saussure 1975: 24). Isso posto, daqui em diante, sempre que for necessário – ou seja, sempre que o contexto assim o exigir – será feita a substituição de "Semasiologia" por "Semiologia".

(10) Suprimimos a formulação que seguia no original: "um nome que, como já vimos, fora também empregado por Marty". Fizemos isso para evitar falseamento de informação, uma vez que o termo utilizado por Marty é, efetivamente, *semasiologia,* substituído por nós por *semiologia,* conforme explicado na nota anterior.

(11) Essa ideia ainda é perseguida na linguística contemporânea. Prova evidente disso pode ser vista, por exemplo, nos trabalhos do linguista norte-americano Daniel Everett sobre as origens da linguagem. Para Everett (2019: 22), "[...] a linguagem surge de forma gradual a partir dos índices (itens que representam coisas às quais eles estão fisicamente conectados, tais como a pegada de um animal), passando pelos ícones (coisas que se assemelham fisicamente às coisas que representam, tais como o retrato de uma pessoa real) e finalmente chegando à criação de símbolos (maneiras convencionais de representar significados que são amplamente arbitrários). No fim, esses símbolos são combinados com outros para produzir uma gramática, construindo símbolos complexos a partir de símbolos simples. Essa progressão de sinais finalmente atinge um ponto na evolução da linguagem em que os gestos e a entoação são integrados com a gramática e com o significado para formar uma língua humana completa".

(12) É interessante observar aqui um ponto teórico da linguística saussuriana que ressalta das relações entre as línguas inglesa (língua em que a obra de Mattoso foi escrita originalmente), portuguesa (língua da edição objeto de nossa revisão crítica) e francesa (língua original do *Curso de linguística geral*): em francês – e também português – a forma *signifiant* (significado) pode ser usada tanto como substantivo quanto particípio do verbo correspondente (*signifier*/significar); em inglês, encontramos, em especial em teorias linguísticas, o substantivo *meaning*. No entanto, a tradução americana do *Curso de linguística geral* a que tivemos acesso (Edição da Columbia University Press, de 2011) traduz corretamente *signifiant* do francês por *signified* (cf. p. 67 da edição americana), particípio do verbo *to signify*. O que a tradução para o inglês ressalta que pode restar opaco na tradução brasileira (e mesmo na edição original)? O fato de que o *signifiant* (o significado, o *signified*) de um signo não é algo que tem existência em si (o que poderia ser traduzido por *meaning*), mas algo que "foi" *significado* no sistema de uma língua.

(13) Essa observação de Mattoso mereceria maior desenvolvimento. Em um primeiro momento, é difícil entender a especificidade teórica buscada por Mattoso ao atribuir ao pensamento saussuriano uma "base funcional". No entanto, se tomamos "funcional" em um sentido menos técnico e mais ligado à ideia de "uso linguístico", poderíamos perfeitamente associá-lo a Saussure, já que é sabido que sua teoria não abre mão de consideração ao falante.

(14) É o que vemos, por exemplo, nos testes de comutação de fonemas para encontrar pares mínimos (como *faca* e *vaca* ou *bolo* e *boto*). Saussure reconhecidamente está entre os pioneiros no estudo do fonema como unidade distintiva da língua, como já apontamos em comentários anteriores.

(15) Certamente, Mattoso se refere aqui ao termo *língua*, o que pode ser inferido, inclusive, da forma francesa *langue* mantida entre parênteses.

(16) Como se pode ver, a tradutora optou pelo termo *discurso*, ao invés do termo *fala* que seria, nesse contexto do CLG, mais comum à terminologia saussuriana e mais amplamente consagrado na linguística brasileira. Isso requer várias observações.
Em primeiro lugar é importante considerar que, como lembramos antes, a tradução brasileira do *Curso de linguística geral* é de 1970, posterior, portanto, à elaboração das notas de Mattoso que compõem este *História da linguística* que, como se sabe, datam de 1962. Isso significa que, nesse tempo, ainda não havia uma terminologia saussuriana solidamente estabelecida na linguística brasileira à qual a tradutora pudesse recorrer.
Em segundo lugar, parece que Mattoso Camara sempre preferiu o termo *discurso* para traduzir o termo francês *parole*, de modo que a opção da tradutora poderia facilmente encontrar respaldo na própria obra mattosiana. Prova disso, por exemplo, encontramos em *Princípios de linguística geral*, cuja primeira edição é de 1942, em que Mattoso, ao apresentar a proposta de Saussure para estabelecer o objeto da linguística, explica, em nota de

rodapé, a opção pelo termo *discurso*, no contexto dessa teoria (nota 1 na seção 6 "Língua e discurso" do primeiro capítulo).

Observemos, inicialmente, a apresentação feita por Mattoso: "a LÍNGUA (fr. *la langue*) é um sistema de elementos vocais comum a todos os membros de uma dada sociedade e que a todos se impõe como uma pauta ou norma definida. A seu lado, distingue Saussure a FALA, ou, mais precisamente, o DISCURSO (fr. *la parole*), que é atividade linguística nas múltiplas e infindáveis ocorrências da vida do indivíduo[1]" (Camara Jr. 1969: 24). Note-se que Mattoso coloca essa famosa nota 1 logo depois da palavra "indivíduo". Leia-se: "é sempre tarefa delicada criar equivalentes vernáculos para termos técnicos estrangeiros, quando são aplicações de termos usuais, cujo sentido comum procuram aproveitar. O foneticista português Oliveira Guimarães (Guimarães 1927: 7) traduz a *parole* de Saussure, pura e simplesmente, por *palavra*; ora, esse termo em português sugere logo a sua sinonímia com *vocábulo*, ao passo que *parole* é o nome verbal de *parler*, com que se associa morficamente. *Parole* corresponde, pois, ao lat. *loquela*, de *loquor*, al. *Sprechen*, de *sprechen*, esp. *habla*, de *hablar*, port. *fala* de *falar*. Mas *fala* exclui a linguagem escrita, ao contrário da *parole* saussuriana, que é menos dependente na forma e na significação, do seu verbo *parler*. Proponho, portanto, nosso velho termo *discurso*, como nome verbal *discorrer*. O próprio Saussure lembra o latim *sermo* e o alemão *Rede*, que a ele correspondem, e o seu discípulo inglês Alan Gardiner, traduzindo *parole* por *Speech*, observa que em francês se dirá *parole* ou *discours* (Gardiner 1932: 107); e é justamente *discours*, de preferência a *parole*, que propõem Haudricourt e Granai num recente artigo de inspiração saussuriana (Haudricourt-Granai 1955: 121). Outra tradução possível é usar as locuções *estrutura linguística*, para *langue* e *atividade linguística* para *parole*, à maneira dos compostos alemães de Karl Bühler: *Sprachgebilde* e *Sprechakt*. Neste caso, insiste-se especialmente no aspecto de sistema, ou estrutura, da *langue*, que a aproxima do conceito de *pattern* de Sapir em inglês, do de *esquema* de Hjelmslev (Hjelmslev 1953), do de *sistema* de Coseriu (Coseriu 1952)".

Em um primeiro momento, podemos ver, então, que Mattoso tem preferência pelo termo *discurso* (inclusive se amparando em Gardiner, autor do qual ele falará a seguir). Ora, a tradução do par *langue/parole* e também de *langage* (*linguagem*, em português) sempre foi um complicador da teoria saussuriana, e isso não passou despercebidamente a um dos maiores comentadores do CLG, o linguista italiano Tullio de Mauro. Em sua *Édition critique*, especificamente na nota 68 (De Mauro 1976: 423-424), De Mauro explica: "Saussure não se liberará jamais das palavras nas dificuldades, discussões, controvérsias em torno do problema da tradução em outras línguas do trio *langue-parole-langage*". E acrescenta um exame que faz em diferentes línguas, entre elas o árabe, o egípcio, o latim, o espanhol, o holandês, o húngaro, o polonês, o russo, o sueco, reservando observações especiais para o italiano, alemão e – o que tem bastante interesse para nós aqui – o inglês. Sobre a tradução para o inglês, comenta De Mauro: "a tradução dos três termos saussurianos [*langue-parole-langage*] é bastante problemática" ao que acrescenta uma vasta lista de autores que apresentaram alguma solução para a tradução nessa língua, inclusive Gardiner, a quem Mattoso recorre para fundamentar a sua decisão.

Todas essas observações que fazemos nos colocam frente a um dilema: manter, em português brasileiro –, já em momento posterior à tradução do CLG – o termo *discurso* para a tradução de *parole* ou alterá-lo, numa revisão crítica, para *fala*, em sintonia com a terminologia estabelecida? Ora, na situação específica que estamos comentando, é provável que Mattoso tenha empregado o termo *speech*, em inglês, o que levou à tradução de *parole* por *discurso*, logo, segundo pensamos, não se trata de assinalar uma questão somente de tradução, já que, como vimos, não estaria inadequada a tradução por *discurso*, mas se trata, antes, de uma questão propriamente teórica, uma vez que coexistem os termos franceses *parole* e *discours* na teoria saussuriana e mesmo no CLG.

Por exemplo, a coocorrência de *discours* e *parole* na edição francesa (Saussure 1976: 170), aparece, na tradução brasileira do CLG, como *discurso* e *fala*: "De um lado, no discurso ["dans le discours", em francês], os termos estabelecem entre si, em virtude de seu encadeamento, relações baseadas no caráter linear da língua, que exclui a possibilidade de pronunciar dois elementos ao mesmo tempo. Estes se alinham um após outro na cadeia da fala ["chaîne de la parole", em francês]. Tais combinações, que se apoiam na extensão, podem ser chamadas de *sintagma*" (Saussure 1975: 142). Há também muitas outras ocorrências de *discurso* no CLG (cf. Saussure 1975: 22, 80, 123, 143, 212 etc.). Dessas, há uma, em especial, que cabe ser aqui retomada porque diz respeito, exatamente, a questões de tradução implicadas no par *langue/parole*, além de ter sido mencionada por Mattoso na passagem que citamos acima de seu *Princípios de linguística geral*: "Cumpre notar que definimos as coisas e não os termos; as distinções estabelecidas nada têm a recear, portanto, de certos termos ambíguos, que não têm correspondência entre duas línguas. Assim, em alemão, *Sprache* quer dizer 'língua' e 'linguagem'; *Rede* corresponde aproximadamente a 'palavra', mas acrescentando-lhe o sentido especial de 'discurso'. Em latim, *sermo* significa antes 'linguagem' e 'fala', enquanto *língua* significa a língua, e assim por diante. Nenhum termo corresponde exatamente a uma das noções fixadas acima; eis por que toda definição a propósito de um termo é vã; é um mau método partir dos termos para definir as coisas" (Saussure 1975: 22).

Isso posto, cabe ainda uma última observação de caráter filológico: Saussure utilizou o termo *discurso* (e *discursivo*) preferencialmente nos dois primeiros cursos de linguística geral ministrados na Universidade de Genebra, mas o termo está ausente do terceiro curso – base do CLG –, conforme explica Testenoire (2016: 118-119): "nos dois primeiros cursos, *discurso* é empregado de duas maneiras: seja disposto ao lado de *fala*, de modo sinonímico, seja concorrentemente à fala, quando esta corresponde à cadeia ou agenciamento sintagmático". Esse último sentido corresponde, inclusive, ao uso que destacamos acima ao falarmos da coocorrência de *discurso* e *fala* no CLG. Depecker (2012: 137), por sua vez, detalha: "conjuntamente ou paralelamente [a] '*fala*', Saussure utiliza '*discurso*'. '*Discurso*' aparecendo geralmente como o resultado da realização da fala: ele é o que efetivamente o sujeito falante realiza". Essa oscilação conceitual acaba se estabilizando no terceiro curso "em que *discurso* é sistematicamente evitado" (Testenoire 2016: 118) em favor de *fala*.

Tudo o que dissemos até agora, em nossa opinião, é suficiente para subsidiar uma decisão nada fácil que tomamos: substituímos, a seguir, *discurso* por *fala* sempre que o contexto permitiu ver tratar-se de uma contraposição ao termo saussuriano *língua* e mantivemos *discurso* em outros casos, menos técnicos, referentes apenas a *uso* da língua, em sentido amplo. Achamos que, na relação com a *língua* (la langue), é mesmo o termo *fala* (la parole) que, normalmente, é utilizado, o que se coaduna com o procedimento do próprio Saussure no terceiro curso de linguística geral por ele ministrado. Isso não implica, evidentemente, opor *discurso* à *fala* (cf. Flores 2020), mas apenas circunscrever escopos diferenciados.

Ainda uma última observação a título de recomendação de pesquisa: no livro *Escritos de linguística geral*, que reúne manuscritos de Saussure, encontra-se o famoso manuscrito *Nota sobre o discurso*. Para aprofundar o tema do discurso em Saussure, sugerimos a leitura de Flores (2019 e 2012) e Testenoire (2016).

(17) Conforme Flores (2016a: 227-242), a leitura que, muitas vezes, Mattoso apresenta de Saussure é bastante ligada ao seu tempo, ou seja, uma época em que estava em voga o estruturalismo – tanto em sua versão europeia como norte-americana. O estruturalismo, como se sabe, tem uma de suas principais origens, tradicionalmente, atribuída a Ferdinand de Saussure. É certo, então, que não se pode desconhecer que o contexto de trabalho de Mattoso Camara é fortemente dependente da interpretação estruturalista das ideias de Saussure. Nesse ponto específico, Mattoso é visivelmente influenciado por Roman Jakobson (1896-1982), grande divulgador da visão estruturalista das teses saussurianas. No entanto, passados cinquenta anos da publicação deste *História da linguística*, talvez seja oportuno voltar a

reler Mattoso na sua relação com Saussure em uma perspectiva menos ligada ao estruturalismo e mais interessada no quanto Saussure efetivamente influenciou Mattoso e em como a teoria daquele se faz presente na reflexão deste, quando aplicada à língua portuguesa. Ora, que Mattoso leu Saussure é uma evidência que não encontra a menor dificuldade em ser justificada. As passagens em que Mattoso textualmente refere Saussure são abundantes em sua obra e o que mais chama a atenção é que, em muitos casos, a leitura feita por Mattoso apresenta-se de maneira que poderia ser considerada, hoje em dia, sintonizada com o que há de mais atual na fortuna crítica saussuriana. Um exemplo disso é a discussão que Mattoso faz a respeito da noção de *vocábulo*. Em um primeiro momento, ela parece ser devedora apenas do linguista norte-americano Leornard Bloomfield (1887-1949). Há, porém, como destacam Basílio (2004) e Flores (2016a), aspectos da noção de *vocábulo* desenvolvida por Mattoso na análise da *estrutura da língua portuguesa* que derivam diretamente da teoria saussuriana.

(18) A relação entre Humboldt e Saussure é tema de muitas discussões hoje em dia. Um dos principais defensores nos estudos contemporâneos de uma implicação Humboldt-Saussure é o francês Meschonnic (1995 e 2010), em especial, em seus estudos sobre a poética do traduzir. A esse respeito, cf. tb. Flores (2021).

(19) De acordo com Mounin (1966), Saussure define a língua como "*système*" [sistema] em 138 ocasiões no CLG. Koerner (1999: 195) reporta que seu aluno Daniel Alberto Labonia encontrou "143 ocorrências de 'système' na versão 'vulgata' do texto, mais 14 ocorrências do termo no plural e 9 no sumário. Ele também contou as seguintes frequências de termos (ou palavras): *langue* (368 ocorrências), *langage* (70), *parole* (68), *terme* (41) e *valeur* (93)".

(20) Eis a passagem do CLG comentada aqui por Mattoso Camara: "Em anglo-saxão, a forma pré-literária *fōt*, 'o pé', permaneceu *fōt* (inglês moderno

foot), enquanto que seu plural **fōti*, 'os pés', se transformou em *fēt* (inglês moderno *feet*)" (Saussure 1975: 90).

(21) Não podemos deixar de ver nesse resumo uma espécie de hierarquização das contribuições de Saussure. Isso pode servir de pista para o entendimento da recepção das ideias de Saussure no contexto epistemológico da linguística brasileira. Esse resumo feito por Mattoso Camara é objeto de análise histórico-epistemológica em Flores (2017).

NOTAS DO CAPÍTULO XVIII – A TÉCNICA DE ANÁLISE DE SAUSSURE E A INFLUÊNCIA DE SEU PENSAMENTO; SECHEHAYE, GARDINER, VENDRYES

(1) Mais uma vez, vale retomar: tradicionalmente, se atribui a Saussure a paternidade dos princípios que deram origem ao estruturalismo, não apenas em sua versão linguística, mas também em outras áreas, como a antropologia, a sociologia e a psicanálise, por exemplo. Conforme Dosse (1993: 15), "[...] o estruturalismo nasce nos psicólogos para opor-se à psicologia funcional no começo do século, mas o verdadeiro ponto de partida do método em sua acepção moderna, na escala de todas as ciências humanas, provém da evolução da linguística. Se Saussure emprega apenas três vezes o termo 'estrutura' no *Curso de linguística geral*, é sobretudo a Escola de Praga (Trubetzkoy e Jakobson) que vai difundir o uso dos termos estrutura e estruturalismo".
Conforme Flores (2016c), tudo indica, então, que – mesmo que Saussure não tenha feito uso corrente da palavra *estrutura*, e o CLG é fiel a isso, já que dá preferência ao termo *sistema* – continuou-se (e esse parece ser o caso também de Mattoso Camara) a atribuir a Saussure o lugar de criador, se não da utilização da palavra *estrutura*, ao menos da formulação da ideia que viria a sustentá-la durante parte do século XX.
Esse tema merece ser aprofundado. Para Flores (2016), Saussure pode continuar a figurar entre os fundadores do pensamento estruturalista sem ter

seu pensamento reduzido ao estruturalismo. Para tanto, basta que se reconheça que a ideia estruturalista deriva de uma leitura do CLG; uma leitura que foi fonte de inspiração para boa parte do que se produziu nas ciências da linguagem no século XX (a glossemática de Hjelmslev, a fonologia de Praga, a semiótica de Greimas, a linguística de Benveniste etc.) e em áreas afins (a psicanálise de Jacques Lacan, a antropologia de Lévi-Strauss, a semiologia de Roland Barthes etc.). Isso, porém, não faz de Saussure *um estruturalista*. É tempo de reler Saussure sem pré-conceitos. Isso pode ser feito com o próprio CLG, mas também com a grande quantidade de manuscritos do genebrino (Flores 2016b) que vieram a público nos últimos anos (cartas, rascunhos etc.). Certamente, muito ainda pode ser deduzido desse pensamento que vai além da ideia estruturalista.

Quanto a Mattoso especificamente, reconhece-se em sua obra um esforço para ler Saussure em toda a sua amplitude. Negar isso seria assumir um ponto de vista crítico excessivamente parcial. Isso não significa, porém, que Mattoso não tenha cometido alterações e mesmo reducionismos, o que pode ser fonte de pesquisas futuras. Assim, ao fazermos essas observações, não queremos censurar Mattoso em reproduzir o *topos* de um Saussure estruturalista. Isso apenas mostra que as leituras epistemológicas que são historicamente feitas não podem ser desvinculadas das configurações institucionais em que têm lugar. E isso também deve ser objeto de estudo.

(2) Essa ideia ficou conhecida como "princípio da imanência", que ganhou notoriedade na metade do século XX com o linguista dinamarquês Louis Hjelmslev, de quem Mattoso falará em seguida. Em um texto de 1948, intitulado *Linguística estrutural*, assim Hjelmslev se manifesta: "entende-se por *linguística estrutural* um conjunto de pesquisas que repousam em uma *hipótese* segundo a qual é cientificamente legítimo descrever a linguagem como sendo *essencialmente* uma *entidade autônoma de dependências internas*, ou, numa palavra, uma *estrutura*" (Hjelmslev 1991: 29). Ora, ao falar em "dependências internas", Hjelmslev quer dar destaque ao que chamará de "linguística imanente" (1991: 32).

(3) Apesar de Mattoso falar em "teoria estrutural de Saussure", ele já apresenta uma diferença importante em relação à vulgata estrutural do século XX. Mattoso fala em "relação sintagmática" e "relação associativa", o que está absolutamente de acordo com o que coloca Saussure no CLG. A tradição estruturalista falará em *paradigma* e *sintagma* ou *paradigmático* e *sintagmático*. Saussure nunca usou a expressão "paradigmático" no sentido que lhe foi atribuído. Em resumo: *paradigma* não é sinônimo de *relação associativa* e Mattoso parece não se enganar a esse respeito.

(4) Na edição brasileira, esse trecho foi traduzido da seguinte maneira: "A relação sintagmática existe *in praesentia*; repousa em dois ou mais termos igualmente presentes numa série efetiva. Ao contrário, a relação associativa une termos *in absentia* numa série mnemônica virtual" (Saussure 1975: 143).

(5) Vale considerar que Mattoso revela um entendimento muito qualificado das relações associativas e das relações sintagmáticas em Saussure, e isso em toda a sua obra. Podemos ver isso, por exemplo, no texto *Morfologia e sintaxe*, publicado originalmente em 1955 e republicado em *Dispersos de J. Mattoso Camara Jr.,* em 1975: "O valor associativo de Saussure abrange, ampla e ilimitadamente, todas as formas linguísticas, e estrutura todo o léxico de uma língua" (Camara Jr. 1975: 11). Ou ainda: "a relação dita flexional e a considerada léxica são apenas dois aspectos da relação associativa, e até se intercambiam conforme a língua. [...]. Daí a argumentação de Saussure para mostrar que 'não é lógico excluir a lexicologia da gramática'" (Camara Jr. 1975: 12). Nessas duas passagens, vemos que, ao contrário do que se encontra na literatura estruturalista da metade do século XX, o "associativo" não é tomado apenas como "paradigma". Mattoso fala em *valor associativo* e acrescenta em sua interpretação o fato da inseparabilidade entre léxico e gramática, o que está em absoluta sintonia com a visão sistêmica de língua elaborada por Saussure (cf. Flores 2016 para discussão).

A respeito das relações sintagmáticas, lemos, também: "Um exame mais atento [...] logo põe em evidência que não coincidem a sintaxe, em seu sentido tradicional, e a sintagmática saussuriana. Tal é consequência implícita nas próprias páginas do *Curso* que debatem a dicotomia entre valor associativo e valor sintagmático, pois aí se dá para exemplo de sintagma uma palavra composta como *relire* e se esclarece que a noção de sintagma se aplica a palavras compostas, derivadas, membros de frase ou frases inteiras. A solução que da redação sumária e salteada do *Curso* parece aflorar é a substituição da sintaxe propriamente dita por uma sintagmática, ou estudo das formas em sua apresentação linear" (Camara 1975: 12). Aqui, mais uma vez, seria injusto atribuir a Mattoso um entendimento reducionista de Saussure. Nesse ponto, ele é muito preciso: as relações sintagmáticas, a *sintagmática* como quer Mattoso, não são o mesmo que a sintaxe.

Tem razão Mattoso. O sintagmático, em Saussure, abrange todas as relações *in praesentia*, logo há relações sintagmáticas na frase e até mesmo em uma palavra, *relire*, por exemplo. Não se pode deixar de registrar também o uso de termos como *valor associativo* e *valor sintagmático*. Este último, por exemplo, é alvo de grande discussão em Bouquet (2000), um dos mais importantes leitores de Saussure na atualidade.

(6) Essa é mais uma passagem digna de nota, que indica tratar-se este *História da linguística* de um conjunto de anotações que serviram de guia para as aulas de Mattoso. Fazemos questão de ressaltar, sempre que possível, as "pistas" que nos remetem ao contexto de produção de sua reflexão, pois, conforme defendemos na *Apresentação* a esta Edição, o conjunto formado pelas anotações das aulas de Mattoso deve ser encarado mais como roteiro por ele utilizado para proceder à discussão – portanto, constitutivamente inacabado – do que um produto no qual estão contidas as palavras finais de Mattoso sobre este ou aquele assunto.

(7) A chamada "Escola de Genebra" foi profundamente influenciada pelo pensamento de Ferdinand de Saussure. Para entender melhor essa influên-

cia, o leitor se beneficiará fortemente da leitura da obra de Curea (2015), especificamente dedicada às relações entre Saussure e a Escola de Genebra.

(8) O artigo *Les trois linguistiques sausuriennes*, de 1940, publicado na revista *Vox Romanica*, é considerado um marco importante entre os trabalhos que se inscrevem numa perspectiva de recepção do CLG. De acordo com Meunier (1984: 147), "no artigo de 1940, *As três linguísticas saussurianas*, ele [Sechehaye] confirma sua busca por uma linguística distinta da linguística estática (a da língua em si) e da linguística evolutiva (para a qual os fenômenos da fala foram, segundo ele, transferidos incorretamente): trata-se de uma *linguística da fala organizada*, ou seja, 'da língua a serviço da vida', 'instalada em seu meio humano, i. é, todas as condições que primeiro explicam o surgimento da linguagem pré-gramatical (conhecimento do homem e de seu meio, de suas reações emocionais, de seus gestos expressivos)". Conforme Curea (2015: 49), em estudo especificamente voltado à avaliação da presença da reflexão de Saussure na dita "Escola de Genebra" (Bally, Sechehaye e Henri Frei), "a primeira parte desse artigo é dedicada ao CLG diante das críticas, uma oportunidade para o autor ilustrar e defender as ideias de Saussure, sendo a segunda parte um vasto estudo destinado a elucidar o problema das relações entre diacronia e sincronia"

As três linguísticas de que fala Sechehaye seriam, *grosso modo*, a linguística sincrônica, a linguística diacrônica e a linguística da fala organizada que faria a *ligação necessária entre o conhecimento dos estados de língua e aqueles oriundos da evolução.*

Quanto ao artigo referido como *Aspectos individuais e sociais da linguagem*, Mattoso Camara, nesse caso, certamente fala do artigo *La pensée et la langue, ou Comment concevoir le rapport organique de l'individuel et du social dans le langage?* [O pensamento e a língua, ou como conceber a relação orgânica do individual e do social na linguagem?], publicado em 1933 no *Journal de Psychologie*. O artigo se encontra reproduzido no número 4 dos *Cahiers Ferdinand de Saussure* (https://www.cercleferdinanddesaussure.

org/CFS/Volume_4_1944.pdf), onde podemos encontrar referência à boa parte da obra de Sechehaye.

(9) Essa passagem corrobora o que dissemos sobre o fato de *speech*, em inglês, ter levado à tradução de *parole* por *discurso* e não por *fala* como é mais consagrado na terminologia saussuriana em português.

(10) Observe-se que o CLG, em português, traduz *Linguistique de la parole*, no título do capítulo IV, da *Introdução* do livro, por *Linguística da fala*.

(11) O leitor, com razão, pode perguntar a que se deve o detalhamento dado por Mattoso aos trabalhos Sechehaye e Gardiner. Na verdade, Mattoso é conhecedor dessas reflexões já há bastante tempo antes deste *História da linguística*. Em seus *Princípios de linguística geral*, de 1942, encontramos no capítulo dedicado à frase ("A frase: sua conceituação") discussões que relacionam a frase e o discurso, que abordam a frase como unidade de sentido, como unidade sintática além de questões de estilo. Em todos esses tópicos, vemos constar ampla referência aos dois autores.

(12) A Guerra se estendeu de 1914 a 1918.

(13) Nessa terminologia (não usada mais de maneira corrente na linguística contemporânea), o "semantema" pode ser identificado com o que se chama hoje de morfema lexical, ao passo que o "morfema" designava o que se chama hoje de morfema gramatical.

NOTAS DO CAPÍTULO XIX – AS NOVAS ABORDAGENS SAUSSURIANAS; BÜHLER; O TRABALHO DE BALLY

(1) Essa formulação de Mattoso é muito importante e merece aprofundamento por todos os que se interessam pelo campo da epistemologia da linguística. Quer dizer, a vinculação do pensamento de Saussure a Descartes

não é propriamente ponto pacífico na história das ciências linguísticas, mas é tema avaliado por renomados estudiosos de sua obra, a exemplo de Bouquet (2004). Nesse aspecto, o leitor se beneficiará muito da obra de Bouquet, *Introdução à leitura de Saussure*, porque nela o autor apresenta uma sólida análise epistemológica da linguística saussuriana à luz de uma infinidade de manuscritos do linguista genebrino. A título de convite à discussão, leiamos algumas passagens de Bouquet (2000), em especial, quando refere o pensamento cartesiano e também o de Noam Chomsky, avatar linguístico dessa perspectiva filosófica. Primeiramente: "o linguista genebrino antecipa os desenvolvimentos da linguística que surgiram como reação à linguística que a ele se deve" (Bouquet 2000: 17); em seguida: "Saussure [...] a partir de uma epistemologia da gramática comparada, concebe a língua como uma álgebra e a linguística estática como uma gramática geral – e afirma que 'voltaremos à gramática tradicional depois de ter feito história por muito tempo'. Nessa medida, ele traça o programa que será desenvolvido principalmente pela gramática generativa. E parece que aquilo que Chomsky chama de *linguística cartesiana* corresponde precisamente ao projeto epistemológico que Saussure, o primeiro, enunciou em sua forma moderna" (Bouquet 2000: 201); finalmente, numa crítica ao CLG: "a ironia do destino quis que os princípios, enunciados por Saussure, de um projeto epistemológico apto a incluir pesquisas linguísticas de 'estilo galileano', que historicamente sucederam ao estruturalismo – essa qualificação, evidentemente, não se aplica só à Escola de Chomsky –, estejam singularmente ausentes do *Cours de linguistique générale*" (Bouquet 2000: 301). Como se pode ver, há muito a pensar nesse campo da filosofia da linguística saussuriana.

(2) Há poucos trabalhos no Brasil que versam detalhadamente sobre a linguística de Bally. Nesse sentido, recomendamos a leitura do segundo capítulo de Flores & Teixeira (2005), "O primeiro pós-saussuriano: Charles Bally", de Cremonese & Flores (2010), além dos verbetes dedicados a Bally que fazem parte do *Diconário de linguística da enunciação* (Flores et al. 2009), onde são definidos os termos que fazem parte da "Teoria da enunciação" de Charles Bally. Na França, é notável o trabalho de Sylvie Durrer (1998).

(3) Contemporaneamente, a estilística é a disciplina que investiga o *estilo*, entendido, por exemplo, como "a expressividade da linguagem, que reside nos diferentes recursos oferecidos pela língua para veicular significados nos diferentes usos linguísticos, literários ou não" (Battisti; Othero & Flores, 2021: 235).

(4) Essa parte da obra de Bally merece um comentário especial, pois se trata de um dos alicerces de sua "Teoria da enunciação". Como destacam Cremonese e Flores (2010), Bally já havia tratado de temas relacionados à enunciação de maneira menos específica. Mas é em 1932, época da primeira edição de *Linguistique générale et linguistique française*, que traz, entre os parágrafos 26 e 212, o capítulo intitulado "Teoria geral da enunciação". Em seu estudo, Bally diz que "toda enunciação do pensamento através da língua é condicionada lógica, psicológica e linguisticamente. Esses três aspectos somente se recobrem em parte; seu papel respectivo é muito variável e muito diversamente consciente nas realizações da fala" (Bally 1965: 35). Um enunciado (ou frase, termo equivalente na obra), então, é constituído linguisticamente e tem em si um lado lógico e um psicológico. A enunciação é o ato que um sujeito realiza ao comunicar seus pensamentos. Pensar é "reagir a uma representação constatando-a, apreciando-a ou desejando-a" (Bally 1965: 35), e a representação consiste em uma noção da realidade que cada sujeito tem em si mesmo. Bally adverte que "é preciso cuidar para não confundir pensamento pessoal e pensamento comunicado" (Bally 1965: 37), pois essa distinção explica a natureza do signo linguístico: "O signo porta em si mesmo sua significação (seu significado), e é somente essa que conta para a comunicação. Ela pode estar em contradição com o pensamento daquele que emprega o signo, e não recobre então a noção de realidade" (Bally 1965: 37-38). Assim, um sujeito tem uma noção de realidade, criando uma representação do mundo, dos outros e de si mesmo. Para exprimir seus pensamentos pessoais, ele faz com que conceitos virtuais, do sistema linguístico (equivalentes aos signos saussurianos), sejam

atualizados, tornando-se conceitos reais, i. é, ligados à sua representação da realidade. Ou seja, o sujeito toma os conceitos da língua – que são criados na mente de todos os sujeitos de uma comunidade linguística – e faz com que se identifiquem com a sua representação de mundo, pois "para se tornar um termo da frase, um conceito deve ser atualizado. Atualizar um conceito é identificá-lo a uma representação real do sujeito falante. De fato, um conceito é em si uma criação da mente, ele é virtual; ele exprime a ideia de um gênero (coisa, processo ou qualidade). Ora, a realidade ignora os gêneros: ela somente oferece entidades individuais (Bally 1965: 77). Ou seja, o sujeito, ao enunciar, faz um uso individual e único do sistema linguístico. Mas, se a sua porção linguística é a materialização da enunciação, onde estão as porções lógica e psicológica? A forma lógica da frase é a que "distingue claramente a representação recebida pelo sentido, a memória ou imaginação" (Bally 1965: 36), ou seja, é a noção direta e objetiva que o sujeito tem em contato com os signos da língua antes que opere subjetivamente sobre elas. Bally chama essa parte da frase de *dictum*. Já a porção psicológica é justamente aquela referente à "operação psíquica que o sujeito opera sobre ela" (Bally 1965: 36), i. é, o ato de atualização em si, que o autor denomina *modus* ou modalidade. Tal operação pode marcar entendimento, julgamento de valor ou julgamento de vontade. É através do *modus* que a representação formal da frase (o *dictum*) é atualizada, i. é, ganha sentido pelo falante. Bally adverte que seria vantajoso estudar separadamente as três partes da enunciação, "mas os fatores psicológicos do pensamento são tão bem engrenados na estrutura lógica que não se pode abstraí-los totalmente na análise lógica; por sua vez, a forma linguística não pode ser inteiramente separada das outras duas. Não será surpreendente então encontrar, na análise lógica das formas de enunciação, considerações que dizem respeito às outras duas ordens" (Bally 1965: 35).

(5) Este capítulo chama bastante atenção, em especial, pelo detalhamento dado por Mattoso à reflexão do linguista suíço Charles Bally. Mattoso

Camara demonstra aqui sólida informação do conjunto da obra de Bally, principalmente na relação com Saussure. Há muitas referências ao autor em *Princípios de linguística geral*, de 1942, em *Estrutura da língua portuguesa*, de 1970, em *Problemas de linguística descritiva*, de 1971, apenas para lembrar esses. Isso indica que Bally não é apoio secundário de Mattoso, constituindo-se, na verdade, em sólida base de reflexão para o autor. Sem dúvida, essas pistas de construção de um pensamento vão fornecendo ao leitor os dados para a reconstituição de um mosaico teórico que deu identidade à linguística brasileira.

NOTAS DO CAPÍTULO XX – O TRABALHO DE MEILLET; HERMANN HIRT

(1) Meillet foi diretor de estudos da *École pratique des hautes études* [Escola prática de altos estudos] em Paris de 1889 (ano em que substitui Saussure) a 1927 (ano em que cede lugar a outro grande linguista francês, Émile Benveniste). Foi nomeado professor no *Collège de France* em 1905, em substituição a Michel Bréal.

(2) A esse respeito, cf. Loder e Flores (2006).

(3) Tem razão Mattoso em situar Meillet em uma filiação que vai de Saussure a Durkheim. Segundo Puech e Radzinski (1978), Meillet foi talvez quem mais levou a sério a ideia de Saussure do caráter social da língua. Meillet nunca deixará de afirmar que a linguística não poderá encontrar um caminho próprio sem construir uma das *causas* históricas e sociais da constituição e das mudanças das línguas. Para os autores (1978: 81-83), em Meillet a linguística histórica e a linguística geral são apenas os lados de uma mesma moeda. Essa concepção, porém, afasta Meillet de um outro aspecto da linguística saussuriana: a noção de língua como sistema, a teoria do valor e a perspectiva semiológica de constituição do sistema linguístico.

Recentemente, autores têm-se dedicado a estudar a obra de Meillet muito especialmente a partir de seus manuscritos (cf. Fenoglio & Puech 2012).

(4) Em um contexto de contato interlinguístico, há, via de regra, uma língua que goza de maior poder político, bélico e prestígio social do que aquela com que mantém contato. A essa língua, dá-se o nome de *superestrato*. À língua de *status* político e social inferior, dá-se o nome de *substrato*. Ambas influenciam a gramática e o vocabulário uma de outra, como diversos trabalhos contemporâneos têm mostrado.

(5) A obra está publicada em português, em edição bilíngue e crítica. Nela o leitor encontrará, além de notas de tradução, um dossiê crítico excelente com textos de Renato Basso, Rodrigo Gonçalves, Jean-François Bert, Carlos Alberto Faraco. Há ainda uma detalhada biobibliografia de Meillet além de bibliografia de referência sobre Meillet. Nos anexos encontram-se textos de Meillet que possibilitam situar teórica e epistemologicamente *Como as palavras mudam de sentido*.

(6) Na versão que estamos comentando, encontra-se aqui a expressão "tipológica", o que expõe um raciocínio contraditório. Se Meillet, como afirma Mattoso, "rejeita todo tipo de classificação tipológica", então é difícil entender que ele assevere que "somente a classificação genealógica tem valor científico". Em consulta à introdução organizada por Meillet e Cohen à monumental obra *Les langues du monde*, referida por Mattoso, encontramos a seguinte passagem: "a famosa classificação em línguas isolantes, aglutinantes e flexionais não pode ser seguida de maneira exata e, mesmo que possa ser formulada, não tem escopo científico nem utilidade prática. A única classificação linguística que tem valor e utilidade é a classificação genealógica, baseada na história das línguas. É ela quem fornecerá o plano para este livro" (Meillet 1924: 1).

NOTAS DO CAPÍTULO XXI – OS ESTUDOS DO INDO-EUROPEU DEPOIS DE MEILLET

(1) Meillet apresenta esse esquema na conclusão do livro *Les dialectes in-do-européens* (Meillet 1984) ao que justapõe o seguinte comentário: "esse esquema, bastante grosseiro [...] não pretende responder a nenhum fato histórico definido; ele tem apenas valor linguístico e indica o que podemos supor ter sido a situação respectiva dos falares indo-europeus uns em relação aos outros anteriormente à época em que cada uma das línguas, em se estabilizando sobre um novo território, isola-se e deixa de ter com seus antigos vizinhos um desenvolvimento comum" (Meillet 1984: 134).

(2) Salmoni (1978: 125) relata da seguinte maneira a descoberta de manuscritos tocarianos: "Nos últimos anos do século XIX, uma missão francesa descobriu, no Turquestão chinês, manuscritos, contendo textos em diversas línguas, das quais duas eram desconhecidas. A estas línguas desconhecidas os estudiosos chamaram A e B. Descobriram em seguida que a maioria dos textos era de religiosos budistas, sendo algumas traduções de originais sânscritos. Os estudiosos Emil Sieg e Wilhelm Siegling conseguiram decifrar as duas línguas, demonstrando que pertenciam seguramente à família indo-europeia. [...] A descoberta do tocário [tocariano] foi importante por várias razões; entre outras porque existe no tocário uma forma verbal médio-passiva em -*r*, que se encontra, no outro extremo da área indo-europeia, nas línguas itálicas e celtas. O sistema verbal do tocário conserva uma série de características arcaicas de grande utilidade para o estudo do sistema verbal indo-europeu".

(3) Sobre a presença desse som consonantal, não podemos deixar de reproduzir aqui uma passagem de Émile Benveniste – reconhecidamente um especialista da língua hitita – a respeito da descoberta feita, na verdade, por Ferdinand de Saussure em seu *Mémoire sur le système primitifs des voyelles*

dans les langues indo-européennes (1878). Vale a pena ler a explicação de um grande linguista sobre a descoberta de outro grande linguista: "Saussure havia percebido que o sistema vocálico do indo-europeu continha vários *aa*. À luz do conhecimento puro, os diferentes *aa* do indo-europeu são objetos tão importantes quanto as partículas fundamentais em física nuclear. Ora, um desses *aa* tinha a singular propriedade de comportar-se diferentemente dos seus dois congêneres vocálicos. Muitas descobertas começaram por uma observação semelhante, uma discordância num sistema, uma perturbação num campo, um movimento anormal numa órbita. Saussure caracteriza esse *a* por dois traços específicos. De um lado, não é parente nem de *e* nem de *o*; de outro, é coeficiente sonântico, i. é, é suscetível de desempenhar o mesmo papel duplo, vocálico e consonântico, das nasais ou das líquidas, e se combina com vogais. Observemos que Saussure fala dele como de um fonema, e não como de um som ou de uma articulação. Não nos diz como se pronunciava esse fonema, de que som poderia aproximar-se nesse sistema observável; nem mesmo se era uma vogal ou uma consoante. A substância fônica não é considerada. Estamos na presença de uma unidade algébrica, um termo do sistema, a que ele chamará mais tarde uma entidade distintiva e opositiva. Não se pode dizer que, mesmo vinte e cinco anos após haver sido publicada, essa observação tenha despertado muito interesse. Seriam necessários mais vinte e cinco anos para que ela se impusesse, em circunstâncias que a imaginação mais audaciosa não teria podido conceber. Em 1927, M. Kuryłowicz tornava a encontrar numa língua histórica, o hitita, então recentemente decifrada, sob a forma do som escrito *h*, o fonema definido cinquenta anos antes por Saussure como fonema sonântico indo-europeu. Essa bela observação fazia entrar na realidade a entidade teórica postulada pelo raciocínio em 1897.

Naturalmente, a realização fonética dessa entidade como *h* em hitita trazia ao debate um elemento novo, mas de natureza diferente. A partir daí, duas orientações manifestaram-se na pesquisa. Para uns, tratava-se antes de tudo de avançar mais a investigação teórica, de elucidar, principalmente na morfologia indo-europeia, os efeitos e as combinações desse 'coeficiente sonântico'. Descobre-se hoje que esse fonema não é único, que representa uma classe inteira de fonemas, desigualmente representados nas línguas históricas, e que se chamam os 'laríngeos'. Outros linguistas acentuam, pelo contrário, a análise descritiva desses sons; procuram definir-lhes a realidade fonética; e como o número desses laríngeos ainda é matéria para discussão, vê-se de ano para ano multiplicarem-se as interpretações, que dão origem a novas controvérsias. Esse problema está hoje no centro da teoria do indo-europeu; apaixona os diacronistas tanto quanto os descritivistas. Tudo isso atesta a fecundidade das visões introduzidas por Saussure, e que não se cumpriram a não ser nestes últimos decênios, meio século após haverem sido publicadas. Até mesmo os linguistas de hoje que não leram o *Mémoire* lhe são devedores" (Benveniste 1988: 38-39).

(4) Observe-se a crítica feita por Benveniste à proposta de Sturtevant, pois ela mostra exatamente o ponto de crítica às teorias linguísticas da época, em especial quanto às condições teóricas do problema colocado pelas grandes diferenças do hitita em relação ao indo-europeu: "Como o hitita difere sob muitos aspectos do indo-europeu tradicional, Sturtevant decidiu que essa língua só lateralmente era aparentada ao indo-europeu, com o qual constituiria uma família nova, denominada 'indo-hitita'. Isso significava tomar como uma entidade natural o indo-europeu de Brugmann e relegar a uma condição especial as línguas não exatamente conformes ao modelo clássico. Devemos, ao contrário, integrar o hitita num indo-europeu cuja definição e cujas relações internas serão transformadas por essa nova contribuição" (Benveniste 1988: 113).

(5) Mattoso publicou duas resenhas de trabalhos de Sturtevant, cf. Camara Jr. (1947, 1955).

(6) Trata-se de *Zur Frage von der Urverwandschaft der finnisch-ugrischen und indo-europäischen Sprachen* [Sobre a questão da relação original das línguas finlandesa-úgrica e indo-europeia] (1907).

(7) Trata-se de *Indo-uralisches Sprachgut* [Patrimônio linguístico em língua indo-urálica].

(8) Ambos foram autores prolíficos. Do primeiro, recebem destaque as obras *Die Indogermanen. Ihre Verbreitung, ihre Heimat und ihre Kultur* [Os indo-europeus. Sua distribuição, sua casa e sua cultura], publicada em dois volumes, em 1905 e 1907 respectivamente, e a *Indogermanische Grammatik* [Gramática indo-europeia], publicada em sete volumes, entre 1921 e 1937. De Sigmund Feist, recebem destaque seus dois dicionários: *Etymologisches Wörterbuch der gotischen Sprache* [Dicionário etimológico da língua gótica], publicado em 1923, e *Vergleichendes Wörterbuch der Gotischen Sprache mit Einschluss des Krimgotischen und sonstiger zerstreuter Überreste des Gotischen* [Dicionário comparativo da língua gótica, incluindo o gótico da Crimeia e outros restos dispersos do gótico], também publicado em 1923.

(9) Hoje, a hipótese mais aceita sobre a origem do povo indo-europeu afirma que eles viveram na estepe pôntica, que fica localizada entre o norte do Mar Negro até o leste do Mar Cáspio, compreendendo os atuais territórios da Ucrânia, Rússia, Bulgária, Romênia e Cazaquistão.

NOTAS DO CAPÍTULO XXII – UM ESTUDIOSO NÃO SAUSSURIANO; JESPERSEN

(1) A presença de Otto Jespersen com tamanho destaque em um livro de história da linguística justifica-se, sem dúvida, mas, neste caso, tem nuanças que devem ser consideradas. Em primeiro lugar, é preciso compreender que Mattoso era detido conhecedor da obra de Jespersen. Segundo Rodrigues (2005: 16-17), Mattoso teria traduzido *Language*, obra de Otto Jespersen, mas nunca chegou a publicá-la, pois "a única cópia manuscrita da tradução se perdeu nas oficinas da Companhia Editora". Em segundo lugar, Mattoso refere constantemente o pensamento de Jespersen em muitos de seus trabalhos, o que indica uma presença importante na obra mattosia-

na. Os *Princípios de linguística geral*, de 1942, referem os livros *Language: Its Nature, Development, and Origin* (1922) e *The Philosophy of Grammar* (1924), assim como *Estrutura da língua portuguesa* (2019).

(2) Esta é uma das poucas vezes em que Mattoso faz citações com indicações de páginas. Embora não se possa afirmar com certeza, o contexto do que diz Mattoso indica que a citação é de *Growth and Structure of the English Language*.

(3) É bastante conhecida a crítica que se faz a Jespersen em função da sua incompreensão da teoria de Saussure. Curea (2015) retoma em detalhe esses pontos de incompreensão e mostra como Bally os rebateu. De nossa parte, importa apenas indicar ao leitor que a crítica de Jespersen a Saussure não pode ser tomada como impeditivo de leitura de uma teoria que ainda não produziu todos os efeitos que tem potencialmente condições de produzir. Para entender melhor o desencontro Jespersen-Saussure, cf. Curea (2015).

(4) Mais uma vez, vemos uma referência com página indicada, feita por Mattoso. Esses indicadores mostram a intimidade de Mattoso com a obra em exame, o que se reflete em sua própria abordagem do fenômeno da linguagem. Nesse caso, como no referido na nota 2, acima, podemos inferir, pelo contexto do que diz Mattoso, que a citação é de *Language: Its Nature, Development and Origin*.

(5) Em linguística, a lei do menor esforço (ou do "esforço mínimo") está relacionada a mudanças linguísticas que poderiam tornar algum aspecto morfológico, sintático ou fonético mais "fácil", do ponto de vista do falante. É o que vemos, por exemplo, na regularização de algum aspecto verbal morfológico irregular, como na formação "eu fazi", encontrada na fala infantil, criada na tentativa (inconsciente) de manter uma simetria com o paradigma regular dos verbos de segunda conjugação em português. Ou ainda como encontramos em mudanças fonéticas que desfazem encontros consonantais, como a inserção da vogal epentética em *pneu* ("p[i]neu"), *psicologia* ("p[i]sicologia") etc., ou o apagamento de segmentos sonoros em

encontros consonantais ("poblema" ao invés de "problema" etc.) que favoreceriam a pronúncia dessas palavras.

Na historiografia linguística, Milani (2007) discorre longamente sobre a relação entre Whitney e a lei do menor esforço.

NOTAS DO CAPÍTULO XXIII – O IDEALISMO LINGUÍSTICO; A ESCOLA ITALIANA DE CROCE, VOSSLER, LEO SPITZER

(1) Como temos reiterado ao longo de nossos comentários a este *História da linguística*, a leitura mattosiana de Saussure é fortemente influenciada pela corrente estruturalista que dominou o século XX, até o final dos anos de 1960, na Europa, e até o final dos anos de 1990, no Brasil. Essa leitura, certamente, merece ser revisada à luz das novas tendências de desenvolvimento dos estudos linguísticos. A respeito especificamente da vinculação, ou não, de Saussure ao positivismo do filósofo August Comte (1798-1857), cabe ler o *Preâmbulo* (*Epistemologia, metafísica e ciências humanas*) do livro de Simon Bouquet (2000) – *Introdução à leitura de Saussure*. A esse respeito e com relação especificamente ao CLG, cf. tb. Bouquet (1989).

(2) A título de informação complementar, sugerimos ao leitor o contato com a análise feita pelo filósofo russo Valentin Volóchinov (1995-1936) do idealismo de Croce e, muito especialmente, de Vossler, em *Marxismo e filosofia da linguagem* (2017). Nesse livro – cuja autoria também é atribuída a Mikhail Bakhtin (1895-1975) –, lemos que a ênfase no ato de criação individual da fala como fenômeno essencial da língua (um "subjetivismo idealista") leva a uma perspectiva monológica da linguagem – a esse respeito, recomendamos a leitura de Volóchinov (2017), em especial os capítulos 4 e 6.

(3) Existe uma tradução brasileira dessa obra de Croce (cf. Croce 2016).

(4) Mattoso tem razão em fazer essa observação. Na verdade, os neogramáticos, em reação à teoria de base biológica de Schleicher, haviam afirmado que a linguagem não existe independentemente dos falantes. Porém, os linguistas da "escola idealista ou estética destacaram a importância do falante individual na criação e difusão de toda a espécie de mudança linguística. O líder deste grupo, K. Vossler, natural de Munique, foi buscar inspiração para as suas ideias sobre a natureza da linguagem em Humboldt e, mais imediatamente, no filósofo italiano B. Croce, com quem manteve durante cerca de meio século estreitas relações de amizade" (Robins 1983: 154). Ora, é interessante notar que esses linguistas tinham uma orientação tão histórica quanto à dos neogramáticos, mesmo que eles tenham concebido a noção de história de maneira muito diferente. Tal como Humboldt, Vossler insistia no aspecto individual e criativo da competência linguística do homem. A mudança tem início, sempre, com o falante. Sobre isso não haveria "nenhuma objeção por parte dos neogramáticos; ao contrário destes, porém, os idealistas insistiram mais em demostrar o papel consciente do indivíduo no processo da mudança do que em defender o princípio da 'necessidade cega'. Para Croce, a intuição estética atua como importante guia em todos os aspectos da vida humana, mesmo que não se tenha em momento algum consciência disso. O que os artistas fazem é apenas levar avante aquilo que toda pessoa faz permanentemente" (Robins 1983: 154). Informa ainda Robins (1983: 154) que "são dos idealistas as seguintes afirmações: a linguagem é primariamente meio de expressão individual; mudança linguística resulta do trabalho consciente dos indivíduos e também é, talvez, reflexo dos sentimentos nacionais; fatores estéticos constituem o principal estímulo das inovações".

(5) Talvez por a Europa ser há muito tempo um palco de grandes impérios, tais como o Império Romano, o Império Turco-otomano, o Império Britânico, o Império Austro-húngaro etc., por vezes pode se ter uma visão equi-

vocada de que houve e há uma unidade linguística grande por territórios extensos. Pelo contrário, a distribuição política que conhecemos hoje da Europa acampa em cada país uma série de línguas e dialetos distintos – na França, por exemplo, são reconhecidos 28 dialetos distintos.

Ao longo dos anos, várias tentativas de formação de uma língua nacional, de certa forma representativa do país como unidade política autônoma, buscaram seu modelo ideal no cânone literário – uma herança que chegou às Américas na formação, ensino e pesquisa das línguas europeias faladas aqui, em especial o inglês, o português e o espanhol.

(6) Em espanhol, o objeto direto é antecedido pela preposição *a* quando se refere a um ser humano específico. Por exemplo:

a) Juan vio el libro (O João viu o livro).

b) Juan vio *a* la maestra (O João viu a professora).

O fenômeno é conhecido contemporaneamente como *marcação diferencial do objeto* (e acontece em diversas línguas do mundo).

(7) Encontramos, em romeno, seu *Introducere in lingvistica românica* [Introdução à linguística romena], publicado em 1965. De 1937, no entanto, encontramos referência ao livro *An introduction to romance linguistics – Its schools and scholars* [Uma introdução à linguística românica – Suas escolas e estudiosos]. Porém, essa edição, em inglês, vem acompanhada do seguinte comentário: "Revisada, traduzida e em partes reformulada por John Orr". Cremos que Mattoso se refira a essa publicação em inglês.

NOTAS DO CAPÍTULO XXIV – A LINGUAGEM DENTRO DA HISTÓRIA POLÍTICA; MENÉNDEZ PIDAL E SUA ESCOLA; WALTER VON WARTBURG

(1) Um dos mais antigos poemas épicos ibéricos, tendo sido composto por volta do ano 1.200. A cuidadosa edição de Pidal data de 1913.

(2) Sobre Menéndez Pidal, assim se manifesta o grande linguista alemão-romeno Eugenio Coseriu (1921-2002): "A Escola de Menéndez Pidal é a única que manteve e mantém firme – e não apenas em teoria – o princípio da unidade de ciências filológicas, a única em que a linguística é seguida cultivando junto com a história político-social e com história e crítica literárias: é por isso que os linguistas espanhóis geralmente conciliam a erudição com a agudeza e, por causa de sua formação, são ao mesmo tempo historiadores e críticos literários (Coseriu 1977: 253).

(3) Essa mudança aconteceu em palavras como *ferru* > *hierro*, *folia* > *hoja* e *filiu* > *hijo*. Em português, mantivemos o *f* latino nesses contextos: *ferro*, *folha* e *filho*, respectivamente.

(4) A importância de Amado Alonso na divulgação e na difusão da obra de Ferdinand de Saussure é de grande monta. O linguista brasileiro Isaac Nicolau Salum, no excelente *Prefácio* que faz à publicação brasileira do CLG, ao falar das traduções até então feitas do CLG, comenta: "a versão espanhola, de Amado Alonso, enriquecida com um excelente prefácio de 23 páginas, saiu em 1945, sucedendo-se as edições de 1955, 1959, 1961, 1965 e 1967, numa cerrada competição com as edições francesas. São as edições francesa e espanhola os veículos de maior divulgação do *Cours* no mundo românico" (Salum 1975: XIV). Tem razão o Professor Salum: o *Prólogo a la edición española*, de Amado Alonso, é memorável e merece um estudo *per se*. Diz Alonso já no início do *Prólogo*: "Com este prefácio, gostaria de mostrar ao leitor como a ciência é uma tarefa que está sendo cumprida sem parar e como um homem sábio pode ser tão ilustre pelos problemas que apresenta e resolve quanto pelos que forçam seus colegas e sucessores a repensar e resolver" (Alonso 1945: 7). Enfim, a história da recepção das ideias de Saussure na América Latina não pode ser narrada sem um detido exame da obra de Amado Alonso (além da obra do próprio Mattoso Camara). Sobre essa recepção, é fundamental a leitura de De Lemos et al. (2003).

(5) Segundo o dicionário de Dubois et al. (1995: 452) "qualifica-se de pancrônico todo fenômeno linguístico que atravessa um longo período de tempo sem sofrer mudança: assim, a relação entre a função e a ordem das palavras é, no francês [e também em português], um fenômeno pancrônico. Por oposição ao estudo sincrônico ou diacrônico, o pancrônico insiste sobre os fatos permanentes duma estrutura linguística, sobre aqueles que parecem independentes das modificações inerentes à duração". Ora, essa definição apresentada por Dubois et al. (1995) é, em tese, correta e adequada; no entanto, ela deixa em suspenso uma série de questões que dizem respeito aos aspectos de permanência e transformação das línguas.

O termo "pancronia" – e seu correlato "pancrônico" – é retomado no contexto da linguística de Ferdinand de Saussure, no final do século XIX e início do século XX, em oposição aos dois pontos de vista realmente importantes aos olhos de Saussure: o *diacrônico* (relativo à diacronia) e o *sincrônico* (relativo à sincronia). O primeiro diz respeito ao ponto de vista sobre a língua que leva em conta o desenvolvimento no tempo, quer dizer, que enfoca as sucessivas modificações que uma língua sofre e que podem ser observadas devido às comparações entre estados de língua; o segundo, por sua vez, diz respeito ao ponto de vista sobre a língua que leva em conta um dado momento do tempo no qual podem ser apreendidos os elementos de uma dada língua – um estado de língua –, quer dizer, um momento "x" estudado pelo linguista que corresponde ao saber do falante comum (que, como se sabe, é sempre um saber sincrônico).

Nesse sentido, Saussure não aposta muito no estudo pancrônico – ou mesmo o recusa. Considerando sua perspectiva, podemos dizer que a pancronia é o ponto de vista que considera a língua quanto às "relações que se verificam em toda a parte e sempre" (Saussure 1975: 111), quer dizer, seriam relações que se efetuam "em todos os tempos e todos os lugares" (Saussure 1975: 112). Mas Saussure não considera esse ponto de vista muito possível (ou mesmo útil), pois, para ele, não cabe, em linguística, estudar uma língua sem a intervenção do fator *tempo*. Seu argumento para isso é apenas um: "o ponto de vista pancrônico não alcança jamais fatos particulares das línguas" (Saussure 1975: 112), ou seja, princípios gerais que independem dos fatos concretos não podem explicar as línguas. Somente a diacronia e a sincronia, portanto, constituem fatos observáveis das línguas, segundo Saussure.

NOTAS DO CAPÍTULO XXV – NOVAS TENDÊNCIAS NO COMPARATIVISMO LINGUÍSTICO; INVESTIGAÇÕES PRÉ-INDO-EUROPEIAS; A NOVA DOUTRINA DE MARR; EMPRÉSTIMO COMO CAUSA DE AGRUPAMENTO LINGUÍSTICO; GLOTOCRONOLOGIA

(1) A língua basca é falada por cerca de 1 milhão de pessoas numa região conhecida como País Basco, situada entre Espanha e França. Apesar de estar cercado por línguas românicas, o basco é, como dissemos, considerado uma *língua isolada*, sem parentesco linguístico com qualquer outra língua conhecida, em termos de reconstrução histórico-comparada. Essa língua é considerada, ainda assim, como uma língua pré-indo-europeia.

A língua etrusca foi falada na Península Itálica e está extinta desde cerca do século I d.C. Também é considerada uma língua isolada, ainda que alguns pesquisadores acreditem que pertencia a famílias conhecidas dentro do ramo indo-europeu (cf. Rix 1998, 2004; Adrados Rodríguez 2005).

(2) Joshua Whatmough nasceu em Rochdale, na Inglaterra. Contudo, foi por muitos anos professor da Universidade de Harvard e morou nos Estados Unidos de 1926 até o final de sua vida. Talvez por isso Mattoso o considere um "estudioso norte-americano".

(3) Trata-se de Johann Ulrich Hubschmied (1881-1966) e seu filho Johannes Hubschmid (1916-1995), ambos linguistas, ambos suíços.

(4) A escrita Linear B (traduzida como "B. Linear" no texto de Mattoso) foi utilizada por povos micênicos por volta dos séculos XV a XII a.C. Esse sistema de escrita, como nos relata Mattoso, foi decifrado em meados do

século XX por Michael Ventris e colegas. O sistema de escrita conhecido como "Linear A" (traduzido aqui como "A. Linear") provavelmente deu origem à escrita Linear B e, por isso, acredita-se que seja anterior a ela. Tal sistema, ao contrário do Linear B, ainda não foi decifrado. Salmoni (1978: 104) nos relata o seguinte: "A linear A foi encontrada somente em Cnosso, a linear B foi encontrada também em Pilos, Micenas e Tirinto. A leitura definitiva da linear B foi-nos proporcionada pelo inglês Michael Ventris, que utilizou para seus estudos um sistema matemático, baseado no cálculo das probabilidades e em estatísticas de frequência. Seu primeiro artigo, anunciando o descobrimento, apareceu em 1953. Apesar de alguma voz isolada discordante, hoje quase todos os estudiosos aceitam a tese de Ventris, o qual demonstrou que a língua escrita em linear B era uma língua indo-europeia, de tipo grego, extremamente arcaico". Remetemos o leitor a Ventris e Chadwick (1953) e Chadwick (1958) para mais detalhes.

(5) A cultura micênica da Grécia faz referência ao período que se estende por volta de quinhentos anos, entre 1.600 a 1.100 a.C., a última fase da Idade do Bronze na Grécia antiga.

(6) Este capítulo da história da linguística mundial é bastante controverso, e Mattoso faz muito bem ao chamar a atenção para esse que foi um dos movimentos mais intrigantes da linguística em sua vinculação com um dado contexto socioideológico.

Marr construiu uma teoria a respeito da história das línguas segundo a qual a língua, sendo reflexo da consciência social, seria parte de uma superestrutura que se alteraria de acordo com as mudanças sociais e econômicas de seus falantes. Marr defendeu ainda uma teoria oposta a toda a teoria histórico-comparada do indo-europeu, na qual defende que as ditas "línguas jaféticas", que teriam sido faladas no Cáucaso e na Ásia Menor, seriam uma espécie de língua única, um estágio primeiro da evolução linguística. Em um excelente texto, intitulado *Eurasistes e marristes*

[Eurasistas e marristas], o linguista Patrick Sériot (2000) explica que Marr foi, de certa forma, um comparatista frustrado em sua intenção de construir uma gramática comparada das línguas. "Desde 1888, ele havia apresentado a ideia de uma comparação do georgiano e das línguas semíticas, a qual recebeu apenas reações negativas no meio acadêmico russo e no estrangeiro" (Sériot 2000: 475). Marr tinha certa obsessão por provar sua teoria unificada da língua e da cultura. Informa Sériot (2000) ainda que Marr acolheu favoravelmente o novo regime soviético de 1924 – que, como se sabe, leva Joseph Stalin (1878-1953) ao poder sucedendo Vladimir Lenin (1870-1924), líder da revolução de 1917 –, o que o mantém em cargos acadêmicos importantes: "é nessa época que ele operou uma ruptura definitiva com a tradição histórico-comparativa dos estudos indo-europeus negando qualquer laço entre língua e etnia, rejeitando o papel das migrações na diversificação e na dispersão das línguas e refutando as noções de protolíngua e famílias de línguas, vistas como ficções inúteis. Em seu lugar, propôs uma teoria da sedimentação de estágios das línguas que se poderia estudar como vestígios nas línguas existentes, as quais surgiram por cruzamento ou hibridização. Apresentou uma tipologia dos estados e se ocupou da 'paleontologia da linguagem'. Passando do estudo das línguas ao estudo da linguagem, Marr propôs uma teoria evolucionista linear universal de todas as línguas do mundo. [...]. Enfim, indo na contramão da linguística que o havia precedido, ele propôs a ideia da pirâmide invertida na evolução das línguas: da diversidade em direção à unidade" (Sériot 2000: 475-476). Em outras palavras, a teoria de Marr defende uma sucessividade dos estados tipológicos das línguas, utilizando, para isso, a terminologia de Schleicher: "no interior de um 'processo glossogênico único', a linguagem da humanidade passa *necessariamente* por três etapas sucessivas: isolante/aglutinante/flexional. Esses estados representam 'mutações (*sdvigi*) do pensamento', *condicionadas* por 'mutações nas técnicas de produção'. Diferentemente de Schleicher, porém, Marr afirma que a língua não é um organismo, mas, situando-se perto da teoria do reflexo de Lenin e do monismo de Plekhanov, faz dela uma *superestrutura*" (Sériot 2000: 476).

Para um bom conjunto de informações sobre a linguística de Marr, é fundamental a pesquisa ao número 20 (2005) do *Cahiers du Centre de linguistique et des sciences du langage*, editado por Patrick Sériot, no qual se encontra, além de grande quantidade de trabalhos sobre o tema, o *Article nécrologique sur N. Marr (1934)* [Artigo necrológico sobre N. Marr (1934)], escrito por Roman Jakobson e publicado em 1935, em Praga, com o pseudônimo de "Rn".

(7) Revolução responsável pelo fim da monarquia russa (e consequente fim da dinastia Romanov). A partir de 1917, Vladimir Lenin e o Partido Bolchevique assumiram o poder político do país. A revolução foi responsável por um êxodo de cientistas do país – muitos deles, linguistas que formaram, em seguida, o Círculo Linguístico de Praga, tais como Roman Jakobson, Serge Karcevski e Nicolai Trubetzkoy, como se verá adiante. Curioso pensar como um evento aparentemente não relacionado com os estudos da linguagem acabou influenciando o desenvolvimento da linguística de maneira tão impactante. Saindo de sua terra natal, esses linguistas encontraram abrigo numa cidade extremamente cosmopolita e multicultural da Europa, a Praga do início do século XX. Aí passaram a publicar os resultados de suas pesquisas – não apenas em russo, mas nas línguas de cultura faladas na Europa Ocidental, como alemão, francês, inglês e tcheco. Isso possibilitou que suas ideias se propagassem muito mais rapidamente do que se ainda estivessem morando na Rússia czarista e publicando apenas em russo ou francês, como era praxe à época.

(8) "Sarmação" não é uma língua; o termo está relacionado ao nome de um povo, os sármatas, habitantes da antiga Cítia e descendentes de povos iranianos. Acredita-se que falavam algum dialeto derivado do iraniano antigo.

(9) De forma semelhante, o ibérico não é propriamente uma língua, mas um grupo de línguas (as "línguas ibéricas") que abriga línguas surgidas na Península Ibérica, tais como o português e o espanhol (além de numerosas outras).

(10) O *Pravda* foi um importante jornal da União Soviética e um órgão oficial do Comitê Central do Partido Comunista da União Soviética entre 1918 e 1991.

(11) Conforme Auroux (1998: 439), o *Pravda* publicou, no ano de 1950, um conjunto de críticas ao marrismo que são, por sua vez, respondidas pelos partidários do marrismo. Em 20 de junho, o próprio Stalin publica um texto no qual defende que a língua não é uma simples superestrutura, mas algo que é comum a todos os membros de uma sociedade. O texto – em sua versão francesa, única à qual tivemos acesso –, intitulado *Le marxisme et les problèmes de linguistique* [O marxismo e os problemas de linguística] põe fim à era de Marr ao mesmo tempo que chama a atenção para os termos pelos quais essa teoria foi concebida (cf. Staline 1975).

(12) Sériot (2000) explica que o período do pós-revolução na URSS colocou em confronto duas tendências linguísticas: "uma triunfante na URSS, declarada linguística oficial, e outra na emigração, cobrindo de anátemas a primeira: trata-se do marrismo e do eurasianismo" (Sériot 2000: 473). O marrismo, como vimos, tem em Marr seu maior expoente; o eurasianismo, em linguística, tem em Trubetzkoy seu maior representante. "Em 1921, em Sófia, um grupo de intelectuais russos emigrados, entre os quais o linguista N.S. Trubetzkoy, funda o movimento eurasionista. O 'eurasionismo' é uma corrente de pensamento – muito importante na emigração russa do entreguerras – para a qual a Rússia não está nem na Europa nem na Ásia, mas em um terceiro continente, em um 'mundo à parte', situado a leste da Europa e ao norte da Ásia" (Sériot 2000: 474). O grande linguista Roman

Jakobson, embora não tenha feito parte da fundação do movimento, teve simpatia por ele e chegou mesmo a participar de suas publicações. Jakobson, já no final de sua vida, retoma o tema do eurasianismo na conversa que teve com sua esposa, Krystyna Pomorska, reproduzida no livro *Diálogos*, em especial no capítulo *O fator espaço*.

(13) O Círculo Linguístico de Praga foi um grupo de intelectuais que pensavam a linguagem e a literatura, reunidos em Praga nas décadas de 1920 e 1930. Desse grupo, fizeram parte linguistas que exerceram grande influência no pensamento linguístico ocidental do século XX, tais como Roman Jakobson, Vilém Mathesius e Nikolai Trubetzkoy. Mathesius foi o primeiro presidente do Círculo.

(14) A glotocronologia é uma técnica desenvolvida por Morris Swadesh para determinar a época em que duas línguas aparentadas se tornaram distintas de sua língua-mãe comum.

NOTAS DO CAPÍTULO XXVI – O DESENVOLVIMENTO DA FONÉTICA; FONÉTICA EXPERIMENTAL; ROUSSELOT E GRAMMONT

(1) Galazzi (2000) – combinando várias sugestões cronológicas – fala na seguinte periodização da história da fonética: a) a constituição da fonética como disciplina linguística (período iniciado com os trabalhos de Sievers e Winteler, em 1876); b) desenvolvimento da fonética instrumental e dialetológica (ligado ao trabalho de Rousselot e com a criação de um laboratório de fonética experimental no Collège de France, em 1897); c) os primeiros passos da fonética funcional, que desemboca na fonologia no Congresso de Haya, em 1928.

Mattoso dá maior ênfase, neste capítulo, às duas primeiras etapas. Para melhor entender essas duas etapas, é importante retomar um pouco o papel que teve na história da fonética como disciplina a Associação Fonética Internacional (em ingês, *International Phonetic Association*, IPA). A IPA foi fundada por Paul Passy em 1886 e "representou, no último quarto do século XIX, o lugar ideal de encontro de foneticistas pertencentes à dita escola 'clássica', a saber: P. Passy na França, H. Sweet na Inglaterra, E. Sievers e W. Viëtor na Alemanha, J. Storm e A. Western na Noruega, J.A. Lundell na Suécia, O. Jespersen na Dinamarca" (Galazzi 2000: 500).

Para o melhor entendimento da história do surgimento da IPA e de sua importância para o desenvolvimento das pesquisas em fonética, recomendamos fortemente a leitura de Galazzi (2000).

(2) Cabe destacar aqui o nome do linguista suíço Jost Winteler (1846-1929), cuja tese de doutorado foi supervisionada por Eduard Sievers.

(3) Algumas fontes apontam a data do livro sendo 1924.

(4) Mattoso está possivelmente se referindo ao livro *Die Sprachlaute. Experimentell-phonetische Untersuchungen. Nebst einem Anhang über Instrumentalklänge* [Os sons da fala. Exames fonético-experimentais. Em adição a um apêndice sobre sons instrumentais], publicado em 1926.

(5) Mattoso menciona um trabalho de 1876 de autoria de Schneebeli que não conseguimos precisar. Dois trabalhos influentes dessa época que receberam algum destaque foram *Expériences avec le phonoautograph* [Experiências com o fonógrafo], de 1878, e *Sur la théorie du timbre et particulièrement des voyelles* [Sobre a teoria do timbre e particularmente das vogais], de 1879, publicados na revista *Archives des Sciences Physiques et Naturelles de Genève* [Arquivos de ciências físicas e naturais de Genebra].

(6) Mattoso provavelmente se refere ao texto *Physiologie der Stimme und Sprache* [Fisiologia da voz e da linguagem], publicado como capítulo do livro *Handbuch der Physiologie* [Manual de fisiologia], em 1879.

(7) Na verdade, trata-se de um artigo publicado na edição de fevereiro de 1907 dos *Sitzungsberichte der Gesellschaft zur Beförderung der gesamten Naturwissenschaften zu Marburg* [Relatórios de reuniões da Sociedade para a Promoção de Todas as Ciências Naturais em Marburg].

(8) É o que vemos na mudança de *persona* (lat.) a *pessoa* (port.), por exemplo, em que o [r] foi assimilado pelo segmento sonoro contínuo. Esse é um caso de assimilação total (ou perfeita). Há também a assimilação parcial (ou imperfeita), em que um segmento muda por influência de outro, mas não se torna idêntico a ele – é o que vemos na mudança de *auro* (lat.) a *ouro* (port.), por exemplo.

(9) Provavelmente se trata aqui do fenômeno da *dissimilação*, em que um segmento muda sua forma por influência de outro igual ou semelhante na mesma palavra. É o caso de *liliu* (lat.) que originou *lírio* (port.), por exemplo, em que o segundo /l/ mudou para /r/ por influência do /l/ que se encontra na primeira sílaba.

(10) É o que aconteceu com *semper* (lat.), que deu origem a *sempre* (port.), por exemplo, em que o /r/ mudou sua posição dentro da sílaba.

(11) Nesse parágrafo, com a discrição habitual, Mattoso sintetiza uma das grandes questões epistemológicas que, ainda hoje, tem papel importante na definição do escopo da linguística como ciência. Como temos acompanhado neste *História da linguística*, o tema do pertencimento da linguística às ciências do homem ou às ciências naturais não é novo e pode ser remontado à origem mesma da área. No entanto, em nenhum outro campo esse tema adquire contornos mais controversos – e por que não, polêmicos – que o da fonética. Por sua natureza constitutivamente interdisciplinar, que releva de aspectos físicos, psicológicos, linguísticos, biológicos, entre outros, a fonética como disciplina do campo da linguística – em especial na sua relação

com a fonologia – sempre suscitou debate. É justificável, portanto, que Callou e Leite (1994: 12) iniciem sua obra *Iniciação à fonética e à fonologia* problematizando os objetos das áreas e pontuando um aspecto dessa questão: "a autonomia da fonética em relação à fonologia é tema controverso. [...] o termo fonética pode significar tanto o estudo de qualquer som produzido pelos seres humanos quanto o estudo da articulação, acústica e percepção dos sons utilizados em línguas específicas. No primeiro tipo de investigação fica evidente a autonomia da fonética com relação à fonologia, já no segundo as conexões entre as duas ciências se tornam patentes". Quem elucida com clareza ímpar essa discussão é o linguista americano Morris Halle (1923-2018). Apesar de extensa, a passagem a seguir é esclarecedora: "a fonética é a ciência dos sons da linguagem. Tradicionalmente a fonética ocupava-se de estudo da forma como estes sons são produzidos pelo aparelho fonador do homem (fonética articulatória), das suas propriedades acústicas (fonética acústica) e da maneira como eram percepcionados (psicoacústica). Na verdade, muitos dos assuntos abordados pela fonética são também analisados por disciplinas altamente desenvolvidas como é o caso da anatomia, da acústica e da psicologia. Apesar desta sobreposição, a fonética não se tornou um subdomínio de nenhum desses três campos, tendo-se sempre mantido como uma disciplina separada. A razão desta independência da fonética reside no fato de ela implicar um aspecto que por si só não emerge de modo específico de nenhuma das três disciplinas atrás mencionadas; a fonética deve ter em consideração a cada momento o fato de que não trabalha com sons puros e simples mas com sons da linguagem, i. é, com sons produzidos e percepcionados por seres humanos que têm acesso a um conjunto especial de conhecimentos a que aqui chamaremos conhecimentos de linguagem. Os sons que não implicam de modo determinante este conhecimento estão fora do âmbito da fonética mesmo que fisicamente sejam tão semelhantes de sons da fala como o som [f] e o ruído produzido ao soprar uma vela. De fato, a própria noção de som da fala, entidade fundamental da fonética, não é um dado físico mas um conceito linguístico. Os ruídos feitos por animais ou máquinas, o mugido das vacas, o canto dos pássaros, o ruído de um comboio em movimento ou a detonação de uma espingarda soam-nos como sequências de sons da fala. No entanto, somos nós que – graças ao nosso conhecimento da língua – analisamos dessa maneira essas informações sonoras. Uma vaca ao mugir não produz uma sequência de sons linguísticos tal como o vento ao soprar as nuvens não cria imagens de montanhas, de rostos ou de monstros gigantescos. Um bom exemplo acerca do papel essencial desempenhado pelo conhecimento da língua na percepção da fala é dado pela percepção da palavra" (Halle 1984: 132). E conclui: "é o fato de o conhecimento da língua ter um papel central na compreensão dos fenômenos fonéticos que faz da fonética um campo de pesquisa distinto, separado da acústica, da anatomia ou da psicologia" (Halle 1984: 133).

Nesse sentido, podemos dizer que os objetos da fonética vão além de puros dados físicos, mas, de uma forma ou de outra, incluem conceitos. Ora, o que está posto em discussão aqui vai além da autonomia, ou não, da fonética em relação às outras áreas e mesmo em relação à fonologia e coloca luzes sobre os limites dos estudos linguísticos, das potenciais inferfaces que o estudo da linguagem humana convoca e, consequentemente, das noções de ciência que podem subsidiar um debate dessa natureza.

NOTAS DO CAPÍTULO XXVII – O CONCEITO DE FONEMA; BAUDOUIN DE COURTENAY, SAUSSURE E O CÍRCULO DE PRAGA, DANIEL JONES

(1) Nesse sentido, podemos pensar que Forchhammer entende que o papel das letras na escrita é representar, de certa maneira, *arquifonemas*, uma vez que as letras "representam a síntese de vários sons". O arquifonema foi um conceito desenvolvido no seio do Círculo Linguístico de Praga e representa, justamente, a neutralização de diferentes fonemas em contextos específicos.

(2) Aqui se encontra a gênese da noção de fonema (*vs* fone) e do estudo da fonologia (*vs* fonética). Suas ideias contribuíram grandemente para os estudos do Círculo Linguístico de Praga, influenciando, em especial, as investigações de N. Trubetzkoy. De acordo com Bisol (2006: 1), por exemplo, a principal obra de Trubetzkoy, "póstuma e inacabada, escrita durante toda a sua vida através de anotações, teve uma edição alemã em 1939 e outra francesa em 1949, *Principies de Phonologie*, com reedições. Nela elabora a ideia de fonema de Baudouin de Courtenay [...] de que sons linguísticos são distintivos, dando ênfase ao caráter funcional da oposição de dois sons de uma mesma língua para diferenciar significados. Insiste na distinção entre o som como pronúncia e o som como representação, i. é, como portador de uma intenção do falante. De um lado a Fonética, de outro a Fonologia, embora uma e outra estejam relacionadas".

(3) Mattoso provavelmente está se referindo ao trabalho *K voprosu o gune. Issledovaniye v oblasti staroslavyanskogo vokalizma* [Sobre a questão do guna. Pesquisa em vocalismo em eslavo antigo], publicado em 1881. De acordo com Berezin (2001), "Kruszewski analisa a ideia da alternância sonora de maneira muito detalhada em seu trabalho *K voprosu o gune* [...]. Historiadores estrangeiros contemporâneos da linguística descobriram nesse mesmo trabalho entendimentos que são comparáveis àqueles do século XX. Por isso, Jakobson sustenta que o capítulo "Notas gerais sobre alternância sonora" do *K voprosu o gune* 'seja a primeira proposta na literatura linguística de uma teoria de classificação de alternância sonora' (Jakobson 1985: 341)".

(4) De acordo com Joseph (2012: x), "foi do *Mémoire* [*Memorial sobre o sistema vocálico do indo-europeu*, de 1879] que o termo 'fonema' foi tomado emprestado pelo linguista polonês Jan Baudouin de Courtenay, professor na Universidade Imperial Russa de Kazan. Como seu nome sugere, Baudouin de Courtenay era descendente de aristocratas franceses que se

mudaram para a Polônia no começo do século XVIII. Isso faz com que ele e Saussure tenham muito em comum, e eles chegaram a se conhecer pessoalmente em Paris em 1881. Juntamente com seu aluno Mikołaj Kruszewski, que vinha trabalhando desde 1875 na análise de alternâncias sonoras, Baudouin de Courtenay deu ao conceito de fonema sua forma moderna, como a menor unidade de som capaz de ser usada para distinguir unidades de significado na língua". Sobre a relação entre Baudouin, Saussure e a fundação da fonologia, remetemos o leitor a Bisol (2006) e Garay (2016), ambos publicados em português.

(5) A esse respeito, não podemos deixar de mencionar uma nova página da linguística saussuriana que se desvela a nós, no século XXI. Estamos falando dos efeitos da publicação, de 1995, feita por Maria Pia Marchese das notas sobre fonética de Saussure, integrantes de um conjunto de manuscritos vendidos pela família de Saussure, em 1967, à Houghton Library de Harvard. Segundo informa Parret (2014: 21), essa compra foi intermediada por Roman Jakobson, na época professor em Harvard. Esses manuscritos estão em uma caixa contendo 9 pastas correspondendo, ao todo, a 638 folhas ou 995 páginas. Uma primeira classificação do material foi feita pelo próprio Jakobson que, inclusive, dedicou-lhe um importante texto, escrito originalmente em inglês e publicado em 1969 no número 26 dos *Cahiers Ferdinand de Saussure* sob o título *Saussure's unpublished reflections on phonemes* [Reflexões inéditas de Saussure sobre os fonemas]. O artigo é republicado, dessa vez em francês, no segundo volume dos *Essais de linguistique générale*, em 1973. O material trazido a público por Marchese tem proporcionado uma avalanche de pesquisas que permitem rever o que se sabia até então da teoria saussuriana sobre os fonemas e, consequentemente, sobre fonética e fonologia. Sem sermos exaustivos, cabe lembrar aqui, além da leitura pioneira feita do material por Jakobson, a obra de Parret (2014) – *Le son et l'oreille. Six essais sur les manuscrits saussuriens de Harvard* –, além dos trabalhos de Badir (2012), Bergounioux e Laks (2003), Bergounioux (2014),

Coursil (1995), Faria (2018), Marchese (2009 e 1995), Milano (2015) e Parret (1993). Em todas as obras lembradas encontramos elementos para repensar os termos da (re)fundação de uma fonologia saussuriana.

(6) Mattoso se refere aqui à dissertação de Mestrado de Shcherba, *Russkie glasnye v kachestvennom i kolichestvennom otnoshenii* [Vogais russas em suas relações qualitativas e quantitativas], defendida em 1912 na Universidade de São Petersburgo, em que Shcherba desenvolve seu conceito de fonema.

(7) Para uma visão da história da fonologia e da fonética – e sua influência na linguística europeia, em especial a francesa –, recomendamos a leitura do número 43 da revista *Modèles linguistiques* de 2001 (disponível em: https://journals.openedition.org/ml/127). Recomendamos, especialmente, a leitura do artigo de Bernard Laks, *Un siècle de phonologie: Quelques questions permanentes* (disponível em: http://journals.openedition.org/ml/1462).

(8) Sobre Trubetzkoy, voltamos a citar um trecho da fonóloga Leda Bisol (cf. Bisol 2006: 1-2), esclarecendo o papel central de sua obra no desenvolvimento da fonologia e do papel influenciador que teve, inclusive, no pensamento mattosiano. De acordo com Bisol, nessa publicação póstuma, Trubetzkoy "elabora a ideia de fonema de Baudouin de Courtenay (1845-1890) de que sons linguísticos são distintivos, dando ênfase ao caráter funcional da oposição de dois sons de uma mesma língua para diferenciar significados. Insiste na distinção entre o som como pronúncia e o som como representação, i. é, como portador de uma intenção do falante. De um lado a Fonética, de outro a Fonologia, embora uma e outra estejam relacionadas. Expõe, inspirado na ideia de sistema de Saussure, um método de classificação de oposições bilaterais ou multilaterais, proporcionais ou isoladas, privadas, graduais e equipolentes. Discute os sons em termos de suas funções: culminativa, delimitativa e distintiva. Mas o fonema é o ponto central de sua obra. Elaborou em detalhes a ideia de fonema como conjunto de traços

com valor contrastivo, assim como a ideia de arquifonema como resultado da neutralização de dois fonemas e estabeleceu princípios para a análise fonológica, trazendo para a exemplificação diferentes línguas. Vale observar que muitas ideias que sustentaram a fonologia estruturalista ou que hoje fazem parte de teorias modernas, como neutralização e subespecificação, foram discutidas pela primeira vez em *Princípios*. Eis aí o começo da Fonologia. Mattoso Camara Júnior, o nosso primeiro fonólogo, foi um dos seguidores de Trubetzkoy, embora também sofresse influência da escola americana. Mas é digno de nota que sua definição de vogal nasal do português em termos de VN, i. é, uma vogal oral seguida de consoante nasal subespecificada que a cobre de nasalidade, é assegurada, na época de sua divulgação, somente pela linguística da Escola de Praga. Da mesma forma, tem esse apoio a sua descrição da redução vocálica no sistema das átonas".

(9) Em português brasileiro, Mattoso é pioneiro por desenvolver uma análise do arquifonema fricativo /S/ e do arquifonema nasal /N/ (cf. Camara Jr. 1969, 1970). Cf., p. ex., sua análise para o morfema flexional de plural em português, representado ortograficamente (via de regra) pela letra "s": "Já sabemos que o morfema flexional de plural, oposto a um zero (Ø) singular, é fonologicamente o arquifonema /S/ das quatro fricativas não labiais (sibilantes: /s/ – /z/; chiantes: /ʃ/ – /ʒ/) em posição pós-vocálica final. A sua representação fonológica como /S/ corresponde à realização do morfema diante de pausa. Esta posição parece a mais natural, desde que estamos focalizando o vocábulo formal isolado. Ela está implícita na letra <s> como signo de plural na língua escrita. Sabemos, entretanto, que fonologicamente há outras possibilidades, que não a sibilante /s/ pressuposta na grafia tradicional. Na área do Rio de Janeiro, que aí coincide com a maior parte do Brasil e o português europeu, /s/ até nunca se realiza. Ele aparece na área sul do Brasil (tipicamente em São Paulo) diante de pausa ou de consoante surda inicial no vocábulo imediatamente seguinte dentro do mesmo grupo de força. Mas entre nós

o que temos então é /ʃ/ (chiante surda). Diante de consoante sonora inicial, sem intervenção de pausa, aparece a sonora correspondente: /z/ na área de São Paulo, /ʒ/ (chiante sonora) alhures. Uma terceira possibilidade é o fonema /z/ (sibilante sonora pré-vocálica), quando se dá o fenômeno da "ligação" diante de vogal inicial, com mudança do corte silábico (*rosas abertas* /rɔ-za-za-bɛr-taʃ/). Há assim, dentro de um dialeto regional, três, ou pelo menos dois, fonemas possíveis para o morfema flexional de plural em português. Ou em outros termos: o morfema se realiza com dois ou três alomorfes. Mais um alomorfe, que não aparece na área de /s/ ou /z/ sibilante (não chiante) pós-vocálico, é a realização do fonema comum /i/ precedente, assilábico, depois de vogal tônica. Com ele se neutraliza a oposição entre vogal simples tônica e ditongo decrescente de semivogal /i/ no plural: *pás*, plural de *pá* e *pais*, plural de *pai*, enunciados ambos /paiʃ/. Tal neutralização, em proveito do ditongo, entrou na tradição ortodoxa do rimário brasileiro: *nus* rimando com *azuis*, da mesma sorte que, fora da expressão do plural, *satanás* rima com *espirais* e *traz* com *mais* [...]" (Camara Jr. 2019: 140-141, grifos do autor).

NOTAS DO CAPÍTULO XXVIII – TENDÊNCIAS DA LINGUÍSTICA NOS ESTADOS UNIDOS; BOAS E SAPIR

(1) Essa afirmação de Mattoso Camara está de acordo com o período por ele coberto em seu ensino de história da linguística, qual seja, até meados dos anos de 1950. Observe-se, porém, que o período abordado por Mattoso é anterior ao advento, por exemplo, da Gramática Gerativa de Noam Chomsky, cuja importância para os estudos linguísticos é inegável e virá a se consolidar somente a partir do final da década de 1950, em especial a partir da publicação de *Syntactic Structures* [Estruturas sintáticas], em 1957.

(2) O *Handbook of American Indian Languages* foi uma publicação influente de fôlego: trata-se de um livro de mais de 1.000 páginas, com 11 capítulos. Além de escrever a "Introdução" (p. 1-84), Boas também escreveu os

capítulos sobre o tsimshian, o kwakiutl e o chinook, além de ser coautor do capítulo sobre o siouan (dakota), juntamente com John R. Swanton. Onze anos mais tarde, em 1922, Boas organiza a publicação do segundo volume do *Handbook.*

(3) Língua nativa norte-americana falada pelos povos Takelma e Latgawa. O último falante nativo de takelma, Gwísgwashãn, faleceu em 1934 e foi informante de Sapir para sua tese de Doutorado, orientada por Boas, *The Takelma Language of Southwestern Oregon* [A língua takelma do sudoeste de Oregon], defendida em 1908. Em 1922, Sapir publica o capítulo sobre takelma no segundo volume do *Handbook of American Indian Languages* organizado por Boas.

(4) Língua falada pelo povo nativo norte-americano Paiute do Sul, que habitava os atuais estados de Arizona, Nevada e Utah.

(5) O livro de Sapir foi traduzido no Brasil pelo próprio Mattoso, sob o título *A linguagem: introdução ao estudo da fala,* publicado no país pela primeira vez em 1954. Mattoso, aliás, traduziu diversos textos essenciais para a formação da linguística descritiva no país. Como nos relata Rodrigues (2005: 16-17), "ao grande esforço despendido por Mattoso Camara Jr. para divulgar no Brasil os conhecimentos linguísticos se devem também as numerosas traduções que empreendeu. A primeira delas foi o livro clássico de Edward Sapir, *A linguagem.* Traduziu-o já em 1938, quando trabalhava na Universidade do Distrito Federal, mas só encontrou editor dezesseis anos mais tarde, em 1954. De Sapir, traduziu também dez artigos, que reuniu num volume intitulado *Linguística como ciência,* publicado em 1961. E, de Roman Jakobson, verteu para o português seis trabalhos fonológicos, enfeixados sob o título *Fonema e fonologia* (1967). Além disso, traduziu artigos de Swadesh, Greenberg, Trager e Smith, entre outros. Outro livro que traduziu, mas que nunca se publicou, porque a única cópia manuscrita

da tradução se perdeu nas oficinas da Companhia Editora, foi *Language*, de Otto Jespersen".

(6) Passados tantos anos do advento da linguística saussuriana e da linguística sapiriana, é tempo de reavaliar as relações possíveis entre os dois linguistas, e isso para além do que a narrativa habitual da história das ideias linguísticas insistiu em destacar de oposição entre os dois grandes linguistas ou mesmo de ausência de influência. Acreditamos que há mais aproximações entre Saussure e Sapir do que foi reiterado até o momento. Sobre isso, Fortis (2015: 156), em um texto que busca exatamente entender a visão de forma linguística em Sapir – tematizada aqui por Mattoso –, considera que talvez exista pouca ou nenhuma influência de Saussure sobre a teoria de Sapir quando o que está em questão é a descrição sincrônica das línguas ameríndias, mas isso não significa dizer que Sapir não conhecia Saussure e que não o aprovava quando outros tópicos da linguística estavam em questão. Por exemplo, em sua resenha de Jespersen (publicada em 1926), Sapir reprova Jespersen por ter recusado a distinção saussuriana entre língua e fala. Assim conclui Fortis: "em resumo, parece-me difícil separar a influência de Saussure sobre as ideias que circulam na época" (Fortis 2015: 157).

O próprio Mattoso Camara, no *Apêndice* que faz ao livro *A linguagem: introdução ao estudo da fala*, por ele traduzido, indica os termos pelos quais é possível pensar as relações entre Saussure e Sapir: "na realidade o pensamento linguístico de Sapir se aproxima muito mais do de Saussure" (Camara 1980: 188). E assim explica essa aproximação: "é uma convergência espontânea, pois nada indica que ele tenha tido conhecimento da obra póstuma do mestre genebrino. Esta é de 1916, mas só teve influência e divulgação decisiva, mesmo na França, depois dos principais trabalhos de Sapir, cujo artigo fundamental sobre 'Língua e ambiente' é até de 1912" (Camara 1980: 188). Observe-se que a afirmação de Mattoso cobre um período de tempo diferente daquele referido por Fortis (2015) anteriormente – Fortis lembra uma resenha de Sapir datada de 1926 –, o que torna a formulação mattosiana mais interessante, se avaliada do ponto de vista da intuição teórica do linguista brasileiro. Assim, Mattoso considera que "Sapir, como Saussure, faz da 'langue' o objeto da linguística, atribuindo a esta a depreensão e a análise do 'pattern' que se sotopõe e orienta a atividade da fala. O próprio predicado de coletiva que Saussure sublinha na 'langue' (é de tal maneira que alguns de seus discípulos esquecem o de sistemático e estrutural, que é a essência dela como 'pattern') também se encontra em Sapir, para quem todo o comportamento humano na sociedade é em sua essência coletivo: 'estamos frequentemente sob a impressão de que somos originais e até aberrantes' – diz-nos ele a propósito de "A fala como traço da personalidade" – 'quando na realidade estamos apenas repetindo um padrão social com o mais ligeiro toque de originalidade (Sapir 1969, 65)" (Camara 1980: 189).

De nossa parte, gostaríamos de contribuir com essa discussão, convocando o leitor a nos acompanhar na comparação de duas passagens, a seguir colocadas: a primeira vem do CLG de Ferdinand de Saussure; a segunda, do texto de Sapir *Sur les rapports entre l'anthropologie culturelle et la psychiatrie* [Sobre a relação entre a antropologia cultural e a psiquiatria], agora de 1932. A primeira: "se pudéssemos abarcar a totalidade das imagens verbais armazenadas em todos os indivíduos, atingiríamos o liame social que constitui a língua. Trata-se de um tesouro depositado pela prática da fala em todos os indivíduos pertencentes à mesma comunidade, um sistema gramatical que existe virtualmente em cada cérebro ou, mais exatamente, nos cérebros dum conjunto de indivíduos, pois a língua não está completa em nenhum, e só na massa ela existe de modo completo" (Saussure 1975: 21). A segunda: "a cultura de um grupo não é outra senão o inventário de todos os modelos de comportamento manifestados abertamente por todos ou por parte de seus membros. O laço desses processos, cuja soma constitui a cultura, não é a comunidade teórica que chamamos a sociedade, mas são as interações individuais e, sob o plano subjetivo, o universo de significações que cada um pode construir para si a favor de suas relações com o outro" (Sapir 1967: 94). Ora, as ideias aqui apresentadas de "liame", em Saussure, e de "laço", em Sapir, não seriam evidentes pontos de partida para uma discussão profícua?

(7) Trata-se do artigo *Sound patterns in language* [Padrões sonoros nas línguas], publicado em 1925 (cf. Sapir 1925).

(8) A revista *Language* é provavelmente o periódico mais tradicional de linguística das Américas. É uma publicação da *Linguistic Society of America* [Sociedade Linguística da América]. Sua primeira edição data de março de 1925, e a revista continua sendo editada. Sapir esteve entre seus primeiros editores, juntamente com os linguistas Aurelio Macedonio Espinosa e George Melville Bolling. A revista pode ser acessada pelo *website* https://languagelsa.org/index.php/language

(9) Importante destacar aqui que Sapir exerceu grande influência em parte da linguística europeia, embora isso não seja propriamente lembrado por Mattoso. Um exemplo claro da influência sapiriana pode ser verificado na linguística do francês Émile Benveniste (1902-1976). Seguramente, depois de Saussure, Sapir é um dos linguistas mais lembrados por Benveniste nos dois tomos de *Problemas de linguística geral*. Para dar início a um estudo que vise ao entendimento das relações Sapir-Benveniste, é fundamental a leitura de Laplantine (2011), em especial o capítulo *La Science intuitive de l'éxpérience: Sapir*.

(10) Muitas das ideias centrais de Sapir estão em seu livro de 1921, que ajudaram a formar uma geração de linguistas. Entre as contribuições de Sapir, Mattoso dá destaque à terceira elencada aqui: a investigação da relação entre língua e pensamento, que serviria de base para que, mais tarde, Benjamin Lee Whorf (1897-1941) formulasse o que ficou conhecido na história da linguística como a "hipótese de Sapir-Whorf", *grosso modo*, a ideia de que a língua influencia a maneira de pensar e ver o mundo.

De acordo com Gonçalves (2020: 113-114), "o seu livro *Language*, de 1921 [...], é um manual introdutório no qual Sapir, além de desenhar uma teoria da linguagem (que envolve, inclusive, várias das ideias importantes que lhe renderam reconhecimento, como a teoria da deriva da língua e da cultura, o tratamento dado aos sons e à forma das línguas, entre outros), propõe definições gerais de língua, pensamento, raça e cultura e discute longamente a relação entre esses elementos fundamentais. As visões das relações entre, por um lado, linguagem e pensamento e, por outro lado, linguagem e cultura, para Sapir, são muito diferentes. Sapir desenha um modelo de influência recíproca entre linguagem-pensamento que independe, de certo modo, do eixo linguagem-cultura".

(11) Trata-se do artigo "The phonemic principle" [O princípio fonêmico], publicado no v. 10, n. 2 da revista *Language*, em 1934.

NOTAS DO CAPÍTULO XXIX – BLOOMFIELD E SUA ESCOLA DE LINGUÍSTICA

(1) A *Linguistic Society of America* (LSA), ou Sociedade Linguística da América, foi fundada em 28 de dezembro de 1924, na cidade de Nova York (EUA). É uma das associações linguísticas mais antigas e tradicionais das Américas. Entre os primeiros presidentes da LSA, encontram-se Franz Boas (1928), Edward Sapir (1933) e Leonard Bloomfield (1935), mencionados aqui por Mattoso. Além da tradicional revista *Language*, de que falamos há pouco, a LSA também mantém duas outras publicações regulares: os periódicos *Semantics and Pragmatics* (www.linguisticsociety.org/content/semantics-and-pragmatics) e *Phonological Data and Analysis* (phondata.org/index.php/pda). O *website* da LSA é www.linguisticsociety.org

(2) A publicação de *Language* é considerada um marco da linguística no Ocidente. Em *Language* encontramos os esforços de Bloomfield tanto para

sintetizar investigações e análises linguísticas já realizadas à época como para apresentar seu próprio ponto de vista sobre a linguagem e sobre a constituição da linguística como ciência autônoma. Inserido que estava no contexto da linguística estruturalista norte-americana e da psicologia comportamentalista (ou behaviorista) de então, Bloomfield advoga, em *Language*, que métodos empíricos sejam empregados na investigação linguística e "insiste que uma teoria científica da linguagem deva rejeitar qualquer dado que não seja diretamente observável ou fisicamente mensurável" (Malmkjaer 2006: 70). Tais postulados serão largamente criticados anos mais tarde pelo linguista norte-americano Noam Chomsky, em especial em seus trabalhos da década de 1950.

(3) Na Alemanha, Bloomfield estudou nas universidades de Leipzig e Göttingen, entre 1913 e 1914. Lá ele teve contato com a tradição gramatical de estudos do sânscrito, muito baseada nos alicerces fundados por Pānini, que já tivemos a oportunidade de comentar. A abordagem descritiva dos estudos do sânscrito figura entre as principais influências no trabalho linguístico desenvolvido por Bloomfield. Cf., a esse respeito, Rogers (1987).

(4) O behaviorismo foi uma teoria psicológica muito influente na primeira metade do século XX nos Estados Unidos. Teve influência nos estudos linguísticos estruturalistas norte-americanos, em especial, como mencionamos há pouco, no trabalho de Bloomfield. Sobre a influência do behaviorismo na Linguística, citamos Malmkjaer (2006: 70) novamente: "O behaviorismo, a teoria psicológica usada como base da linguística behaviorista, foi criada por J.B. Watson (1924). Seu princípio mais importante é que tudo o que alguns chamam de atividade mental, incluindo aí o uso da linguagem, pode ser explicado em termos de *hábitos* ou padrões de *estímulo* e *resposta*, construídos através de *condicionamento*. Assim como esses padrões de comportamento, como o *output* gerado por um organismo e como o condicionamento através do qual eles se formam, também o *input*

que o organismo recebe é um fenômeno observável [...]. Em linguística, um dos melhores exemplos da tradição empirista/behaviorista é o livro *Language*, de Leonard Bloomfield [...], ainda que o trabalho de aplicação mais rigorosa da teoria behaviorista ao estudo da linguagem seja provavelmente *Verbal Behavior* [Comportamento verbal], publicado em 1957 por Burrhus Frederic Skinner, um dos mais conhecidos psicólogos behavioristas do século XX" (grifos do autor).

(5) Como o próprio Mattoso nos explica em seu *Dicionário de linguística e gramática referente à língua portuguesa*, no verbete "Debordamento": "Termo com que se pode traduzir em português o termo inglês OVERLAPPING, que se refere à substituição de um fonema de uma forma linguística pelo outro fonema que constitui com ele um par opositivo [...]. Do debordamento resulta, portanto, uma NEUTRALIZAÇÃO da oposição referida. Na fonologia portuguesa convém classificar como debordamento o emprego de /ê/, /ô/ por /é/, /ó/, respectivamente, ou vice-versa, bem como no Brasil a mudança de timbre de uma vogal pretônica por harmonização [...]. Dentro desse ponto de vista, há uma diferença de conceito entre a neutralização e o debordamento: naquela elimina-se a oposição dos fonemas; neste cria-se uma FLUTUAÇÃO na escolha de um ou outro fonema da oposição". Noutro sentido, pode-se usar o termo debordamento para traduzir na técnica do verso [...] o que em francês se chama ENJAMBEMENT".

(6) Bloomfield pensou seu livro como um manual de linguística, e seu texto reflete, por isso mesmo, o pensamento e os resultados de investigação linguísticos à época. Como aponta Mattoso, o livro não se restringia apenas a discussões no campo da fonologia (ou fonêmica): Bloomfield organizou seu livro em 28 capítulos, que abordam diferentes tópicos, tais como "O uso da linguagem" (capítulo 2), "As línguas do mundo" (capítulo 4), o "Significado" (capítulo 9), "Sintaxe" (capítulo 12), "Morfologia" (capítulo 13), "O método comparativo" (capítulo 18), "Mudança semântica" (capítulo 23),

entre outros. Um dos capítulos centrais, no entanto, é, de fato, o capítulo 6, "O fonema", que guia parte da discussão de Mattoso aqui.

(7) Ou, na terminologia corrente, *desvozeados* versus *vozeados*. Os sons desvozeados são aqueles produzidos sem a vibração das pregas vocálicas, tais como as consoantes fricativas [f] e [s], ao passo que os sons vozeados são produzidos com a vibração das pregas vocálicas, tais como as consoantes fricativas [v] e [z].

(8) Esses são conceitos centrais não apenas para os estudos linguísticos estruturalistas bloomfieldianos, mas também para o tipo de linguística que Mattoso desenvolveu aqui no Brasil. Tomamos emprestado aqui um trecho bastante ilustrativo de Battisti, Othero e Flores (2021), o primeiro de seu capítulo "Vocábulo Formal" (p. 151), em que discutem os conceitos de formas livres e presas na linguística bloomfieldiana:
"Bloomfield (1933: 160) [...] classifica as unidades morfológicas da língua em *formas livres* e *formas presas*. As formas livres são formas morfológicas que podem ser utilizadas isoladamente em situações comunicativas, funcionando, por si mesmas, como resposta a uma pergunta.

(1) A: O que o João fez?

B: Saiu.

(2) A: O que você tem nessa sacola?

B: Livros.

(3) A: Você viu a Maria ontem?

B: Sim.

As respostas de B nos diálogos acima são exemplos de formas livres, que, em português, podem ser verbos (1), substantivos (2), advérbios (3) etc. Essas formas podem ser monomorfêmicas (como (3)) ou ser constituídas por mais de um morfema (como (1) e (2)). As formas livres contrastam com as formas presas, que podem ser utilizadas apenas quando ligadas a outras formas presas (4) ou a outras formas livres (5); do contrário, não podem ser usadas de maneira isolada na comunicação (6).

(4) A: O que você fez ontem à noite?

B: Estudei (*estud+e+i*).

(5) A: Como você está se sentindo?

B: Infeliz (*in+feliz*).

(6) A: Como você está se sentindo?

B: *In.

O vocábulo formal, para Bloomfield, é 'a unidade a que se chega, quando não é possível nova divisão em duas ou mais formas livres' (Camara Jr. 2019: 106). Dito de outra maneira, o vocábulo formal é sempre uma forma livre da língua, que pode ser constituída de uma única forma livre monomorfêmica ou de uma forma livre composta por várias formas presas" (grifos dos autores).

Outro que pode nos interessar aqui vem de Battisti, Othero e Flores (a sair) e fala sobre os constituintes imediatos (tomamos o trecho do capítulo "Estruturalismo"):

"Bloomfield e seus colaboradores concentraram suas pesquisas, de um lado, na definição formal da palavra como unidade gramatical, de outro lado, na estrutura da frase analisada em termos de constituintes imediatos que nada mais é do que dividir a frase em componentes cada vez mais simples e menos extensos. O método de análise visava, em fonologia e em morfologia, à distribuição (de onde vem a ideia de 'distribucionalismo'), e, em sintaxe, a uma análise da frase em termos hierárquicos e lineares".

(9) Bloomfield herda e deixa de herança a postura de que os estudos semânticos devem ser relegados a um segundo plano. Em parte porque, à época, o estudo do significado não podia ser facilmente reduzido a elementos que fossem passíveis de uma sistematização taxonômica, tais como o eram as entidades de natureza fonêmica ou morfêmica (como fones, fonemas, formas livres, morfemas etc.), por exemplo. Em parte também por conta de certa "aversão" a fenômenos mentais sustentada pela psicologia behaviorista que estava, como vimos, por trás da linguística estruturalis-

ta norte-americana. Por isso, não apenas Bloomfield, mas também outros estruturalistas conhecidos (como Trager e Harris) "preferiam confiar mais na recorrência de padrões formais do que em intuições sobre o significado" (Collinge 1990: 41).

Como afirmam Battisti, Othero e Flores (a sair), em mais um trecho de seu capítulo "Estruturalismo", "a teoria de Bloomfield tem uma natureza fortemente taxonômica, uma vez que elaborou uma classificação exaustiva dos elementos das línguas examinadas ao lado das restrições combinatórias desses elementos. Isso fica muito claro no artigo 'Um conjunto de postulados para a ciência da linguagem', no qual Bloomfield (1978) define os termos pelos quais, em sua linguística, 'as coisas podem existir independentemente e que coisas são interdependentes' (Bloomfield 1978: 45). Um aspecto importante derivado dessa visão taxonômica é que Bloomfield acaba rechaçando para o exterior dos estudos linguísticos qualquer consideração ao significado; vale dizer, o distribucionalismo não investe em um estudo semântico científica e rigorosamente balizado. Para ele, o significado de uma forma linguística é nada menos que 'a situação em que o falante a enuncia e a reação que ela provoca no ouvinte' (Bloomfield 1982: 29), quer dizer, algo de natureza não linguística".

Curiosamente, tal postura continua a ser seguida nos primeiros anós pós--estruturalistas nos Estados Unidos, com o desenvolvimento da linguística gerativa. Em *Estruturas sintáticas*, de 1957, Noam Chomsky afirma: "Muitos esforços têm sido feitos na tentativa de responder à pergunta 'Como se pode construir uma gramática sem apelar para o significado?' Essa pergunta, na verdade, não está bem-formulada, já que a implicação de que obviamente é possível construir uma gramática apelando para o significado é completamente não comprovada. Poder-se-ia, com igual motivação, perguntar: 'Como se pode construir uma gramática sem saber a cor do cabelo dos falantes da língua?' A pergunta que deveria ser feita é a seguinte: 'Como se pode construir uma gramática?' Não conheço nenhuma tentativa detalhada para desenvolver a teoria da estrutura gramatical em termos parcialmente semânticos, nem qualquer proposta específica e rigorosa para o uso de informações semânticas na construção ou na avaliação de gramáticas. É inegável que a 'intuição sobre a forma linguística' é muito útil ao investigador da forma linguística (ou seja, da gramática). Parece também claro que o maior objetivo da teoria gramatical seja substituir essa dependência obscura na intuição por alguma abordagem rigorosa e objetiva. No entanto, há pouca evidência de que *a 'intuição sobre o significado' seja realmente útil na investigação concreta da forma linguística*" (Chomsky 2015 [1957]: 136-137) (grifos nossos).

Sobre esse trecho, Othero e Menuzzi comentam, na mesma obra e mesmas páginas do trecho citado acima: "[...] não chega a surpreender que, em *Syntactic Structures*, Chomsky vocalize, com respeito à semântica, as preocupações de seu ambiente de formação acadêmica. Neste, havia tanto estruturalistas devotados ao desenvolvimento de métodos que minimizassem o 'apelo ao significado' na análise linguística, como Zellig Harris, quanto filósofos preocupados com o estatuto ontológico de entidades mentais, como Quine e Putnam. De lá para cá, entretanto, a semântica desenvolveu-se a tal ponto que, embora não haja consenso sobre noções como a de 'significado de uma expressão' ou sobre os métodos para descrever e representar os significados, são poucos os *frameworks* de descrição gramatical que não possuem um componente semântico, no mínimo, razoavelmente esquematizado. Do mesmo modo, a literatura semântica especializada oferece hoje em dia um conjunto bastante sofisticado de instrumentos teóricos aplicados a vários domínios da significação linguística. Parece-nos que, hoje, Chomsky não estaria justificado em professar o mesmo ceticismo com a semântica que apresenta no presente capítulo".

Sobre o tratamento da semântica no Estruturalismo norte-americano e europeu (e no gerativismo), recomendamos a leitura do capítulo 5, "O significado visto como um elemento externo à linguagem: Saussure e Chomsky", de Moura e Cambrussi (2018).

(10) Ambos marcam o passado verbal; são alomorfes motivados foneticamente. Mattoso aponta para o fato de que o mesmo significado ("passado verbal") pode ser expresso por mais de uma forma linguística. Em português, vemos efeito semelhante, por exemplo, nos alomorfes *leit-* e *lact-* que denotam o mesmo conceito, mas apresentam formas linguísticas distintas.

(11) Aqui, ao contrário, encontramos um caso de homonímia, em que a mesma forma leva a mais de um significado. Em português, é o caso, por exemplo, de *canto*, que pode ser um substantivo que denota uma esquina ou ângulo, um substantivo que está relacionado ao verbo *cantar* ou ainda a forma verbal *cantar* conjugada na primeira pessoa do singular do tempo presente do modo indicativo.

(12) Embora Mattoso Camara não faça menção, neste capítulo, à linguística europeia, consideramos importante destacar que Bloomfield estendeu sua influência para além do território norte-americano. Exemplo disso é a farta ocorrência do nome de Bloomfield nos dois volumes de *Problemas de linguística geral* do linguista francês Émile Benveniste. Observe-se apenas um dos comentários feito por Benveniste em 1954: "*Language* de Bloomfield (1933) [...] se tornou no *vade-mécum* dos linguistas americanos, *text-book* ('manual') completamente acabado e amadurecido, notável tanto pela sua posição de despojamento filosófico quanto pelo seu rigor técnico" (Benveniste 1988: 7). A recíproca – ou seja, o conhecimento da linguística francófona, em especial, a saussuriana, por parte de Bloomfield – também é atestada. Embora não se tenha notícia de que Bloomfield tenha convivido com Saussure, há indícios do conhecimento deste por parte daquele. Quem explica, mais uma vez, é Benveniste, em texto de 1963: "Sabemos muito bem que Bloomfield havia escrito uma análise muito elogiosa do *Cours de linguistique générale*, na qual, louvando Saussure pela distinção entre *língua* e *fala*, concluía: 'He has given us the theoretical basis for a Science of human speech' [Ele nos deu a base teórica para uma ciência da fala humana]. Por mais

diferente que se tenha tornado a linguística americana, não é menor o seu elo com Saussure" (Benveniste 1988: 46). Benveniste faz referência aqui a um trabalho de Bloomfield publicado em 1924 no volume 8 do *Modern Language Journal* (cf. https://www.jstor.org/stable/i213893). Anos depois, em 1968, em uma entrevista concedida ao jornalista Pierre Daix, reitera: "homens como Bloomfield por seu lado, isso é pouco conhecido, descobriram Saussure, ainda que em geral se considere a linguística americana, e especialmente a corrente bloomfieldiana, como originada de uma reflexão independente. Há provas de que Bloomfield conhecia as ideias de Saussure e que ele tinha consciência de sua importância. [...]. Há uma resenha de Saussure por Bloomfield que data de 1924" (Benveniste 1989: 15).

(13) Não sabemos exatamente de onde Mattoso obteve o título dessa publicação de Bloomfield. O mais provável é que se trate do livro *Outline Guide for the Practical Study of Foreign Languages* [Esboço de guia para o estudo prático de línguas estrangeiras], escrito por Bloomfield e publicado em 1942 pela *Linguistic Sociey of America*.

(14) O Instituto Linguístico de Verão (ou *Summer Institute of Linguistics – SIL*), hoje é conhecido como SIL International. Trata-se de uma organização cristã fundada em 1934 com o intuito de fornecer treinamento linguístico de campo a pesquisadores e missionários que desejassem estudar línguas nativas americanas. O principal objetivo do estudo dessas línguas minoritárias era frequentemente fornecer uma tradução da bíblia cristã acessível aos falantes dessas línguas. O SIL foi fundado pelo pastor presbiteriano norte-americano William Cameron Townsend (1896-1982), ele mesmo um linguista/tradutor/missionário. O SIL International segue ativo, fornecendo fontes documentais, *software* linguístico e disponibilizando publicações sobre línguas minoritárias em seu *website* www.sil.org Controvérsias ideológicas e religiosas à parte, o SIL foi o responsável pelo avanço nos estudos linguísticos de línguas minoritárias nas Américas, em especial durante o

século XX, tendo auxiliado na formação de gerações de linguistas de campo, tais como Eugene Nida e Keneth Pike, mencionados aqui por Mattoso.

(15) Como sabemos, Mattoso escreveu os capítulos deste livro com a finalidade de ministrar um curso promovido pela *Linguistic Society of America* em 1962. Cremos, então, que ele estivesse se referindo aqui a alguma publicação de K. Pike do final da década de 1950 e início de 1960. Por ser um linguista prolífico, K. Pike tem uma produção vasta nesse período. Por isso, não temos como saber a que texto exatamente Mattoso se refere aqui. Entretanto, a fim de contextualizar a discussão ao leitor, elencamos a seguir a produção intelectual de K. Pike no período que compreende 1957 e 1962 (em ordem cronológica):

PIKE, K.L. *A training device for translation theory and practice* (Language and life, part 3). Bibliotheca Sacra, Anthropology, Linguistics, Translation, 1957.

_____. *A stereoscopic window on the world* (Language and life, part 1). Bibliotheca Sacra, Linguistics, 1957.

_____. *Axioms and procedures for reconstructions in comparative linguistics*: an experimental syllabus. Rev. ed., Linguistics, 1957.

_____. *Grammemic theory in reference to restricted problems of morpheme classes*. International Journal of American Linguistics, Linguistics, 1957.

_____. *Grammemic theory*. General Linguistics, Linguistics, 1957.

_____. *Slots and classes in the hierarchical structure of behavior* (Language and life, part 2). Bibliotheca Sacra, Linguistics, 1957.

BEASLEY, D. & KENNETH L.P. *Notes on Huambisa phonemics*. Lingua Posnaniensis, Linguistics, 1957.

PIKE, K.L. *Abdominal pulse types in some Peruvian languages*. Language, Linguistics, 1957.

_____. *Prescription for intellectuals*. Linguistics, 1957.

PIKE, K.L. & SAINT, R. *Notes on Warani ("Auca") Phonemics*. Linguistics, 1957.

MATTESON, E. & KENNETH, L.P. *Non-phonemic transition vocoids in Piro (Arawak)*. Miscellanea Phonetica, Linguistics, 1958.

PIKE, K.L. *Interpenetration of phonology, morphology and syntax*. Linguistics, 1958.

_____. *Tristructural units of human behavior* (Language and life, part 4). Bibliotheca Sacra, Linguistics, 1958.

_____. *On tagmemes, née gramemes*. International Journal of American Linguistics, Linguistics, 1958.

SAINT, R. & KENNETH, L.P. *Notas sobre fonémica huarani ("Auca")*. Publicaciones Científicas del Ministerio de Educación del Ecuador, Linguistics, 1959.

PIKE, K.L. *Our own tongue wherein we were born* (The work of the Wycliffe Bible Translators and Summer Institute of Linguistics). The Bible Translator, Anthropology, 1959.

PIKE, K.L.; BARRETT, R.P. & BASCOM, B. *Instrumental Collaboration on a Tepehuan (Uto-Aztecan) Pitch Problem*. Phonetica, Linguistics, 1959.

PIKE, K.L. *Language as particle, wave and field*. Texas Quarterly, Linguistics, 1959.

_____. *Intellectual idolatry*. Academic Training, 1959.

_____. *Toward a theory of change and bilingualism, Studies in Linguistics, Literacy and Education*. Sociolinguistics, 1960.

_____. *Linguistic research as pedagogical support*. Language and Culture Learning, 1960.

_____. *Nucleation, Modern Language Journal*. Linguistics, 1960.

_____. *Building sympathy*. Missiology, Anthropology, 1960.

PIKE, K.L. & WISTRAND-ROBINSON, L. *Data on tone and stress*. Linguistics, 1960.

PIKE, K.L. *Language and meaning*: strange dimensions of truth. Christianity Today, Linguistics, 1961.

_____. *Stimulating and resisting change*. Missiology, Anthropology, 1961.

PIKE, K.L. & WARKENTIN, M. *Huave*: A Study in Syntactic Tone with Low Lexical Functional Load. Linguistics, 1961.

PIKE, K.L. *Compound affixes in Ocaina Language.* Linguistics, 1961.
_____. *Notes on Bilingual Dictionaries.* Linguistics, 1961.
_____. *Notes on Text Collections.* Linguistics, 1961.
SAINT, R. & PIKE, K.L. *Auca phonemics.* SIL International Publications in Linguistics, Linguistics, 1962.
PIKE, K.L. Practical phonetics of rhythm waves, Phonetica, Linguistics, 1962.
_____. *Dimensions of grammatical constructions.* Language, Linguistics, 1962.
_____. *With heart and mind*: a personal synthesis of scholarship and devotion. Academic Training, 1962.

(16) As entidades "êmicas" seriam, *grosso modo*, as contrapartes abstratas das entidades "éticas" da língua. Assim, por exemplo, as entidades abstratas da fonêmica (os fonemas) contrastam com as entidades físicas estudadas pela fonética (os fones). Da mesma forma, o recorte é feito no estudo da morfologia, em que temos, de um lado, os morfemas que são entendidos como entidades abstratas que se realizam por meio de morfes – essas, então, as unidades concretas.
De acordo com Terkourafi (2009: 66), a "distinção êmica/ética faz parte da teoria tagmêmica de Pike, segundo a qual os aspectos verbais e não verbais do comportamento são inseparáveis e devem ser estudados em conjunto, pois o significado de um frequentemente só pode ser descoberto por referência ao outro. Pike via a compartimentalização dos níveis de análise prevalecentes na linguística como algo que produzisse apenas análises éticas, ou o que é pior, que disfarçasse categorias êmicas como éticas – por exemplo, como quando se pede a falantes nativos que façam julgamentos de igualdade/diferença exigindo recurso ao significado, enquanto rejeitam explicitamente o significado como uma categoria externa ao sistema linguístico. Ao propor a distinção êmica/ética, inspirada em Edward Sapir, Pike buscou aumentar a conscientização sobre as armadilhas de projetar

as próprias categorias êmicas em um sistema estranho e quis também enfatizar a necessidade de separar as duas perspectivas, a do falante nativo e a do analista".

(17) A esse respeito, nos relatam Richards e Rodgers (2014: 50): "[...] a entrada dos Estados Unidos na Segunda Guerra Mundial teve um efeito significativo no ensino de língua no país. Para fornecer ao governo norte-americano pessoas capacitadas a falar fluentemente alemão, italiano, francês, italiano, chinês, japonês, malaio e outras línguas, além de pessoas que pudessem trabalhar como intérpretes, assistentes nas salas de códigos e tradutores, era preciso estabelecer um programa especial de treinamento linguístico. Por isso, o Programa de Treinamento Especializado do Exército foi criado em 1942. Cinquenta e cinco universidades norte-americanas estavam envolvidas no programa no início de 1943.
O objetivo dos programas do exército era que os estudantes obtivessem proficiência em conversação em uma variedade de línguas estrangeiras. Já que esse não era o objetivo de escolas convencionais de línguas estrangeiras nos Estados Unidos, novas abordagens passaram a ser necessárias. Linguistas como Leonard Bloomfield em Yale já tinham desenvolvido programas de treinamento como parte de sua pesquisa linguística, programas que foram pensados para dar a linguistas e antropólogos o domínio de línguas indígenas americanas e outras línguas que estavam estudando".

NOTAS DO CAPÍTULO XXX – UMA VISÃO GERAL DE OUTRAS TENDÊNCIAS NA LINGUÍSTICA DESCRITIVA

(1) Esse parágrafo condensa uma grande quantidade de informações sobre as quais cabe chamar a atenção: a) a ênfase de Mattoso em relação ao que chama de "técnica descritiva", o que sinaliza ao entendimento que tem da tarefa do linguista, do objeto da linguística e do método utilizado para estudá-lo; b) o destaque dado à Escola de Praga, à Escola de Bloomfield e,

antes de todos, à Escola de Saussure; c) o entendimento de que essas perspectivas, juntas, estabelecem uma "tendência geral", como dirá Mattoso a seguir, que domina a ciência linguística.

(2) Antes de ser professor de Linguística Geral na Universidade de Londres, J.R. Firth foi também professor de inglês na Universidade de Punjab (Paquistão) e de Fonética e Linguística na University College London, em Londres.

(3) Trata-se do primeiro apêndice (ou *"supplement"*) no livro de Ogden e Richards, escrito por Malinowski: *"The problem of meaning in primitive languages"* [O problema do significado em línguas primitivas].

(4) Esse ponto é de interesse particular porque demonstra uma clara tentativa de ir além do binômio clássico *forma-função* ou *forma-conteúdo*, que recebe papel central tanto no pensamento saussuriano quanto no estruturalismo norte-americano. O contexto de uso das formas linguísticas é incorporado à investigação linguística em Firth.

(5) Para uma boa síntese da teoria de Firth, remetemos ao oitavo capítulo de Robins (1983).

(6) Essa visão, como o leitor já pode antecipar, não é aceita em estudos linguísticos correntes. Mesmo nas correntes fonológicas que tomam a sílaba como principal foco de atenção, o estudo de segmentos menores (como fonemas ou traços fonológicos) é sempre considerado extremamente relevante.

(7) Brøndal e Hjelmslev fundaram, na primeira metade do século passado, o Círculo Linguístico de Copenhague, que teve grande importância no desenvolvimento dos estudos linguísticos estruturalistas europeus – juntamente com o Círculo Linguístico de Genebra e o Círculo de Praga. De acordo com

Rodrigues (1985: xiii), "Hjelmslev começou sua carreira com a publicação do livro *Princípios de gramática geral*, em 1928. Três anos depois, fundava o Círculo Linguístico de Copenhague e, no ano seguinte, doutorava-se em filosofia com a tese *Estudos bálticos*. Em 1938, juntamente com seu compatriota Viggo Bröndal (1887-1942), Hjelmslev fundou as *Acta Linguistica*, subintituladas *Revista Internacional de Linguística*. Esta publicação representou, nas palavras do linguista Mounin, 'o ato de batismo oficial do estruturalismo como tendência na Europa'. O artigo de abertura do primeiro número, assinado por Hjelmslev, intitulava-se *Linguística Estrutural*".

(8) De acordo com Crystal (2000: 126-127), a glossemática era uma "teoria que seria aplicável não apenas à língua, mas ao estudo geral das humanidades [...]. A língua era vista como um tipo de sistema simbólico cujas características especiais só seriam esclarecidas quando ela fosse comparada com outros sistemas simbólicos não linguísticos (como a lógica e a dança). Seu traço mais importante é a base filosófica da teoria glossemática, especialmente conforme formalizada por Hjelmslev em seu *Prolegômenos a uma teoria da linguagem*, publicado primeiramente em 1943, que apresentava a língua como um sistema puramente dedutivo. As unidades invariantes e irredutíveis estabelecidas por este procedimento eram chamadas de glossemas".

(9) Não encontramos esse texto mencionado por Mattoso. Contudo, encontramos o artigo *La catégorie des cas. Étude de grammaire générale I* [A categoria do caso. Estudo de gramática geral I], publicado em 1935 na revista *Acta jutlandica*. Hjelmslev também publica, em 1937, o artigo *La catégorie des cas. Étude de grammaire générale II,* também na revista *Acta jutlandica*.

(10) A relação de Hjelmslev com Saussure é um capítulo à parte da história da linguística. Por muitos autores, Hjelmslev é considerado o verdadeiro continuador de Saussure: "a teoria glossemática se apresenta como a explicitação das intuições profundas de Saussure. [...]. Hjelmslev conserva, do

Cours, sobretudo duas afirmações: 1) a língua não é substância, mas forma; 2) toda língua é ao mesmo tempo expressão e conteúdo" (Ducrot & Todorov 1988: 31). O próprio Hjelmslev se reconhece, inúmeras vezes, devedor de Saussure. Em *Análise estrutural da linguagem*, texto de 1948, após falar sobre o CLG, explica: "mencionei-o aqui para salientar minha profunda dívida para com seu trabalho" (Hjelmslev 1991: 42). No primeiro capítulo de *Prolegômenos a uma teoria da linguagem*, lemos: "um único teórico merece ser citado como pioneiro indiscutível: o suíço Ferdinand de Saussure" (Hjelmslev 1975: 5). Em *Le langage* (1966) a reiteração do nome de Saussure chega a ser repetitiva. Nos *Ensaios linguísticos* há dois artigos que visam abordar conceitos saussurianos: *Língua e fala*, de 1943, e *A estratificação da linguagem*, de 1954, onde são retomados os conceitos saussurianos de significante e significado para a proposição dos conceitos de forma e substância.

(11) O "cenema" corresponde, *grosso modo*, à noção de fonema estruturalista; uma diferença crucial, no entanto, está em que o cenema não precisa se realizar fisicamente como unidade sonora, tal como nos estudos de base estruturalista. De acordo com Borba (1976: 15), "para Hjelmslev, [o cenema] é a unidade de articulação do significante, da qual se exclui toda referência à substância fônica. Os cenemas são identificados pela comutação [...] e definidos por um critério posicional ou distribucional. O termo que substitui o fonema em glossemática [...]. Os cenemas são unidades no plano da expressão de que são figuras [...], não importando seu modo concreto de manifestação – sons, letras, braile. A cinemática é o tratado dos cenemas".

(12) Curiosamente, aqui está a única menção que Mattoso faz ao trabalho mais importante de Hjelmslev, seu *Omkring sprogteoriens grundlæggelse*, ou *Prolegômenos a uma teoria da linguagem*, publicado primeiramente em dinamarquês em 1943 e só traduzido uma década depois, como afirma Mattoso.

(13) Trata-se de sua tese de doutorado, defendida em 1951.

(14) A relação Mattoso-Jakobson exige um comentário especial, o que não pode ser senão indicado em suas linhas gerais aqui. Mattoso Camara foi um dos principais responsáveis pela divulgação das ideias de Jakobson no Brasil. Além de ser profundo conhecedor do trabalho do linguista russo, Mattoso traduziu parte de sua obra (como já mencionamos em comentário anterior), além de utilizá-la como fundamento de sua própria reflexão aplicada à língua portuguesa. Além disso, Mattoso Camara foi aluno de Jakobson. Hamilton Elia (1986), na *Sinopse dos estudos linguísticos no Brasil* publicada como *Apresentação* ao *Dicionário de linguística e gramática* (Camara Jr. 1986), ao falar das influências sofridas por Mattoso, explica: "Roman Jakobson [...] lhe ministrara um curso nos Estados Unidos. A influência de Jakobson ressalta em seu livro *Para o Estudo da Fonêmica Portuguesa*" (Elia 1986: 10), o que é corroborado por Leite (2005): "Mattoso Camara foi adepto, talvez o único em nosso país, da fonologia do Círculo Linguístico de Praga, cujos ensinamentos fora aprimorar nos Estados Unidos da América em 1943, com uma bolsa de estudos conferida pela Fundação Rockfeller. Foi aluno, tornando-se amigo, de Roman Jakobson. É essa fase de seu currículo acadêmico, esse período de maturação linguística, que ele nos traduz em *Para o estudo da fonêmica portuguesa*" (Leite 2005: 34). Cristina Altman (2004), em *A conexão americana: Mattoso Camara e o círculo linguístico de Nova York*, talvez um dos trabalhos mais detalhados acerca do "impacto de Jakobson e da linguística norte-americana no trabalho de Mattoso Camara e sua subsequente influência no desenvolvimento da linguística brasileira" (2004: 130), explica que "o encontro de Jakobson e Mattoso Camara em Nova York no início da década de 1940 levou Mattoso a aderir à análise sincrônica, com a qual ele tinha tomado contato anteriormente através da leitura do *Cours* (1916) de Saussure, da *Language* (1921) de Sapir e *Die phonologischen Vokalsysteme* (1929) de Trubetzkoy" (Altman 2004: 131). É de Cristina Altman (2015) também a edição de 23

das cartas que compõem a correspondência entre Mattoso Camara e Roman Jakobson (1896-1982). A consulta a esse material é indispensável para o entendimento não apenas da linguística mattosiana, mas do surgimento da linguística brasileira no século XX.

A *Bibliografia de Joaquim Mattoso Camara Jr.*, organizada por Uchôa (1986), lista as seguintes produções de Mattoso relativamente a Jakobson:

Resenha: Roman Jakobson – *Kindersprache, Aphasie und Allgemeine Lautgesetze*. In: *Boletim de Filologia*, 1 (1), 1946, p. 37-40. Rio de Janeiro: Dois Mundos.

Crônica linguística: Roman Jakobson. In: *Revista brasileira de filologia*, 2 (1), 1956, p. 55-64. Rio de Janeiro: Livraria Acadêmica.

Resenha: Roman Jakobson – *Selected writtings, I. Phonological studies*. In: *Word* (Journal of the Linguistic Circle of New York), 20 (1), 1964, p. 79-89. Nova York.

Tradução: Roman Jakobson – *Fonema e fonologia*: ensaios. Seleção, tradução e notas com um estudo sobre o autor de Mattoso Camara Jr. Rio de Janeiro: Livraria Acadêmica, 1967 [Coleção Filologia e Linguística].

Artigo: Roman Jakobson e a linguística. In: JAKOBSON, R. *Linguística; Poética; Cinema*. Rio de Janeiro: Perspectiva, 1970.

(15) Roman Jakobson faleceu em 18 de julho de 1982, em Cambridge (Massachusetts, EUA); estava vivo, portanto, quando Mattoso escreveu essas linhas. Jakobson nasceu em 11 de outubro de 1896 na Rússia. Foi nesse país que ele desenvolveu grande parte de sua formação como estudante de linguística e filologia – em especial na Universidade de Moscou, onde concluiu seu Mestrado em 1918. Em 1920, contudo, desapontado com os rumos da Revolução Russa, Jakobson deixa seu país natal para se estabelecer em Praga. Devido à sua origem judaica, no entanto, Jakobson se vê obrigado a deixar Praga em 1939 e acaba se estabelecendo na Suécia. A iminência da guerra no país, contudo, fez com que ele deixasse de vez a Europa e fixasse sua residência nos Estados Unidos até o final de sua vida. Chegou a Nova York

no começo da década de 1940 e, em 1949, mudou-se para Cambridge, onde lecionou em Harvard e no MIT.

(16) Mattoso, embora consciente da envergadura da obra de Jakobson, é bastante resumido nessa apresentação que faz do autor.

Porém, no momento em que nos dedicamos a comentar a obra de nosso mestre Mattoso Camara (cinquenta anos após a publicação deste *História da linguística*), sabidamente um jakobsoniano, sentimo-nos na obrigação ética de alertar o leitor de hoje – em especial o jovem linguista em formação – de que é urgente que se retome a obra de Jakobson, e isso em todas as instâncias em que a linguística se faz presente. Nossa atitude, aqui, certamente não desagradaria Mattoso Camara, pois ele sabia que não há formação sólida possível em linguística sem o conhecimento do trabalho de Jakobson; a obra mattosiana, aliás, é testemunha desse conhecimento.

Sem dúvida, Roman Jakobson é um dos maiores nomes da linguística mundial. Sua monumental obra é responsável por grandes – e certamente alguns dos melhores – momentos da linguística. Quando falamos em um autor como Jakobson, as palavras se apequenam para dimensionar a magnitude de um linguista que abriu a linguística às diferentes áreas do conhecimento e que, com uma agudeza ímpar, proporcionou alguns dos mais importantes avanços da ciência nos últimos tempos. Seus trabalhos englobam a poesia, a pintura, a métrica, a teoria linguística geral, o folclore, a fonologia, a patologia da linguagem, a aquisição da linguagem, as línguas do mundo, a semiótica, o cinema, entre outros. Os números impressionam: como lembram Pomorska e Rudy (1992), Jakobson é autor de mais de seiscentas publicações entre livros e artigos. Boa parte dessa obra está reunida, em inglês, em oito volumes: os *Selected Writings*: Vol. I: *Phonological studies*; Vol. II: *Word and language*; Vol. III: *Poetry of grammar and grammar of poetry*; Vol. IV: *Slavic epic studies*; Vol. V: *On verse, its masters and explorers*; Vol. VI: *Early slavic paths and crossroads*; Vol. VII: *Contribuitions to comparative mythology. Studies in linguistics and philology*; Vol.

VIII: *Major works, 1976-1980* (para uma relação completa da obra de Jakobson, cf. Rudy 1984).

François Dosse (1993), em sua *História do estruturalismo*, é bem claro em dizer que Jakobson – chamado por Dosse de "o homem-orquestra" – é um "verdadeiro *globe-trotter* do estruturalismo, ele deve sua posição central e sua influência a um percurso que o levou de Moscou a Nova York, passando por Praga, Copenhague, Oslo, Estocolmo e Upsala, sem contar com as viagens muito frequentes a Paris. Reconstituir o seu itinerário equivale a seguir as voltas e os desvios do paradigma estruturalista nascente, em sua escala internacional" (Dosse 1993: 76).

Enfim, o leitor já deve ter percebido, essas poucas observações que trazemos não fazem mais do que apresentar nossas escusas por falar tão pouco de um dos maiores mestres que a linguística teve. Mas o registro é necessário e mesmo urgente. Esperamos que o pouco dito sirva para despertar o interesse pelo autor; esperamos, também, incitar o jovem linguista a se afastar do ponto-final na busca pelo pensamento do mestre-linguista porque, como diz Frank (1992: 18), "muitos continuarão esta conversa sobre o fisicamente ausente, mas indelevelmente presente Roman Jakobson, que com o trabalho de sua vasta vida propiciará inspiração a outros ainda por muitos anos".

(17) Esse trabalho foi publicado juntamente com Gunnar Fant e Morris Halle, primeiramente em 1951. A versão mencionada por Mattoso é a edição mais conhecida, de 1952. No prefácio dessa edição de 1952, os autores publicam uma advertência que traz o seguinte trecho (repare no agradecimento ao Mattoso aqui):

"Uma vez que a primeira edição de nossos *Preliminaries* está com a edição esgotada e que a demanda por novas cópias continua, estamos publicando esta segunda impressão. As correções e acréscimos se tornaram possíveis por causa das muitas sugestões valiosas que recebemos de nossos correspondentes. Agradecemos especialmente aos professores C.H. Borgström (Universidade de Oslo), K. Bouda (Universidade de Erlangen), T.M. Camara (Rio de Janeiro), E. Fischer-Jørgensen (Universidade de Copenhagne), R.-M.S. Heffner (Universidade de Wisconsin), W.Z. Leopold (Northwestern University), C. Lévi-Strauss (Universidade de Paris), H. Penzl (Universidade de Michigan), K.L. Pike (Universidade de Michigan), T.H. Sebeok (Indiana University), K. Togeby (Universidade de Copenhagne), W.F. Twaddell (Brown University) e H. Werner (Clark University)".

Por algum motivo, o nome de Mattoso foi grafado com as iniciais "T.M.", ao invés de "J.M." Retomando um pouco o caráter biográfico de Jakobson dos comentários anteriores, descobrimos que Jakobson e Mattoso mantiveram uma relação de amizade. É Bisol (2006: 4-5) que nos conta que "Jakobson nasceu em Moscou em 1896. Depois de muitas atividades de relevo em seu País, na área da linguística, onde fundou o 'Cercle of Linguistique de Moscou', a revolução e duas guerras levaram-no a peregrinar por diferentes países escandinavos, entre os quais Copenhague, onde funda o já referido 'Cercle of Linguistique de Praga' com Trubetzkoy e Mathesius com a intenção firme de mostrar a importância do estudo de sistemas de signos, na linha de Saussure. Mais tarde fixa-se nos Estados Unidos [...]. Amigo de Mattoso Camara, visitou o Brasil no final da década de sessenta, brindando o Rio de Janeiro com conferências, uma das quais no Museu Nacional".

(18) *Fundamentals of Language* foi publicado em conjunto com Morris Halle. Nele, os autores "propõem a ideia de que um conjunto de 12 oposições binárias, um agrupamento de 12 traços, seria suficiente para dar conta de todas as distinções [fonológicas] em todas as línguas. As línguas diferem apenas na maneira como combinam esses traços" (Kerecuk 2005: 46-78). Mattoso fala mais sobre esse tipo de trabalho nos próximos parágrafos, que comentamos a seguir.

(19) No campo da fonética e da fonologia, esta foi a maior contribuição de Jakobson: seu trabalho com os traços distintivos dos fonemas. De acordo com Bisol (2006: 5), "[a] grande contribuição de Jakobson está no estudo

do traço distintivo para definir o que se entende por qualidades distintivas estritamente relacionais. Um exemplo que se pode citar para esclarecimento é o da classe universal das oclusivas (p, t, k), que opõe pares pelo vozeamento, distinguindo dessa forma, por exemplo, /p/ de /b/. Todavia outras oposições estão implícitas nesta classe, pois há línguas que, ao invés de valerem-se da dimensão de vozeamento, valem-se, para a organização de seu sistema, da dimensão acústica, compacto *versus* difuso, ficando, por exemplo, apenas com as não compactas /p, t/. Tais sistemas distinguem /p/ de /t/, por grave *versus* agudo. Outras línguas que têm oclusivas e fricativas somente surdas podem, por sua vez, opor labial /p, f/ a todo o resto. Neste caso, a dimensão acústica 'estridente' separa /f/ de /p/, quando todas as contínuas forem estridentes, como ocorre em muitas línguas. O ponto importante a ser assinalado é que um traço não se define somente por sua posição relativa a uma dada propriedade (traço), mas a muitas outras. A Jakobson se deve também a introdução do traço redundante. Traço redundante não significa supérfluo, pois o redundante é indispensável na comunicação. A noção de redundância funcional tem por objetivo separar o papel dos traços distintivos do papel dos traços redundantes. Os primeiros são expressivamente ativos no sistema, i. é, na estrutura subjacente, enquanto os segundos são ativos na fala, i. é, na estrutura de superfície, pois reforçam os traços pertinentes, ao tornarem os segmentos mais robustos. Vale notar que Jakobson, ao explorar amplamente o estudo de traços fonológicos, abriu o caminho para o modelo gerativo que, com Chomsky and Halle (1968), em *The Sound Pattern of English*, abandona o conceito de fonema para pôr em foco uma teoria exclusiva de traços distintivos e redundantes, os quais oferecem os elementos para a elaboração de regras que, a partir de estruturas subjacentes, geram estruturas de superfície. As portas se abrem para novas investidas".

(20) Tem razão Mattoso em fazer esse comentário acerca de Guillaume. Trata-se, realmente, de uma teoria complexa. Segundo Paveau e Sarfati (2008), Guillaume era, de um lado, discípulo de Meillet; de outro lado, ávi-

do leitor do CLG, o que confere à sua teoria uma interessante intersecção entre gramática comparada e o CLG. Seu modelo linguístico, no entanto, tem contornos específicos em função de sua vinculação a uma perspectiva mentalista de entendimento da linguagem. Para Guillaume, a linguagem articula às estruturas psíquicas subjacentes as estruturas linguísticas que as manifestam. Esse aluno de Antoine Meillet é o autor de obras originais da linguística do século XX: *Le Problème de l'article et sa solution dans la langue française* [O problema do artigo e sua solução na linguística francesa] (1919), *Temps et Verbe, théorie des aspects, des modes et des temps* [Tempos e verbo, teoria dos aspectos, modos e tempos] (1929), *L'Architectonique du temps dans les langues classiques* [A arquitetura do tempo nas línguas clássicas] (1943), *Langage et science du langage* [Linguagem e ciência da linguagem] (1964). Guillaume ensinou na *École Pratique des Hautes Etudes* (Ephe) de 1938 a 1960. As aulas que ministrou durante vinte e dois anos na Ephe, cujo texto manuscrito é mantido no Fundo Gustave-Guillaume da Universidade Laval, em Quebec, foram publicadas por Roch Valin. A disciplina linguística criada por Gustave Guillaume ficou conhecida com o nome de psicomecânica da linguagem. Trata-se do estudo dos mecanismos fundamentais do pensamento que intervêm na gênese da linguagem, entendida como sistema de representações a partir do qual é possível, através da mediação dos signos, produzir o discurso. Na teoria de Guillaume, o verbo tem papel importante porque, nele, o autor vê, por exemplo, a possibilidade de explicar a gênese da imagem mental do tempo (cronogênese): o tempo, o aspecto e o modo dos verbos são, nessa perspectiva, correspondentes aos diferentes momentos da construção da imagem mental e aos diferentes objetivos durante a cronogênese.

(21) Para Guillaume, o estudo do conteúdo deveria preceder o da forma linguística. A forma (realizada via morfologia e sintaxe, p. ex.) estaria a serviço do conteúdo a ser expresso. Hewson (2005: 169) explica: "sua Lei da Suficiência Simples dita que a morfossintaxe tolera facilmente irregularida-

des; basta ser regular o bastante para refletir suficientemente a coerência do sistema de conteúdo que ela marca. [Guillaume] também desenvolveu seu ponto de vista sobre o ato de linguagem, a atividade cognitiva do falante na criação do discurso, um estudo a que deu o nome de 'psicomecânica', uma vez que lida com mecanismos mentais".

(22) A noção de transcendência em Guillaume tem papel importante junto àqueles que vêm no autor um precursor importante do que passou a ser conhecido sob a denominação de Linguística da Enunciação. A esse respeito, cabe ver a análise epistemológica de Vallete (2003).

NOTAS DO CAPÍTULO XXXI – LINGUÍSTICA DIACRÔNICA ESTRUTURAL E TIPOLOGIA LINGUÍSTICA; TRADUÇÃO MECÂNICA

(1) A sigla "TCLP 2" quer dizer "Volume 2 de *Travaux du Cercle linguistique de Prague*" [Volume 2 dos Trabalhos do Círculo Linguístico de Praga].

(2) Antes de falarmos especificamente da diacronia estrutural em Martinet, cabem alguns comentários sobre a obra desse que foi um dos linguistas mais influentes da França do século XX. Segundo Paveau e Sarfati (2008: 130), o pensamento funcionalista de André Martinet se alinha, de um lado, ao estruturalismo europeu oriundo de Saussure e, de outro lado, à perspectiva funcional do Círculo Linguístico de Praga, em particular através do trabalho de Trubetzkoy. O trabalho de Martinet tem início com as pesquisas em indo-europeu e em fonologia e, em seguida, estendeu-se à linguística geral: "embora ele não tenha proposto um modelo linguístico geral (como o de Chomsky, p. ex.), todo o seu trabalho constitui uma teoria, dentro da estrutura da linguística funcional".

Ainda conforme os autores, Martinet desenvolve uma linguística que fornece uma descrição da realidade dos fenômenos da linguagem a partir do princípio teórico básico de que a língua é *um instrumento de comunicação duplamente articulada.* É de Martinet a ideia de que a língua é duplamente articulada e de que isso é um traço distintivo da linguagem humana. Leia-se o próprio Martinet: "convém explicar a noção de articulação linguística e observar que ela se manifesta em dois planos diferentes: com efeito, as unidades resultantes de uma primeira articulação articulam-se por sua vez em unidades doutro tipo. Pela primeira articulação da linguagem, as experiências a transmitir, as necessidades que se pretende revelar a outrem, analisam-se numa série de unidades, cada uma delas possuidora de uma forma vocal e de um sentido. [...]. Não podemos analisá-las em unidades sucessivas mais pequenas dotadas de sentido: é o conjunto *cabeça* que significa 'cabeça', e não a soma de eventuais sentidos de cada um dos segmentos em que podemos dividi-lo – *ca-, be-* e *ça*, por exemplo. Mas a forma vocal é analisável numa sucessão de unidades que contribuem todas para distinguir *cabeça* de outras unidades, como *cabaça* e *cabeço*. A isso chamamos a segunda articulação da linguagem" (Martinet 1978: 10-12). Na terminologia martiniana, a primeira articulação diz respeito aos *monemas* – unidade significativa elementar (uma palavra, um radical, um afixo, uma desinência etc.) – que podem ser autônomos, funcionais ou dependentes (Martinet 1976: 21-22); a segunda articulação, aos fonemas.

Observe-se que a diferença feita entre primeira e segunda articulação adota como critério fundamental o aspecto funcional da língua, quer dizer, ligado à transmissão da informação. Mattoso incorpora essa divisão não apenas na prática de seus estudos, mas também como maneira "didática" de organizar seu livro *Estrutura da língua portuguesa*, que está organizado em três partes: "Considerações gerais", "A segunda articulação ou fonologia" e "A primeira articulação ou morfologia". Afirma ainda Mattoso: "Um aspecto de suma importância, na caracterização das línguas humanas, é o que o linguista francês André Martinet chamou 'a dupla articulação da linguagem' (Martinet 1960: 17). Ele entende, por essa denominação, a circunstância de que a enunciação linguística se compõe de uma sequência vocal, suscetível de análise, até seus elementos últimos indivisíveis, e uma correspondência, também suscetível de análise, entre os grupos vocais e certas significações que a língua comunica. Como a função fundamental da língua é a comunicação entre os homens, tem-se nessa correspondência a *primeira articulação*. A *segunda articulação* é a das sequências vocais consideradas em si mesmas. Quando ouvimos uma língua que não conhecemos, só percebemos, de maneira mais ou menos exata, ou bastante aproximada, essa segunda articulação" (Camara Jr. 2019: 43).

(3) Martinet dedica todo o oitavo capítulo de seus *Conceitos fundamentais da linguística* para explicar a noção de "diacronia estrutural", e faz isso a partir de uma crítica à distinção sincronia/diacronia tal como ela aparece no CLG, de Ferdinand de Saussure. Em linhas gerais, pode-se dizer que a proposta de Martinet é mostrar que um sistema evolui para outro sistema posterior e isso implica a descrição da transformação de uma estrutura sincrônica em outra estrutura sincrônica. Quer dizer, quando se fala em fonologia diacrônica, explica-se a organização do sistema fonológico com base no estudo prévio de estados sincrônicos.

(4) À época da redação original de Mattoso (1962), Martinet ainda estava vivo. Martinet mudou-se para os Estados Unidos logo depois da II Guerra Mundial, onde passou a lecionar na Universidade de Columbia (Nova York) até 1955, quando retornou a Paris. Faleceu em 16 de julho de 1999, aos 91 anos, na Île-de-France.

(5) O gascão (ou occitano gascão) é uma variedade da língua occitana, falada no sul da França.

(6) Trata-se, na verdade, de um congresso que aconteceu em 1958 em Oslo (Noruega), o 8º Congresso Internacional de Linguistas. Martinet apresentou o trabalho *"Les 'laryngales' indo-européenes"* [As laringais indo-europeias], que foi publicado nos anais do evento, no mesmo ano, pela editora da universidade de Olso (cf. Martinet 1958 em nossas referências).

Seu trabalho mais conhecido sobre as laringeais em indo-europeu, contudo, é um artigo publicado na revista *Word*, v. 9, de 1953: "Non-apophonic *o*-vocalism in Indo-European" [O vocalismo de *o* não apofônico em indo-europeu]. A reconstrução do sistema fonológico do indo-europeu tem longa tradição, como Mattoso tem reportado ao longo dos capítulos até aqui. Esses dois trabalhos de Martinet (de 1953 e de 1958) se enquadram na investigação sobre a chamada "teoria laringal", para a qual Saussure deu uma grande contribuição, como tivemos a oportunidade de ver em comentários anteriores. Sobre as pesquisas de Linguística Comparada e a teoria das laringais em indo-europeu, remetemos o leitor a Keiler (1970), Martinet (1958) e Winter (1965).

(7) Mattoso provavelmente se refere ao artigo "Sound change and linguistic structure" [Mudança sonora e estrutura linguística], publicado na edição 22 da revista *Language*, em 1946.

(8) Devemos ter em mente que Mattoso escreveu este livro (ou, de maneira mais apropriada, esta série de palestras) em 1962, quando Chomsky era ainda um "jovem" linguista de trinta e quatro anos – ainda assim, Chomsky já havia publicado alguns trabalhos marcantes em linguística, tais como seu livro de 1957, *Estruturas sintáticas*, e a resenha crítica ao livro do psicólogo behaviorista B.F. Skinner (cf. Chomsky 1959), por exemplo. De qualquer maneira, fica evidente aqui não apenas o tamanho da erudição de Mattoso demonstrada ao longo do livro, mas também sua atenção constante ao que se fazia de mais recente em linguística à sua época.
Como afirma Mattoso, Chomsky mantém o foco de sua preocupação "concentrada na sincronia" e aproxima a linguística das ciências duras da natureza, tal como a "física contemporânea", como bem aponta Mattoso. A literatura sobre Chomsky e o programa gerativista no estudo da linguagem é vasta. Podemos recomendar três interessantes títulos publicados nesta mesma Coleção de Linguística da Ed. Vozes: Chomsky (2015), Guimarães (2017) e Milner (2021).

NOTAS DO CAPÍTULO XXXII – O ESTUDO DA SEMÂNTICA

(1) Essa observação de Mattoso adquire maior sentido se a contextualizamos nos anos de 1960 no Brasil, tempo em que, realmente, os estudos semânticos têm ainda dificuldade para se instaurar em conformidade com os parâmetros de cientificidade linguística, vigentes à época. Sobre essa problemática, assim se refere Ilari (1982), ao comentar a reunião de textos que apresenta no volume III da coleção de linguística, *Fundamentos metodológicos da linguística*, editados por Marcelo Dascal já nos anos de 1980, entre nós: "os mais antigos textos linguísticos de que temos notícias giram em torno de problemas semânticos. Entretanto, a semântica ainda é hoje, de todas as disciplinas linguísticas, uma das menos integradas, sendo motivo de controvérsia não só as direções e métodos em que devem buscar soluções corretas para os problemas relevantes, mas ainda a identificação dos 'problemas relevantes', para além de orientações muito gerais, segundo as quais a semântica se interessa por fenômenos de significação" (Ilari 1982: 7). De certa maneira, a observação de Ilari justifica a consideração, anos antes, de Mattoso com relação à semântica.

(2) A monumental obra de Cassirer, embora considerada por Mattoso paralinguística, é de importância ímpar para os estudos linguísticos, e não apenas os semânticos, o que justifica sua inclusão em uma *História da linguística*. A *Filosofia das formas simbólicas* – originalmente publicada em 3 volumes – apresenta em seu primeiro volume uma sólida reflexão sobre o fundamento simbólico da linguagem. A base de Cassirer é Wilhelm von Humboldt, o que já mostra a envergadura do feito. É na linguagem que Cassirer vê a possibilidade de uma síntese metafísica – de inspiração kantiana. O princípio de Cassirer fica muito bem exposto em um livro publicado apenas um ano antes de sua morte, em 1944: *Ensaio sobre o homem: introdução a uma filosofia da cultura humana*. Nessa obra, conforme Flores (2019b: 24), a pergunta "O que é o homem?" serve de título à primeira parte do livro "e o fio de Ariadne que possibilita a Cassirer conduzir-se no labirinto que a questão enseja é o símbolo. Eis a 'chave' para abrir a

compreensão da natureza do homem: ele é um ser simbólico". Ou seja, "em vez de definir o homem como *animal rationale*, deveríamos defini-lo como *animal symbolicum*", diz Cassirer, acrescentando que, "ao fazê-lo, podemos designar sua diferença específica, e entender o novo caminho aberto para o homem – o caminho para a civilização" (Cassirer 2012: 50). O trabalho de Flores (2019b) busca, a partir desse princípio de Cassirer, apresentar o homem – o *Homo loquens* – como condição de possibilidade de uma análise linguística cuja base seria uma antropologia filosófica, dedicada ao estudo do que diz o falante acerca da sua condição de falante, chamada por Flores (2019b) de antropologia da enunciação.

(3) Tal posição é defendida por diferentes pesquisadores que investigam os símbolos; cf. o capítulo XVII, por exemplo, para comentários a esse respeito.

(4) Sobre a história do termo "semiótica", reportamos aqui o que nos conta Baicchi (2009: 206): "A primeira menção ao termo 'semiótica', grafada 'semeiótica', remonta a 1670, quando o médico inglês Henry Stubbes o usou para denotar o ramo da medicina relacionado à interpretação dos sintomas. Vinte anos depois, John Locke usou o rótulo para discutir sua subdivisão tripartida da ciência: 'o terceiro ramo pode ser chamado Semeiotike, ou a doutrina dos signos; o mais usual sendo as palavras [...]' (Locke 1963: 174). Mas temos de esperar até o final do século XIX para ver o termo aplicado à linguagem. Ferdinand de Saussure definiu o que ele chamou de *Semiologia* como a ciência dos sinais. Ele concebeu a semiologia como parte da psicologia social e, portanto, da psicologia geral. A semiologia faz parte da psicologia porque o signo é uma entidade psíquica dupla: tal entidade é composta de dois lados, o conceito e a imagem acústica, os quais residem no 'mesmo local psíquico'. Saussure foi apresentado a uma ciência dos signos por seu professor Michel Jules Alfred Bréal, cujo curso de semântica ele frequentou em 1881. Em suas lições, coletadas posteriormente em seu famoso *Essai de Sémantique* [Ensaio sobre a semântica] (1897), Bréal afirmou que 'les mots sont des signes: ils n'ont pas plus d'existence que les gestes du telégraphe aérien ou que les points et les traits du télégraphe Morse'

('as palavras são os signos: elas não têm mais existência do que os gestos do telégrafo aéreo ou os pontos e linhas do código Morse') (Bréal 1897: 835), e partiu da tradição semiológica do século XVIII para mostrar a inconsistência da concepção organicista da língua. Bréal foi influenciado pelos estudos de Franz Bopp e William Dwight Whitney e pela noção de sinal que eles utilizavam em sua investigação da linguagem, e pela perspectiva filosófica de Etienne Bonnot de Condillac e pela importância que ele atribuiu à psicologia em seus estudos filosóficos".

Ainda de acordo com Baicchi (2009: 208), a contribuição de Charles Morris no estudo semiótico se deu porque foi ele que, "baseando-se amplamente no trabalho teórico peirceano, abordou a semiótica através das lentes do behaviorismo de Mead e investigou a compreensão do processo unitário de semiose. Ele propôs se focar na relação que o signo pode estabelecer com as outras entidades no processo semiótico. Assim, a relação signo-objeto aponta para a dimensão da semântica; a relação signo-signo refere-se à sintaxe; e a relação signo-intérprete refere-se à pragmática. Tal divisão tripartida tornou-se normalizada na linguística".

(5) Na terminologia humboldtiana consagrada, Mattoso está falando aqui da ideia de "visão de mundo". Para um estudo aprofundado dessa ideia, cf. Chabrolle-Cerritini (2008).

(6) Whorf faleceu em 1941, tendo vasta obra publicada, em especial no gênero artigo acadêmico. O livro citado aqui por Mattoso (*Language, Thought and Reality: Selected Writings of Benjamin Lee Whorf*) é uma publicação de 1956 pela MIT Press, organizada pelo linguista e psicólogo norte-americano John Bissell Carroll (1916-2003). Na descrição do livro que consta no *site* da editora do MIT, lemos o seguinte: "O linguista pioneiro Benjamin Whorf (1897-1941) compreendeu a relação entre a linguagem humana e o pensamento humano: como a linguagem pode moldar nossos pensamentos mais íntimos. Sua tese básica é que nossa percepção do mundo e nossas formas de pensar sobre ele são profundamente influenciadas pela estru-

tura das línguas que falamos. Os escritos coletados neste volume incluem documentos importantes sobre as línguas maia, hopi e shawnee, além de reflexões mais gerais sobre linguagem e significado", cf. https://mitpress.mit.edu/books/language-thought-and-reality

(7) Essa é a tese central da chamada "hipótese de Sapir-Whorf", como mencionamos em comentário anterior. É interessante notar que nem Sapir nem Whorf foram os responsáveis por cunhar o termo; ambos tampouco escreveram algum trabalho em coautoria juntos. O termo foi usado pela primeira vez por Harry Hoijer (linguista e antropólogo, 1904-1976), em 1954 (cf. Leavitt 2011). Para discussão, remetemos o leitor a Gonçalves (2020).

(8) Dacota é uma língua ameríndia, da família Sioux, falada pelo povo Lakota nos Estados Unidos.

(9) Mattoso se refere a *Meaning and change of meaning. With special reference to the English language* [Significado e mudança de significado. Com referência especial à língua inglesa], publicado em 1931.

(10) Não temos certeza a qual trabalho de H. Sperber Mattoso se refere nesse trecho. Por um lado, há uma publicação de Sperber que data de 1930, o artigo *"Der Einfluss des Pietismus auf die Sprache des 18. Jahrhunderts"* [A influência do pietismo na linguagem do século XVIII], publicado no v. 8 da *Deutsche Vierteljahrsschrift für Literaturwissenschaft und Geistesgeschichte* [Revista trimestral alemã de estudos literários e história intelectual]. Por outro lado, há um trabalho bastante conhecido de Sperber em que ele trata a linguagem justamente através de um "ponto de vista psicológico freudiano", como afirma Mattoso; entretanto, esse trabalho data de 1912. Trata-se do artigo *"Über den Einfluss sexueller Momente auf Entstehung und Entwicklung der Sprache"* [Sobre a influência dos momentos sexuais na origem e desenvolvimento da linguagem], publicado no volume 1, número 5 da revista de psicanálise *Imago* (fundada por Hanns Sachs, Sigmund Freud e Otto Rank em 1912); cf. Sperber (1912, 1930) em nossas referências.

(11) Observe-se que Mattoso, apesar de, na maioria das vezes, favorecer uma leitura estruturalista de Saussure, minimiza os efeitos que isso poderia acarretar ao lembrar que há na teoria saussuriana uma perspectiva de estudo do significado. Tem razão Mattoso em fazer tal observação. A noção de "valor linguístico", noção-chave da teoria saussuriana, conduz, sem dúvida, a uma intepretação de sua teoria que coloca o significado no centro da discussão linguística. Ao falar aqui nas "oposições linguísticas", Mattoso refere exatamente essa ideia de que as unidades da língua pertencem à língua justamente porque emanam do valor relacional que há entre elas; tudo o que tem sentido em matéria de língua tem valor. Nessa perspectiva, a teoria linguística de Saussure, muito especialmente na versão da teoria do valor, é, antes de tudo, uma teoria do sentido. Saussure elaborou uma teoria do valor que é semântica, embora não possa ser considerada uma "semântica" *stricto sensu*. Todos os grandes leitores do genebrino afirmam, em uníssono, que sua reflexão comporta uma teoria do sentido. Normand (1990), em texto intitulado *Le CLG: une théorie de la signification?* [O CLG: uma teoria da significação?], explica: "nossa hipótese é que, na medida em que o *CLG* é uma epistemologia, podemos ver nela os elementos de uma abordagem semântica linguística ou, ao menos, a indicação de seus limites" (Normand 1990: 36-37). Ao que acrescenta: "para o *CLG, a linguística* nova é uma *semântica*, a única possível" (Normand 1990: 40).

(12) Trata-se do *A magyar történeti nyelvtan vázlata: IV. Jelentéstan* [Esboço da gramática histórica húngara, v. IV Semântica], publicado em Budapeste, pela editora Danubia Kiadása, em 1926.

(13) É importante precisar os termos pelos quais a ideia de signo de Saussure pode ser considerada por Mattoso "semelhante" ao que formulam Ogden e Richards. Certamente, nosso linguista está se remetendo aqui ao fato de que tanto para o genebrino quanto para os ingleses o signo é composto de uma face de significante e de uma face de significado. A diferença, no entanto, entre os dois, deve-se à noção de referência, importante para Ogden e Richards e ausente em Saussure.

(14) O *Basic English* ("inglês básico") criado por Ogden é, como o próprio nome sugere, uma simplificação do inglês para fins de comunicação internacional. Foi apresentada por Ogden em seu livro *Basic English: A General Introduction with Rules and Grammar* [*Basic English*: uma introdução geral com regras e gramática], publicado em 1930.

De acordo com Bussmann (1998: 122), "C.K. Ogden e I.A. Richards introduziram o *Basic English* ("britânico, americano, científico, internacional, comercial") como uma forma simplificada de inglês que consiste em um vocabulário básico de 850 palavras (com dezoito verbos) e uma gramática bastante simplificada. O *Basic English* pode ser aprendido em cerca de sessenta horas, embora exija listas de vocabulário adicionais para jargões especializados. Seu valor como um meio versátil de comunicação internacional é contestado".

Há muito material disponível *online* sobre essa tentativa de Ogden com o *Basic English*. O destaque é certamente o *website* http://ogden.basic-english.org/

(15) O esquema apresentado por Mattoso difere consideravelmente do esquema apresentado por Ogden e Richards (1946), em especial na página 11 da obra. Na obra dos autores, no lugar da palavra "referente" encontramos "símbolo" (*symbol*). Certamente Mattoso Camara interpreta o que Ogden e Richards chamam de "símbolo" como "referente" (o que fica claro quando Mattoso diz que "as formas linguísticas, ou referentes, são símbolos de nossa referência a coisas").

(16) No momento em que finalizamos os comentários deste *História da linguística*, achamos conveniente reiterar tratar-se de um livro oriundo de um material manuscrito bastante inacabado, mais assemelhado a anotações de aula. Reiteramos também tratar-se de obra limitada historicamente ao seu tempo. Isso justifica a ausência no livro de dois grandes linguistas do século XX. O americano Noam Chomsky, lembrado *en passant* apenas em uma passagem do livro, e o francês Émile Benveniste, nunca referido. Que lugar nosso autor teria lhes dado numa história da linguística tão detidamente construída? Essa narrativa certamente daria continuidade ao périplo tão bem delineado que acabamos de testemunhar.

Índice de nomes

Abraham Hyacinthe Anquetil-Duperron 57, 298

Adalbert Bezzenberger 105, 119

Adolf Holtzmann 73, 172

Adolf Kiessling 95

Aelfric 39, 275

Aelius Stilo 35

Agostino Gemelli 215

Alan Henderson Gardiner 153, 154, 155, 156, 158, 160, 260, 354, 355, 364

Albert Cuny 179

Albert Dauzat 140

Albert Joris van Windekens 176

Albert Paul Weiss 233

Albert Thumb 213

Alexander Graham Bell 94, 321

Alexander Hamilton 55, 301

Alexander John Ellis 95

Alexander Melville Bell 94, 321

Alexandre de Villedieu 37

Alfred Ernout 170

Alfred Habdank Skarbek Korzybski 261

Alfredo Trombetti 133, 143

Alphonse Juilland 252

Amado Alonso 197, 198, 378

André-Georges Haudricourt 252, 354

André Martinet 178, 248, 251, 252, 255, 340, 422, 423, 424, 425

Angelo Canini 40

Aniceto dos Reis Gonçalves Viana 95

Antoine Arnauld 40, 276

Antoine Meillet 107, 122, 144, 152, 153, 156, 157, 166, 167, 168, 169, 170, 171, 172, 173, 175, 180, 181, 190, 214, 229, 235, 259, 340, 344, 348, 368, 369, 370, 420, 421

Antonino Pagliaro 190

Antonio de Nebrija 41, 277

António Tovar 202

Apolônio Díscolo 34, 35

Archibald Anderson Hill 237

Archibald Henry Sayce 92, 183

Aristarco 32, 34, 35

Aristóteles 30, 31, 32, 38, 40, 146, 258, 271

Arnold Chikobava 206

August Boeckh 71

August Friedrich Pott 70, 71, 72, 76, 91, 307

August Leskien 103, 105, 119, 343, 345

August Wilhelm von Schlegel 56, 58, 59, 61, 62, 69, 79, 284, 293, 300

Avram Noam Chomsky 13, 14, 254, 267, 268, 272, 296, 297, 357, 365, 394, 400, 404, 405, 420, 422, 425, 431

Bedřich Hrozný 176

Benedetto Croce 188, 189, 190, 191, 340, 375

Benjamin Lee Whorf 229, 258, 259, 261, 285, 294, 398, 428, 429

Benvenuto Aronne Terracini 190, 191, 199

Bernard Bloch 237

Bernard Pottier 248

Berthold Delbruck 105, 107, 112, 113, 118, 330

Björn Collinder 179

Bohumil Trnka 221

Bonaventura Vulcanius 53

Bronisław Kasper Malinowski 242, 243, 412

Carl Adolf Theodor Wilhelm Viëtor 95, 322, 386

Carl Brockelmann 128

Carl Darling Buck 122, 225, 232

Carl Friedrich Michael Meinhof 128, 129

Carl Gunnar Michael Fant 246, 418

Carl Johan Sverdrup Marstrander 177

Carl Ludwig Merkel 94

Carl Stumpf 210, 211

César Oudin 41

Charles-Albert Sechehaye 17, 144, 153, 154, 155, 158, 167, 183, 243, 244, 322, 324, 346, 348, 349, 363, 364

Charles Bally 17, 144, 152, 153, 158, 160, 161, 162, 163, 164, 165, 166, 186, 193, 198, 260, 324, 348, 349, 363, 365, 366, 367, 368, 374

Charles Carpenter Fries 240

Charles Darwin 76, 308, 309, 315

Charles Ernest Bazell 242

Charles Francis Hockett 237

Charles Kay Ogden 242, 260, 412, 430, 431

Charles William Morris 257, 428

Christian Bartholomae 57

Christian Lassen 56, 92, 122

Christianus Cornelius Uhlenbeck 179, 207

Cirilo 119

Claude Lancelot 40, 276

Crates de Mallos 32

Dámaso Alonso 197

Daniel Jones 213, 216, 223, 224, 234

Dante Alighieri 40, 277

Demócrito 30

Diedrich Hermann Westermann 129

Dionísio da Trácia 33, 272

Duns Scotus 38

Edgar Howard Sturtevant 177, 178, 225, 232, 372

Edmond Edmont 137

Eduard Rudolf Thurneysen 118

Eduard Sievers 94, 95, 181, 210, 385, 386

Edward Hincks 92

Edward Sapir 178, 227, 228, 229, 230, 231, 232, 233, 249, 251, 253, 254, 255, 258, 260, 262, 263, 294, 296, 316, 335, 354, 395, 396, 397, 398, 399, 410, 415, 429

Edward Wheeler Scripture 213

Elio Donato 35

Elise Richter 193

Elseus Sophus Bugge 93

Émile Boisacq 121

Émile Durkheim 157, 166, 167, 169, 348, 368

Emil Paul Seelmann-Eggebert 95

Emil Sieg 176, 370

Epicuro 30

Eric Buyssens 260

Ernest Muret 138

Ernst Cassirer 256, 426, 427

Ernst Emanuel Tappolet 138

Ernst Wilhelm Ritter von Brücke 94

Esaias Tegnér 100

Estienne Guichard 43

Étienne Bonnot de Condillac 44, 282, 428

Étienne-Jules Marey 211, 219

Eugene Albert Nida 238, 408

Eugene Burnouf 57

Eugene Lerch 191

Fedot Petrovich Filin 206

Ferdinand de Saussure 15, 17, 18, 101, 103, 144, 145, 146, 147, 148, 149, 150, 152, 153, 154, 155, 156, 157, 158, 159, 160, 161, 162, 163, 164, 165, 166, 167, 172, 181, 182, 183, 186, 187, 188, 189, 198, 204, 214, 216, 219, 220, 222, 224, 228,

229, 231, 241, 245, 248, 249, 250, 256, 257, 259, 260, 262, 263, 284, 291, 307, 310, 316, 317, 320, 321, 322, 324, 325, 326, 333, 338, 340, 341, 342, 343, 344, 345, 346, 347, 348, 349, 350, 351, 353, 354, 355, 356, 357, 358, 359, 360, 361, 362, 363, 364, 365, 368, 370, 371, 372, 374, 375, 378, 379, 380, 389, 391, 392, 396, 397, 398, 405, 406, 407, 412, 413, 414, 415, 419, 422, 424, 425, 427, 430

Ferdinand Sommer 121

Fernão de Oliveira 42

Filipp Fedorovitch Fortunatov 119, 333

Filippo Sassetti 53, 298

Francis Bacon 40

Francisco Sanchez de las Brozas 40, 45

Franc Miklošič 119

François Charles Eugène Thurot 95

François Just Marie Raynouard 69

Franz Bopp 50, 59, 60, 61, 62, 63, 66, 67, 68, 69, 70, 71, 72, 73, 75, 76, 79, 82, 83, 85, 86, 87, 99, 105, 107, 121, 169, 183, 187, 188, 284, 295, 303, 304, 307, 309, 314, 315, 428

Franz Nikolaus Finck 131, 335

Franz Uri Boas 226, 227, 229, 231, 232, 233, 294, 335, 343, 394, 395, 399

Frederick Henry Jungemann 252

Frederik Munter 92

Friedrich Christian Diez 69, 70, 123, 124, 125, 225

Friedrich Conrad August Fick 88, 89, 91, 97, 98, 100, 105, 130, 323

Friedrich Delitzsch 92

Friedrich Kluge 120

Friedrich Müller 131, 156, 335

Friedrich Stolz 121

Friedrich Wilhelm Karl Müller 175

Fritz Mauthner 258

Fyodor Aleksandrovich Braun 204

Gaius Marius Victorino 40

Gaston-Laurent Coeurdoux 53, 298

Gaston Paris 135, 136, 142, 195

Georg Curtius 57, 71, 72, 75, 76, 105, 106, 120, 307, 343

George Leonard Trager 237, 258, 261, 395, 404

Georg Friedrich Grotefend 92, 122

George Millardet 140

Georges Gougenheim 248, 250

Georg von der Gabelentz 143

Georg Wenker 137, 139

Georg Wilhelm Friedrich Hegel 74, 187, 315

Giulio Bertoni 41, 141, 189

Giuseppina Pastori 215

Gottfried Wilhelm Leibniz 43, 44, 260, 279, 280

Grandgeant 225, 232

Graziadio Isaia Ascoli 100, 103, 105, 106, 108, 115, 116, 133, 135, 136, 168, 185, 189, 191, 197, 199

Guillaume Postel 42, 278, 279

Gustave Guillaume 247, 420, 421, 422

Gustav Meyer 120, 174

Gustav Stern 259

Guy Miège 41

Gyula Laziczius 223

Hans Frederik Hendriksen 178

Hans Jørgen Uldall 244

Hans Krahe 175

Hans Sperber 259, 429

Heikki Paasonen 179

Heinrich Max Franz Hönigswald 253

Heinrich Robert Zimmer 118

Heinrich Schneebeli 212, 386

Hendrik Josephus Pos 250

Henri Bergson 161

Henri Frei 153, 363

Henry Allan Gleason 238

Henry Creswicke Rawlinson 92

Henry Lee Smith 237, 395

Henry Sweet 95, 217, 386

Heráclito 30

Hermann Collitz 100, 105

Hermann Hirt 172, 179, 185

Hermann Ludwig Ferdinand von Helmholtz 94, 210, 211

Hermann Osthoff 100, 105, 106, 107, 324, 327, 328, 329, 330, 344

Hermann Otto Theodor Paul 71, 105, 108, 109, 110, 111, 112, 116, 117, 120, 128, 143, 149, 169, 189, 259

Hesíquio, 34

Heymann Steinthal 49, 75, 86, 113

Holger Pedersen 119, 128, 176, 177, 178, 334

Hugo Ernst Mario Schuchardt 113, 114, 115, 123, 133, 139, 185, 193, 331

Hugo Winckler 176

Iorgu Iordan 194

Ivan Ivanovich Meschtschaninov 206, 207, 253

Ivor Armstrong Richards 242, 260, 411, 412, 430, 431

Jacob Ludwig Karl Grimm 62, 63, 64, 65, 66, 67, 69, 70, 71, 72, 73, 75, 91, 98, 99, 103, 149, 185, 284, 295, 304, 305, 306, 307, 314

Jakob Hornemann Bredsdorff 72, 73, 184

Jakob Jud 142

Jakob Wackernagel 105

Jan Niecisław Ignacy Baudouin de Courtenay 218, 219, 224, 345, 346, 390, 391, 392

Janós Lotz 246

Jean-François Champollion 92, 321

Jean-Jacques Rousseau 44, 281, 282

Jean-Pierre Rousselot 137, 139, 211, 212, 213, 385

Jerzy Kuryłowicz 178, 251, 253, 325, 371

Joan Dafydd Rhys 42

João Batista Vico 45, 47, 188, 283, 291

Job Ludolf 43, 68

Johan Fredrik Breda Storm 95, 386

Johann Baptist Hofmann 95

Johannes Evelinus Sköld 206

Johannes Friedrich Heinrich Schmidt 97, 98, 100, 103, 105

Johann Gottfried Herder 45, 282

Johann Heinrich Hübschmann 120, 343, 349

Johann Kaspar Zeuss 69

Johann Leo Weisgerber 258

Johan Nicolai Madvig 58

Johann Nepomuk Czermak 94

John Chadwick 203, 381

John Palsgrave 41

John Rupert Firth 241, 242, 243, 249, 261, 412

John Wesley Powell 131, 226

Jørgen Alexander Knudtzon 176

Jørgen Ebbesen Forchhammer 210, 216, 218, 223, 389

Josef Vachek 221

Joseph Chlumsky 213

Joseph Dobrovsky 69

Joseph Harold Greenberg 253, 254, 395

Joseph Vendryes 122, 153, 156, 157, 158, 170, 340

Joshua Whatmough 202, 275, 380

Jost Trier 262

Jules Gilliéron 136, 137, 138, 139, 140, 141, 142, 171, 207, 211, 212, 338, 339

Jules Jeanjaquet 138

Julien Vinson 129

Julio Torrend 129

Julius Caesar Scaliger 40, 42, 45, 276

Julius Oppert 92, 321

Julius von Klaproth 68

Karl Adolph Verner 99, 100, 103, 119, 305

Karl Bernhard Wiklund 179

Karl Brugmann 105, 106, 107, 110, 111, 118, 120, 178, 327, 328, 329, 330, 344, 349, 350, 372

Karl Buhler 159, 160, 165, 223, 354

Karl Friedrich Salomon Liscovius 93

Karl Jaberg 138, 142

Karl Moritz Rapp 93

Karl Richard Lepsius 93

Karl Vossler 188, 191, 192, 193, 194, 197, 198, 226, 375, 376

Karl Wilhelm Friedrich von Schlegel 55, 56, 58, 59, 61, 62, 69, 71, 79, 171, 284, 293, 300, 301, 302, 304

Kenneth Lee Pike 238, 239, 408, 410, 419

Klas Bernhard Johannes Karlgren 130

Knud Dag Nielsen Togeby 244, 245, 419

Konrad Gessner 42, 279

Laura Soames 95

Leonard Bloomfield 222, 230, 232, 233, 234, 235, 236, 237, 239, 240, 241, 243, 248, 249, 261, 296, 335, 358, 399, 400, 401, 402, 403, 404, 406, 407, 411

Leo Simon Reinisch 128

Leo Spitzer 113, 193, 194, 226, 294

Lev Shcherba 220, 223, 392

Lorde Monboddo 44, 282

Lorenzo Valla 39

Louis Gauchat 138, 212

Louis Herbert Gray 178, 225

Louis Meigret 41

Louis Trolle Hjelmslev 153, 243, 244, 245, 246, 249, 262, 354, 360, 412, 413, 414

Lucien Lévy-Bruhl 157

Ludvig Frands Adalbert Wimmer 93

Marcel Cohen 156, 171, 369

Marie-Paul-Hyacinthe Meyer 136

Martin Anton Maurus Marty 144, 149, 216, 256, 257, 351

Martin Joos 215

Martin Thomas Hermann Møller 179

Matteo Giulio Bartoli 141, 189

Maurice Bloomfield 232

Maurice Grammont 163, 213, 214, 216, 218, 219

Max Müller 82, 83, 84, 85, 86, 87, 88, 89, 143, 316, 320

Metódio 119

Michael Alexander Kirkwood Halliday 242

Michael George Francis Ventris 203, 381

Michel Bréal 169, 259, 340, 343, 344, 345, 368, 427, 428

Mikołaj Habdank Kruszewski 219, 346, 390, 391
Moritz Trautmann 95
Morris Halle 246, 297, 388, 389, 418, 419, 420
Morris Swadesh 209, 230, 248, 296, 385, 395

Nicolaas van Wijk 250
Niels Ludvig Westergaard 57, 92
Nicolai Yakovlev, 223
Nikolai Yakovlevich Marr 203, 204, 205, 206, 209, 381, 382, 383, 384
Nikolay Sergeyevich Trubetzkoy 208, 220, 221, 222, 223, 224, 228, 233, 241, 246, 250, 359, 383, 384, 385, 390, 392, 393, 415, 419, 422
Norbert Jokl 174
Norman William Kingsley 212

Otto Behaghel 120
Otto Bohtling 57
Otto Dempwolff 130
Otto Funke 117
Otto Jespersen 181, 182, 184, 185, 186, 210, 212, 216, 218, 235, 260, 373, 374, 386, 396
Otto Schrader 180

Pali Kaccāyana 29
Pānini 28, 29, 54, 267, 270, 299
Pantañjali 29

Parmenides 30
Paul Édouard Passy 95, 211, 322, 386
Paul Grützner 212
Paul Kretschmer 121, 175
Paul Menzerath 215
Petar Skok 174
Peter Simon Pallas 44
Petr Savvich Kuznetsov, 223
Pierre Antoine Louis Havey 219
Platão 30, 31, 32, 36, 270, 271, 279
Prisciano 35, 37, 38, 45, 275, 277

Quintiliano 35

Ramon Menéndez Pidal 195, 196, 197, 198, 377, 378
Rasmus Kristian Rask 50, 51, 52, 55, 57, 59, 60, 62, 65, 68, 69, 72, 92, 93, 295, 301, 304, 305, 306, 309, 315
Raymond William Firth 241
René Lafon 202
Renward Brandstetter 130
Richard Percywall 42, 278
Robert Anderson Hall Jr. 234
Robert Caldwell 129
Robert Estienne 43
Robert Henry Codrington 130
Robert von Planta 122
Roland Grubb Kent 225
Rozalija Schor 204

Ruben Ivanovich Avanesov, 223
Rudolf Carnap 245, 261
Rudolf von Roth 57

Sámuel Gyarmathi 68
Santo Isidoro de Sevilha 35, 272
Serge Karcevski 220, 221, 250, 383
Sigmund Feist 179, 185, 373
Stephan Ullmann 263
Sylvain Levi 175

Theodor Benfey 57, 68, 72, 88, 307
Theodor Bibliander 42, 278
Theodore Beze 41
Thomas Alva Edison 213
Thomas de Erfurt 39, 275
Thomas Hobbes 44, 281
Tomás Navarro Tomás 213

Uriel Weinrich 253

Varrão, 35
Viggo Brondal 413
Viktor Vladimirovich Vinogradov 204, 205, 206
Vilém Mathesius 221, 385, 419
Vilhelm Ludwig Peter Thomsen 100
Vittore Pisani 207
Vittorio Bertoldi 190
Vladimir Sidorov, 223

Walter Couvreur 178
Walter von Wartburg 198, 199, 200

Whitley Stokes 88
Wilhelm August Streitberg 120
Wilhelm Heinrich Immanuel Bleek 129
Wilhelm Maximilian Wundt 111, 112, 113, 167, 169, 189, 233
Wilhelm Meyer Lubke 123
Wilhelm Paul Corssen 121
Wilhelm Scherer 103, 104, 146
Wilhelm Schmidt 132, 133, 143
Wilhelm Siegling 176, 370
Willhelm von Humboldt 46, 47, 48, 49, 51, 52, 75, 79, 86, 109, 113, 128, 148, 164, 187, 188, 189, 191, 202, 257, 258, 279, 283, 284, 285, 286, 287, 288, 289, 290, 291, 292, 293, 294, 335, 358, 376, 426
William Dwight Whitney 85, 86, 87, 88, 89, 91, 126, 151, 171, 183, 184, 225, 316, 317, 318, 319, 320, 321, 375, 428
William Sidney Allen 242
Wladimir Skalicka 254
Wulfilas 63, 93

Yaska 28
Yevgeny Dmitrievich Polivanov 205
Zellig Sabbetai Harris 237, 404, 405

Zenódoto, 34
Zoltán Gombocz 260

Índice de línguas

Acadiano 34, 176, 177, 178
Albanês 61, 77, 97, 119, 120, 173, 174, 175
Alemão 43, 53, 55, 60, 61, 63, 65, 72, 73, 85, 87, 95, 116, 142, 161, 163, 179, 181, 185, 204, 221, 262, 301, 303, 342, 348, 349, 350, 355, 383, 411
Aleuta 207
Árabe 40, 68, 94, 279, 355
Armênio 61, 97, 120, 170, 173

Basco 40, 47, 115, 133, 202, 204, 290, 332, 380

Céltico 44, 173, 176
Chinês 48, 61, 129, 130, 254, 288, 289, 290, 291, 294, 411
Chukoto 207

Dacota 258, 429
Dinamarquês 50, 72, 245, 301, 414

Eslavo antigo 390
Espanhol 44, 185, 192, 196, 197, 198, 278, 320, 348, 355, 377, 384
Etíope 40
Etrusco 202, 203, 204

Francês 41, 58, 73, 84, 85, 95, 115, 124, 130, 135, 136, 142, 161, 163, 169, 192, 199, 221, 222, 228, 250, 289, 310, 318, 320, 342, 344, 352, 354, 379, 383, 391, 411

Gascão 252, 424
Georgiano 204, 382
Gilyak 207
Gótico 51, 61, 62, 63, 64, 65, 72, 93, 184, 303, 304, 313, 345, 373
Grego 39, 42, 43, 48, 51, 53, 54, 55, 59, 60, 61, 64, 65, 67, 72, 75, 77, 80, 87, 91, 93, 94, 97, 101, 116, 120, 121, 156, 160, 167, 170, 173, 184, 203, 225, 233, 258, 273, 279,

285, 295, 301, 302, 303, 306, 313, 314, 342, 345, 346

Hitita 171, 176, 177, 178, 180, 225, 325, 326, 370, 371, 372

Hopi 259, 285, 429

Húngaro 68, 260, 314, 355

Inglês 63, 83, 87, 95, 115, 182, 221, 237, 238, 240, 242, 259, 260, 275, 278, 285, 298, 301, 342, 348, 352, 354, 355, 377, 383, 391, 417, 431

Iraniano 71, 88, 100, 120, 173, 309, 383

Italiano 41, 42, 43, 124, 135, 192, 320, 348, 411

Jônico 205

Kawi 47, 289, 290

Latim 34, 35, 37, 38, 39, 40, 41, 43, 48, 51, 53, 54, 55, 58, 59, 60, 61, 64, 67, 68, 69, 72, 75, 80, 87, 90, 93, 95, 101, 115, 116, 120, 121, 122, 123, 156, 167, 170, 174, 184, 190, 198, 225, 252, 273, 274, 275, 277, 278, 285, 295, 301, 302, 303, 306, 310, 314, 320, 337, 342, 345, 346, 355

Lituano 51, 61, 76, 119, 313, 333, 343, 345, 346

Macedônio 174

Nahuatl, 48

Osco-úmbrio 122, 190, 252

Paiute do sul 227

Português 95, 115, 274, 295, 296, 303, 320, 336, 337, 352, 354, 355, 358, 364, 374, 377, 378, 379, 384, 391, 393, 394, 395, 402, 406, 415

Russo 250, 355, 383

Sânscrito 28, 29, 36, 48, 51, 52, 53, 54, 55, 56, 57, 59, 60, 63, 64, 67, 71, 75, 78, 80, 85, 87, 90, 91, 94, 99, 116, 129, 160, 175, 178, 184, 185, 204, 211, 267, 268, 269, 270, 285, 295, 298, 299, 301, 302, 303, 304, 317, 342, 343, 344, 345, 349, 400

Sírio 40, 43

Sumeriano 176

Takelma 227, 305

Tocariano 171, 175, 176, 177, 180, 370

Veneziano 174

Referências

ADRADOS RODRÍGUEZ, F. "El etrusco como indoeuropeo anatolio: viejos y nuevos argumentos". In: *Emerita*, vol. 73, 2005.

ALIGHIERI, D. *Sobre a eloquência em vernáculo*. Trad. de Tiago Tresoldi. Porto Alegre: Tiago Tresoldi, 2011.

ALONSO, A. "Prólogo a la edición española". In: SAUSSURE, F. *Curso de linguística general*. Trad. de Amado Alonso. Buenos Aires: Losada, 1945.

ALTMAN, C. "A correspondência Jakobson-Mattoso Camara (1945-1968)". In: *Confluência*, 2015.

_____. "Sobre mitos e história: a visão retrospectiva de Saussure nos três cursos de linguística geral". In: FIORIN, J.L.; FLORES, V.N. & BARBISAN, L.B. (orgs.). *Saussure: a invenção da linguística*. São Paulo: Contexto, 2013.

_____. "A conexão americana: Mattoso Câmara e o círculo linguístico de Nova York". In: *Delta*, vol. 20, n. spe, 2004. São Paulo.

_____. *A pesquisa linguística no Brasil (1968-1988)*. São Paulo: Humanitas, 1998.

APRIGLIANO, A. "Introdução – Panorama do conhecimento da linguagem na Índia antiga". In: BHARTRHARI. *Da palavra [Vākyapadīya]*. Trad. de Adriano Aprigliano. São Paulo: Unesp, 2014.

ARBOUSSE-BASTIDE, P. & MACHADO, L.G. "Introdução". In: ROUSSEAU, J.-J. *Ensaio sobre a origem das línguas*. Trad. de Lourdes Santos Machado. São Paulo: Nova Cultural, 1997.

ARNAULD, A. & LANCELOT, C. *Gramática de Port-Royal*. Trad. de Bruno Fregni Bassetto e Henrique Graciano Murachco. São Paulo: Martins Fontes, 2001.

AUROUX, S. " Les antinomies méthodologiques". In: AUROUX, S. (org.). *Histoire des idées linguistiques* – Tome 3: L'hégémonie du comparatisme. Liège: Pierre Mardaga, 2000.

_____. *A filosofia da linguagem*. Trad. de José Horta Nunes. Campinas: Unicamp, 1998.

_____. "A querela das leis fonéticas". In: AUROUX, S. *A filosofia da linguagem*. Trad. de José Horta Nunes. Campinas: Unicamp, 1998.

AUROUX, S. (org.). *Histoire des idées linguistiques* – Tome 2: Le développemment de la grammaire comparée. Liège: Pierre Mardaga, 1992.

_____. *Histoire des idées linguistiques* – Tome 1: La naissance des métalangages en Orient et en Occident. Liège: Pierre Mardaga, 1989.

AZEREDO, J.C. "Sintaxe normativa tradicional". In: OTHERO, G.A. & KENEDY, E. *Sintaxe, sintaxes*: uma introdução. São Paulo: Contexto, 2015.

BADIR, S. "Le concret et l'abstrait dans la phonologie et dans la phonetique de Saussure". In: *Cahiers Ferdinand de Saussure*, n. 65, 2012. Genebra: Droz.

BAGNO, M. *Dicionário Crítico de Sociolinguística*. São Paulo: Parábola, 2017.

BAICCHI, A. "Signs and Semiotics". In: CHAMPMAN, S. & ROUTLEDGE, C. (eds.). *Key Ideas in Linguistics and the Philosophy of Language*. Edinburgo: Edinburgh University Press, 2009.

BALDINGER, K. "Semasiologia e onomasiologia". Trad. de Ataliba Castilho. *Alfa*: Revista de Linguística, n. 9, 1966.

BALLY, C. *Linguistique générale et linguistique française*. 2. ed. Berna: Francke Berne, 1965.

BASILIO, M. "O conceito de vocábulo na obra de Mattoso Camara". In: *Delta*, vol. 20, n. esp., 2004.

BASSETO, B.F. *Elementos de filologia românica*: história externa das línguas. São Paulo: Edusp, 2001.

BASSETTO, B.F. & MURACHCO, H.G. "Prefácio à edição brasileira". In: ARNAULD, A. & LANCELOT, C. *Gramática de Port-Royal*. Trad. de Bruno Fregni Bassetto e Henrique Graciano Murachco. São Paulo: Martins Fontes, 2001.

BASSO, R.M. & GONÇALVES, R.T. *História concisa da língua portuguesa*. Petrópolis: Vozes, 2014.

BATTISTI, E.; OTHERO, G.A. & FLORES, V.N. *Conceitos básicos de linguística*: sistemas conceituais. São Paulo: Contexto, 2021.

BENVENISTE, É. *Últimas aulas no Collège de France 1968 e 1969*. Trad. de Daniel Costa da Silva et al. São Paulo: Unesp, 2014.

_____. *O vocabulário das instituições indo-europeias*. Vol. I e II. Trad. de Denise Bottmann e Eleonora Bottmann. Campinas: Pontes, 1995.

_____. "Estruturalismo e linguística". In: BENVENISTE, E. *Problemas de linguística geral II*. Trad. de Eduardo Guimarães et al. Campinas: Pontes, 1989.

_____. *Problemas de linguística geral I*. Trad. de Maria da Glória Novak e Maria Luiza Neri. Campinas: Unicamp, 1988.

BEREZIN, F.M. "Mikołaj Kruszewski and 20th-Century Linguistics". In: KOERNER, E. & SZWEDEK, A. (eds.). *Towards a History of Linguistics in Poland*: from the early beginnings to the end of the 20th century. John Benjamins Publishing, 2001.

BERGOUNIOUX, G. "L'invention de la phonologie entre Saussure et le Cercle Linguistique de Prague". In: *Recherches sémiotiques / Semiotic Inquiry*, vol. 34, n.1-3, 2014. Montreal: Association Canadienne de Sémiotique/Canadian Semiotic Association.

BERGOUNIOUX, G. & LAKS, B. "Portrait de Saussure en phonologue contemporain". In: *L'Herne*: Ferdinand de Saussure. Paris: L'Herne, 2003.

BERWICK, R.B. & CHOMSKY, N. *Por que apenas nós?* – Linguagem e evolução. Trad. de Gabriel de Ávila Othero e Luisandro Mendes de Souza. São Paulo: Unesp, 2017.

BHARTRHARI. *Da palavra [Vākyapadīya].* São Paulo: Unesp, 2014.

BISOL, L. "Fonologia: uma entrevista com Leda Bisol". In: *ReVEL*, vol. 4, n. 7, 2006.

BLOOMFIELD, L. "O significado". In: DASCAL, M. (org.). *Fundamentos metodológicos da linguística* – Vol. III: Semântica. Campinas: Marcelo Dascal, 1982.

_____. "Um conjunto de postulados para a ciência da linguagem". In: DASCAL, M. (org.). *Fundamentos metodológicos da linguística* – Vol. I: Concepções gerais da teoria linguística. São Paulo: Global, 1978.

_____. *Language.* Nova York: Holt, Rinehart & Winston, 1933.

BORBA, F.S. *Pequeno vocabulário de linguística moderna.* São Paulo: Companhia Editora Nacional, 1976.

BOUISSAC, P. *Saussure* – Um guia para os perplexos. Trad. de Renata Gaspar Nascimento. Petrópolis: Vozes, 2012.

BOUQUET, S. "De um pseudo-Saussure aos textos saussurianos originais". In: *Letras & Letras*, n. 25, 2009. Uberlândia: UFU.

_____. *Introdução à leitura de Saussure.* Trad. de Carlos A.L. Salum e Ana Lúcia Franco. São Paulo: Cultrix, 2000.

_____. "Le Cours de linguistique générale de Saussure et la philosophie". In: *Histoire Épistémologie Langage*, tomo 11, fasc. 2, 1989 [Extension et limites des théories du langage (1880-1980].

BREAL, M. *Essai de sémantique* – Science des significations. Paris: Hachette, 1897.

BROWN, H.D. *Principles of language learning and teaching.* Englewood Cliffs: Prentice Hall Regents, 1994.

BUSSMANN, H. *Routledge dictionary of language and linguistics.* Londres/Nova York: Routledge, 1998.

CAGLIARI, L.C. "Fonética: uma entrevista com Luiz Carlos Cagliari". In: *ReVEL*, vol. 4, n. 7, 2006.

CALLOU, D. & LEITE, Y. *Iniciação à fonética e à fonologia*. Rio de Janeiro: Zahar, 1994.

CAMARA JR., J.M. *Problemas de linguística descritiva*. Ed. comentada por Carlos Alexandre Gonçalves e Sergio de Moura Menuzzi. Petrópolis: Vozes, 2021.

_____. *Estrutura da língua portuguesa*. Edição crítica estabelecida por Emílio Pagotto, Maria Cristina Figueiredo Silva e Manoel Mourivaldo Santiago-Almeida. Petrópolis: Vozes, 2019.

_____. *Dicionário de Linguística e Gramática*: referente à língua portuguesa. 13. ed. Petrópolis: Vozes, 1986.

_____. "Apêndice – Um século de estudos linguísticos nos Estados Unidos da América (1860-1960)". In: SAPIR, E. *A linguagem*: introdução ao estudo da fala. Trad. de J. Mattoso Camara Jr. São Paulo: Perspectiva, 1980.

_____. *Dispersos*. Seleção e introdução de Carlos Eduardo Falcão Uchôa. Rio de Janeiro: Fundação Getúlio Vargas, 1975.

_____. "Morfologia e sintaxe". In: CAMARA JR., J.M. *Dispersos*. Seleção e introdução de Carlos Eduardo Falcão Uchôa. Rio de Janeiro: Fundação Getúlio Vargas, 1975.

_____. *Estrutura da língua portuguesa*. Petrópolis: Vozes, 1970.

_____. *Princípios de linguística geral*. Rio de Janeiro: Livraria Acadêmica, 1969.

_____. *Problemas de linguística descritiva*. Petrópolis: Vozes, 1969.

_____. "Sturtevant, Edgar N. – An introduction to linguistic science". In: *Revista Brasileira de Filologia*, 1 (1), 1955. Rio de Janeiro.

_____. "Sturtevant, Edgar N. – The Indo-Hitttite Laryngeals". In: *Boletin de Filologia*, 2 (6), 1947. Rio de Janeiro.

CARROLL, J.B. (ed.) *Language, Thought and Reality*: Selected Writings of Benjamin Lee Whorf. Cambridge, MA: MIT Press, 1956.

CASEVITZ, M. & CHARPIN, F. "A herança greco-latina". In: BAGNO, M. (org.). *Norma linguística*. São Paulo: Loyola, 2001.

CASSIRER, E. *Ensaio sobre o homem*: introdução a uma filosofia da cultura humana. 2. ed. Trad. de Tomás Rosa Bueno. São Paulo: WMF Martins Fontes, 2012.

_____. *A filosofia das formas simbólicas*. Trad. de Marion Fleischer. São Paulo: Martins Fontes, 2001.

CHABROLLE-CERRETINI, A.-M. *La vision du monde de Wilhelm von Humboldt –* Histoire d'un concept linguistique. Lyon: ENS, 2007.

CHADWICK, J. *The decipherment of Linear B*. Cambridge: CUP, 1958.

CHOMSKY, N. *Estruturas sintáticas*. Ed. comentada. Trad. e comentários de Gabriel de Ávila Othero e Sergio Menuzzi. Petrópolis: Vozes, 2015.

_____. "Conhecimento da história e construção teórica na linguística moderna". In: *Delta*: Documentação de Estudos em Linguística Teórica e Aplicada, vol. 13 (esp.), 1997.

_____. "The Case Against B.F. Skinner". In: *The New York Review of Books*, dez./1971.

_____. *The logical structure of linguistic theory*. MIT, 1955 [Tese de doutorado].

CHOMSKY, N. & HALLE, M. *The sound pattern of English*. Nova York: Harper & Row, 1968.

COLOMBAT, B.; FOURNIER, J.-M. & PUECH, C. *Histoire des idées sur le langage et les langues*. Paris: Klincksieck, 2010.

COLLINGE, N.E. *An Encyclopaedia of Language*. Londres/Nova York: Routledge, 1990.

COSERIU, E. *Tradición y novedad en la ciencia del lenguaje* – Estudios de historia de la linguística. Madri: Gredos, 1977.

COURSIL, J. "Analytique de la Phonologie de Saussure: les deux théorèmes". In: *Linx*, X, n. 7, 1995. Nanterre: Université de Paris X.

CREMONESE, L.E. & FLORES, V.N. "Aspectos da teoria enunciativa de Charles Bally". In: *Cadernos de Pesquisas em Linguística*, vol. 5, 2010. PUCRS.

CRISTÓFARO-SILVA, T. *Dicionário de fonética e fonologia*. São Paulo: Contexto, 2011.

CROCE, B. *Estética como ciência da expressão e linguística geral*. Trad. de Omayr José de Moraes Júnior. São Paulo: É Realizações, 2016.

CRYSTAL, D. *Dicionário de linguística e fonética*. Trad. Maria Carmelita Pádua Dias. Rio de Janeiro: Zahar, 2000.

CULLER, J. *As ideias de Saussure*. Trad. de Carlos Alberto da Fonseca. São Paulo: Cultrix, 1979.

CUREA, A. *Entre expression et expressivité* – L'école linguistique de Genève de 1900 à 1940: Charles Bally, Albert Sechehaye, Henri Frei. Nouvelle édition [en ligne]. Lion: ENS, 2015.

DE LEMOS, C. et al. "Le saussurisme en Amérique Latine au XXe. siecle". In: *Cahiers Ferdinand de Saussure*, vol. 56, 2003. Genebra: Droz.

DE MAURO, T. "Notes biographiques et critiques sur F. de Saussure". In: SAUSSURE, F. *Cours de linguistique générale*. Éd. critique préparée par Tullio de Mauro. Paris: Payot, 1976.

DEPECKER, L. *Compreender Saussure a partir dos manuscritos*. Trad. de Maria Ferreira. Petrópolis: Vozes, 2012.

DERRIDA, J. *Gramatologia*. Trad. de Mirian Shnaiderman e Renato Janine Ribeiro. São Paulo: Perspectiva, 2004.

_____. "La linguistique de Rousseau". In: *Revue Internationale de Philosophie*, n. 82, 1967. Bruxelas.

DEZOTTI, L.C. "As 'partes da oração' de Donato aos modistas". In: *ReVEL*, vol. 8, n. 14, 2010.

DOSSE, F. *História do estruturalismo*: o canto do cisne, de 1967 a nossos dias. Trad. de Álvaro Cabral. São Paulo: Ensaio/Unicamp, 1994.

_____. *História do estruturalismo I*: o campo do signo, 1945/1966. São Paulo: Ensaio, 1993.

DUBOIS, J. et al. *Dicionário de linguística*. Trad. de Frederico Pessoa de Barros et al. São Paulo: Cultrix, 1995.

DUCROT, O. & TODOROV, T. *Dicionário enciclopédico das ciências da linguagem*. Trad. de Alice Kyoto Miyashiro et al. São Paulo: Perspectiva, 1988.

DURRER, S. *Introduction à la linguistique de Charles Bally*. Paris: Delachaux et Niestlé, 1998.

ECO, U. *A busca da língua perfeita na cultura europeia*. Trad. de Antonio Angonese. São Paulo: Unesp, 2018.

ELIA, H. "Sinopse dos estudos linguísticos no Brasil". In: CAMARA JR., J.M. *Dicionário de linguística e gramática*. Petrópolis: Vozes, 1986.

ENGLER, R. "La géographie linguistique". In: AUROUX, S. (org.). *Histoire des idées linguistiques* – Tome 3: L'hégémonie du comparatisme. Liège: Pierre Mardaga, 2000.

EVERETT, D. *Linguagem*: a história da maior invenção da humanidade. Trad. de Maurício Resende. São Paulo: Contexto, 2019.

FARACO, C.A. "Ensinar X não ensinar gramática: ainda cabe essa questão". In: *Calidoscópio*, vol. 4, n. 1, jan.-abr./2006.

FARIA, N.R.B. "Entre a leitura da fala e a escrita da língua: o fonema em Saussure". In: *Delta*, vol. 34, n. 3, 2018.

FÁVERO, L.L. *As concepções linguísticas no século XVIII* – A gramática portuguesa. Campinas: Unicamp, 1996.

FENOGLIO, I. & PUECH, C. "Le fonds Antoine Meillet". In: *Genesis*. 35, 2012.

FLORES, V.N. *Saussure e a tradução*. Brasília: UnB, 2021.

_____. "Comentários sobre as traduções da *Nota sobre o discurso* de Ferdinand de Saussure no Brasil: elementos para leitura da 'Nota'". In: *Leitura*. Maceió, vol. 1, n. 62, 2019a. Maceió: Ufal.

_____. *Problemas gerais de linguística*. Petrópolis: Vozes, 2019b.

_____. *Saussure e Benveniste no Brasil*: quatro aulas na École Normale Supèrieure. São Paulo: Parábola, 2017.

_____. "Do signo ao vocábulo: aspectos saussurianos da linguística mattosiana". In: BEIVIDAS, W.; LOPES, I. & BADIR, S. (orgs.). *Cem anos com Saussure*: textos de congresso internacional. Tomo I. São Paulo: Fapesp/Annablume, 2016a.

_____. "Os *ditos* e os *escritos* de Ferdinand de Saussure: uma reflexão sobre a pesquisa com fontes documentais complexas". In: CRISTIANINI, A.C. & OTTO-NIGS, M.A.R. *Estudos linguísticos*: teoria, prática e ensino. Uberlândia: Edufu, 2016b.

_____. "Saussure é mesmo estruturalista? – Atualidades do pensamento de Ferdinand de Saussure". In: BURITI JR., A.; XHAFAJ, D.C.P.; OLIVEIRA, L.C.; GUIMARÃES, N.S. & PEDRALLI, R. (orgs.). *Estruturalismos, pós-estruturalismos e outras discussões*. Curitiba: CRV, 2016c.

_____. "Sobre a fala no Curso de linguística geral e a indissociabilidade língua/fala". In: DI FANTI, M.G. & BARBISAN, L.B. *Enunciação e discurso*: tramas de sentidos. São Paulo: Contexto, 2012.

FLORES, V.N. et al. (orgs.). *Dicionário de Linguística da Enunciação*. São Paulo: Contexto, 2009.

FLORES, V.N. & TEIXEIRA, M. *Introdução à linguística da enunciação*. São Paulo: Contexto, 2005.

FORTIS, J.-M. "Sapir et le sentiment de la forme". In: *Histoire Épistémologie Langage*, tomo 37, fasc. 2, 2015.

FRANCHETTO, B. & LEITE, Y. *Origens da linguagem*. Rio de Janeiro: Zahar, 2004.

FRANK, J. "Roman Jakobson: o mestre linguista". Trad. de Paula Cox Rolim e Francisco Achcar. In: FRANK, J. *Pelo prisma russo*: ensaios sobre literatura e cultura. São Paulo, Edusp, 1992.

FREIRE, C.C. "Resenha de raça e história". In: *Textos e Debates*, n. 13, 2007.

GADET, F. *Saussure* – Une science de la langue. Paris: Press Universitaires de France, 1996.

GALAZZI, E. "L'association phonétique internationale". In: AUROUX, S. (org.). *Histoire des idées linguistiques* – Tome 3: L'hégémonie du comparatisme. Liège: Pierre Mardaga, 2000.

GARAY, R.G. *O fonema*: linguística e história. Universidade Federal do Rio Grande do Sul, 2016 [Dissertação de mestrado].

GONÇALVES, R.T. *Relativismo linguístico ou como a língua influencia o pensamento*. Petrópolis: Vozes, 2020.

GUIMARÃES, M. *Os fundamentos da teoria linguística de Chomsky*. Petrópolis: Vozes, 2017.

HALLE, M. "Fonética". In: *Enciclopédia einaudi* – Vol. 2: Enunciação. Lisboa: Casa da Moeda, 1984.

HEIDERMANN, W. & WEININGER, M.J. (orgs.). *Wilhelm von Humboldt* – Linguagem, Literatura, Bildung. Trad. de Werner Heidermann et al. Florianópolis: UFSC, 2006.

HERDER, G.J. *Ensaio sobre a origem da linguagem*. Trad. de José M. Justo. Lisboa: Antígona, 1987.

HEWSON, J. "Gustave Guillaume". In: BROWN, K. (ed.) *Encyclopedia of Language and Linguistics*. Amsterdã: Elsevier, 2005.

HJELMSLEV, L. *Ensaios linguísticos*. Trad. de António de Pádua Danesi. São Paulo: Perspectiva, 1991.

_____. *Prolegômenos a uma teoria da linguagem*. Trad. de J. Teixeira Coelho Neto. São Paulo: Perspectiva, 1975.

HOLENSTEIN, E. *Jakobson*: o estruturalismo fenomenológico. Lisboa: Vega, 1979.

HUMBOLDT, W. *Introduction à l'ouvre sur le kavi et autres essais*. Trad. e introdução de Pirre Causat. Paris: Du Seuil, 1974.

ILARI, R. *Linguística românica*. São Paulo: Ática, 1999.

_____. "Introdução". In: DASCAL, M. (org.). *Fundamentos metodológicos da linguística* – Vol. III: Semântica. Campinas: Edição do Organizador, 1982.

JAKOBSON, R. *Fonema e fonologia: ensaios*. Seleção, tradução e notas com um estudo sobre o autor de J. Mattoso Camara Jr. Rio de Janeiro: Livraria Acadêmica, 1967.

JAKOBSON, R. & POMORSKA, K. *Diálogos*. Trad. de Elisa Angotti Kossovitch. São Paulo: Cultrix, 1985.

JAKOBSON, R. & WAUGH, L. *La charpente phonique du langage*. Trad. de Alain Kihm. Paris: De Minuit, 1980.

JOSEPH, J.E. *Saussure*. Oxford: OUP, 2012.

KEILER, A.R. *A phonological study of the Indo-European laryngeals*. Haia/Paris: Mouton, 1970.

KERECUK, N. "Roman Jakobson". In: BROWN, K. (ed.). *Encyclopedia of Language and Linguistics*. Amsterdã: Elsevier, 2005.

KOERNER, E.F. "História da linguística". In: *Revista Confluência*, n. 46, 2006.

_____. *Linguistic historiography*: projects and prospects. Amsterdã: John Benjamins, 1999.

LALANDE, A. *Vocabulário técnico e crítico da filosofia*. Trad. de Fátima Sá Correia et al. São Paulo: Martins Fontes, 1996.

LAPLANTINE, C. *Émile Benveniste, l'inconscient et le poème*. Limoges: Lambert-Lucas, 2011.

LEÃO, A.V. "A contribuição de Mattoso Câmara Jr. para a historiografia linguística". In: *Scripta*, vol. 2, n. 4, 1º sem. 1999.

LEAVITT, J. *Linguistic Relativities*: Language Diversity and Modern Thought. Cambridge: CUP, 2011.

LEHMANN, W.P. *A reader in nineteenth-century historical Indo-European linguistics*. Bloomington/Londres: Indiana University Press, 1967.

LEIBNIZ, G.W. "Brevis designatio meditationum de originibus gentium ductis potissimum ex indiciis linguarum". Introdução Olga Pombo. Trad. de Juliana Cecci Silva e William de Siqueira Piauí. In: *Kairos* – Revista de Filosofia & Ciências, n. 4, 2012. Lisboa: Universidade de Lisboa.

LEITE, Y. "O pensamento fonológico de J. Mattoso Câmara Jr." In: *Estudos da Língua(gem)*, vol. 2, n. 1, 2005.

LÉVI-STRAUSS, C. "Raça e história". In: *Antropologia Estrutural II*. Rio de Janeiro: Tempo Brasileiro, 1976.

LIGHTBOWN, P.M. & SPADA, N. *How languages are learned*. Oxford: OUP, 1999.

LOCKE, J. "Of the division of the sciences – Book IV, chapter XXI" (1689). In: *An Essay Concerning Human Understanding*. Ed. Peter N. Nidditch. Oxford: Clarendon, 1963.

LODER, L. & FLORES, V.N. "Ferdinand de Saussure e a sociologia durkheimiana". In. *Organon*, vol. 20. n. 40/41, 2006.

LYONS, J. *Linguagem e linguística*: uma introdução. Trad. de Marilda Winkler Averbug, Clarisse Sieckenius de Souza. Rio de Janeiro: Guanabara, 1987.

_____. *Introdução à linguística teórica*. Trad. de Rosa V. Mattos e Hélio Pimentel. São Paulo: Nacional/USP, 1979.

MALMKJAER, K. (ed.) *The linguistics encyclopedia*. Londres/Nova York: Routledge, 2006.

MARCHESE, M.P. "Les manuscrits saussuriens sur la phonétique, du Mémoire au Cours de linguistique générale". In: *Cahiers Ferdinand de Saussure*, n. 62, 2009. Genebra: Droz.

_____. "Introduzione". In: SAUSSURE, F. *Phonétique*: Il manoscritto di Harvard. Houghton Library. Org. de Maria Pia Marchese, Università degli studi di Firenze. Pádua: Unipress, 1995.

MARCUS, G. "Psicolinguística: uma entrevista com Gary Marcus". In: *ReVEL*, vol. 6, n. 11, 2008.

MARTINET, A. *Elementos de linguística geral*. Trad. de Jorge Morais Barbosa. São Paulo: Martins Fontes, 1978.

_____. *Conceitos fundamentais da linguística*. Trad. de Wanda Ramos. São Paulo: Martins Fontes, 1976.

_____ "Les 'laryngales' indo-européenes". *Proceedings of the 8th International Congress of Linguists*. Oslo: Oslo University Press, 1958.

MATEUS, M.H.M. & XAVIER, M.F. (orgs.). *Dicionário de termos linguísticos*. Lisboa: Cosmos, 1992.

McWHORTER, J. *The story of human language*. Chantilly: The Teaching Company, 2004.

MEIER-BRÜGGER, M. *Indo-European Linguistics*. Berlim/Nova York: Walter de Gruyter, 2003.

MEILLET, A. *Como as palavras mudam de sentido*. Org. e ed. de Rafael Faraco Benthien e Miguel Soares Palmeira. Edição bilíngue e crítica. São Paulo: USP, 2016.

_____. *Les dialectes indo-européens*. Paris: Librairie Honoré Champion, 1984.

_____. "Introduction". In: MEILLET, A. & COHEN, M. (orgs.). *Les langues du monde*. Paris: Librarie Ancienne Édouard Champion, 1924.

MESCHONNIC, H. *Poética do traduzir*. Trad. de Jerusa Pires Ferreira São Paulo: Perspectiva, 2010.

_____. "Penser Humboldt aujourd'hui". In: MESCHONNIC, H. (org.). *La pensée dans la langue, Humboldt et après*. Saint-Denis: Presses Universitaires de Vincennes, 1995.

MEUNIER, A. "Sechehaye, Bally: le sujet et la vie". In: *Documentation et recherche en linguistique allemande contemporain*, n. 30, 1984. Vincennes.

MILANI, S.E. "Historiografia dos estudos de Willian D. Whitney: a lei do menor esforço". In: *Linha D'Água*, n. 20, 2007.

MILANO, L. "Fonético e fonológico em Saussure: o lugar do fônico no Curso de linguística geral". In: *Eutomia*, vol. 16, 2015. Recife: Universidade Federal de Pernambuco.

MILNER, J.-C. *Introdução a uma ciência da linguagem*. Trad. de Valdir do Nascimento Flores (org.). Daniel Costa da Silva, Gabriel de Ávila Othero e Heloísa Monteiro Rosário. Petrópolis: Vozes, 2021.

MOUNIN, G. "La notion de système chez Antoine Meillet". In: *La Linguistique*, vol. 2, fasc. 1, 1966, p. 17-29.

MOURA, H. & CAMBRUSSI, M. *Uma breve história da linguística*. Petrópolis: Vozes, 2018.

NEVES, M.H.M. *A vertente grega da gramática tradicional*: uma visão do pensamento grego sobre a linguagem. São Paulo: Unesp, 2005.

NÓBREGA, R.F. "A questão das origens das línguas germânicas na história dos estudos da linguagem". In: *Estudos Linguísticos*, vol. 49, n. 2, 2020.

NORMAND, C. "La question d'une science générale". In: AUROUX, S. *Histoire des idées linguistiques* – Tome 3: L'hégémonie du comparatisme. Liège: Pierre Mardaga, 2000.

_____. "Le CLG: une théorie de la signification?" In: NORMAND, C. (org.). *La quadrature du sens*. Paris: PUF, 1990.

NORMAND, C. et al. *Avant Saussure* – Choix de textes (1875-1924). Bruxelas: Complexe, 1978.

OGDEN, C.K. & RICHARDS, I.A. *The Meaning of Meaning*: a Study of Influence of Language upon Thought and of Science of Symbolism. Nova York: Harcourt, Brace & World, 1946.

OSTHOFF, H. & BRUGMANN, K. "Preface to morphological investigations in the sphere of the indo-european languages I". Trad. de W.P. Lehmann. In: LEHMANN, W.P. *A reader in nineteenth-century historical Indo-European linguistics*. Bloomington/Londres: Indiana University Press, 1967.

PADLEY, G.A. "A norma na tradição dos gramáticos". In: BAGNO, M. (org.). *Norma linguística*. São Paulo: Loyola, 2001.

PAIXÃO DE SOUSA, M.C. *Schuchardt contra os Neogramáticos*. Campinas: RG, 2010.

PARRET, H. "Les manuscrits saussuriens de Harvard". In: *Cahiers Ferdinand de Saussure*, 47, 1993, p. 179-234.

PAVEAU, M.-A. & SARFATI, G.-E. *Les grandes théories de la linguistique* – De la grammaire comparée à la pragmatique. Paris: A. Colin, 2008.

POMBO, O. *Leibniz e o problema de uma língua universal*. Lisboa: Colibri, 1997.

POMORSKA, C. & RUDY, S. "Prefacio". In: JAKOBSON, R. *Arte verbal, signo verbal, tiempo verbal*. México: Fondo de Cultura Económica, 1992.

PORZIG, W. *El mundo maravilloso del lenguaje* – Problemas, métodos y resultados de la linguistica moderna. Trad. de Abelardo Moralejo. Madri: Gredos, 1964.

PRADO Jr., B. "A força da voz e a violência das coisas". In: ROUSSEAU, J.-J. *Ensaio sobre a origem das línguas*. Trad. de Fulvia M.L. Moretto. Campinas: Unicamp, 2003.

PUECH, C. "Pour une histoire de la linguistique dans l'histoire de la linguistique?" In: *Histoire Épistemologie Langage (HEL)*, vol. 28, n. 1, 2006.

PUECH C. & RADZYNSKI, A. "La langue fait social". In: NORMAND, C. et al. *Avant Saussure* – Choix de textes (1875-1924). Bruxelas: Complexe, 1978.

RICHARDS, J.C. & RODGERS, T.S. *Approaches and methods in language teaching*. Cambridge: CUP, 2014.

RIX, H. "Etruscan". In: WOODARD, R.D. (ed.). *The Cambridge Encyclopedia of the World's Ancient Languages*. Cambridge: CUP, 2004.

_____. *Rätisch und Etruskisch. Institut für Sprachwissenschaft der Universität Innsbruck*. Innsbruck, 1998.

ROBINS, R.H. *Pequena história da linguística*. Trad. de Luiz Martins Monteiro de Barros. Rio de Janeiro: Ao Livro Técnico, 1983.

RODRIGUES, A.D. "A obra científica de Mattoso Câmara Jr." In: *Estudos da língua(gem)*, n. 2, dez./2005. Vitória da Conquista.

RODRIGUES, A.N. "Saussure, Jakobson, Hjelmslev, Chomsky: vida e obra". In: *Textos selecionados de Ferdinand de Saussure, Roman Jakobson, Louis Trolle Hjelmslev, Noam Chomsky*. 3. ed. Trad. de Carlos Vogt, Mattoso Camara Jr., Haroldo de Campos et al. São Paulo: Abril, 1985.

ROGERS, D.E. "The influence of Pāṇini on Leonard Bloomfield". In: HALL JR., R.A. (ed.). *Leonard Bloomfield*: Essays on his life and work. Filadélfia: John Benjamins, 1987.

ROSS, G.M. *Leibniz*. Trad. Adail U. Sobral e Maria S. Gonçalves. São Paulo: Loyola, 2001.

RUDY, S. *A complete bibliography of Roman Jakobson's writings, 1912-1982*. Berlim/Amsterdã/Nova York: Mouton, 1984.

SALMONI, A. *Em busca das linguagens perdidas*. São Paulo: Perspectiva, 1978.

SALUM, I.N. "Prefácio à edição brasileira". In: SAUSSURE, F. *Curso de linguística geral*. Trad. de Antônio Chelini, José Paulo Paes e Izidoro Blikstein. São Paulo: Cultrix, 1975.

SAPIR, E. "Sur les rapports entre l'anthropologie culturele et la psychiatrie". In: SAPIR, E. *Anthropologie*. Trad. de Christian Baudelot e Pierre Clinquart. Paris: De Minuit, 1967.

_____. "Sound patterns in language". *Language*, 1 (2), 1925, p. 37-51.

SAUSSURE, F. *Course in general linguistics*. Trad. de Wade Baskin. Nova York: Columbia University Press, 2011.

_____. *Escritos de linguística geral*. Org. e ed. de Simon Bouquet e Rudolf Engler, com a colaboração de Antoinette Weil. Trad. de Carlos Augusto Leuba Salum e Ana Lúcia Franco. São Paulo: Cultrix, 2004.

_____. *Phonétique*: Il manoscritto di Harvard. Houghton Library, org. de Maria Pia Marchese, Università degli studi di Firenze. Pádua: Unipress,1995.

_____. *Cours de linguistique générale*. Tomo I. Ed. crítica de Rudolf Engler. Wiesbaden: Otto Harrassowitz, 1989.

_____. "Mémore sur le système primitif des voyelles dans le langues indo-européennes". In: BALLY, C. & GAUTIER, L. (orgs.). *Recueil des publications scientifique de Ferdinand de Saussure*. Genebra/Paris: Slatkine Reprints, 1984.

_____. *Cours de linguistique générale*. Éd. critique préparée par Tullio de Mauro. Paris: Payot, 1976.

_____. *Curso de linguística geral*. Org. por Charles Bally e Albert Sechehaye, com a colaboração de Albert Riedlinger. Trad. de Antônio Chelini, José Paulo Paes, Isidoro Blikstein São Paulo: Cultrix, 1975.

_____. "Souvenirs de F. de Saussure concernat sa jeunesse et ses études". *Cahiers Ferdinand de Saussure*, n. 17, 1960. Genebra: Droz.

_____. *Curso de linguística general*. Trad. de Amado Alonso. Buenos Aires: Losada, 1945.

SCLIAR-CABRAL, L. "Psicolinguística: uma entrevista com Leonor Scliar-Cabral". In: *ReVEL*, vol. 6, n. 11, 2008.

SCHNEIDER, V.J. *Notes sur l'accentuation lituanienne*: uma ciência em construção. Porto Alegre: Programa de Pós-graduação em Letras da UFRGS, 2016 [Tese de doutorado].

SÉRIOT, P. "Un paradigme perdu: la linguistique marriste". In: *Cahiers de l'ILSL*, n. 20. 2005. Institut de Linguistique et des Sciences du Langage de l'Université de Lausanne.

_____. "Eurasistes e marristes". In: AUROUX, S. (dir.). *Histoire des idées linguistiques* – Tome 3: L'hégémonie du comparatisme. Liège: Pierre Mardaga, 2000.

SPERBER, H. "Der Einfluss des Pietismus auf die Sprache des 18. Jahrhunderts". In: *Deutsche Vierteljahrsschrift für Literaturwissenschaft und Geistesgeschichte*, vol. 8, 1930.

_____. "Über den Einfluss sexueller Momente auf Entstehung und Entwicklung der Sprache". In: *Imago*, I, 5, 1912.

STALINE, J. *Le marxisme et les problèmes de linguistique*. Pequin, 1975.

STEINER, G. *Depois de Babel*: aspectos da linguagem e tradução. Trad. de Miguel Serras Pereira. Lisboa: Relógio D'água, 2002.

STERN, H.H. *Fundamental concepts of language teaching*. Oxford: OUP, 1993.

TARALLO, F. *Tempos linguísticos* – Itinerário histórico da língua portuguesa. São Paulo: Ática, 1990.

TEKOUNAFI, M. "Emic/etic". In: CHAMPMAN, S. & ROUTLEDGE, C. (eds.). *Key Ideas in Linguistics and the Philosophy of Language*. Edimburgo: Edinburgh University Press, 2009.

TESTENOIRE, P.-Y. "O que as teorias do discurso devem a Saussure". Trad. de Carlos Piovezani. In: CRUZ, M.A.; PIOVEZANI, C. & TESTENOIRE, P.-Y. (orgs.). *Saussure, o texto e o discurso* – Cem anos de heranças e recepções. São Paulo: Parábola, 2016.

TEYSSIER, P. *História da língua portuguesa*. Trad. de Celso Cunha. São Paulo: Martins Fontes, 1997.

THOUARD, D. *Et toute langue est étrangère* – Le projet de Humboldt. Paris: Les Belles Lettres, 2016.

TRABANT, J. *Traditions de Humboldt*. Trad. de Marianne Rocher-Jacquin. Paris: Maison des Sciences de l'Homme, 1999.

_____. "Sprachsinn: Le sens du langage, de la linguistique et de la philosophie du langage". In: MESCHONNIC, H. *La penée dans la langue. Humboldt et après*. Saint-Denis: PUV, 1995.

_____. *Humboldt ou les sens du langage*. Liège: Mardaga, 1992.

TUITE, K. "Interpreting language variation and change". In: JOURDAN, C. & TUITE, K. (eds.). *Language, culture, and society*: Key topics in linguistic anthropology. Cambridge: CUP, 2006.

UCHÔA, C.E.F. "Bibliografia de Joaquim Mattoso Camara Jr." In: CAMARA JR., J.M. *Dispersos*. Seleção e introdução de Carlos Eduardo Falcão Uchôa. Rio de Janeiro: Fundação Getúlio Vargas, 1975.

_____. "Os estudos e a carreira de Joaquim Mattoso Câmara Jr." In: CÂMARA JR., J.M. *Dispersos*. Seleção e introdução de Carlos Eduardo Falcão Uchôa. Rio de Janeiro: Fundação Getúlio Vargas, 1975.

VALETTE, M. "Enonciation et cognition: deux termes in absentia pour des notions omniprésentes dans l'oeuvre de Guillaume". In: *Le Français Moderne* – Revue de linguistique Française, 2003.

VENTRIS, M. & CHADWICK, J. "Evidence for Greek Dialect in the Mycenaean Archives". In: *The Journal of Hellenic Studies*, 73, 1953.

VIARO, M.E. "Uma breve história da Etimologia". In: *Filologia e Linguística Portuguesa*, n. 15, 2013.

VOLÓCHINOV, V. *Marxismo e filosofia da linguagem* – Problemas fundamentais do método sociológico na ciência da linguagem. Trad. de Sheila Grillo e Ekaterina Vólkova Américo. São Paulo: Ed. 34, 2017.

WHITNEY, W.D. *A vida da linguagem*. Trad. de Marcio Alexandre Cruz. Petrópolis: Vozes, 2010.

_____. "Commentaires critiques sur les opinions de A. Schleicher concernant la nature du langage et des sujets voisins". Trad. de Claudine Normand. In: NORMAND, C. et al. *Avant Saussure* – Choix de textes (1875-1924). Bruxelas: Complexe, 1978.

WINTER, W. (ed.) *Evidence for laryngeals*. Londres/Haia/Paris: Mouton, 1965.

Coleção de Linguística

- *História concisa da língua portuguesa*
  Renato Miguel Basso e Rodrigo Tadeu Gonçalves
- *Manual de Linguística – Fonologia, morfologia e sintaxe*
  Luiz Carlos Schwindt (org.)
- *Introdução ao estudo do léxico*
  Alina Villalva e João Paulo Silvestre
- *Estruturas sintáticas – Edição comentada*
  Noam Chomsky
- *Gramáticas na escola*
  Roberta Pires de Oliveira e Sandra Quarezemin
- *Introdução à Semântica Lexical*
  Márcia Cançado e Luana Amaral
- *Gramática descritiva do português brasileiro*
  Mário A. Perini
- *Os fundamentos da teoria linguística de Chomsky*
  Maximiliano Guimarães
- *Uma breve história da linguística*
  Heronides Moura e Morgana Cambrussi
- *Estrutura da língua portuguesa – Edição crítica*
  Joaquim Mattoso Camara Jr.
- *Manual de linguística – Semântica, pragmática e enunciação*
  Márcia Romero, Marcos Goldnadel, Pablo Nunes Ribeiro e Valdir do Nascimento Flores
- *Problemas gerais de linguística*
  Valdir do Nascimento Flores
- *Relativismo linguístico ou como a língua influencia o pensamento*
  Rodrigo Tadeu Gonçalves
- *Mudança linguística*
  Joan Bybee
- *Construcionalização e mudanças construcionais*
  Elizabeth Closs Traugott e Graeme Trousdale
- *Introdução a uma ciência da linguagem*
  Jean-Claude Milner
- *História da linguística – Edição revista e comentada*
  Joaquim Mattoso Camara Jr.
- *Problemas de linguística descritiva – Edição revista e comentada*
  Joaquim Mattoso Camara Jr.

CULTURAL
Administração
Antropologia
Biografias
Comunicação
Dinâmicas e Jogos
Ecologia e Meio Ambiente
Educação e Pedagogia
Filosofia
História
Letras e Literatura
Obras de referência
Política
Psicologia
Saúde e Nutrição
Serviço Social e Trabalho
Sociologia

CATEQUÉTICO PASTORAL
Catequese
  Geral
  Crisma
  Primeira Eucaristia
Pastoral
  Geral
  Sacramental
  Familiar
  Social
  Ensino Religioso Escolar

TEOLÓGICO ESPIRITUAL
Biografias
Devocionários
Espiritualidade e Mística
Espiritualidade Mariana
Franciscanismo
Autoconhecimento
Liturgia
Obras de referência
Sagrada Escritura e Livros Apócrifos
Teologia
  Bíblica
  Histórica
  Prática
  Sistemática

REVISTAS
Concilium
Estudos Bíblicos
Grande Sinal
REB (Revista Eclesiástica Brasileira)

VOZES NOBILIS
Uma linha editorial especial, com importantes autores, alto valor agregado e qualidade superior.

PRODUTOS SAZONAIS
Folhinha do Sagrado Coração de Jesus
Calendário de mesa do Sagrado Coração de Jesus
Agenda do Sagrado Coração de Jesus
Almanaque Santo Antônio
Agendinha
Diário Vozes
Meditações para o dia a dia
Encontro diário com Deus
Guia Litúrgico

VOZES DE BOLSO
Obras clássicas de Ciências Humanas em formato de bolso.

CADASTRE-SE
www.vozes.com.br

EDITORA VOZES LTDA.
Rua Frei Luís, 100 – Centro – Cep 25689-900 – Petrópolis, RJ
Tel.: (24) 2233-9000 – Fax: (24) 2231-4676 – E-mail: vendas@vozes.com.br

UNIDADES NO BRASIL: Belo Horizonte, MG – Brasília, DF – Campinas, SP – Cuiabá, MT
Curitiba, PR – Fortaleza, CE – Goiânia, GO – Juiz de Fora, MG
Manaus, AM – Petrópolis, RJ – Porto Alegre, RS – Recife, PE – Rio de Janeiro, RJ
Salvador, BA – São Paulo, SP